L'ABBÉ E. OCCRE,

DOYEN DE LENS

ARRAS

A LOURDES

(1873-1900)

« Je veux qu'on vienne ici en procession. »
« Je désire qu'il vienne ici beaucoup de monde. »
(Paroles de N.-D. de Lourdes.)

ARRAS
BUREAUX DU « MESSAGER ARTÉSIEN »
3, rue Chanzy

BOULOGNE-SUR-MER
Mlle DELIGNY, Grande Rue

DESCLÉE, DE BROUWER ET Cie

PARIS, 30, RUE ST-SULPICE | **LILLE**, 41, RUE DU METZ

MCMI

ARRAS A LOURDES

(1873-1900)

PROTESTATION DE L'AUTEUR.

Conformément aux décrets du Pape Urbain VIII, je déclare que dans le récit des grâces, faits extraordinaires, rapportés dans cet ouvrage, je n'entends réclamer pour mes assertions qu'une autorité purement personnelle et humaine, à la seule exception des choses qui seraient appuyées sur l'autorité de l'Église romaine et du Saint-Siège apostolique, à qui je veux me soumettre et obéir parfaitement jusqu'à mon dernier soupir.

L'AUTEUR.

7 Mars 1901.

ARRAS

A LOURDES

(1873-1900)

PAR

L'ABBÉ E. OCCRE, DOYEN DE LENS

« Je veux qu'on vienne ici en procession. »
« Je désire qu'il vienne ici beaucoup de monde. »
(Paroles de N.-D de Lourdes.)

ARRAS
BUREAUX DU « MESSAGER ARTÉSIEN »
3, rue Chanzy

BOULOGNE-SUR-MER
Melle DELIGNY, Grande Rue

DESCLÉE, DE BROUWER ET Cie
PARIS, 30, RUE ST-SULPICE | LILLE, 41, RUE DU METZ

MCMI

IMPRIMATUR :

Insulis, 24 Maii 1901.

J. B. Carlier,

v. g.

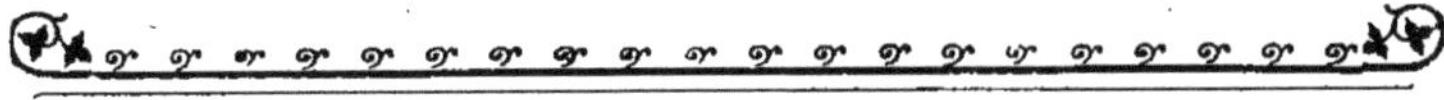

A SA GRANDEUR

MONSEIGNEUR WILLIEZ

ÉVÊQUE D'ARRAS

HOMMAGE DE RESPECTUEUSE VÉNÉRATION

ET DE RELIGIEUX DÉVOUEMENT

RAPPORT de Monsieur le Chanoine DELATTRE, Supérieur du Séminaire St-Thomas, sur le Livre « ARRAS A LOURDES ».

Le travail entrepris par M. l'abbé Occre, curé-doyen de Lens, *comprend l'histoire complète de nos pèlerinages diocésains à Lourdes depuis leur origine jusqu'à l'année 1900.*

C'est en 1873, l'année même où l'Association de Notre-Dame de Salut *organisait son premier pèlerinage national, que fut aussi organisé le premier pèlerinage à Lourdes de la province ecclésiastique de Cambrai et d'Arras. C'était là le commencement d'une série qui, sous des formes diverses, mais sans interruption réelle, s'est poursuivie jusqu'à nos jours avec une persévérance qui témoigne à elle seule du grand amour de notre Diocèse pour sa céleste Patronne. En même temps Marie ne cessait de reconnaître l'amour de ses enfants en leur prodiguant à son tour les témoignages de sa maternelle bonté. Aussi est-il peu de diocèses qui puissent rivaliser avec le diocèse d'Arras, soit pour le nombre et la ferveur de ses pèlerins de Lourdes, soit encore pour le nombre et le prix des grâces de tout genre accordées en retour par la Vierge Immaculée.*

C'est cette histoire de nos pèlerinages diocésains, si digne d'être sauvée de l'oubli et dont il n'existait que des chapitres détachés, que vient de réunir en volume

M. l'abbé Occre dans le livre intitulé « Arras à Lourdes ». *Son récit reproduit fidèlement, en les reliant ensemble et en les complétant, les relations de nos différents pèlerinages, successivement insérées dans nos annales diocésaines, et dont plusieurs, à savoir les plus récentes, sont dues à la plume élégante et facile de l'auteur même de ce beau livre ; de ces fragments multiples et variés M. l'abbé Occre a su composer une œuvre homogène où tout se suit et se fond dans une harmonieuse unité, une œuvre consciencieuse où tout est puisé aux meilleures sources et contrôlé par des témoins dignes de foi, une œuvre enfin pleine de charme et de piété qu'on lira avec autant d'intérêt que d'édification. Pour les anciens pèlerins de Lourdes, elle fera revivre de doux et chers souvenirs ; elle gagnera de nouveaux adhérents à nos pèlerinages* diocésains, *dont elle décrit si bien les charmes et la vie de famille ; enfin elle popularisera davantage encore, s'il est possible, le culte de Notre-Dame de Lourdes déjà si connue, si honorée et si aimée dans notre Diocèse.*

C'est pourquoi nous pensons que cette œuvre est tout à fait digne de recevoir la haute approbation de Sa Grandeur Monseigneur l'Évêque d'Arras.

APPROBATION DE SA GRANDEUR MGR WILLIEZ

Cette approbation, je la donne de tout cœur. Ma joie est si grande de voir la remarquable dévotion de mes chers diocésains envers Notre-Dame, et les témoignages multiples qu'ils reçoivent de la bonté de Notre-Dame à leur égard !

Je suis en chemin vers Lourdes, où je demanderai que la Mère divine continue d'exaucer ses enfants. Je prierai aussi afin que ses enfants se montrent, par leur vie chrétienne, dignes de conserver un droit privilégié aux faveurs de cette bonne Mère.

Mes compliments et ma bénédiction à l'auteur du livre. Il entre ainsi, sous une belle protection, dans son nouveau et laborieux ministère. Daigne la Vierge de Lourdes être avec vous, cher Doyen, et avec vos zélés confrères. Elle prépare toujours la venue du Dieu Sauveur : « Maria de qua natus est Jesus. » *Par Marie, vous aurez Jésus régnant dans vos paroisses.*

† ALFRED,

Evêque d'Arras, Boulogne et St-Omer.

Le 10 mai 1901.

AVANT-PROPOS.

Ce travail n'est pas un livre.

Du livre, il n'a ni les recherches savantes, ni le style, ni le caractère. C'est une photographie prise au cours des circonstances, la photographie d'une œuvre que la Vierge de Lourdes a bénie ; ou, si l'on veut, une simple page de l'histoire de notre cher diocèse d'Arras, de cette histoire qui, depuis saint Vaast jusqu'au vénéré Pontife d'aujourd'hui, compte des choses si belles et si douces pour le cœur des Artésiens.

En même temps qu'elle est honorable pour notre diocèse, cette page d'histoire, à mesure qu'elle s'écrivait avec la foi religieuse de nos compatriotes, a sans doute fait tressaillir de joie le cœur de la Vierge Marie, notre Mère. C'est pour la gloire de Marie, c'est pour le bon renom de notre pays, que nous l'avons tirée des annales diocésaines.

Appelé par la paternelle bienveillance de M. le Vicaire-Général Liénard, Président du Comité des pèlerinages de Lourdes, à relater, depuis plusieurs années déjà, l'histoire annuelle et de plus en plus édifiante de nos excursions à la Grotte visitée par Marie, nous avons trouvé cette œuvre si attachante et si belle, que nous avons résolu de la faire connaître, dans son passé et dans son caractère actuel, à nos compatriotes.

Inutile de dire que ce projet a rencontré les meilleurs encouragements. Comme nous l'insinuions en commençant, ce n'est pas une œuvre littéraire que nous avons voulu faire ; sauf pour le plan et pour la recherche des documents, ce n'est pas davantage une œuvre personnelle.

Nous nous sommes contenté de citer les comptes-rendus de nos devanciers et les nôtres, tels qu'ils les ont écrits, tels que nous les avons écrits, sous l'impression de ce qu'ils ont vu et ressenti, de ce que nous avons vu et ressenti nous-même à Lourdes. L'histoire n'est pas une invention, mais une résurrection et un miroir du passé.

De plus, notre siècle aimant avant tout l'étude des détails, nous n'avons nullement hésité à relater telle parole, tel incident, telle circonstance qui n'auraient assurément aucun intérêt dans un « livre » — au sens où ce mot s'entend généralement, — mais desquels, si nous ne nous abusons pas, on sera heureux de retrouver le souvenir dans ce véritable album de famille.

Plus d'une fois, pour éclairer notre sujet et pour guider notre marche à travers une histoire de vingt-huit ans, nous avons dû aborder les côtés généraux de Lourdes et de ses merveilles. Dans ce cas, nous avons préféré citer les documents qui avaient une origine et une saveur artésiennes, plutôt que de recourir aux ouvrages qui jouissent d'une juste renommée, mais qui ne sont point exclusivement nôtres, comme les sources auxquelles nous avons cru devoir puiser. Cette réflexion s'applique surtout à notre « chapitre deuxième », qui paraîtra peut être une longueur ou un hors-d'œuvre, mais qui a le mérite, en réalité, de donner une couleur locale à des aperçus qu'il nous eût été difficile de ne pas signaler dans une partie ou dans une autre de notre travail. C'est un devoir pour nous d'exprimer notre reconnaissance très vive à tous nos collaborateurs connus et inconnus. Il en est qui se sont cachés sous le voile de l'anonymat ; il en est dont nous avons provoqué nous-même l'intelligent concours ; il en est enfin qui nous ont autorisé, de la manière la plus gracieuse et la plus désintéressée, à mettre à contribution des « rapports » qui ont précédé les nôtres et qui valent infiniment plus. Dans ces deux derniers groupes, qu'il nous soit permis de placer Monseigneur Meunier, Evêque d'Evreux, qui fut durant plusieurs années, alors qu'il était Curé de Marconne ou Doyen d'Hesdin, le zélé et intéressant historiographe du pèlerinage, et M. Joseph

Chevalier qui, mieux que nul autre, aurait écrit l'Histoire que nous entreprenous, mais qui, par modestie, s'est contenté d'en guider, d'en éclairer le récit et d'en contrôler l'exactitude.

Puisse ce travail, malgré ses imperfections, raviver chez les pèlerins du passé les douces émotions, et ranimer dans leurs âmes les souvenirs sauveurs qu'ils ont emportés de Lourdes, de sa Grotte et de ses églises ; puisse-t-il aussi développer de plus en plus, sur le sol de notre cher Artois, l'amour de Notre-Dame de Lourdes, de Celle qui sera, avec le Sacré Cœur, le principe du salut pour ce pays qui est le nôtre, et que nous voudrions voir heureux dans ses destinées autant qu'inébranlable dans sa foi ! Que l'Immaculée-Conception, à qui nous offrons ces pages réunies sous l'inspiration de son amour et dans le but de la glorifier, daigne agréer l'hommage de notre piété filiale et accorder sa bénédiction à ce modeste travail. Et si nos frères de l'Artois qui voudront bien le lire, y trouvent quelque motif de bonheur, qu'ils veuillent bien avoir un memento *pour l'auteur près de l'image de Marie.*

E. O.

MONSEIGNEUR WILLIEZ

ÉVÊQUE D'ARRAS

Chapitre Premier.

COMMENT LA FRANCE RÉPONDIT AU DÉSIR DE NOTRE-DAME DE LOURDES : « JE VEUX QU'ON VIENNE ICI EN PROCESSION. » — « JE DÉSIRE QU'IL VIENNE ICI BEAUCOUP DE MONDE. » COMMENT L'ARTOIS, EN PARTICULIER, SE DISPOSA A OBÉIR AU MÊME APPEL DÈS L'ANNÉE 1873.

DE tous les désirs exprimés par Marie, de tous les ordres formulés par Celle qui s'est appelée l'Immaculée-Conception, au cours des célèbres apparitions de Lourdes, il n'en est pas, assurément, qui trouvèrent plus directement le chemin des âmes que ceux-ci : « Je veux qu'on vienne ici en procession. » — « Je désire qu'il vienne ici beaucoup de monde. »

Par un sentiment de gratitude qui se comprend admirablement, l'heureuse cité favorisée des dix-huit apparitions de la Mère de DIEU fut la première à répondre à l'appel de Marie. « L'histoire du premier pèlerinage de Lourdes, dit M. Louis Colin [1], le suave et pénétrant auteur du *Parfum de Lourdes*, m'a été racontée par Henri Lasserre au dernier pèlerinage des hommes, dont le retentissement a été si grand et le spectacle si magnifique. » (Avril 1899.) « C'était en 1859. Les dix-huit apparitions avaient eu lieu. Or, les Enfants de Marie de la paroisse, mues par un même sentiment, se concertèrent un beau matin : « La Sainte Vierge est venue parmi nous, se dirent-elles, elle a déclaré qu'elle était l'Immaculée-Conception ; à notre tour d'aller à Elle pour lui rendre grâce et l'invoquer tout à la fois. »

« Sur le bénéfice de ces considérations, une neuvaine fut décidée, neuvaine au cours de laquelle on se rendrait tout

1. Le *Parfum de Lourdes*, par Louis Colin (Bloud et Barral, Paris). Dans ce livre délicieux, M. Colin raconte, à la manière de Louis Veuillot, ses impressions sur Lourdes.

d'abord à la paroisse, pour y assister à la Messe, et de la paroisse aux roches Massabielle, pour y remercier la Sainte Vierge des nombreuses apparitions.

« A la Grotte, l'âme des enfants fut extraordinairement saisie. D'elle-même leur bouche s'ouvrit, et les chants les plus enthousiastes s'envolèrent de leurs lèvres. Chose étonnante, ces chants ne détonnèrent pas. Ils furent, dès la première minute, ceux-là mêmes que la postérité a entendus depuis lors s'élever du milieu d'innombrables foules : *Ave, maris Stella ; Parce, Domine ; Magnificat !*

« Tout alla de la sorte pendant plusieurs jours, puis voilà qu'un scrupule naquit au fond de ces âmes timides. Aller à la Grotte, y chanter, y prier sans permission, évoquer ainsi ces échos endormis sans avoir consulté qui que ce soit, hors elles-mêmes, les mit subitement dans la crainte. Qu'allait dire M. le Curé, s'il venait à le savoir ?

« Elles s'en furent le trouver en corps pour lui révéler ce qui se passait entre elles, et leur pèlerinage de chaque matin, et les chants et les cantiques.

« — Très bien, mes enfants, s'écria de sa voix mâle le curé de Lourdes ; continuez vos visites et priez de tout votre cœur. Vous chantez, c'est admirable. Chantez de toutes vos forces pour que le monde entier vous entende !... »

« Réconfortées par le passeport de leur pasteur, nos pèlerines continuèrent de plus belle et leurs visites et leurs chants aux roches Massabielle.

« Mais voilà que, le huitième jour, Mgr Peyramale leur fit savoir qu'une messe spéciale serait célébrée, pour donner à la clôture de cette neuvaine plus de solennité. Le lendemain, à la première aube, les cloches s'éveillèrent à toutes volées au vieux clocher de Lourdes.

« Quand la messe fut finie, le pieux curé se retourna vers son petit bataillon. Ce qu'il lui dit, je ne saurais vous le répéter en toutes lettres, mais sa dernière phrase fut accompagnée d'un dernier geste très énergique :

« — Allez, mes enfants, allez prier et chanter, si fort et si fort que l'on vous entende par tout l'univers ! »

« La petite phalange retourna à la Grotte, plus électrisée encore que de coutume. On pria, on chanta avec un admirable entrain... Et ainsi s'éleva, sur la voix prophétique du curé de Lourdes, la note d'appel du concert immense qui devait suivre pour ne plus se taire, et prier et chanter toujours.

« Le monde entier devait l'entendre ![1] »

Ces chants d'une pure harmonie se firent d'abord entendre autour des Pyrénées, au sein de ces pays de la Bigorre et du Béarn qui sont particulièrement dévots à la Sainte Vierge, en raison des sanctuaires privilégiés qui s'élèvent de tous côtés sur leur sol béni. Les premières pages des *Annales de Notre-Dame de Lourdes* nous montrent ces peuples à la foi robuste, à la prière enthousiaste, descendant de leurs montagnes,remontant les vallées, traversant les gaves torrentueux et arrivant enfin à cette Grotte où Marie a posé son pied virginal, et où elle commence déjà à répandre ses faveurs sur les âmes et sur les corps.

Revenus dans leur pays, ils racontent ce qu'ils ont contemplé, et voici qu'on voit arriver des pèlerins de Bordeaux, de Paris, des extrémités de la France. « La Grotte, écrivait au mois de mai 1863 Mgr Laurence, Évêque de Tarbes, la Grotte est depuis la publication de notre mandement le rendez-vous de nombreux pèlerins ; ils y abondent chaque jour. Des témoins oculaires et dignes de foi nous ont assuré qu'à la dernière fête de la Nativité de la Très-Sainte Vierge, le chiffre des visiteurs a dépassé *8000* personnes ; une active et pieuse correspondance, des demandes d'envoi d'eau de la Grotte, des ex-voto qui nous arrivent, témoignent hautement des nouvelles faveurs qui s'obtiennent par l'intercession de Notre-Dame de Lourdes. »

Mais la première cérémonie officielle qui attira les foules au Rocher Sacré fut la cérémonie du 4 avril 1864. Il s'agissait de bénir la statue de marbre destinée à être placée dans l'anfractuosité de la Grotte, que le ciseau inspiré d'un artiste

1. *Messager artésien de Notre-Dame de Lourdes*, n° de juin 1899.

vraiment chrétien, M. Fabisch, de Lyon, avait taillée sur les indications de la pieuse voyante, Bernadette Soubirous. Quoiqu'aucune invitation n'eût été adressée par l'Évêque diocésain, un grand nombre de prêtres et plusieurs milliers de pèlerins se trouvèrent réunis à Lourdes autour de Mgr Laurence.

Après un discours remarquable prononcé dans l'église paroissiale par M. l'abbé Alix, du clergé de Paris, une procession se déploya vers Massabielle en lignes immenses [1]. Pour la première fois, les pompes de l'Église venaient honorer la Vierge à la Grotte ; pour la première fois, les fidèles et le clergé suivaient ensemble, au chant des cantiques et avec l'éclat des bannières, le chemin que Bernadette avait montré au monde ; pour la première fois, quand l'encens eut fumé devant elle, s'éleva vers la douce image cette prière ardente qui jusqu'à la fin des siècles ne se taira plus, semblable à ces eaux miraculeuses qui descendent de la montagne et à ces flots du gave dont rien ne peut arrêter le cours.

La cérémonie d'inauguration de la Crypte fut l'occasion d'une nouvelle et splendide levée de pèlerins. Elle eut lieu le 21 mai 1866, qui était, cette année-là, le lendemain de la Pentecôte.

A cette époque la voie ferrée de Bordeaux arrivait seule encore à Lourdes ; malgré toutes les dispositions prises par l'administration, ses prévisions furent de beaucoup dépassées, et elle se vit dans la nécessité de laisser, à toutes les gares, faute de matériel, des milliers de personnes. Pour donner une idée du caractère imposant de cette fête d'inauguration, nous dirons que 300 prêtres entouraient l Évêque de Tarbes, précédé par un brillant cortège de chanoines. Arrivé au milieu de l'esplanade où un immense autel avait été dressé, Mgr Laurence commença la messe pontificale.

A l'élévation, le silence de la foule était profond, le gave seul bruissait. Là où la Mère était déjà honorée, le Fils venait de descendre et mettre le sceau du sang divin à l'œuvre de Marie. Le soir, au milieu du feuillage et des fleurs, des feux

1. Tiré presque textuellement des *Annales*, tome II, p. 93 et 94.

s'allumèrent dans toutes les rues de Lourdes, et l'on eût dit que la cité tout entière était un sanctuaire illuminé [1].

N.-D. DE LOURDES, PRIEZ POUR NOUS.

Bernadette était là, repassant au fond de son âme des souvenirs infiniment doux, jouissant en silence, avant de s'enfer-

1. *Annales de Notre-Dame de Lourdes*, Tom. II, page 123, 124.

mer dans un couvent de Nevers, de tous ces honneurs accordés à DIEU et à Celle que les yeux de son cœur ne se lassaient point de contempler.

Ce jour du 21 mai 1866 acheva de donner au pèlerinage de Lourdes sa véritable physionomie. A côté de la Grotte, voici qu'il y avait un autel, une table sainte, un confessionnal, un tabernacle, des prêtres pour donner DIEU aux âmes. Dès lors, aux simples cantiques et aux prières particulières vinrent s'ajouter ces triomphes de l'Eucharistie, ces absolutions, ces conversions, ces résolutions héroïques, en un mot, cette merveilleuse histoire des repentirs et des miséricordes qui ne sera jamais écrite sur la terre, mais qui fait chanter les anges au sein de l'Éternité.

Non seulement les pèlerins furent plus nombreux à Lourdes après cette grande journée, mais, ce qui est mieux, ils y furent plus fervents, plus pieux, plus graves, plus recueillis.

Un an plus tard, au mois de juin 1867, le chemin de fer de Lourdes à Pau était livré au public. La Providence semblait disposer toutes choses pour que rien ne manquât à la gloire de Notre-Dame de Lourdes. Ce fut le point de départ d'un nouvel ébranlement de pèlerins vers la grotte de Marie [1]. Les Bayonnais donnèrent le signal ; à leur suite tout le Midi s'ébranla, et bientôt il y eut une succession ininterrompue de pèlerinages nombreux venus de contrées jusque-là séparées de Lourdes par mille difficultés.

« Qui sait, écrivait en 1858 Mgr Gerbet, évêque de Perpignan, qui sait s'il n'y aura pas un jour des trains de piété comme des trains de plaisir ? » Moins de dix ans plus tard, cette parole prophétique se réalisait, et les pèlerinages de Massabielle entraient dans une nouvelle ère de prospérité, en conséquence de cette réalisation. Pèlerins et touristes, apportés en flots pressés à la Grotte miraculeuse, propageaient de plus en plus la dévotion à Notre-Dame de Lourdes, lorsqu'en 1869 l'apparition d'un livre admirable et consciencieux, sorti de la plume éminemment littéraire d'un homme qui semble avoir

1. *Annales*, Tom. II, page 128.

été prédestiné par DIEU à être l'historien du *fait* de Lourdes et des merveilles qui en sont la suite, saisit vivement l'opinion publique et l'orienta définitivement vers la terre que Marie avait visitée.

L'historien s'appelait Henri Lasserre et le livre avait pour titre : « *Notre Dame de Lourdes.* » Immédiatement traduit dans toutes les langues des deux continents, ce livre magique porta jusqu'aux extrémités du monde le nom de notre Mère, et fit accourir des mêmes plages lointaines aux rives du Gave des milliers et des milliers d'enfants enthousiastes.

Hélas ! quelques mois plus tard éclatait la guerre franco-allemande, de lugubre souvenir. Les Enfants de Marie n'abandonnèrent pas la Grotte chère à leur cœur ; on n'abandonne pas une mère aussi bonne que Notre-Dame de Lourdes ; surtout, on ne l'abandonne pas à l'heure de l'épreuve ; mais les grandes manifestations habituelles s'arrêtèrent pendant la durée des funestes hostilités. Le deuil semblait planer au-dessus de l'image de Celle qui avait voulu faire de la France son pays de prédilection. Pendant plusieurs mois, il n'y eut que des pèlerinages silencieux. C'étaient des mères et des sœurs tremblantes qui portaient à la Mère divine dont le cœur goûta leurs angoisses, des prières et des larmes pour ceux que, loin d'elles, sur le champ de bataille, la mort menaçait tous les jours ; c'étaient des soldats blessés qui venaient demander à Marie de guérir et de sauver une France plus menacée qu'eux-mêmes ; c'étaient des « mobilisés » qui, avant de se lancer à la défense de leur pays, venaient demander à Notre-Dame de Lourdes la force et le courage nécessaires pour combattre et, s'il le fallait, pour mourir... bref, c'était la France, endolorie et suppliante, qui venait, les larmes aux yeux, demander à une Mère compatissante l'espérance et le salut.

La France fut vaincue. Méritait-elle d'être exaucée par la Vierge de Lourdes ? Ceci est le secret de DIEU ; mais ce que nous savons, c'est que notre chère patrie ne se refroidit pas à l'égard de Notre-Dame.

Elle était à peine remise de ses saignantes blessures qu'elle voulut donner à la Madone des Pyrénées une marque solennelle de son espérance et de sa foi. « Tous les amis de Lourdes se rappellent les grandes solennités du mois d'octobre 1872. La journée du 6 octobre restera célèbre dans l'histoire sous le nom de « Journée des bannières ». De toutes ses provinces et de tous ses siècles d'existence, la France envoyait à la Mère de DIEU des oriflammes et des bannières, hommage de tous les cœurs et de tous les âges, s'avançant vers Marie Immaculée pour obtenir le salut de notre patrie et de l'Église.» Il y avait plus de 300 bannières ; c'était comme une revue des gloires de nos sanctuaires consacrés à Marie ; aujourd'hui nos pèlerins peuvent les contempler dans la Basilique de Lourdes, et nos frères de l'Artois y saluer celles des églises de Boulogne, de Saint-Omer et de Lillers.

« Le soir, dit un ancien missionnaire de Notre-Dame de Lourdes, attendait un couronnement digne du début, une continuation de la fête ! Du ciel tomba dans le cœur d'un moine, le R. P. Marie-Antoine, Capucin, l'inspiration d'armer de cierges allumés des milliers de mains qui se tendirent. La procession aux flambeaux, si connue, si aimée des pèlerins, prenait alors naissance.

» Ce fut la première, la plus belle aussi, de ces processions sans cesse renouvelées, toujours anciennes et toujours nouvelles. Partie des abords de la Grotte embrasée, elle traça dans les lacets de la colline un M glorieux, fit le tour de la chapelle comme pour la ceindre d'une couronne de lumière, se répandit par la route de grande communication dans le sentier de la prairie et alla porter les dernières clartés dans la ville [1]. »

La France se relevait. Elle venait de montrer au monde que, nation catholique et fidèle, elle ne se laisse pas tuer sans résistance, et qu'aux heures où elle semble sur le point de disparaître, elle conserve en la protection de Marie, sa Reine, une ressource assurée.

Entre tous les signes de résurrection, notre pays, guidé par les conseils de ses évêques et de ses prêtres, semble donner la préférence aux Pèlerinages. Il s'en alla vers Paray le-Monial;

1. *Notre-Dame de Lourdes*, par un ancien missionnaire de Notre-Dame. — Imprimerie Paillart, Abbeville.

il s'en alla vers Amettes, berceau du pèlerin modèle que fut saint Benoît Joseph Labre ; il s'en alla surtout vers Lourdes. « C'est un spectacle bien consolant pour la foi, écrivait le 16 juin 1873 Mgr Lequette, de douce et vénérée mémoire, que celui de tant de pieux pèlerinages s'organisant de jour en jour, pour appeler sur l'Église et sur la France la protection divine. Cet empressement des populations vers les sanctuaires les plus vénérés, ces supplications ardentes s'élevant des lieux mêmes que tant de faveurs célestes ont déjà signalés, ces manifestations publiques d'une foi qui s'affirme hautement, au milieu des audacieux excès de l'impiété, quoi de plus propre à relever nos espérances et à nous faire porter vers l'avenir un regard plus serein ? »

Ce fut en cette année 1873 que l'association de Notre-Dame du Salut organisa le premier pèlerinage national. Les *Annales de Lourdes* nous disent que, du 11 août au 18 septembre — en 38 jours — il passa, à la Grotte sacrée, cinquante-trois processions et quarante mille pèlerins. Chacun de ces pèlerinages se ressemblait ; mais chacun d'eux faisait faire un pas de plus à l'espérance, et était comme un rayon de soleil qui brillait au-dessus de notre patrie mutilée.

Notre province de l'Artois, si traditionnellement attachée à Marie, se disposa immédiatement à répondre à l'appel de Notre-Dame de Lourdes et aux désirs de la patrie française.

Sur l'initiative du comité central des Pèlerinages, établi à Paris, une commission des Pèlerinages fut érigée à Arras au mois de mars 1873. Voici comment elle était composée : M. l'abbé Parenty, directeur ecclésiastique ; M. Louis Cavrois, président ; M. Monet-Colin, vice président ; M. Charles Boulangé, M. Danten, M. Alfred de Puisieux, M. Fernand Vinchon, secrétaire ; M. Louis Beaucourt, trésorier ; M. Baccuez, M. Jules Bonnière, M. Calonne, M. Albert Pillons [1].

Le premier acte de cette commission constituée de si heureux éléments fut de décider, avec l'agrément de l'Archevêque

1. *Semaine religieuse d'Arras*, mars 1873. — En 1874, la Commission devint Comité ; le Bureau fut ainsi composé : M. Paul de Clerck, président ; M. Charles Vinchon, vice-président ; M. Joseph Chevalier, secrétaire-trésorier.

de Cambrai et de Mgr Lequette, un grand pèlerinage à Notre-Dame de Lourdes pour la province ecclésiastique du Nord et du Pas de-Calais. Le départ de cette pieuse excursion fut fixé au 29 septembre.

Voici comment l'Évêque d'Arras annonça à ses diocésains ce projet qui lui tenait tant à cœur : « Vous n'ignorez pas que nous sommes à la veille de nous rendre. à Lourdes, à la tête du pieux pèlerinage organisé à cet effet dans les diocèses de Cambrai et d'Arras. Nous ne manquerons pas, dans le sanctuaire signalé par tant de faveurs, d'offrir à la Vierge Immaculée le troupeau dont nous avons la charge et de solliciter pour lui les grâces les plus abondantes, dans l'ordre spirituel comme dans l'ordre temporel. Veuillez, de concert avec vos paroissiens, nous accompagner de vos prières, afin que DIEU bénisse ce voyage, entrepris pour sa gloire, l'honneur de sa sainte Mère et l'avantage de notre bien-aimé diocèse. »

Malgré la distance (mais en face de l'amour la distance n'est rien), l'Artois va donc commencer cette série de pèlerinages à Notre Dame de Lourdes qui seront, un quart de siècle plus tard, l'une de ses œuvres les plus belles et l'un des témoignages les plus éloquents de sa foi et de sa dévotion singulière envers Marie.

Chapitre Deuxième.

LE DIOCÈSE D'ARRAS EST HEUREUX DE CETTE NOUVELLE. ON LE PRÉPARE A CE PÈLERINAGE PAR UNE ÉTUDE COMPLÈTE ET CHARMANTE DE LOURDES, PUBLIÉE DANS LA « SEMAINE RELIGIEUSE ».

CETTE nouvelle fut accueillie par le diocèse d'Arras avec la plus grande faveur. Un ecclésiastique, apprenant que Mgr Lequette se proposait de conduire lui-même le pèlerinage à Notre-Dame de Lourdes, se mit aussitôt à publier dans la *Semaine Religieuse* des pages fort remarquées, intitulées : « Mes impressions sur Lourdes, » et qui avaient pour but de révéler à ses compatriotes quelque chose de ce Lourdes, déjà bien connu des voyageurs, mais encore plein de mystère pour le Nord et le Pas-de-Calais.

Pour familiers que nous soyons aujourd'hui avec la Grotte vénérée et avec toutes ses merveilles, nous pensons qu'on relira avec plaisir et profit ces pages bien pensées et bien écrites, qui furent comme la préface de notre grand pèlerinage de 1873. Elles sont modestement signées : M. B. Du commencement à la fin, elles ont un parfum nettement artésien qui leur donne droit de cité dans ce travail.

Afin de mettre de l'ordre dans son sujet l'auteur de ces pages divise ainsi son récit :

1° *Le voyage.* — Pour quiconque n'a jamais traversé la France, notre chère patrie, il y a dans ce trajet de l'extrémité du Nord au fond, des Pyrénées, un attrait que je n'ai pas besoin d'embellir des fleurs de la poésie. Oh ! qu'elle est belle notre France, et qu'on doit regretter de mourir sans l'avoir visitée dans l'étendue de son vaste territoire ! Quand elle avait un roi, on disait d'elle : C'est le plus beau royaume après celui du Ciel ; et maintenant combien son parcours a plus de charmes encore avec cet immense réseau de chemins ferrés qui relient ses principales cités et vous permettent de voir en un seul jour tant de merveilles de la nature et de l'art !

Mais enfin, ce n'est point là le récit du voyage, et la grande question est de le faire. — N'est-il point trop fatigant et à mon âge, ou dans l'état de ma santé ; n'est-il pas imprudent d'entreprendre une pareille course ?... — Non, cher confrère, rassurez-vous... — Mais ne souffre-t-on pas trop de la faim ou de la soif? — Pas du tout, car chacun porte avec soi ses petites provisions qu'on partage gaiement, et aux gares principales, il est toujours facile d'aller remplir d'une eau fraîche et limpide sa gourde de pèlerin. Du reste, Messieurs du Comité ont veillé à ce que les voyageurs confiés à leurs soins trouvent un repas confortable quelque part vers le milieu de la route, comme à Orléans, les Aubrais, ou à Vierzon.

Du malaise et de la gêne, je ne nierai point qu'il y en ait un peu dans ce trajet non interrompu de deux jours et une nuit, mais il y a deux choses qui aident singulièrement à supporter la fatigue : la gaieté du cœur et la pensée qu'il faut faire pénitence. Oui, on sait que la douce Mère qu'on va visiter à Lourdes, prêche la pénitence à ses enfants, et déjà on entend sa voix si persuasive murmurer ces trois mots à l'oreille de son cœur : Priez, faites pénitence.

Enfin l'ennui n'existe pas, même pour ceux qui ne peuvent regarder par la portière ; car, alternativement on jase, on chante et on prie. Quel charme surtout dans cette prière faite à haute voix dans un wagon de chemin de fer avec des frères et des sœurs, animés de la même foi et du même amour pour JÉSUS et Marie ! Volez, volez, anges de la prière, porter à Notre-Dame de Lourdes les vœux que nous formons tous pour l'Église et pour la France. Saluez de loin par vos chants l'Étoile de la mer qui apparaît à l'horizon et fait luire à nos yeux un rayon d'espérance. Récitez son Rosaire assez haut pour que le bruissement des rails n'empêche pas l'écho de votre prière d'arriver aux oreilles des mondains. Ne craignez rien ; vous parcourez la France pour l'édifier, et à chacune de vos stations, pieux pèlerins, vous remarquerez que loin de vous railler, on vous admirera. Oui, la Croix du CHRIST qui brille sur vos poitrines est encore respectée, même de l'impie, et comme le disait si bien l'éloquent Évêque de Limoges au pèlerinage d'Amettes : « L'impiété elle-même, stupéfaite, subit malgré elle l'influence irrésistible de cette prière publique ; elle rend à DIEU l'hommage forcé du silence. »

Ainsi, portant partout l'édification et la prière, on accomplit joyeusement ce long voyage. Il est bien agréable surtout, quand on peut se trouver toujours avec des personnes de connaissance dans le même compartiment. Or, il est facile de se procurer cet avantage en se mettant dix par dix et en demandant un compartiment réservé à Messieurs les commissaires. Il est vrai qu'il faut changer de train deux fois, à Ivry et à Agen ; mais alors le plus agile de la bande se hâte d'aller placer la pancarte sur un autre compartiment, et reste à la portière. pour garder la place. Toutefois il peut arriver qu'un vieux grognard vienne la prendre d'assaut, et vous oblige à porter plus loin votre personnel. C'est le seul désagrément que nous ayons eu dans notre voyage avec les pèlerins de la Picardie. Tout avait été prévu et parfaitement réglé d'avance par le Comité d'Amiens. L'arrivée aux stations, la durée de la pose, les heures de la prière, les mystères du Rosaire à méditer, tout cela nous était marqué sur un petit imprimé qui nous fut remis au départ. Notre billet de chemin de fer nous indiquait aussi le lieu où nous devions régler nos comptes avec chaque Compagnie. Quand nous eûmes déchiré notre dernier coupon, nous étions à la gare de Lourdes.

2° *L'arrivée.* — On a donc traversé toute la France, et l'on se trouve en face de ces belles Pyrénées dont les sites pittoresques attirent tant de visiteurs. Ce n'est point là non plus le but du pèlerin. Son esprit est préoccupé d'un tout autre objet, en arrivant dans ces montagnes. Cependant, il ne peut s'empêcher de pousser un cri d'admiration devant le magnifique panorama qui se déroule à ses yeux. Je n'essayerai point de décrire ici ce que la plume d'Henri Lasserre n'a pu nous peindre que bien imparfaitement ; mais je ne crains pas d'affirmer que le site de Lourdes est beaucoup plus curieux à voir que d'autres sites pyrénéens jusqu'ici plus célèbres et plus fréquentés par les touristes, tel que celui des Eaux-Bonnes, par exemple ; à Barèges, à Cauterets, vous verrez sans doute de plus hautes montagnes, mais souvent le spectateur se trouve comme écrasé par ces masses énormes, et l'œil se fatigue vite d'un paysage sans variété. Ici, rien de semblable, mais de quelque côté qu'on jette la vue, les regards tombent avec satisfaction sur des objets variés et toujours charmants. L'aspect de la sainte montagne surtout est aussi grandiose que ravissant. Les vastes édifices qu'on y a construits, la large route qu'on y a pratiquée entre les roches et le gave, les chemins tortueux qui serpentent sur ses flancs, n'ont fait qu'ajouter aux beautés de la nature ; le plan réalisé est admirable, et laissez-moi vous dire, chers lecteurs, les naïves réflexions que je faisais en arrivant sur cette terre consacrée à Marie : « Vraiment, disais-je, la Sainte Vierge est habile ; elle voulait s'établir sur la terre de France et faire venir toute cette France à ses pieds ; il lui fallait un nouveau sanctuaire, un temple magnifique, de nombreux visiteurs, de grandes processions ; elle a choisi l'endroit le plus convenable pour cela, et parfaitement réussi dans ses projets. » Mais ce peuple au milieu duquel elle est venue établir sa demeure, quel est-il? Il parait bon, religieux et de mœurs assez pures en général ; mais, placé à l'embouchure des sept vallées du Lavedan, sur la route des principaux établissements d'eaux thermales, il a vu trop souvent passer la civilisation moderne pour avoir conservé sa simplicité primitive. Peut-être le trouverez-vous un peu rusé et un peu trop avide de votre argent. Il vous fait payer assez cher cette hospitalité qu'il vous accorde de bon cœur, qu'il vient même vous offrir avec instance à votre descente du chemin de fer. Il est quelquefois difficile de se débarrasser de certaines obsessions, et le mieux qu'on ait à faire c'est de prendre un omnibus qui vous conduise à un hôtel quelconque. Si on ne veut pas descendre à l'hôtel, si pour sa tranquillité on préfère une maison bourgeoise, il est bon de se renseigner. Ordinairement, le Comité du pèlerinage a tout prévu, et les personnes qui n'ont pas de logement sont invitées à se rendre à l'église paroissiale, où on leur indique les maisons les plus recommandables de la ville. Surtout, chers pèlerins, dans le choix de votre logement, veillez à ce qu'il ne soit pas trop éloigné de la Grotte.

3° *La Grotte.* — Aussitôt qu'il se voit débarrassé de ses bagages, assuré de son gîte et un peu réconforté, le pèlerin se hâte d'aller rendre sa première visite à la Grotte de Massabielle. Vous voici donc, ô lieu béni, rocher sacré que la Reine des cieux a touché dix-huit fois de son pied virginal, et à jamais sanctifié par sa présence. Et vous, sainte fontaine, symbole du sang de JÉSUS, véhicule des grâces dont Marie dispose, instrument des merveilles qu'elle opère, c'est là que vous avez jailli par son ordre des profondeurs de la terre. D'où vous venez, nul ne le sait, et nul ne vous avait connue avant ce jaillissement mystérieux ! Oh ! je vois ici plus que le rocher du désert frappé par Moïse, plus que l'échelle de Jacob, et avec lui je puis bien m'écrier : « Voici la maison de DIEU et la porte du ciel. »

C'est le besoin de se rapprocher de DIEU, disait Monseigneur de Limoges au pèlerinage d'Amettes, qui pousse tant de pieux voyageurs vers les sanctuaires les plus célèbres ; et ce besoin est pleinement satisfait quand on se trouve dans ce nouveau sanctuaire de Marie. Sanctuaire unique dans le monde, il n'a pas été fait de main d'homme, mais préparé par l'Auteur même de la nature pour y offrir sa divine Mère à la vénération des peuples. Aussi vous apparaît-il vraiment comme le vestibule du ciel, et votre cœur y bat d'une indicible émotion.

Impossible, chers lecteurs, de vous rendre l'impression qu'on éprouve alors. D'abord on est saisi d'une sorte de frayeur devant cette masse énorme du rocher qui s'arrondit au-dessus de vos têtes comme la voûte d'un temple, puis s'élève à pic comme un majestueux portique, et porte comme un géant, sur ses épaules de granit, la tour de la nouvelle église. On contemple avec admiration cette flèche élancée qui se perd dans les nues, et fait resplendir dans les airs une couronne d'or, symbole de la souveraineté de Celle qui règne en ces lieux. De là le regard fatigué vient se reposer amoureusement sur la douce et radieuse image de la Mère Admirable. Elle est là sur le côté droit de la Grotte, dans cette niche naturelle tapissée de verdure et de fleurs où Marie s'est montrée à Bernadette. La main d'un artiste habile l'a décorée d'une beauté surhumaine, mais on se représente l'Immaculée mille fois plus belle et plus radieuse encore ; on s'imagine la voir comme Bernadette dans la splendeur de la céleste auréole, et, les yeux mouillés de larmes, on ne se lasse point de la contempler. Comme la voyante, on voudrait s'élancer sur le roc pour baiser les traces de ses pas, mais on se sent retenu par le respect comme par le sentiment de son indignité. Si le corps reste immobile, l'âme s'élève, s'élève légère, ardente vers ce trône de la grâce, et lui présente son humble supplication.

Voyez au pied de cette image chérie toutes ces lettres, où chacun vient confier à la Mère de miséricorde les secrets de son cœur, les besoins de son âme. Il y en a dans toutes les fissures, dans toutes les cavités et sur toutes les saillies du rocher, et jusque sur la touffe de l'églantier ; elles sont cachetées et nul n'oserait y toucher. Marie seule en a pris connaissance, et n'en a laissé aucune sans réponse. Et vous aussi, pieux pèlerins, vous avez une supplique particulière à présenter à Marie. Non, vous ne lui demanderez point cet or ni cet argent que vous voyez épars sur les dalles de la sainte Chapelle ; il a été jeté là, et vous le foulez aux pieds pour marquer que vous êtes venus chercher des biens supérieurs. Ce sont ces trésors célestes dont Marie est la dispensatrice, ces perles infiniment précieuses, ces grâces spéciales et extraordinaires, qu'elle se plaît à répandre en ces lieux. On sent qu'on obtiendra quelque chose, et on prie avec une ferveur inaccoutumée, avec une confiance sans bornes ; et s'il faut des miracles, de grands miracles, on ne craint pas de les demander pour soi, pour ses parents, pour ses amis, pour ses ouailles. — Ce qu'on demande avant tout pour soi et ce qu'on obtient infailliblement, c'est la guérison de son âme. Quant à la guérison du corps, Marie l'accorde aussi bien souvent ; car voyez tous ces instruments, ces *ex-voto* suspendus à la voûte par les mains de la reconnaissance. Muets témoins des misères qui sont le triste apanage de notre humanité, ils attestent en même temps la miséricordieuse bonté de Marie et sa divine puissance.

4° *La rencontre.*— Cependant on s'aperçoit qu'on n'est pas seul à la Grotte, mais en nombreuse compagnie. Il est soir et les pèlerins arrivent en masse, les uns pour rendre leur première visite à la Vierge Immaculée, les autres pour lui dire un solennel et touchant adieu ; les uns vont commencer leur pèlerinage, les autres le terminer, mais un même but les amène en ce moment devant Marie ; vrais chrétiens et vrais Français, ils viennent prier en commun pour l'Église et pour la France. Après l'intérêt de leur âme, ils n'ont rien de plus cher au monde que l'intérêt de cette Mère persécutée, et celui de cette patrie malheureuse. Ces deux amours sont inséparables dans leur cœur, et l'on peut lire dans leurs yeux, sur leurs fronts, cette communauté de sentiments, car ils paraissent heureux de se rencontrer. Ils sont de tout pays, de tout rang, de toute condition, de tout sexe, de tout costume, mais un signe distinctif vous marque qu'ils sont tous de la même famille, tous frères et sœurs ; les uns portent sur leur poitrine la Croix du CHRIST, les autres son Sacré-Cœur, d'autres le Scapulaire bleu de l'Immaculée Conception ; ils se reconnaissent donc, bien qu'ils ne se soient jamais vus. O douce rencontre de la fraternité chrétienne, non, tu n'es pas le moindre charme de ce doux pèlerinage.

Vous l'éprouverez comme nous, chers pèlerins du Nord et du Pas-de Calais, car très probablement vous trouverez à Lourdes, au 1er octobre, beaucoup d'autres frères que vos compagnons de voyage.

Combien se préparent à y venir célébrer l'anniversaire de la grande manifestation ou la fête du Saint Rosaire ! Depuis cinq mois, c'est comme une levée en masse de pèlerinages qui se portent de toutes parts vers les sanctuaires de JÉSUS et de Marie, surtout vers Lourdes.

Ce mouvement ne se ralentira pas avant l'hiver, car tout le monde sent que la grande crise approche et qu'il faut redoubler d'efforts pour apaiser le Ciel. Vous le sentez plus que personne, prêtres du Seigneur ; aussi, je suis persuadé que mes confrères du diocèse d'Arras ne seront pas moins nombreux à Lourdes que les prêtres d'Amiens ; seulement, la distance du lieu leur rendant le voyage plus difficile, plusieurs peuvent avoir besoin d'être excités, et c'est pourquoi j'ai pris la plume. Mais je m'écarte et j'oublie le but de cette nombreuse réunion du soir. Voici un missionnaire qui vient pour diriger la prière commune, et Marie qui descend du ciel pour l'écouter.

5° *La présence de Marie.* — « Si deux ou trois seulement sont réunis en mon nom dans quelque lieu, là je me trouve au milieu d'eux. » Appliquons à Marie ces paroles du Seigneur, et sans prétendre savoir ce qui se passe dans le monde surnaturel, disons sans crainte d'être critiqué : Habituellement sans doute, Marie écoute nos prières du haut du ciel, où elle voit tout dans le sein de DIEU ; mais souvent, dans sa tendresse maternelle pour les hommes, se rapprochant de ces pauvres mortels, elle se trouve présente au milieu d'eux d'une manière invisible, mais réelle, c'est-à dire en personne.

C'est en personne qu'elle vint à Lourdes, à chacune de ces merveilleuses apparitions qui sont maintenant des faits incontestables. Si elle n'y apparaît plus visiblement, n'en doutons point, elle y est encore bien souvent présente, personnellement présente ; oui, la Reine des cieux descend, j'oserai dire, presque journellement dans ce sanctuaire privilégié qu'elle a choisi elle-même, pour y tenir sa cour, pour y recevoir les hommages et les suppliques de son peuple. N'est-ce point ce qui doit arriver surtout quand de nombreux pèlerinages se trouvent réunis devant ce trône rustique où, comme saint Louis, elle donne ses audiences ? Ne s'est-elle pas en quelque sorte engagée à se trouver toujours au milieu de ces foules venues à son appel, réunies en son nom ?...

Je m'explique. Dans une de ses premières appparitions l'Immaculée a dit à Bernadette : « Je désire voir ici beaucoup de monde. »

Les habitants de Lourdes et des contrées voisines s'étant rendus à son appel, il y avait les fois suivantes des milliers de personnes devant la Grotte, et la voyante nous apprend que l'apparition promenait sur la foule agenouillée des regards et des sourires satisfaits ; elle semblait prendre une grande complaisance à voir ce peuple religieux accouru au soupçon de sa présence. Or, maintenant que tous les jours elle voit au pied de son image des foules immenses accourues des contrées les plus lointaines, peut-on douter que la Vierge Fidèle ne vienne aussi au rendez-vous qu'elle leur a donné ?

Elle est donc là, avec la grâce infinie et la majesté incomparable de son auguste personne. Elle est là avec sa tendresse de mère, ses regards ravissants et ses sourires pleins de douceur. On ne voit rien, mais on le sent : il y a là un être surnaturel dont la présence vous électrise et vous transporte ; et quelle n'est point alors la ferveur de votre prière ! Quelle n'est point sa puissance !...

6° *La prière publique.* — Par la prière nous sommes forts de la toute-puissance de DIEU. C'est donc l'arme que nous devons prendre et tenir constamment en main, si nous voulons triompher dans cette lutte acharnée, furieuse, que l'enfer livre de nos jours à l'Église de DIEU. Le triomphe final n'est point douteux, mais il s'agit de combattre pour l'obtenir, et le moyen le plus propre à atteindre ce résultat, c'est la prière publique faite en commun dans l'un ou l'autre de ces sanctuaires vénérés où DIEU semble se plaire à répandre plus abondamment ses grâces.

C'est la pensée qui préside à toutes ces pieuses manifestations, et plus particulièrement au pèlerinage de Lourdes. On y va comme à une nouvelle croisade contre l'islamisme moderne, contre cette affreuse Révolution, marquée au front du sceau de la bête, vraie fille de Satan, par lui engendrée et nourrie de sa haine pour DIEU et pour le CHRIST, par lui déchaînée, animée contre l'Eglise et son Chef, et contre toutes les nations catholiques ! Cette croisade, c'est la Mère même du Fils de DIEU qui est venue nous la prêcher. Du haut du rocher de Lourdes, nous montrant l'arme qui a déjà vaincu et dispersé les farouches cohortes de l'Islam, elle nous crie à tous : « Accourez, mes enfants, armez-vous, DIEU le veut ! »

— Oui, voyez ce rosaire suspendu à son bras, ces mains jointes devant sa poitrine sacrée, ces regards suppliants élevés vers le ciel : tout cela ne nous indique t-il pas ce qu'elle demande de nous, et ce que nous avons à faire ? Oh ! Vierge immaculée, nous avons entendu votre voix, et pleins d'ardeur, nous sommes venus à notre tour au lieu du ralliement, nous voici à vos pieds, le rosaire à la main.

Partout où l'on prie, on peut sans doute bien prier et d'une manière efficace ; mais il n'est pas douteux que la sainteté des lieux où l'on prie, les souvenirs que leur puissance réveille, le spectacle de la foi d'autrui, l'association de la prière, toutes ces causes réunies n'exercent une grande influeuce sur la ferveur de cette prière et sur son efficacité. A Lourdes, devant la grotte de Massabielle, une autre cause vient encore exciter davantage votre ferveur, car, comme nous l'avons déjà dit et prouvé, on y est d'une manière plus particulière et plus sensible en présence de Marie. N'y aurait-il que son image, cette blanche et radieuse image qui se dresse devant vous dans l'attitude de la prière, son muet langage ne suffirait-il pas pour élever votre âme vers DIEU ? Voilà pourquoi, malgré la simplicité de l'allocution que vous adresse le missionnaire et son accent gascon, on est soulevé dès le début et comme transporté dans les régions célestes, et l'on prie comme on n'a jamais prié peut-être, et comme on ne priera plus quand on sera descendu de ces hauteurs. On prie donc tous ensemble, pour l'Eglise d'abord, pour le Saint-Père et pour la France. Oh ! notre Père qui êtes dans les cieux, daignez prêter l'oreille à nos ardentes supplications, et vous, divine Mère, qui régnez près de lui, recevez dans vos mains saintes et vénérables, et déposez au pied de son trône ce premier vœu de nos cœurs chrétiens. C'est pour cette autre Mère que JÉSUS nous a donnée pour nous conduire ici-bas dans les sentiers glissants, sur les bords d'un précipice et au milieu des combats, vers la céleste patrie. Sainte Épouse du Sauveur, « il faut que tout entier sur elle s'accomplisse, de son Époux mourant, le sanglant sacrifice ; » mais qu'il est dur au cœur de ses enfants de la voir ainsi toujours incessamment persécutée, foulée aux pieds par d'insolents ennemis ! Seigneur DIEU tout-puissant, confondez les ennemis de votre sainte Eglise, et réjouissez enfin nos cœurs par son exaltation et son triomphe. *Pater noster, Ave Maria.*

Oh ! notre Père qui êtes dans les cieux, daignez écouter encore ce second vœu de nos cœurs désolés, et vous, divine Mère, portez-le aussi au pied du trône de l'Éternel. C'est pour cet auguste et saint vieillard qui tient ici-bas la place de votre divin Fils, et porte depuis tant d'années sa croix pesante et sa couronne d'épines. Ils l'ont environné comme des chiens enragés, comme des taureaux furieux ; ils l'ont cerné de toutes parts. Ah ! levez-vous, Seigneur, montrez votre puissance, sauvez des mains de ces féroces ennemis ce Père de nos âmes, ce doux et très Saint Père ; avant de le glorifier dans le ciel, donnez-lui, s'il vous plaît, quelques jours de repos et de bonheur sur la terre. *Pater noster, Avè Maria.*

Oh ! notre Père qui êtes dans les cieux, daignez écouter aussi cet autre vœu de nos cœurs, et vous, divine Mère, appuyez-le de toute la force de votre puissante intercession. C'est pour la fille aînée de votre Église, ô mon DIEU, c'est pour votre royaume, ô Marie, c'est pour la France... Nation infortunée depuis qu'elle a prêté l'oreille aux discours de l'impie et repoussé, comme les Juifs, la royauté de votre divin Fils, elle n'a plus eu de paix ni de prospérité durable ; et depuis qu'elle a oublié sa mission providentielle, elle n'a plus connu que l'humiliation et la douleur. Pitié, Seigneur, pour notre chère patrie ; guérissez-la de cet esprit d'incrédulité ; réveillez la de son indifférence, et rendez-lui, avec son ancienne foi, son ancienne prospérité, son ancienne grandeur. *Pater noster, Ave Maria.*

On prie ensuite, selon la recommandation de Marie, pour la conversion des pécheurs... Parmi ces pécheurs que la Vierge clémente avait en vue, sont compris, sans aucun doute, tous les ennemis du CHRIST et de son Eglise qui ne sont pas encore frappés de la malédiction éternelle. Donc, en demandant que DIEU les confonde, nous ne demanderons pas leur perte, mais leur salut. Qu'ils sortent de leur aveuglement, et que, touchés de la grâce à la vue des prodiges opérés par Notre-Dame de Lourdes, ils reviennent à la foi de leurs pères, qu'ils se convertissent au Seigneur, et le bénissent désormais autant qu'ils l'ont outragé. *Pater noster, Ave Maria.*

7° *La réparation solennelle.*— La supplication pour l'avenir et la réparation pour le passé, tel est le double caractère qu'ont tous les pèlerinages, mais que possède particulièrement celui de Lourdes, car la Sainte Vierge elle-même lui a donné ce double caractère. Rappelons-nous, en effet, ce qui se passa dans l'apparition du 24 février.

Quelques instants après que Bernadette fut tombée en extase, on la vit baiser la terre à plusieurs reprises, et monter à genoux des bords du gave jusqu'au fond de la Grotte. Pendant qu'elle montait ainsi, on l'entendit prononcer ces paroles : Pénitence, pénitence, pénitence! puis, arrivée au fond de la Grotte, elle se retourna vers les assistants pour leur faire signe de s'incliner comme elle... Interrogée ensuite sur ces faits étranges, elle répondit : « J'ai marché à genoux et baisé la terre parce que la vision me l'a commandé ; c'est en pénitence pour moi et pour les autres. » En effet, la Sainte Vierge lui avait dit : « Vous prierez pour les pécheurs... vous baiserez la terre pour la conversion des pécheurs... » puis elle lui avait fait signe d'avancer à genoux, et trois fois elle s'était écriée : Pénitence, pénitence, pénitence!... Mais pourquoi, lui dit-on, nous avez-vous fait signe de baiser la terre ? « La vision voulait dire que vous devez, vous aussi, faire pénitence pour les pécheurs. »

L'expiation jointe à la prière, voilà donc, on le voit, ce que la Mère de DIEU nous demande comme préparation aux grâces que nous réserve la divine miséricorde. Elle nous invite non seulement à réparer nos propres fautes par la pénitence, mais à faire tout notre possible pour réparer les fautes des autres ; et cela, au nom de cette solidarité chrétienne en vertu de laquelle le juste prend la place du coupable, et paie ses dettes à la divine justice. Comme cette solidarité existe surtout entre les membres d'une même nation, on comprend que pour obtenir le pardon de la France, cette divine Ménagère nous demande particulièrement réparation pour tous ces blasphèmes contre DIEU et contre son CHRIST, pour tous ces outrages, toutes ces impiétés dont la France a été le principal théâtre, — les gouvernements, les complices, — les écrivains, les propagateurs.

Oui, vous l'avez compris, pieux pèlerins de Lourdes. Aussi, malgré les fatigues et les privations d'un long voyage, vous restez là de longues heures à genoux sur la pierre, demandant grâce et miséricorde pour votre patrie, infidèle, ingrate envers son DIEU. Avec quel empressement vous venez tous présenter cette amende honorable à JÉSUS par les mains de sa divine Mère! avec quel feu, avec quelle expression de regret, d'amour et d'espérance vous répétez devant elle ce touchant refrain :

Mère admirable,
Priez pour nous ;
La France fut coupable,
Mais elle est à genoux!

Oui, c'est bien la France, c'est la France chrétienne, la vraie France qui vient là tous les jours, représentée par ses plus dignes enfants, implorer son pardon et réparer les outrages de ses enfants rebelles, par les supplications les plus ardentes, par les hommages les plus solennels. Déjà presque toutes ses vieilles capitales, je pourrais dire ses moindres cités, ont envoyé leurs représentants à cette expiation générale; elle passera là, tout entière, devant l'Immaculée-Conception, comme à Paray-le-Monial devant le Sacré-Cœur, et c'est là qu'elle trouvera son salut. Heureux présage! le Ciel commence à nous sourire, nous arriverons à une réconciliation entière, et l'espérance renaît, elle s'enracine ; nous allons voir des jours meilleurs, parce que nous ne serons plus la nation impie.

8° *Les processions.* — La prière publique, qui supplie et répare, a son expression la plus énergique et la plus solennelle dans ces belles et pompeuses processions dont l'Église catholique a seule le secret. Or, ces splendides manifestations de la foi ont, à Lourdes, un charme particulier, un caractère unique de beauté et de grandeur. Sous un ciel bleu, dans une vallée gracieuse et accidentée, dont l'aspect change à chaque pas, encadrée de montagnes pittoresques, de forêts sombres et de collines qui s'arrondissent sous la fraîche verdure, entre le vieux château-fort et la nouvelle église de marbre, suivant les bords du gave aux eaux limpides et mugissantes, aussi pressées que les flots, d'immenses processions se meuvent harmonieuses comme les célestes phalanges sous le regard de DIEU ; les croix, les bannières, les oriflammes se déploient, étincellent sous le soleil du Midi ; les fanfares jettent au loin leurs sons joyeux, tandis que la prière murmure des rosaires ; puis de puissantes voix font entendre aux échos des montagnes les plus belles hymnes de l'Église.

Mais le côté vraiment grandiose de ces processions, c'est, si je puis m'exprimer ainsi, leur côté militaire, leur caractère de croisade. Quel spectacle pour le ciel et pour la terre que ces bandes de pèlerins qui, tous les jours et à toute heure, descendent de l'église paroissiale au nouveau sanctuaire comme des bataillons en marche vers le lieu de ralliement ! Montagnes et gave, et toi, forteresse antique du Sarrasin, qui vis passer les légions de Charlemagne, saluez ces nouveaux croisés. Ce sont les soldats du CHRIST qui se rendent au grand combat de la foi et de l'amour, de la prière et de la pénitence, du courage et du dévouement.

Qu'ils sont nombreux ces vaillants et généreux enfants du Nord, du Midi, de l'Est et de l'Ouest !... Qui pourrait les compter, venus des quatre vents du ciel, formant presque chaque jour des légions de plusieurs milliers de fidèles et de centaines de prêtres ?

Chaque bataillon a son chef. C'est l'un de ces prêtres vénérables qui aident les premiers pasteurs dans le gouvernement des églises ; le plus souvent c'est l'évêque lui-même, qui n'a pas voulu céder à d'autres le commandement de cette troupe d'élite. Voyez cet homme à la noble et haute stature, qui s'avance avec majesté, la crosse en main, la mitre en tête et le bras étendu pour bénir : c'est l'un des généraux de la sainte milice, c'est le premier pasteur de ces pieux fidèles et le chef vénéré de tous ces prêtres, venus de si loin.

Chaque bataillon a aussi son drapeau. C'est, sous une forme variée, toujours le même, c'est l'étendard de Celle qui écrasa la tête du serpent et qui seule est redoutable au démon comme une armée rangée en bataille.

Chaque combattant a son arme pendue à sa ceinture ou passée autour de sa poitrine. C'est celle qu'on vit, il y a trois siècles, arborée sur les étendards de don Juan d'Autriche marchant contre les infidèles ; celle qui vainquit à Lépante, à Vienne, à Belgrade ; celle que Marie nous indique encore comme gage de la victoire, son saint Rosaire.

Enfin, toutes les poitrines, comme celles des anciens croisés, sont couvertes du signe de la foi et de l'amour, signe commun sous toutes les formes et toutes les couleurs : croix de JÉSUS, croix de saint Pierre ; Cœur sacré de JÉSUS, très saint Cœur de Marie, saint Nom de JÉSUS, saint Nom de Marie ; saints scapulaires, rouges comme le sang du Sauveur, blancs ou bleus comme l'Immaculée. Oh ! comme elle doit être heureuse et satisfaite de voir chaque jour tous ces fils des croisés venir aussi vers elle, le cœur ardent et l'arme au bras ! N'oublions pas que c'est elle qui les appelle au combat, car elle a dit : « Je veux qu'on bâtisse ici une chapelle et qu'on y vienne en procession... » Elle est donc là, qui les attend et leur sourit, de l'autre côté du gave, et voici qu'apercevant sa demeure, ils la saluent par un chant d'amour et d'espérance : *Ave, maris Stella ;* « Salut, Étoile de la mer, qui êtes venue nous annoncer » la fin de la tempête ; auguste Mère de DIEU et toujours » vierge, porte fortunée du ciel, salut ! »

Que de fois, pieux fidèles, et vous surtout, prêtres du Seigneur, vous vous sentîtes émus jusqu'aux larmes en chantant ce bel hymne dans la langue de l'Église ! Pour moi, je n'ai jamais éprouvé autant d'émotion qu'en l'entendant retentir sur les rives du gave. Hélas ! je ne pouvais guère faire entendre ma faible voix au milieu de ces voix sonores de la Picardie qui entonnaient toute la vallée, mais mon âme chantait, oui, elle chantait à Marie : *Monstra te esse Matrem.*

Ecoutez cet autre chant qui presque tous les jours retentit sur ces rives ; c'est le cantique ordinaire des Vendéens dans leur procession d'arrivée : « Sur cette colline, Marie apparut ; au front qu'elle incline, rendons le salut : *Ave, ave, ave, Maria ; ave, ave, ave, Maria.* » Que de saluts à Marie !... Ils coulent de ces poitrines chrétiennes aussi pressés que les flots du gave, et ces ondes mugissantes, et ces rochers retentissants, et les échos lointains des montagnes, et le ciel et la terre redisent : *Ave, ave, ave, Maria.*

Pieux Vendéens, que j'étais curieux de voir et que j'ai vus en effet dans ce rendez-vous général, pourrais-je ici passer sous silence le sentiment d'admiration qui me saisit en vous voyant avancer vers la Grotte avec vos chants si doux, avec vos poitrines décorées du Sacré-Cœur et si brûlantes d'amour, avec cette expression de foi et de respect religieux qui vous distingue, avec cette gravité sainte des âmes unies à DIEU, avec ce calme et ce recueillement que vous apportez toujours dans vos processions ?

Les femmes comme les hommes portent sur leur front cet air de calme et d'énergie qui marque un peuple de héros. Le mondain serait peut-être tenté de rire à la vue de ces longues coiffes des paysannes bretonnes, aussi hautes que la mitre épiscopale, mais il y a dans ces têtes féminines quelque chose de grave qui vous commande le respect, un air de modestie et de piété qui vous édifie, et l'on craindrait de les scandaliser en se montrant moins recueillis.

Toutefois, dans ce sentiment d'édification, je ne puis m'empêcher d'avoir ce petit colloque avec l'une de ces Vendéennes qui marchaient près de moi : « D'où vient, s'il vous plaît, ce beau pèlerinage ? — De la Vendée, mon Père ; » et elle rentra dans le recueillement de la prière.

La voilà donc, cette antique race de héros et de saints, toujours la même, avec son costume immuable comme sa foi ; toujours digne de ses pères par son amour pour le CHRIST, son dévouement pour l'Église et la patrie ; toujours digne de l'admiration des anges et des hommes par sa ferveur et sa piété. Vous pourrez l'admirer comme nous, pèlerins du mois d'octobre, car, des Vendéens, il y en a presque toujours à Lourdes. Il n'est point de mois où l'on ne voie deux ou trois pèlerinages, et des plus nombreux, venir des provinces de l'Ouest. Des plus vaillantes aux plus anciennes croisades, la Bretagne et la Vendée ont été des premières dans la croisade actuelle contre les modernes Sarrasins. Elles ne se lassent pas d'envoyer au combat leurs valeureux bataillons.

Cependant on arrive au nouveau sanctuaire de la Vierge Immaculée. Aussi vaste que splendide, il peut contenir la foule immense qui tombe agenouillée devant DIEU. C'est à lui qu'appartiennent sa première visite et ses premiers hommages. C'est pourquoi cette première procession se fait à l'église ; elle est ordinairement suivie du chant des vêpres ou d'un salut solennel pendant lequel un orateur de première ligne vient haranguer les croisés pèlerins. Est-il besoin d'enflammer leur ardeur? Non, car Marie elle-même leur a parlé au cœur, et sur la voûte du sanctuaire elle offre à leurs regards, écrite en lettres resplendissantes, cette éloquente exhortation : « Allez boire à la fontaine et vous y laver. » — « Fils des croisés, vous » le chantiez tout à l'heure, il relève la tête celui qui a bu sur » sa route l'eau du torrent ; allez donc boire à la fontaine » d'eau vive, et soyez fermes dans le combat que vous avez » à soutenir contre le monde. Ce n'est plus le temps d'être » indifférents ou pusillanimes, de se cacher ou de fuir ; c'est » le temps de se montrer, de protester et de combattre par la » manifestation de sa foi ; et voilà le moyen de remporter la » plus belle des victoires contre ce monde pervers... Mais » pour que votre foi, publiquement manifestée, confonde l'im- » piété du siècle, il faut que vous l'honoriez par la pureté de » vos mœurs ; allez donc aussi, allez boire à la fontaine qui » purifie les âmes et les cœurs. »

Mais voici qu'on entonne le *Magnificat*, et l'on se met en marche, le rosaire en sautoir et le cierge à la main. On défile avec ordre, mais pêle-mêle, c'est-à-dire que prêtres et fidèles, hommes et femmes, Niortais et Provençaux, Vendéens et Picards sont confondus dans la procession, comme ils le sont dans leur foi et leur dévouement. C'est une armée disparate par le costume, mais homogène par l'âme et par le cœur.

Marchez en paix, soldats de la prière, *in nomine Domini.* Qui oserait et qui voudrait troubler cette marche pacifique de l'armée du Seigneur? Vos armes sont bien inoffensives; en quoi peuvent-elles inquiéter vos ennemis? Un grain de chapelet n'est pas la balle qui tue; un bout de cire n'est pas l'épée qui transperce! Mais je comprends, ce cierge est allumé, et c'est la lumière qu'ils craignent, ces enfants des ténèbres. Donc en avant, fils du CHRIST, disciples de l'Evangile; avec ce petit flambeau, vous allez, comme les soldats de Gédéon, jeter l'effroi et l'épouvante dans le camp des Madianites!...

Ils s'avancent lentement par ces sentiers brisés qu'on appelle les lacets de la colline, et qui, par une ingénieuse invention, forment, sur ce vaste amphithéâtre, la lettre initiale du nom de Marie. Ils montent avec leurs cierges qui, comme des étoiles mouvantes, avancent, reculent, reviennent, écrivant en longs traits de feu ce saint nom, cet auguste nom, ce nom béni des hommes, vénéré des anges, redouté des démons! Toi qui crains la lumière, et surtout ce grand nom qui brille dans la nuit, Satan, retire-toi dans tes abîmes; mais vous, mortels, montez sur la crête opposée pour contempler ce grand, cet indicible spectacle. Sans l'avoir vu, on ne peut en avoir une idée; quand on l'a vu, on ne peut le dépeindre.

Après avoir serpenté longtemps sur les flancs de la montagne, la colonne lumineuse s'engage derrière l'église, qu'elle enveloppe bientôt d'un cercle de feu. C'est comme un embrassement d'amour dont ces milliers de cœurs chrétiens entourent la Vierge-Mère. Sa chapelle apparaît blanchissante dans la nuit, du reflet de cette immense couronne d'étoiles qui scintillent et se meuvent sans disparaître.

Les voilà qui s'alignent sur la route de la ville, et marchent en ordre de bataille vers la pieuse cité. Regardez en avant, voyez ces grandes étoiles qui ouvrent la marche : ce sont des torches portées par les plus vaillants, par ces pieux laïcs, par ces pieux militaires qui vivent au milieu du monde en bravant ses mépris, comme des héros qui se battent au sein de la mêlée.

Jetez un regard en arrière, et voyez : vous êtes à plus d'un kilomètre de la grotte, et cependant le défilé n'est pas fini ; vous n'en apercevez pas la queue. Que serait-ce si vous y joigniez par la pensée toutes ces bandes de croisés pèlerins qui depuis février ont passé par ici ! Impudents détracteurs de la vraie foi, aveugles ennemis de la vérité, vous pensiez peut-être, et vous disiez qu'il n'y avait presque plus de catholiques en France. Comptez seulement ceux qui, depuis un an, ont traversé le pont du gave, le chapelet et le cierge à la main, vous affirmant ainsi leur foi et leur dévouement à l'Église...

Mais j'oubliais les cantiques, et quels cantiques ! C'est là qu'il faut entendre, lancés dans les airs par des milliers de voix, et répétés par les échos des montagnes, les sublimes accents de Marie dans son immortel *Magnificat.* Ce fut aussi au sein des montagnes qu'elle entonna ce cantique d'allégresse, et nous étions au jour anniversaire de sa Visitation. Le matin nous avons vu les merveilles de sa puissance et, le soir, nous étions témoins de sa gloire, de ces hommages solennels que les peuples chrétiens lui décernent de génération en génération. Aussi avec quels transports de joie redisions nous avec elle : « Mon âme glorifie le Seigneur et mon esprit tressaille d'allégresse en DIEU mon Sauveur ! » Avec quelle admiration pour ses grandeurs et pour les voies de la divine Providence nous répétions : « Il a fait pour moi de grandes choses... Il a déployé la puissance de son bras, chassé les superbes, déposé les puissants de leurs pouvoirs, élevé les humbles ! » Enfin avec quelle douce espérance nous chantions encore : « Il a relevé Israël de ses humiliations, se ressouvenant de sa miséricorde pour son peuple ! »

C'est là aussi, dans le silence de la nuit, et au milieu de cette immense illumination, qu'il faut entendre ce chant de Roumanille, devenu si populaire parce qu'il est véritablement l'expression des cœurs chrétiens : « Pitié, mon DIEU, c'est pour notre patrie... » Quels accents ! c'est notre chant de guerre, et celui-là n'est point farouche et sanguinaire ; répétez-le jusqu'au trône de la divine miséricorde : « DIEU de clémence, ô DIEU vainqueur, sauve Rome et la France, exauce enfin nos pleurs. » Puis, s'adressant à Marie, toutes ces voix suppliantes répètent par centaines de fois : « Vierge, notre espérance, étends sur nous ton bras ; sauve, sauve la France, ne l'abandonne pas. »

C'est en répétant toujours ce refrain si touchant qu'on arrive à la place. Là, quel spectacle, quelle scène indescriptible ! — L'interminable défilé d'étoiles débouchant par une rue étroite, tourne et retourne autour de cette place, se roulant en spirale sans fin comme un immense serpent de feu. La pieuse cité, s'associant à l'enthousiasme des pèlerins, applaudit de toutes parts à cette brillante manifestation, et le bruit des battements de mains, les pétillements des feux d'artifice, les détonations des boîtes se mêlent au bruit immense des innombrables cantiques ; des feux de bengale viennent de nouveau vous plonger tout à coup dans un océan de flammes, puis les étoiles fixes reparaissent au firmament, et sur la terre les étoiles mouvantes, qui se rangent, qui se rapprochent, se pressent pour remplir tous les vides ; enfin le mouvement s'arrête, les chants cessent, il se fait un silence solennel ; et au milieu de cette forêt de lumières, un cierge s'élève... A ce signal, tous ont compris, et simultanément, élevant d'une main leur cierge, tendant l'autre vers le ciel, ils poussent de nouveau, de leur poitrine ardente, ces trois acclamations d'amour et d'espérance : Vive l'Immaculée Conception !.. Vive Pie IX, pontife et roi !... Vive la France du CHRIST !... Puis tout rentre dans le silence et les ténèbres de la nuit ; la terre se tait, mais le Ciel a entendu !

Libre à vous, libres-penseurs, de ne voir, dans une scène si grande, qu'une comédie ridicule. Mais alors, pourquoi êtes-vous si furieux ?... pourquoi répondez-vous par des cris de rage à nos saintes acclamations ? Est-ce que les démonstrations pacifiques sont une déclaration de guerre?... Ne craignez point, ces Vendéens ne prendront plus le glaive, et encore moins ces hommes du Nord. Mais voici ce qui arrivera peut-être : Quand les soldats de Gédéon arrivèrent dans le camp des Madianites, tenant leur flambeau à la main et faisant retentir jusqu'au ciel le nom du Seigneur, l'épouvante s'empara de leurs ennemis, qui, au milieu de leurs ténèbres, se ruèrent les uns sur les autres. Ainsi, par l'effet de nos cierges et de nos acclamations, une frayeur insensée gagnant de plus en plus les incrédules, il est possible que ces aveugles ennemis de l'Eglise prennent de nouveau les armes contre nous, mais, ô DIEU tout-puissant, vous ferez qu'ils les tournent contre eux-mêmes, et nous serons victorieux.

9° *La fontaine et ses miracles.* — Le temps passe vite à Lourdes, au milieu des pieuses et douces occupations du pèlerinage. Le matin, dès la première heure, on arrive à l'église, le prêtre pour y célébrer le Saint Sacrifice, le fidèle pour y faire ses dévotions. Quand on a pu satisfaire sa piété, il est souvent près de huit heures, mais on se sent pressé d'aller encore prier quelques instants devant la Vierge de la Grotte, et rafraîchir son corps et son âme à la sainte fontaine. Il faut ensuite retourner à son hôtel pour prendre une légère réfection, et, pour peu qu'il soit éloigné de la Grotte, il faut se hâter pour revenir à l'église et assister à la messe commune, qui se célèbre ordinairement vers neuf heures. Au sortir de l'église, on se sent de nouveau attiré vers la Grotte comme par un aimant invincible ; c'est, en effet, la force magnétique de l'amour qui vous attire irrésistiblement vers Marie. Souvent aussi, à cette heure, vous voyez arriver processionnellement quelque pèlerinage nouveau, qui vous occupe et vous retient en ces lieux.

Ainsi, nous étions arrivés sans nous en apercevoir à la seconde moitié de notre deuxième et dernier jour ; les quelques heures qui nous restaient allaient s'enfuir rapides comme les eaux du gave, et nous ne pouvions songer à faire de longues excursions. Cependant, pour contenter la curiosité de notre petite caravane, nous fîmes une ascension sur les collines voisines de la Grotte. C'est une promenade peu longue et peu fatigante que je conseille à ceux qui désirent contempler le panorama des montagnes ; on y jouit de points de vue magnifiques, et on y trouve plusieurs cavernes spacieuses et très curieuses à voir. Nous fûmes ensuite visiter la maison de Bernadette. Elle est encore habitée par sa sœur Marie, maintenant mère de famille ; elle nous parut fort ennuyée de tant de visites et des questions sans fin qu'elle est obligée de subir, tous les jours, la pauvre femme ! Pourquoi troubler ainsi cette existence et ne point laisser la mère au soin de ses petits enfants ? Nous avions aussi projeté d'aller visiter l'intérieur du vieux château, puis les premiers miraculés de Lourdes, le carrier Bouriette, et l'enfant de la femme Bouhohort. Nous aurions été curieux de voir cette fille d'Abraham dont la foi triompha de la mort, et ce ressuscité qui est maintenant un pieux et vigoureux jeune homme de dix-huit ans. Mais à quoi bon, puisque la veille nous avions vu s'accomplir, sous nos yeux, un miracle de premier ordre, et ce matin encore, dans la Grotte, contemplé pendant plusieurs heures la miraculée de Niort, parfaitement guérie et affermie sur ses jambes ressuscitées ! Laissant donc là tous nos projets, nous commençâmes nos préparatifs de retour.

Chacun pense d'abord à faire provision de l'eau miraculeuse, que l'on distribuera à ses amis comme le plus précieux et le plus authentique souvenir de son cher pèlerinage ; nous voici donc munis de bidons en fer-blanc et revenus à la sainte fontaine : nous y avons rempli nos vases. Ne la quittons point sans jeter un dernier regard sur cette grande merveille et boire un dernier coup de cette eau fraîche, légère et pure.

Oh ! qu'elle est bonne et bienfaisante, l'eau de Marie ! Gens du monde, tous les jours, le verre à la main, vous dites à vos amis : « Je bois à votre santé. » Vœu stérile, et bien souvent menteur, ou démenti par des effets contraires ! Allez donc boire à la fontaine de Lourdes avec ces milliers de frères qui s'y succèdent du matin au soir, se passant mutuellement la coupe du festin maternel. Convives de Marie, c'est là qu'on peut se porter des toasts, car dans cette eau on trouve la santé du corps et aussi celle de l'âme ; on y boit la grâce, on y boit la vie !

En effet, l'expérience de tous les jours le démontre, cette eau merveilleuse, par la volonté de DIEU et de Marie, a une vertu particulière pour guérir toutes les infirmités corporelles et spirituelles. Merveilleuse dans son origine et sa destination, elle est plus merveilleuse encore dans ses effets.

D'abord, dans son origine, elle est elle-même un grand miracle, car comment expliquer naturellement le jaillissement

BERNADETTE SOUBIROUS.

mystérieux de cette source sous les doigts d'un enfant? D'après l'inspection des lieux, nous avons constaté, et tout le monde peut constater par la conformation du terrain, qu'elle vient et ne peut venir que des profondeurs de la terre, car les parois de la grotte forment une masse compacte, une voûte unie qui semble avoir été coulée d'un seul jet. Quoi donc ! a-t-on creusé profondément la terre pour lui ouvrir une issue ? Non, mais une chétive enfant, obéissant à une voix mystérieuse, a de sa main délicate gratté légèrement la terre, et l'eau a commencé à sortir. Elle était donc là depuis longtemps prête à sortir de la terre ? Mais alors depuis longtemps aussi elle eût pénétré cette faible cloison brisée par les doigts de l'enfant, et les gens du pays vous affirment non seulement qu'il n'y avait aucune source en cet endroit, mais qu'il était parfaitement sec, sans aucune trace d'humidité. C'était donc une inconnue qui arrivait de profondeurs inconnues, par l'ordre de l'être mystérieux qui parlait à Bernadette, et qui, comme le remarque M. Lasserre, se frayait un chemin nouveau dans les entrailles de la terre, car elle arrivait lentement, et elle était boueuse ; ce ne fut qu'au bout de quelques jours qu'on la vit jaillir pure et limpide, d'un jet gros comme le bras. Alors la force brutale essaya, mais en vain, d'en comprimer la sortie, preuve nouvelle qu'elle venait de loin, et qu'une main plus forte que celle de Bernadette lui avait ouvert une issue.

Dans sa destination, cette source est un grand symbole. Car, que nous indiquent ces paroles que je vois inscrites sur le marbre de la sainte fontaine ? Quelle est, en réalité, cette fontaine où la Vierge Immaculée nous invite à venir nous désaltérer et laver nos souillures ? N'est-ce point cette fontaine du Sauveur où le prophète voyait les futures générations puiser avec joie l'eau de la grâce ? celle dont le Sauveur lui-même parlait à la Samaritaine, cette source d'eau vive qui désaltère à jamais et rejaillit en la vie éternelle ?... Il en est donc ici comme du rocher frappé par Moïse sur l'ordre du Seigneur. Il figurait JÉSUS-CHRIST, et l'eau qui en jaillit figurait les sacrements de la Loi nouvelle. Ainsi, sur l'ordre de Marie, l'obéissante Bernadette gratte le rocher de Lourdes, et l'eau, qui en jaillit si abondante et si pure, figure aussi cette source intarissable de grâces et de salut que JÉSUS-CHRIST nous a laissée dans ses sacrements, et qui jaillit incessamment du roc immuable de l'Eglise. Or, pourquoi a-t-on défiguré ce grand symbole, et lui a-t-on ôté son caractère de source jaillissante en l'emprisonnant dans une espèce de coffre en forme de buvette et en la faisant passer par trois robinets? Ce n'est point là ce que nous nous attendions à voir, mais un beau jet sortant à gros bouillons du sein de la terre dans un bassin de marbre. Pour prendre ces mesures mesquines,on a sans doute eu des raisons qu'il ne m'appartient pas d'examiner, mais je puis dire ici mes impressions, je n'aime pas ces robinets qui ôtent à la source miraculeuse son caractère symbolique et toute sa poésie.

Quoi qu'il en soit de la forme, les effets restent heureusement les mêmes. C'est une source abondante de grâces et de prodiges de tout genre. C'est une nouvelle piscine de Siloë où les malades et les infirmes, les paralytiques, les boiteux, les lépreux, les aveugles, les sourds-muets affluent de toutes parts et attendent leur tour pour être plongés dans l'eau salutaire. Elle n'a pas toujours été remuée par l'ange du miracle ; on peut dire néanmoins que les guérisons corporelles opérées par sa vertu sont presque journalières ; et elles se sont tellement multipliées depuis quinze ans, qu'on pourrait en remplir de gros volumes. Il serait bien à désirer qu'Henri Lasserre, avec le talent qui le distingue, se chargeât de ce travail. Compulsant dans les annales de Lourdes les faits les plus marquants et les plus incontestables, il lancerait dans le monde incrédule un nouveau livre écrasant pour nos libres-penseurs, et qui, universellement, confondrait leur audace à tout nier, réveillerait la foi d'un grand nombre et répondrait aux intentions de la Mère de DIEU. Car, pourquoi tant de miracles aujourd'hui? Jamais les interventions miséricordieuses de cette divine Mère n'ont été aussi nombreuses que de nos jours, parce que jamais elles n'ont été aussi nécessaires qu'en ces jours d'épreuve où la foi est presque éteinte dans la plupart des gens du monde, où l'incrédulité gagne de plus en plus la masse, où les impies triomphent, les faibles tremblent et les forts eux-mêmes sont ébranlés. Marie connaît les maux présents et les remèdes qu'ils exigent. C'est pourquoi elle s'obstine à faire des miracles, afin que ce siècle aveugle, qui s'obstine à nier le surnaturel, le voyant déborder de toutes parts et pouvant le toucher du doigt et de la main, s'écrie enfin comme saint Thomas: « Mon Seigneur et mon DIEU ! »

Plus merveilleux encore est le spectacle qui s'offre aux yeux de la foi dans l'ordre spirituel. Ici le miracle est incessant ; il sourd, pour ainsi dire, et il abonde avec cette eau mystérieuse dont Marie a fait comme le véhicule des grâces dont elle dispose. Disons mieux : ces grâces spirituelles sont là cachées, amassées avec cette eau dans les flancs du rocher, et elles n'attendent pour sortir que le contact de la foi et de la prière. Toute âme qui vient frapper, pour soi ou pour les autres, les fait jaillir en abondance, et ce ne sont plus seulement deux ou trois infirmes qui recouvrent subitement le mouvement ou la vue, l'ouïe ou la parole, ce sont des milliers de paralytiques spirituels qui, après de longues années d'inertie, se lèvent soudain pour aller à DIEU ; des milliers de boiteux qui se redressent pour marcher droit dans les sentiers de la justice ; des milliers d'aveugles qui ouvrent les yeux à la lumière de la foi, de sourds qui entendent enfin la voix de la grâce, de muets qui se décident à révéler une longue suite d'iniquités et de sacrilèges, enfin de pécheurs endurcis qui versent des larmes sous la pression du divin amour, et prennent la résolution d'aller de suite se jeter dans les bras de la divine miséricorde...

10e *La nouvelle église et le vieux château.* — Avant de quitter ces lieux bénis, rendons aussi une dernière visite au nouveau sanctuaire de l'Immaculée Conception. On y monte par une rampe assez douce, en attendant l'escalier monumental qui doit, plus tard, conduire directement de l'esplanade au lieu saint, et qui est maintenant en voie de construction.

On arrive d'abord dans la crypte, qui est assez vaste, fort belle, bien éclairée, bien aérée, et surtout solidement construite, creusée qu'elle est dans le roc vif sous l'abside du chœur. Elle est remplie nuit et jour d'une foule compacte, et toute la matinée, depuis minuit, ses neuf autels sont occupés par des prêtres qui y célèbrent successivement le saint sacrifice, et passent alternativement du rôle de célébrant à celui de servant. C'est là que nous eûmes le bonheur de dire la sainte messe le premier jour à l'autel du Sacré-Cœur. Doux souvenir! Marie nous appelait à Lourdes pour nous conduire au Cœur de JÉSUS.

Le lendemain, c'était dans l'église supérieure, à l'autel de Saint-François d'Assise, heureuse coïncidence dont nous bénîmes aussi la Sainte Vierge. Du Cœur de JÉSUS, source d'amour, elle nous menait au cœur de saint François pour y puiser l'esprit d'humilité, de mortification et de pénitence. Je fus d'autant plus frappé de cette rencontre qu'un de mes compagnons était un dévot serviteur de ce grand saint, et un zélé propagateur de son cordon. Aussi, je crus devoir lui céder l'honneur de célébrer le premier. — Les seize autels latéraux distribués autour de la grande nef sont ainsi consacrés, soit aux plus grands saints de l'Eglise, soit aux mystères les plus propres à exciter la dévotion des prêtres et des fidèles. Par une heureuse disposition que tout le monde admire, tous ces autels sont tournés dans le même sens que le grand autel de l'Immaculée Conception, et les petites chapelles forment une suite très gracieuse de compartiments séparés par une cloison de marbre, sculptée dans le style de l'église et du plus bel effet. On regrette qu'il ne reste entre elles et la grande nef qu'un couloir fort étroit ; mais c'est à dessein, sans doute, qu'on n'a pas fait de nefs latérales, pour conserver à cette église le caractère d'une chapelle, conformément à la demande de la Sainte Vierge. Du reste, la grande nef, qui est très vaste, peut suffire aux besoins présents, et, à plus forte raison, à ceux de l'avenir.

Si, maintenant, nous le considérons à l'extérieur, cet édifice, malgré ses vastes proportions, a bien le caractère qu'on a voulu lui donner. Vu de face surtout, il ressemble plutôt à une chapelle qu'à une basilique, car il est fort étroit pour sa hauteur. Quoi qu'il en soit, c'est un monument grandiose et très gracieux, d'une construction solide en marbre blanc du pays, et dans un style treizième siècle assez pur.

Situé sur le penchant oriental de la colline, cet édifice fait face au vieux château qui s'élève de l'autre côté du gave, sur son rocher à pic. Assis l'un et l'autre sur une base inébranlable, et lançant vers les cieux leur tête altière, ils sont là comme deux géants de granit, qui se le disputent en force et en hauteur, comme deux forteresses inexpugnables, dont l'une a servi aux besoins des temps anciens et l'autre doit servir aux besoins des temps modernes. C'est ce qui frappe, surtout quand on se rappelle l'histoire du vieux château ; la voici, telle qu'on la trouve dans les annales religieuses et littéraires d'Orléans :

« Le château-fort de Lourdes, à peu près imprenable avant l'invention de l'artillerie, était jadis la clef des Pyrénées.

« La tradition rapporte que Charlemagne, en guerre avec les infidèles, ne put venir à bout de s'en emparer. Au moment où il allait lever le siège, un aigle, passant au-dessus de la plus haute tour de la forteresse assiégée, y laissa choir un poisson magnifique qu'il venait de saisir dans un lac du voisinage.

« Était ce parce que ce jour-là les lois de l'Eglise prescrivaient l'abstinence? Était-ce parce que le poisson était un symbole chrétien encore populaire à cette époque ? Toujours est-il que le chef sarrasin Mirat, qui occupait le château, vit là-dedans un prodige et se convertit à la vraie foi. Il ne fallut rien moins que ce miracle et la conversion de Mirat et son baptême pour faire rentrer ce château sous la domination de la chrétienté. Encore le Sarrasin stipula-t-il, dit la chronique, que, devenant le chevalier de Notre-Dame, la Mère de DIEU, « il « entendait, soit pour lui, soit pour ses descendants, que son « comté, libre de tout fief terrestre, ne relevât jamais que d'elle « seule. »

Quoi qu'il en soit de cette légende, elle semble recevoir une sorte de consécration par ce qui se passe aujourd'hui. Marie a pris possession de ces lieux ; elle y a fait bâtir sa forteresse, et, comme nous l'avons déjà remarqué, au sommet de ce monument brille son diadème, pour dire aux générations présentes et futures qu'elle est la Reine du pays.

En effet, ce pays béni paraît ne plus appartenir à personne

qu'à la Vierge Marie et ne relever que d'elle seule. Il n'y a plus là ni commissaire, ni gendarme, ni procureur, ni préfet qui vienne faire la loi, et interposer son autorité entre la piété des enfants et le cœur de la Mère. Où êtes-vous donc, M. Jacmet? Marie vous a chassé bien loin, et, à son tour, elle vous a signifié : « Défense d'entrer dans cette propriété ! Elle est à moi maintenant, et je n'y veux plus voir de maîtres, mais des enfants dévoués et des sujets fidèles... »

Et ils sont accourus, ces enfants, ces serviteurs, ces servantes de la Vierge Immaculée ; et ils sont libres maintenant de prier, de chanter, d'allumer leurs cierges, de promener en ces lieux leurs saintes phalanges, d'y bâtir des maisons, car ils sont chez leur Mère et Souveraine, sur la propriété de l'Immaculée Conception. Voyez tous ces édifices qui couvrent le versant de la montagne : c'est la maison des Pères de l'Immaculée-Conception, le couvent de l'Immaculée-Conception, le château-fort de l'Immaculée-Conception ! Voyez ces longues lignes de tentes qui couvrent toute la route depuis la Grotte jusqu'à la ville : c'est le bazar de l'Immaculée-Conception. Toute la cité elle-même paraît appartenir à Marie, c'est l'hôtellerie de l'Immaculée Conception ; et la police qui loge, loge aussi les pèlerins de Marie, qui les protège au besoin, qui veille à l'ordre public dans leurs manifestations, qui les entoure de sollicitude et de ses égards : c'est la police de l'Immaculée-Conception ! — Plongez maintenant vos regards dans l'intérieur de la nouvelle forteresse. Que vous disent toutes ces bannières, ces oriflammes apportées de toutes parts et suspendues par centaines à la voûte sacrée et sur toutes les parois du sanctuaire ? N'est-ce point ici une véritable citadelle, où la Reine du ciel a réuni, pour les garder, tous les trophées de ses victoires sur l'enfer, tous les étendards de ses pieux bataillons, tous ses titres de souveraineté sur la terre de France? Comment énumérer tous ces titres qui constatent qu'elle est non seulement à Lourdes, mais partout, notre bien-aimée Dame et Souveraine ?

Notre-Dame de Paris, Notre-Dame de Chartres, de Reims,

de Boulogne, d'Amiens, de Neufchâtel, de Castres, de Pamiers, du Vals, de Foix, de Lamballe.

Notre-Dame du Mans, du Puy, d'Auray, de Riom, d'Espinasse, d'Aiguirandes, d'Issoudun, de Saint-Dizier, de Séez, de Niort, de Saint-Jean d'Angely, de Dijon, de Bar-le-Duc.

Notre-Dame de Liesse à Laon, de Fourvières à Lyon, de la Daurade à Toulouse, de la Marmande à Agen, du Verdelais à Bordeaux, de la Treille à Lille, des Miracles à Saint-Omer, de Grâce à Cambrai, des Anges à Pouverville, à Saint-Germain de Toulon, des Vertus à Grosmières.

Notre-Dame de la Garde à Volvic, de la Garde encore à Clermont, de la Délivrance à Quintin, à Bayeux, d'Espérance à Saint-Brieuc, de Bonne-Espérance à Vesoul, de Bonne-Encontre à Agen, de Bon-Secours à Compiègne, de Bonne-Nouvelle à Reims, du Port-du-Salut à Laval, etc..., comment tout nommer? quelle cité n'a pas envoyé son hommage à Notre-Dame de Lourdes, et sous quels noms divers Marie n'a-t-elle pas été reconnue Suzeraine par son peuple de France? Ce monument est là pour l'attester aux générations futures : *Regnum Galliæ regnum Mariæ;* pour attester aussi que la Reine du ciel a accepté ce titre de Reine de France, que ce royaume lui est cher, qu'elle ne veut pas l'abandonner aux envahissements de l'impiété, mais que d'ores et toujours elle le défendra comme son bien et sa propriété. Non, elle ne permettra pas que l'enfer enlève ce beau fleuron à la couronne de son Fils, qu'il le chasse de nouveau de ses temples, et qu'il la chasse elle-même de tant de sanctuaires où son peuple chéri la vénère comme sa Reine bien-aimée. C'est ce qu'elle est venue lui signifier sur la montagne de Lourdes. Là, retranchée dans sa forteresse, au milieu de tous ses titres de Souveraine, appelant à elle ses pieux bataillons, déployant sa puissance divine et étendant sur la France son bras protecteur, elle porte au démon le défi de lui ravir son bien et sa propriété.

11° *Les paroles de Marie.* — Voici venir l'heure du départ, il est temps d'acheter les petits souvenirs que nous voulons emporter de Lourdes. Ces chapelets, ces médailles, ces photographies, ces images que nous irons présenter à Marie et faire toucher au rocher de l'Apparition, recevront par ce contact une espèce de consécration qui leur donnera plus de prix. Il semble que Marie elle-même, toujours souriante et bonne, étende la main pour les bénir.

Mais les souvenirs les plus précieux que nous puissions emporter de ces lieux, ce sont assurément ces perles spirituelles que Marie a semées sur ce rocher,c'est-à-dire les paroles sacrées qu'elle y a laissé tomber de ses lèvres divines ; déjà nous les avons recueillies presque toutes dans le cours de ce récit, mais pour n'en perdre aucune, formons-en un faisceau que nous placerons sur notre poitrine et que nous méditerons souvent dans notre cœur, comme Marie méditait les paroles de JÉSUS.

Cette Vierge Prudente,toujours recueillie en DIEU,se répandait peu au dehors ; elle méditait toujours, mais parlait rarement. Aussi nous ne connaissons que sept paroles prononcées par elle pendant sa vie mortelle. Elle a parlé deux fois avec l'ange, deux fois avec Élisabeth,deux fois avec son divin Fils, une fois avec les serviteurs de Cana, et, selon la remarque de saint Bernard, dans toutes ces circonstances c'est l'amour qui la fit parler.

Marie a aussi peu parlé à la terre depuis qu'elle est entrée dans sa vie glorieuse ; il y eut bien de temps en temps, dans le cours des siècles, quelques apparitions plus ou moins remarquables, quelques révélations faites par la Mère de DIEU à des âmes saintes, soit pour ce qui les concernait particulièrement, soit pour les intérêts généraux de l'Église. Mais aujourd'hui que ses besoins et ses dangers sont plus grands que jamais, les visites de Marie à la terre sont devenues plus fréquentes. Dans sa sollicitude maternelle pour le peuple chrétien, se rapprochant de lui, descendant sur nos montagnes, elle est venue nous parler, plusieurs fois de suite, de la manière la plus solennelle.

Or, on peut aussi réduire à sept les principales paroles qu'elle nous a fait entendre, et que lui a dictées son cœur de mère : une à la Salette, cinq à Lourdes, une à Pontmain. Les voici dans leur suite admirable et bien digne de nos réflexions :

« 1° Le bras de mon Fils est devenu si pesant que je ne « puis plus le soutenir ; — 2° Je désire voir ici beaucoup de « monde : qu'on y élève une chapelle, et qu'on y vienne en « procession ; — 3° Il faut prier pour les pécheurs ; — « 4° Pénitence, pénitence, pénitence ! — 5° Allez boire à la « fontaine et vous y laver ; — 6° Je suis l'Immaculée Concep- « tion ; — 7° Continuez à prier, mon Fils commence à se « laisser fléchir. »

Comme on le voit, toutes ces paroles sont inspirées par l'amour maternel. A la Salette, c'est un amour compatissant et alarmé qui vient nous avertir de la justice : *Verba amoris compatientis.* A Lourdes, c'est un amour vigilant et plein de sollicitude, qui vient nous annoncer la miséricorde et les moyens de l'obtenir : *Verba amoris vigilantis.* A Pontmain, c'est un amour joyeux et empressé qui vient nous donner bonne espérance : *Verba amoris jubilantis.*

Oui, dans la sollicitude et les alarmes de son cœur de mère, Marie a cherché les moyens de nous sauver en nous réconciliant avec son divin Fils. Ces moyens, qu'elle a exposés à JÉSUS, et que JÉSUS a daigné agréer, elle se hâte de venir nous les révéler du haut du rocher de Lourdes. Ce sont d'abord des supplications, des hommages solennels, des processions, des pèlerinages par lesquels ce qui reste de chrétiens fidèles viendront manifester leur foi, rendre gloire au Seigneur, et réparer les outrages faits à sa divine Majesté. C'est ce à quoi elle nous invite en nous disant : « Je veux voir ici beaucoup de monde ; — qu'on y bâtisse une chapelle, et qu'on y vienne en procession. » Vos paroles ont été comprises, ô Mère, vos désirs ont été satisfaits, vos ordres exécutés ! Quel beau temple s'élève sur ces vieilles roches, et quel monde tous les jours dans ce désert ! On y accourt de toutes les parties de l'univers catholique ; le chemin de fer des Pyrénées y déverse chaque jour des flots de pèlerins, tandis que les autres voies ferrées portent en tous sens, et à tous les sanctuaires, les innombrables bataillons de la prière ; partout la foi se réveille, la piété se ranime, et la prière répare le blasphème. — Mais, hélas ! ils ne prient pas eux-mêmes ces misérables blasphémateurs, ces impies audacieux, ces pécheurs obstinés dont les outrages ont irrité mon Fils! Quand se convertiront ils alors, et que vont-ils devenir s'ils ne se convertissent? « Priez donc pour eux, nous dit-elle, vous qui êtes justes, agréables à mon Fils; pieux fidèles, et vous surtout, bons prêtres, ayez le zèle du salut des âmes, ne cessez point de prier pour la conversion des pécheurs. » O Mère, nous savions déjà quelle est votre tendresse pour les hommes, puisque l'Eglise vous appelle le Refuge des pécheurs, c'est-à-dire de ceux qui outragent votre divin Fils. Nous savions qu'en ces derniers temps vous leur aviez offert à tous un asile assuré dans votre illustre sanctuaire de Notre-Dame des Victoires, et dans votre médaille miraculeuse un bouclier contre les traits de la colère divine. Par elle aussi vous excitiez notre zèle pour leur conversion. Comment, après cette nouvelle recommandation si solennelle et si touchante, pourrions-nous oublier dans nos prières cette foule de malheureux qui, près de nous ou loin de nous, se précipitent aveuglément dans la damnation éternelle?...

Il ne suffit pas de prier, nous dit-elle ensuite, il faut faire pénitence pour eux et pour vous mêmes. Ecoutez, mes enfants, dans ce siècle de sensualisme, la plupart ne vivent plus que pour boire et pour manger. Le jeûne et les autres pratiques de la pénitence sont des choses tout à fait étranges ou inconnues pour les gens du monde. Vous oubliez vous-mêmes trop souvent la grande loi de la mortification chrétienne. Cependant, vous le savez, la pénitence est nécessaire, trois fois nécessaire : nécessaire pour dompter vos passions, nécessaire pour expier vos fautes, nécessaire pour détourner les fléaux publics. Vous voulez apaiser le courroux du Seigneur, joignez donc la pénitence à la prière. Combien vous seriez plus agréables à mon Fils, si avec l'esprit de piété vous aviez l'esprit de pénitence; et combien plus efficacement vous travailleriez à la conversion des pécheurs, si tous vous leur donniez l'exemple d'une vie sobre et mortifiée! Donc, mes enfants, j'insiste sur ce point : « Pénitence, pénitence, pénitence! » O Mère, je ne sais pourquoi ces douces paroles font plus d'impression sur mon âme que les terribles menaces de l'Evangile.

Oui, nous avions besoin d'être rappelés à l'esprit de pénitence, et il fallait pour cela la douce voix d'une Mère ; elle a porté la persuasion dans nos cœurs. Merci, ô Mère, de cet avis salutaire.

J'ai une autre recommandation à vous faire, poursuit cette Mère bien-aimée. Les âmes tombent d'inanition et se dessèchent auprès du pain de vie et de la fontaine du salut. En voulant se désaltérer aux eaux fangeuses du siècle, elles ne font qu'irriter leur soif et se souiller de plus en plus. O vous donc qui avez la foi, montrez-leur le chemin de la fontaine d'eau vive, afin qu'elles viennent s'y désaltérer, s'y laver, s'y guérir et y reprendre vie. « Allez vous-mêmes y boire et vous y laver souvent, afin d'y attirer les autres par votre exemple, et d'amener ainsi leur réconciliation avec mon Fils ; car, vous le comprenez, cette indifférence générale pour ses divins sacrements n'est pas une des moindres causes de sa colère. »

Vraiment, ô Mère, c'est une ingratitude révoltante, et un oubli coupable de nos plus chers intérêts. Nous le comprenons mieux maintenant depuis que nous avons médité ces paroles gravées sur le marbre de votre sainte fontaine, et écrites en grandes lettres d'or sur la voûte de votre sanctuaire. C'est bien avec raison qu'on a formé ces lettres avec des cœurs d'or, car ce sont les paroles d'un cœur plein de charité pour les hommes, et ardemment désireux de leur salut. Nous les retiendrons bien, nous surtout, prêtres du Seigneur, pour les mettre en pratique, comme pour en faire le sujet de nos exhortations. Nous nous en servirons comme d'un nouveau texte de l'Écriture Sainte, heureux de pouvoir nous appuyer sur l'autorité de la Mère de DIEU pour inviter nos fidèles à s'approcher plus souvent des sacrements, pour leur prêcher la confession fréquente et la communion réparatrice : réparatrice des forces de l'âme, réparatrice des injures faites au Cœur de JÉSUS.

Mais que nous apprennent ces dernières paroles de Marie : « Je suis l'Immaculée-Conception » ? Pourquoi n'a-t-elle pas dit : « Je suis la Mère de DIEU et votre Mère à tous... » ? Oh! c'est qu'elle avait un devoir à accomplir, une espérance à nous donner. Le Docteur infaillible de l'Église universelle avait enfin proclamé comme dogme de foi ce privilège si glorieux pour Marie. Le monde catholique avait applaudi dans sa joie de voir ce beau fleuron ajouté à la couronne de la Vierge-Mère, et dans l'attente des plus heureux résultats pour l'Église ; de son côté, l'enfer avait frémi de rage, et voulant se venger du saint Pontife, il avait amassé contre lui toutes les colères, toutes les injures, toutes les violences de ses misérables suppôts. Marie pouvait-elle se taire ? Ne devait-elle pas, pour consoler le cœur de Pie IX et confondre ses ennemis, venir confirmer elle-même ce qu'il avait défini, en se proclamant Immaculée dans sa Conception ? Ces paroles sont donc celles de l'amour reconnaissant : *Verba amoris gratulantis.* Reconnaissant envers DIEU, d'abord, car il est dit qu'en prononçant ces paroles elle éleva ses regards et ses mains vers le ciel avec une indicible expression de gratitude et d'amour ; reconnaissant envers Pie IX, puisqu'elle affirmait après lui ce privilège qui lui est infiniment cher, plus cher que toutes ses autres prérogatives.

C'est en effet la première grâce que le bon DIEU lui ait faite; elle a été comme le fondement de toutes les autres grâces qu'elle a reçues si abondamment de la divine munificence, comme le principe de toutes ses vertus et de toutes ses grandeurs ; dès lors, il est naturel qu'elle soit heureuse de voir ce glorieux privilège reconnu par l'Église, et qu'elle lui en témoigne sa reconnaissance par toutes sortes de grâces et de bénédictions nouvelles. C'était notre espoir, et Marie est venue nous dire que nous ne nous serions pas trompés dans notre attente : qu'elle est bien celle que nous pensions, l'Immaculée, la privilégiée, la favorite du Seigneur, et qu'elle usera de tout son pouvoir pour nous sauver. Oui, nous dit-elle, « je suis l'Immaculée-Conception, » je suis Celle que le Tout-Puissant a prédestinée avant tous les siècles et qu'il a faite sans tache pour être la terreur de l'enfer et l'espérance du monde ; Celle que le Père des chrétiens a saluée naguère comme l'espérance de la France ; *Ego sum,* c'est moi, me voici, et vous pouvez compter sur moi.

Oui, nous comptons sur vous, ô Mère Immaculée, notre avocate et notre protectrice, qui nous avez déjà donné tant de preuves de votre puissant crédit et de votre sollicitude maternelle. Malgré l'aveuglement des esprits, l'endurcissement des cœurs, la rébellion des volontés, vous ramènerez la France à votre divin Fils, car, nous le voyons, vous vous obstinez à la sauver, et nous savons que vous disposez de la toute-puissance de DIEU.

Et maintenant, qu'avons nous à faire, nous qui allons quitter ces lieux ? Nous souvenir toujours des grâces et des lumières que vous y avez versées dans notre âme, méditer dans nos cœurs et surtout mettre en pratique vos saintes paroles, vous honorer et vous invoquer souvent dans votre Immaculée Conception. Nous le ferons avec empressement ; mais en honorant en vous ce glorieux privilège, nous n'oublierons pas que vous attendez de nous quelque chose de plus. Nous nous souviendrons que la meilleure manière d'honorer votre Immaculée Conception, c'est d'avoir une grande horreur de toutes sortes de péchés, et nous tâcherons de reproduire en nous autant que possible votre innocence et votre pureté.

12° *Les symboles de l'apparition.* — Jetons un dernier regard sur Notre-Dame de Lourdes et recueillons aussi, pour notre instruction, les enseignements muets que nous donne cette image ravissante de la Vierge immaculée.

Telle que nous la voyons sur ce trône rustique, avec son auréole resplendissante, sa beauté incomparable, sa blanche robe, son long voile blanc, sa ceinture azurée, ses pieds nus sur l'églantier, une rose d'or sur chacun de ses pieds, les mains jointes et les yeux élevés vers le ciel, enfin un beau rosaire suspendu à son bras, telle elle s'est montrée à Bernadette dans chacune de ses dix-huit apparitions.

Or, ce n'est pas sans dessein qu'elle lui est apparue constamment sous cette même forme, avec ces mêmes vêtements, ces mêmes objets, et dans la même attitude ; il y a là un langage symbolique plus expressif encore que les paroles, et par lequel elle voulait aussi nous instruire. Cette humble enfant des montagnes qui nous représentait à ses pieds, nous représentait surtout par son ignorance des choses célestes, et la divine Maîtresse en faisait son écolière pour nous répéter ses leçons, pour nous redire tout ce qu'elle avait vu et entendu.

La voyante nous a fidèlement rapporté tous les détails, retracé tout l'ensemble mystérieux de la céleste apparition ; et cette gracieuse image de la Mère du Sauveur est là avec ses dix symboles, pour instruire, de génération en génération, tout le peuple chrétien. *Apparuit gratia Matris Salvatoris nostri erudiens nos.*

« Au point de vue de la piété, dit Mgr de Ségur, nous pouvons et nous devons tirer, de la contemplation de Notre-Dame de Lourdes, des enseignements de la plus haute importance. » C'est trop peu dire ; nous y trouvons un enseignement complet et pratique des principales vertus chrétiennes ; c'est un véritable résumé de l'Évangile.

1° En effet, que nous dit d'abord cette belle auréole, cette lumière si pure, si brillante et si douce en même temps, dont Marie était toujours entourée ? N'est-ce point le symbole de la foi, de cette divine lumière qui éclaire tout homme venant au monde, qui enveloppe le chrétien au jour de son baptême comme une atmosphère céleste, et doit l'accompagner tous les jours de sa vie ? Oui, la foi est la compagne inséparable du chrétien ; jamais il ne doit paraître devant le monde sans la faire voir et rayonner par ses œuvres ; jamais surtout il ne doit rougir de la Croix du Sauveur, comme nous l'indiquent ces grands signes de croix que traçait sur elle la Vierge lumineuse.

2° Que nous dit sa beauté incomparable ? Interrogée sur la belle dame qu'elle a vue, Bernadette ne trouve rien qui puisse lui être comparé ; elle est plus belle que tout ce qu'elle a vu sur la terre... Cependant n'a-t-elle pas vu l'aurore naissante du sommet des montagnes, et quelquefois contemplé la lune au milieu du beau ciel pyrénéen ? Marie est donc mille fois plus belle, plus belle que tout !...

Eh bien ! c'est la beauté de l'âme dans la grâce. Elle reflète alors la beauté éternelle parce que DIEU est en elle, et ce reflet est d'autant plus vif qu'elle est plus sainte, plus unie à son DIEU. Marie, si sainte, nous apparaît dans tout l'éclat de sa beauté divine, et c'est pour nous exhorter à conserver en nous cette beauté de l'âme, la seule vraie, la seule désirable ; à l'augmenter par une union fréquente avec le DIEU de l'Eucharistie ; à l'embellir toujours par la sainteté de notre vie et la pratique des vertus chrétiennes.

3° Que nous dit sa longue robe aux chastes plis, et d'une blancheur si pure, si délicate, que la main d'un ange la ternirait en la touchant ? Elle nous dit que la Mère très pure veut avoir des enfants très purs, et d'esprit et de corps, sans tache et sans souillure d'aucune sorte ; immaculée en son âme, immaculée en son corps, elle veut que nous lui ressemblions tous sinon par la pureté virginale, du moins par l'innocence et la chasteté, évitant avec soin la souillure du péché, surtout la fange du vice impur.

4° Que nous dit encore ce long voile blanc qui couvre ses cheveux et son front, enveloppant dans son amplitude les épaules et le haut des bras, et descendant jusque vers le bas de sa robe ?

C'est l'image de la sainte humilité et de la sainte modestie, de la prudence dont tout chrétien doit s'entourer s'il veut se garantir de la corruption du siècle. Mais ce symbole s'adresse particulièrement à la vierge chrétienne ; il lui apprend que la jeune fille, pour se conserver pure, doit s'envelopper tout entière du voile de la modestie et de la pudeur, et que c'est là son plus bel ornement. Voyez, mondaines, Marie n'en a point d'autres, et par la simplicité de ses vêtements, par ce voile qui couvre ses cheveux, elle condamne votre luxe, vos parures recherchées, vos vanités ridicules...

5° Et cette ceinture azurée, cette écharpe légère d'un bleu si vif et si céleste qu'on ne peut le trouver qu'au troisième ciel !... C'est le symbole de la sainte espérance. Comme l'azur, elle a son siège dans les régions éthérées et rend l'homme tout céleste ; comme la ceinture qui relève le vêtement, elle rend sa marche plus libre et plus agile dans la voie qui conduit au ciel.

6° et 7° Que nous disent maintenant ces pieds nus qui reposent toujours sur l'églantier, et ce rosier sauvage aux branches effeuillées, aux longues épines, que Marie paraît affectionner? Ils nous prêchent le détachement évangélique, l'amour de la sainte pauvreté, des privations et des souffrances ; ils condamnent notre attachement aux biens terrestres, notre mollesse, notre sensualité, notre recherche efféminée du bien-être.

8° Ce n'est point tout : voici la divine charité, représentée par cette rose d'or qui décore chacun de ses pieds immaculés! C'est, de tous ses bijoux, le seul que la Reine du ciel veut montrer à la terre, parce que la charité doit se faire voir ; et elle l'a mis sur ses pieds parce que la charité doit être active, marcher, passer en faisant le bien et accomplissant toute justice. Comprenons bien cette sublime leçon : « Voyez mes pieds, nous dit-elle, ils sont immaculés ; ainsi les vôtres seront sans tache si vous suivez toujours le droit sentier de la justice.

« Voyez cette rose attachée à mes pieds ; ainsi la charité doit accompagner toutes vos démarches, diriger tous vos pas ; et comme cette rose, couleur d'or, brille d'un doux éclat, répand un doux parfum, ainsi votre charité doit luire devant les hommes et répandre partout la bonne odeur de JÉSUS-CHRIST par l'édification de ses bonnes œuvres » : *Sic luceat lux vestra coram hominibus...* N'est ce point ce que nous dit JÉSUS-CHRIST lui-même?

9° « Voyez mes mains, nous dit-elle encore, elles sont jointes pour la prière, et mes regards sont élevés vers le ciel. C'est ainsi que vous devez toujours vous tenir devant le Seigneur, dans une posture respectueuse et l'âme élevée à DIEU. Il faut prier sans cesse et bien prier. » N'est ce point aussi ce que nous dit le divin Maître?

Ainsi donc, cette divine Mère nous répète ici toutes les leçons de l'Évangile, et par quelques symboles elle nous résume toute sa morale : « il faut que le chrétien montre sa foi, — qu'il vive dans l'espérance et le désir du ciel, — qu'il marche dans la justice et la charité, glorifiant DIEU par ses bonnes œuvres, — qu'il soit saint dans son âme, puis dans son corps, — qu'il soit humble et modeste dans tout son extérieur, — qu'il se détache des biens et des jouissances de ce monde, et ne recherche point le bien-être mais plutôt la souffrance, — enfin qu'il prie sans cesse et ne se lasse jamais de prier. » Voilà l'admirable discours que nous fait Notre-Dame de Lourdes dans ce langage muet, plus expressif et plus éloquent que toute prédication humaine...

10° Mais voici un objet sur lequel elle veut attirer particulièrement notre attention, car il brille d'un éclat particulier et elle le tient toujours suspendu à son bras, ou elle le fait glisser entre ses doigts bénis : c'est sa sainte Couronne, son saint Rosaire, symbole de la sainte union des âmes dans la prière. Ses grains sont blancs comme des gouttes de lait : c'est pour nous dire que toute prière doit être faite en état de grâce, afin d'être plus favorablement écoutée. La chaîne est jaune et brillante comme l'or le plus pur : c'est pour signifier que nos prières doivent être ferventes et unies ensemble par l'intention la plus pure et la plus ardente charité. Enfin sa croix est plus brillante encore, elle étincelle comme le feu : c'est pour nous dire qu'en récitant le rosaire nous devons méditer les mystères du Sauveur avec un cœur brûlant d'amour.

Ce rosaire, Marie ne le récite pas, mais elle nous le présente comme un puissant moyen de sanctification et de salut, nous invitant à embrasser tous cette dévotion salutaire. Quand elle ne le tient pas dans ses mains, elle le porte suspendu à son bras : c'est pour nous recommander d'avoir toujours sur nous cette arme spirituelle ; car c'est avec elle que nous devons combattre sans cesse l'ennemi de nos âmes ; c'est avec elle aussi que nous devons, dans ces temps malheureux, combattre et vaincre les ennemis de l'Église notre Mère. Comme au temps de saint Dominique et de saint Pie V, l'Église est ravagée par l'esprit d'erreur, et envahie par d'innombrables barbares. Voilà pourquoi cette Vierge puissante, venant toujours au secours de la chrétienté, nous montre le rosaire, et nous invite à employer de nouveau ce moyen qui l'a sauvée tant de fois.

13° *Les adieux.* — Sur cette heureuse montagne, et devant cette image ravissante de la Vierge Immaculée des cieux, chacun éprouve un peu de ce bonheur, de cette joie céleste que goûtait Bernadette en extase devant l'Apparition ; et comme saint Pierre sur le Thabor, on se trouve si heureux sur ces hauteurs, si dégoûté de la vallée des misères et des larmes, qu'on ne voudrait plus redescendre, mais fixer là sa demeure. « Heureux missionnaires, me disais-je, que ne puis-je comme vous passer ici le reste de mes jours, dans la paix, dans la tranquillité, dans la contemplation de la Vierge Immaculée, dans les douces et perpétuelles émotions de son beau pèlerinage, de l'incessante manifestation de sa bonté et de sa puissance ! Que ne puis-je, comme vous, vivre et mourir aux pieds de ma divine Mère, dans la grâce de mon DIEU et dans son saint amour ! Ici, vous êtes déjà dans les régions célestes ; c'est le ciel entr'ouvert, un paradis anticipé, où, à l'abri des tentations du démon et des scandales du monde, on travaille tranquillement et sûrement à mériter l'autre paradis !... O saint asile, pourquoi faut-il te quitter, et retourner au milieu des misères et des bêtises humaines, au milieu des épreuves, des orages et des combats !... Mais puisqu'il faut partir, adieu donc, lieu béni où j'ai passé des heures si paisibles et si douces ; adieu rocher sacré, sainte fontaine, et vous, Mère Admirable, adieu, ou plutôt, au revoir ! Je voudrais bien, divine Mère, pouvoir mettre le rocher sur mes épaules et vous emporter avec lui ; j'emporterai du moins, pour m'édifier et me consoler, le fac-simile de votre sainte image. Elle me rappellera tous les jours le bonheur que j'ai goûté près de vous, et augmentera de plus en plus mon vif désir de vous voir dans le ciel. »

14° *Le retour.* — Déjà les cris stridents de l'horrible dragon nous pressent d'accourir pour monter sur son dos et retourner au pays. Nous partons, non sans regret, mais joyeux et contents de notre beau et bon pèlerinage. Nous commençons par chanter le *Te Deum*, pour remercier DIEU de tant de bonheur, de tant de grâces et de tant de lumières qu'il a versés dans notre âme. Puis vient un cantique à Marie, puis bientôt le chapelet et la prière du soir, car déjà la nuit approche. Puis la conversation recommence et s'anime. Chacun raconte ses impressions et fait ses réflexions sur toutes sortes de choses... et sur toutes sortes de personnes.

Le personnage qui fait le principal objet des conversations et celui de l'admiration générale, c'est le célèbre curé Peyramale, qu'Henri Lasserre a immortalisé dans son livre, et qui vient de s'immortaliser lui-même par les merveilles qui ont été réalisées sous sa direction et grâce à sa rare énergie. « C'est vraiment une grande figure que le curé de Lourdes ; son nom passera à la postérité, environné d'une belle auréole de sainteté et de vénération publique. » C'est un grand saint, un grand ami de DIEU et de la Sainte Vierge. — Heureusement qu'il ne paraît pas souvent en public, dans la foule des pèlerins, car il n'aurait bientôt plus de soutane... En effet, me trouvant hier soir près de lui, j'étais tenté de m'approprier une petite relique. — Vous l'avez donc vu? Comment est-il ? — « Vous comprenez qu'il ne peut être indifférent aux pompes triomphales de Celle qu'il aime tant ; il se trouvait donc hier soir sur la place, appuyé sur son bâton et contemplant avec bonheur notre splendide procession aux flambeaux. C'est, comme on l'a dépeint, un homme de haute taille, un peu courbé maintenant par l'âge et la maladie, mais conservant la majesté de sa puissante stature, au front large, aux cheveux blancs, à la figure grave, exprimant à la fois la fermeté de son caractère et la bonté de son cœur ; c'est une tête de général avec un commandement mêlé de douceur ; on reconnaît le pasteur et le maître de la cité ! — Il paraît qu'il est encore plus aimé que craint, ce qui n'a pas toujours existé, car il passait pour un *avare.* Mais on le vit un soir, dans une rue détournée, porter sur ses larges épaules une paillasse destinée à un pauvre malade, et l'on sait maintenant qu'il n'a pas le sou, quoiqu'il ait une bonne cure et des parents riches ; notre hôtesse nous racontait que dernièrement, dans sa longue maladie, on ne trouva que quinze sous dans son coffre-fort, de sorte que son frère fut obligé de payer lui-même le médecin. — Ses paroissiens sont donc contents de lui ; mais il paraît qu'il n'est pas content de ses paroissiens : il leur reproche de se damner par la soif de l'or, tandis que tout le monde vient se convertir à Lourdes. En effet, tout le monde veut gagner et faire fortune même... et toutes ces marchandes de cierges qui vous poursuivent de leurs importunités, et tous ces bohémiens qui assiègent tour à tour les pauvres restes de votre porte-monnaie, n'est-ce point la soif de l'or qui les anime, plutôt qu'un beau zèle pour la gloire de Marie? — C'est la seule chose désagréable à Lourdes, et elle s'explique très bien. C'est le seul commerce des habitants,et pour beaucoup leur seule ressource. Ces pauvres gens doivent bien aimer Marie qui leur donne du pain, et ils l'aiment en effet. Il ne ferait pas bon d'en parler mal devant eux. »

15° *Notre-Dame d'Issoudun.* — Cependant nous volions, nous volions nuit et jour sur les ailes du grand dragon de feu, passant successivement de la conversation au silence, du chant à la prière, de la veille au sommeil, de la lumière aux ténèbres, et des ténèbres à la clarté du jour. — Les fleuves, les rivières, les arbres, les vignobles, les jardins, les maisons s'enfuyaient sous nos yeux les uns après les autres. — Les villes succédaient aux villes, les villages aux villages, les collines aux collines et aux vallons; déjà nous avions vu passer l'antique cathédrale d'Auch, celle de Limoges, la nouvelle cathédrale de Châteauroux ; et nous voyions arriver vers nous, sur la flèche élancée du nouveau sanctuaire, Notre-Dame d'Issoudun; et nous entonnâmes l'*Ave, maris Stella* pour saluer Notre-Dame du Sacré-Cœur ! Que nous aurions été heureux de pouvoir nous arrêter quelques instants, comme le feront les pèlerins d'octobre, pour reposer nos corps et réchauffer nos cœurs, les embraser d'amour en les plaçant sur le Cœur de JÉSUS à côté du Cœur de Marie! Mais, hélas! nous volions, nous volions toujours, et bientôt nous retombions du ciel sur la terre, des régions de l'esprit dans les régions de la chair, au milieu du tumulte des affaires et des plaisirs, et de l'oubli général du salut; au sein de l'indifférence, de la froideur, de l'insensibilité, de l'apathie, de la prévention contre le surnaturel, de l'inintelligence des choses célestes,de la contradiction de JÉSUS-CHRIST, de la bêtise humaine. O Notre-Dame du

Sacré-Cœur, Notre-Dame de Lourdes ! priez pour nous, et vous, pèlerins de Buglose, de Lourdes et d'Issoudun, venez ranimer nos cœurs par vos récits brûlants, car on se refroidit malgré soi au contact de ce monde glacial au milieu duquel nous vivons.

Nos lecteurs, guidés par cet intéressant narrateur, suivront maintenant avec un véritable plaisir nos pèlerins d'Artois au sanctuaire béni de Notre-Dame de Lourdes.

Chapitre Troisième.

PREMIER PÈLERINAGE DU DIOCÈSE D'ARRAS A LOURDES. — A L'ALLER, ARRÊT A BUGLOSE. — SÉJOUR A LOURDES. — AU RETOUR, PÈLERINAGE A ISSOUDUN.

PRÈS de 500 pèlerins artésiens (exactement 471), parmi lesquels 150 prêtres, répondirent à l'appel de la Commission des pèlerinages et à l'invitation de Mgr Lequette, Évêque d'Arras. En même temps que nos compatriotes, un second train emportait vers Lourdes un chiffre égal de chrétiens du Nord, de la Picardie et de la Belgique.

Le départ eut lieu, ainsi qu'il avait été décidé, le lundi 29 septembre, fête du glorieux saint Michel.

« Le guide de ces pieux pèlerins, dit M. l'abbé Ansart, rapporteur du pèlerinage, le chef de cette phalange des croisés de la prière, était Mgr Lequette, le digne successeur des Vaast et des Omer, réunissant sous sa houlette aimée les ouailles des deux diocèses de Cambrai et d'Arras. Sa Grandeur était accompagnée de M. le chanoine Roussel, vicaire général, Mgr Scott, doyen d'Aire-sur-la-Lys, MM. les doyens d'Hesdin, Calais, Dohem, Laventie, Pernes, Vitry, Vimy, Havrincourt... »

L'habile historiographe mérite d'être suivi pas à pas :

« C'est une vérité qui commence à se faire jour de plus en plus dans le monde moderne, qu'un train de pèlerinage n'est pas un *train de plaisir*, mais un *train de prière et... de mortification.* Sans doute on accorde à la nature ce qu'on ne peut légitimement lui refuser : l'homme, pèlerin sur la terre, n'étant pas un pur esprit ; mais, en tout cas, les circonstances du voyage, indépendantes, ou parfois dépendantes de la volonté humaine, se chargent de procurer au pèlerin chrétien un contingent de mortifications spirituelles et corporelles, lesquelles après tout doivent entrer dans le *plan de campagne* de la guerre au diable et à ses suppôts.

Mais le pèlerin du Christ, qui porte fièrement sur sa poitrine la devise : *Christo Domino servire*, sait aussi que DIEU, au nom des prières efficaces de son Eglise, a chargé ses anges de veiller sur ses serviteurs, de les accompagner et de les garder dans toutes leurs voies. Invisibles, ils sont là présents, ces envoyés célestes, l'archange Raphaël à leur tête ; et les esprits de malice peuvent bien frémir de rage et grincer des dents : leur rage est condamnée à l'impuissance, et ils se voient contraints, pour leur tourment, à assister aux préparatifs de leur défaite.

La journée du 29 semble devoir inaugurer une période de beaux jours, l'été de saint Michel, comme disaient naïvement nos pères ; et si un poète païen a pu dire un jour, dans l'hyperbole de la flatterie envers un César : *Deus nobis hæc otia fecit*, nous, chrétiens, qui croyons encore que DIEU n'a pas abdiqué sa haute et providentielle intervention dans les choses d'ici-bas, nous pouvons dire avec mille fois plus de raison, de cette première journée et de celles qui ont suivi : *Virgo nobis hæc tempora fecit !*

Mais voici Paris qui se présente ; nous n'avons point à nous y arrêter. Pèlerins de Lourdes, nous avons hâte d'arriver au but de notre long voyage. Paris ne nous dirait rien, et nous n'éprouvons pas le besoin de lui rien dire... Si ce n'est que nous allons, là-bas, prier pour lui et pour la France ; cela, le Paris moderne le sait, bien qu'il ne le comprenne point : on en recueille l'impression, en passant, sur certaines figures.

Quant à nos frères qui sont dans ce Paris du monde, bien qu'ils ne soient point de ce monde de Paris, eux, nous les saluons, agenouillés, à cette heure, dans les sanctuaires de Notre-Dame des Victoires, de Notre-Dame de Lorette, dans la chapelle des Martyrs de la rue de Sèvres et ailleurs Nos cœurs se comprennent, et nos anges gardiens se chargent de l'échange mutuel de nos prières et de nos vœux.

Mardi, 30 septembre.

La nuit est déjà passée sans qu'on ait trop songé à y dormir ; en tout cas, le pieux pèlerin, avec l'Épouse des cantiques, pouvait dire que son cœur ne dormait point... : *Cor meum vigilat.* L'aurore de la seconde journée, qui s'annonce

SAINT BENOIT-JOSEPH LABRE
PATRON DES PÈLERINS.

aussi splendide que la première, est saluée par le chant de l'*Ave, maris Stella ; Stella matutina, ora pro nobis.*

Voici Bordeaux : nous venons de traverser le fleuve sur ce

pont gigantesque, chef-d'œuvre de la main de l'homme. Nous échangeons nos véhicules étroits de la nuit contre les larges et spacieuses voitures du chemin de fer du Midi. Disons en passant que les représentants de cette compagnie ont entouré les pèlerins de toutes les prévenances et de tous les égards compatibles avec les exigences du service ; c'est un hommage que nous aimons à rendre à qui le mérite, et nous sommes heureux d'être ici l'écho de nos frères.

Nous eûmes la preuve de cette bienveillance à l'arrivée à Buglose, où, selon l'itinéraire, les pèlerins de Lille et d'Arras devaient s'arrêter pour vénérer le lieu de naissance de saint Vincent de Paul.

Pour nous éviter un parcours de cinq kilomètres à faire de la station de Buglose au village de Saint-Vincent (autrefois commune de Pouy), les deux trains nous déposèrent successivement au passage à niveau, vis-à-vis le sanctuaire, nous allégeant de nos bagages confiés à la garde des agents de la compagnie.

Il est neuf heures du matin. Mgr Lequette descend avec les pèlerins du second train. Il est reçu sur la route par les RR. PP. Lazaristes, venus processionnellement au devant de Sa Grandeur ; les pèlerins du premier train nous attendent soit au sanctuaire, soit à la *maison natale du Saint*, où se célèbre la sainte messe, et où le bonheur de recevoir la sainte communion attend des pèlerins, demeurés, pour la plupart, à jeun.

Que va-t-on faire à Buglose ?... Buglose, ou plutôt *Saint-Vincent*, nom du lieu où nous sommes, est le village fortuné, appelé jadis Pouy, où naquit Vincent de Paul : là est donc le berceau de ce grand Saint qui devait un jour ravir le monde par les merveilles de sa charité.

En arrivant au cœur du village, on rencontre d'abord un magnifique chêne, au tronc immense, aux rameaux touffus. C'est au pied de ce chêne séculaire que Vincent de Paul faisait ses *petites dévotions*, selon le langage du pays, tout en gardant son troupeau. Dans le tronc de ce vieux chêne, on a établi un autel où l'on peut célébrer la sainte messe ; les rameaux, par leur étendue, forment un baldaquin naturel, toujours frais et orné ; une grille, suivant leur pourtour, circonscrit un sanctuaire élevé de quelques degrés au-dessus du terrain environnant.

En dépassant le chêne, on se trouve en face du sanctuaire, gracieux édifice de style Renaissance,formant une croix latine avec coupole au transept. Le maître-autel est en marbre blanc, relevé de panneaux incrustés de vert antique et de colonnettes de porphyre.

Les murailles, ornées de peintures à fresques, retracent les principaux traits de la vie de saint Vincent de Paul. Une relique insigne du Saint y est conservée et exposée à la vénération des pèlerins. Cette chapelle est bâtie sur l'emplacement occupé autrefois par la maison des parents de saint Vincent de Paul.

Quant à la maison même où naquit le Saint, elle a été démontée pièce à pièce, — chose facile pour une construction de bois et brique, comme on en fait en ce pays ;—puis, avec les pièces minutieusement marquées, on a rétabli la maison telle qu'elle était, la *même Maison*, puisqu'elle se compose des mêmes matériaux, à quelque distance à droite de la chapelle, vis-à-vis le chêne.

On y retrouve la chambre paternelle où est né saint Vincent; c'est là que les pèlerins reçoivent la sainte communion. A droite et à gauche, toujours dans le même édifice, se remarquent les chambres ou alcôves séparées, destinées, les unes aux garçons, les autres aux filles.

Dans cette maison, on conserve précieusement, entr'autres reliques, une copie fidèle du buste en plâtre moulé sur le visage de saint Vincent après sa mort, une paire de souliers à son usage et un morceau de la soutane qu'il portait au moment de son bienheureux trépas.

Il est neuf heures et demie. Mgr l'Évêque d'Arras célèbre à l'autel du chêne le saint sacrifice de la messe auquel assistent, agenouillés dans la poussière du chemin, les pèlerins, dont le nombre se grossit d'instant à autre de ceux qui viennent de communier, soit à la chapelle, soit à la *Maison* du saint. Les enfants de l'Orphelinat exécutent avec ensemble un *Kyrie* et un *Gloria in excelsis ;* puis toutes les bouches s'unissent dans le chant solennel du *Magnificat.*

Après la bénédiction du pontife, chacun songe un instant à celui que saint François d'Assise appelait, dans son naïf langage, *frère l'âne !* Il faut bien donner un peu d'avoine à sa monture si l'on veut qu'elle puisse continuer son service.

Mgr Lequette et un bon nombre de prêtres, auxquels se joignent les commissaires du pèlerinage, trouvent dans la *Maison de retraite* des Pères une hospitalité à la fois simple et cordiale, à laquelle Sa Grandeur se plaît à rendre hommage à la fin du repas.

Par une attention délicate, Monseigneur rappelle l'édification profonde produite il y a quelques semaines, à Cambrai comme à Arras, par la parole apostolique du R. P. Mélier, Lazariste, prédicateur de la retraite ecclésiastique dans les deux diocèses.

« Oui, a ajouté Sa Grandeur, nous savons non seulement ce que savent dire, mais ce que savent faire les enfants de saint Vincent de Paul. Leur œuvres parlent pour eux et, au besoin, les pierres de ces édifices parleraient.

« Il ne m'appartient pas de faire l'éloge de cette autre portion de la famille de notre Saint. Il y a longtemps que le monde les a jugées, elles aussi, ces filles de saint Vincent, par leurs œuvres de charité. »

M. L. Cavrois, président du comité d'Arras, joint ses hommages de gratitude envers les RR. PP. et l'administration des chemins de fer du Midi, dont un haut représentant assistait à la réunion, à ceux de Mgr l'Évêque d'Arras ; il remercie à son tour Sa Grandeur de cette présidence active et infatigable du pèlerinage, dont le Prélat a bien voulu se charger.

Le temps s'écoule rapidement pendant un pèlerinage. A peine reposés, les pèlerins de Saint-Vincent doivent songer au départ ; ils ne sont pas encore au terme de leur longue pérégrination.

A une heure et demie, la cloche de l'église annonce aux pèlerins de Lille et des Flandres qu'il faut quitter ce sanctuaire où l'on se trouvait déjà si bien.

A trois heures et demie, après avoir vénéré la relique de saint Vincent de Paul au chant rythmé de l'*Iste confessor*, les pèlerins d'Arras et Boulogne (2me train) se mettent à leur tour en procession pour regagner leur convoi qui les attend au passage. On entonne le *Magnificat* en actions de grâces, et à trois heures trois quarts, la force irrésistible de la vapeur nous entraîne de nouveau vers ces montagnes vers lesquelles nos cœurs volent plus rapides encore.

Nous saluons en passant le village de Mimbaste, où naquit une illustre servante de DIEU, Marie Lataste ; nous allons quitter les Landes pour entrer dans la région pittoresque du Béarn.

De la vallée où s'achève la récolte du maïs, comme des châteaux qui couronnent les pentes abruptes, on nous envoie de fraternelles salutations : il y a là des cœurs qui battent à l'unisson des nôtres pour la Vierge de Lourdes.

Voici Orthez et sa vieille tour ; la ville de Pau avec son château célèbre est dépassée à son tour, nous sommes à Lourdes !... Il est huit heures et demie du soir.

Les pèlerins des Flandres, arrivés une heure auparavant, et qui devaient nous attendre pour se rendre processionnellement à la Grotte, se rencontrent avec un autre pèlerinage : ils sont 1.500 aussi, venus des confins de la Bretagne. Entraînés par le courant, Flamands et Belges suivent, eux aussi, le cierge en main, leurs frères de l'Armorique ; réunis devant la Grotte, qui nous apparaît à notre passage toute resplendissante de lumières, ils demeurent suspendus aux lèvres éloquentes de Mgr Lachat, l'illustre exilé de Bâle, qui leur parle de Marie, de Pie IX et de la France !

A la psalmodie du *Magnificat*, par lequel nous saluons, de nos wagons, Notre-Dame de Lourdes, ils répondent par les exclamations trois fois répétées de : *Vive l'Immaculée Conception ! Vive Pie IX ! Vive la France du Christ !*

Et cependant, quand ce premier flot de lumières et de chants s'est écoulé, et qu'il semble que l'heure avancée (9 h. 1/2 du soir) doive amener autour de la Grotte le calme et le silence de la nuit : voici que, de la ville, débouche lentement un nouveau cortège de pèlerins, se rendant à la Grotte aux chants des litanies. Ce sont les pèlerins d'Arras, arrivés trop tard pour prendre part à la cérémonie dont nous venons de parler, et qui, néanmoins, ne veulent point goûter un repos dont ils ont pourtant grand besoin, sans avoir été saluer Notre-Dame en ce lieu consacré par sa présence.

Contrarié d'abord par un vent assez vif, le pieux cortège, bannières en tête, arrive devant la Grotte, qui s'illumine aussitôt des feux renouvelés de ces six cents cierges. Les échos de la vallée retentissent de nouveau des chants de l'*Ave, maris Stella* et du *Magnificat ;* puis on gravit lentement le sentier qui se déroule, en dessinant le chiffre de Marie, sur les flancs du rocher au sommet duquel s'élève le sanctuaire.

Les *Ave Maria* du rosaire s'égrènent entre les doigts des pèlerins, qui se répondent du haut en bas de la montée ; le vent tombé tout à coup permet de jouir du coup d'œil de l'illumination ; une dernière acclamation à *Marie Immaculée* et à *Pie IX* est jetée aux échos de la montagne, du haut de la plate-forme ; chacun va se prosterner, dans le sanctuaire, devant le Très-Saint Sacrement.

Il est onze heures du soir, on se retire.

Je me trompe, il en est qui demeurent. Chevaliers infatigables de Notre-Dame de Lourdes, ils veulent achever, dans *sa chapelle*, cette veillée des armes, dont la consécration sera l'oblation, ardemment désirée, du divin sacrifice. Après, ils songent à accorder quelques heures de repos à leurs membres fatigués.

Mercredi, 1er octobre.

La grande journée a commencé avec les premières messes, célébrées après minuit sonné ; l'oblation de l'auguste sacrifice ne sera pas interrompue jusque bien avant dans la matinée. Ils sont plus de six cents prêtres, venus à Lourdes, dont la première, sinon l'unique ambition, est d'offrir la divine Victime sur ce rocher où la Vierge-Pontife : *Virgo Sacerdos*, a arrêté son regard et ses pas ; demain ils seront mille et plus.

Arrivés les premiers à Lourdes, les pèlerins de la Bretagne

jouissent les premiers de la faveur d'avoir leur messe de communion à l'autel de la Grotte. Avec quelle ferveur ils sont là, agenouillés, priant, ces hommes, ces femmes, sur le visage desquels resplendissent dans toute leur beauté la foi et la pureté du cœur !

Avec quelle ardeur qui transporte ils disent à Marie :

Reine de France,
Priez pour nous ;
Notre espérance,
Venez et sauvez-nous !

Et ce vieux refrain de la Bretagne, devenu désormais un refrain français :

O Marie, ô Mère chérie,
Garde au cœur des Bretons la foi des anciens jours;
Entends du haut du ciel le cri de la patrie :
Catholiques et Bretons toujours !

Il faut entendre ce cri du cœur, sortant de 1500 poitrines bretonnes, pour en comprendre la mâle et saisissante énergie.

Pour préparer de tels cœurs à la sainte communion, il fallait une parole de feu ; Mgr Lachat, le noble exilé de Bâle, s'est chargé de cette mission : c'est dire quels accents brûlants sont sortis de la bouche de cet autre Chrysostome. Et puis, à la Grotte, l'action émouvante et fécondante de la grâce divine est si vive, si palpable, si irrésistible ! »

A huit heures, Mgr l'Évêque d'Arras célèbre, au sanctuaire, la messe de notre pèlerinage, à laquelle assistent et communient ceux d'entre les pèlerins qui n'avaient pas reçu, quelques instants auparavant, la communion des mains de Mgr l'Évêque de Bâle.

Le soir eut lieu une procession grandiose dont le souvenir est resté présent à l'esprit des pèlerins de 1873. Laissons encore une fois, pour raconter cette imposante cérémonie, la parole à M. l'abbé Ansart :

« La grande procession s'organise et se met en marche à l'heure dite ; elle rallie nombre de pèlerins dispersés le long du chemin du Sanctuaire. Les quatre mille sont devenus *huit mille*, au jugement de personnes habituées à apprécier les masses ; il faut dire que la population de Lourdes tout entière est sûr pied : habituée aux prodiges, elle pressent des merveilles plus grandes encore.

» Le défilé a commencé : on est arrivé au pont jeté sur le gave.

Les bannières des pèlerinages d'Arras et de Boulogne-sur-Mer sont en tête, portées par les présidents des comités respectifs. Les pèlerins du diocèse d'Arras suivent, sur deux files, leurs étendards ; puis viennent ceux de Lille et de Cambrai, que précède une magnifique bannière lilloise.

M. le chanoine Delplanque, du diocèse d'Amiens, qui a amené la députation des pèlerins de Picardie, dirige avec un entrain infatigable le chant des hymnes et des cantiques.

Une jolie bannière de congrégation d'Enfants de Marie marche en tête du pèlerinage de Lyon et de Saint-Étienne, auquel paraissent mêlés les pèlerins de Mende.

Voici venir le pèlerinage de la Bretagne, groupé par paroisses : il y en a *quarante*, si l'on en juge par le nombre de leurs bannières, à la forme gracieuse et élancée, qui se succèdent dans un ordre parfait. Avec quel entrain ils redisent leur refrain de Bretagne et le cantique du Sacré-Cœur!

La belle et imposante bannière du diocèse de Tarbes précède la longue file des ecclésiastiques, dont un grand nombre sont revêtus de l'habit de chœur.

» La fanfare des pèlerins de Nantes, dirigée par un prêtre de cette ville, anime et soutient le chant de l'*Ave, maris Stella* et de l'invocation au Sacré-Cœur, qui est redite alternativement par tout le clergé.

Enfin, après les chanoines et dignitaires des différents diocèses, viennent Mgr Scott, camérier secret de Sa Sainteté (du diocèse d'Arras), NN. SS. les Évêques de Mende, d'Arras, et de Calœston, en rochet et mozette, Mgr de Toronto et Mgr Lachat, portant tous deux la crosse et la mitre. Mgr l'Évêque de Bâle préside cette immense procession. Il est suivi par plusieurs centaines de pèlerins ou habitants du pays dont le groupe ferme la marche.

VUE DU CHATEAU-FORT.

De police et de gendarmes, il n'est pas besoin à Lourdes. La Vierge Immaculée a sa police à elle, marquée de ses insignes : cela suffit pour le bon ordre.

Au-dessus du rocher de la Grotte, qui n'en est qu'un appendice, s'élève une montagne qui fait partie du premier versant des Pyrénées.

Un Calvaire a été planté sur la partie de son sommet qui regarde la vallée du gave : d'où le nom de montagne du Calvaire.

C'est vers ce Calvaire, sur une double file d'hommes et de femmes, en côtoyant les flancs abrupts de la montagne, et suivant des sentiers taillés à travers les rochers et bordés de précipices de cent pieds et plus, que la procession se dirige en déployant ses interminables replis.

Les chants succèdent aux chants, les voix s'entre-croisent du haut en bas de la montagne, accompagnées par la grande voix du gave, qui se précipite à travers les rochers avec un mugissement semblable à celui des flots agités de la mer.

C'est le refrain catholique :

Sauvez Rome et la France
Par votre Sacré-Cœur !

entrecoupé par la majestueuse harmonie du *Stabat*, qui domine de plus en plus et s'élève vers les cieux, redit par les échos de la montagne. De douces larmes d'émotion coulent sur plus d'un mâle visage.

De légères vapeurs sont venues tempérer les ardeurs du soleil ; les vents ont retenu leur haleine, pour ne point troubler les harmonies de la terre.

De ce vallon chéri des cieux, comme d'un nouvel Eden, monte vers le ciel le parfum suave de la prière. A mesure qu'on s'élève, il semble que l'on se dégage davantage de la terre et des sollicitudes de ce monde matériel, et que l'on s'approche davantage de DIEU.

Le ciel se découvre, pendant que le soleil commence à descendre vers l'horizon et à embraser de ses feux les sommets neigeux de la grande chaîne des Pyrénées, qui forme le fond de ce panorama grandiose.

Nous montons toujours et nous dépassons la hauteur de la flèche du sanctuaire, qui lui-même domine le rocher. Nous dépassons encore le Calvaire, et la procession, composée encore d'environ *cinq mille* personnes, se place par anneaux concentriques, autour d'un autel improvisé sur le plateau le plus élevé de la montagne.

C'est devant cet autel, où le Très-Saint Sacrement a été apporté et renfermé dans un tabernacle, que se rangent les bannières. Les évêques et les dignitaires prennent place devant l'autel ; ils sont entourés par le clergé, qui forme leur escorte d'honneur.

Il est six heures du soir, le temps est d'un calme et d'une sérénité admirables. La Vierge Immaculée a commandé sans doute à ses anges de tout disposer dans la nature pour que rien ne vienne troubler le recueillement et la piété de ses serviteurs. A ce moment il semble que le ciel doit être ouvert au-dessus de nos têtes ; les Anges et les Saints, Marie, leur Reine, à leur tête, et au-dessus, l'adorable Trinité, dans la lumière inaccessible de laquelle j'aperçois l'humanité déifiée du Fils, contemplent ce spectacle, digne de leurs complaisances : la terre s'unit aux cieux, ou plutôt les cieux sont descendus sur la terre ! ..

Au milieu d'un silence et d'un recueillement profonds, Mgr Lequette gravit le sommet de la montagne ; les autres évêques prennent place devant l'autel improvisé, entourés des dignitaires et du clergé ; l'orateur monte sur une estrade d'où il domine son vaste auditoire ; ils sont là cinq mille debout, palpitants d'émotion. Sa Grandeur, visiblement impressionnée, s'exprime à peu près en ces termes :

« MES BIEN CHERS FRÈRES,

« Nous avons accepté la mission bien difficile de vous adresser la parole au milieu de cette cérémonie si imposante et si touchante ; mais quelle parole humaine pourrait être à la hauteur du spectacle grandiose que nous avons sous les yeux ?

« Pèlerins accourus de toutes les parties de la France, nous recevons en ce moment la céleste récompense du sentiment de foi et de piété qui nous a portés à venir honorer Marie dans ce sanctuaire qu'elle s'est elle-même choisi. Oh ! que nous sommes heureux de fouler cette terre privilégiée, si féconde en merveilles !

« Phalanges catholiques, rangées en cet instant solennel autour de Notre-Dame de Lourdes, nous lui apportons, avec nos prières et nos vœux, les vœux et les prières de tous ceux qui n'ont pu venir et dont nous sommes ici les députés ; nous lui apportons les instantes supplications de la France entière.

« Marie, nous le savons, a reçu de son divin Fils la douce mission de répondre à toutes nos demandes, d'exaucer tous nos vœux, de venir en aide à tous nos besoins et à toutes nos misères. C'est ce que l'Église, inspirée de l'Esprit-Saint, nous fait bien comprendre dans ces invocations touchantes qu'elle met sur nos lèvres et que, tout à l'heure, vos poitrines infatigables redisaient si bien aux échos de ces montagnes :

Salus infirmorum (Salut des infirmes),
Refugium peccatorum (Refuge des pécheurs),
Consolatrix afflictorum (Consolatrice des affligés),
Auxilium christianorum (Secours des chrétiens),
Ora pro nobis (Priez pour nous) !

« Toutes les nécessités de notre pèlerinage sur la terre, « en cette vallée de larmes, » ne se trouvent-elles pas résumées en ces filiales invocations ? et pouvons-nous douter un instant que Notre-Dame de Lourdes ne soit disposée à répondre au cri de ses enfants ? »

— Mgr Lequette rappelle en peu de mots le dogme fondamental de la déchéance originelle, source de toutes nos misères et de tous nos maux, cause mystérieuse de l'infirmité des corps comme de la faiblesse des âmes.

« Or, Marie, continue l'éminent orateur, n'a-t elle pas reçu de son divin Fils, et dans une mesure bien plus grande que les Apôtres et les Saints, le pouvoir que JÉSUS se plaisait si souvent à exercer sur cette terre, de soulager nos douleurs et nos infirmités corporelles ?... *Pertransiit benefaciendo !*

« Les siècles passés sont là pour répondre ; et encore *aujourd'hui*, dans ce sanctuaire privilégié de Lourdes, la Vierge miséricordieuse n'a-t-elle pas daigné manifester une fois de plus sa divine puissance ?... »

— A cet instant des béquilles s'élèvent dans les airs comme un trophée à la gloire de Marie, confirmant la vérité des paroles de l'orateur. La foule entière, clergé et fidèles, ne peuvent contenir leur émotion, et de toutes les poitrines, comme de tous les cœurs, s'échappe ce double cri de reconnaissance :

Salus infirmorum, ora pro nobis !
(Salut des infirmes, priez pour nous !)

« Pécheurs que nous sommes tous, comment pourrions-nous échapper aux coups de la divine justice, si nous n'avions pas entre elle et les coupables une médiatrice de supplications, Marie, appelée par les SS. Pères *Mediatrix ad Mediatorem ;* Marie, véritable « cité de refuge » où le pécheur est assuré de trouver un abri contre les effets de la colère divine ? »

Et la foule de répéter encore :

Refugium peccatorum, ora pro nobis !
(Refuge des pécheurs, priez pour nous !)

« Et dans nos douleurs, dans nos afflictions, dans nos séparations de la terre, où pouvons-nous trouver une source de consolations plus assurées et plus efficaces que dans le cœur de Celle qui a été justement appelée la « Mère des douleurs », *Mater dolorosa*, comme vous le chantiez tout à l'heure en présence de cette croix ; dans le cœur de Marie, notre Mère, la vraie Consolatrice des affligés ? »

Et tout le peuple de redire avec âme :

Consolatrix afflictorum, ora pro nobis !
(Consolatrice des affligés, priez pour nous.)

« Enfin, dans ce combat de la vie, dans cette milice qui constitue l'état du chrétien sur la terre, dans cette condition providentiellement faite à l'Église du CHRIST en ce monde, justement appelée l'Église militante : militante contre les persécutions sanglantes, contre les hérésies, contre les schismes, contre l'impiété, n'avons-nous pas besoin d'un secours puissant, d'une assistance permanente ?

« Marie, terrible aux ennemis de DIEU « comme une armée rangée en bataille », le voilà, ce secours assuré, divin ; et l'histoire des siècles nous apprend que tous les triomphes remportés par l'Église sont dus à l'intervention de Celle par qui « toutes les hérésies ont été successivement détruites dans l'univers catholique ».

« Où puise-t il donc cette énergie et cette force invincibles pour défendre les droits de l'Église, flétrir l'iniquité partout, ce Pontife magnanime qui s'appelle Pie IX, sinon en Celle dont sa bouche infaillible a proclamé, du haut de la chaire de Pierre, l'Immaculée Conception ; en Marie qui, elle-même, est venue nous dire, ici, sur ce rocher béni : *Je suis l'Immaculée Conception !* »

A cet instant, un frémissement parcourt cette foule, et c'est avec les accents d'un enthousiasme indescriptible que s'échappe de toutes les poitrines ce cri du cœur :

Vive l'Immaculée-Conception ! Vive Pie IX !

« Et n'avons-nous pas au milieu de nous, dans nos rangs qu'il préside, un représentant illustre de cette nation voisine qui, elle aussi, combat en ce moment pour sa foi comme pour sa liberté : un noble exilé, Monseigneur de Bâle?

« Où donc cet athlète infatigable, notre modèle à tous, où donc puise t-il cette force inébranlable dans la lutte qu'il soutient si vaillamment pour la défense des droits sacrés de l'Église et des âmes? En Marie, qui seule, en cet instant suprême, est son secours et son appui. »

Un immense cri de « Vive Monseigneur Lachat! Vive la Suisse catholique ! » s'échappe encore de toutes les bouches.

« Chrétiens, quelle que soit notre condition, continue le prélat, n'oublions pas que nous sommes tous soldats du CHRIST; ce n'est que par la lutte que nous pourrons arriver au ciel ; la parole divine est là : *Regnum cœlorum vim patitur !*

« Dans ce combat disproportionné contre des ennemis puissants, dans cette lutte, humainement inégale, de la faiblesse contre la force, crions vers Marie, disant avec une confiance inébranlable :

Auxilium christianorum, ora pro nobis ! »

Et tous de redire avec l'énergie de la foi :

Auxilium christianorum, ora pro nobis !
(Secours des chrétiens, priez pour nous !)

« Pèlerins de la catholique Bretagne, s'écrie Mgr Lequette, en terminant, pèlerins du diocèse de Mende, pèlerins de Saint-Étienne et de Lyon, enfants de Notre-Dame de Fourvières, et vous, chers pèlerins de l'Artois, du Boulonnais et des Flandres, tous venus, des quatre parties de la France, apporter à Notre-Dame de Lourdes cet hommage sublime de votre piété et de votre amour : ah ! ne bornez pas à cette seule journée la manifestation de votre foi chrétienne.

« *Pèlerins de Notre-Dame de Lourdes :* ce nom sera désormais pour nous un vrai titre de noblesse. Souvenons-nous que *noblesse oblige*, et sachons nous montrer dignes de ce titre glorieux jusqu'à notre dernier soupir. »

La foule des pèlerins, qu'a électrisée la parole vigoureuse et imagée de Mgr Lequette, éclate de nouveau en acclamations à la Vierge Immaculée, à Pie IX, à Nosseigneurs les Évêques. Puis le calme et le silence se rétablissent ; on va faire l'exposition solennelle du Très-Saint Sacrement. Au signal donné, les cinq mille cierges s'allument entre les mains des pèlerins ; le sommet de la montagne paraît s'embraser aux regards de ceux qui sont restés au bas. C'est un nouveau Sinaï, ou plutôt un nouveau Thabor ; car JÉSUS-Hostie est là, au milieu de cette auréole gigantesque de flammes, symboles des feux étincelants et plus brûlants encore qui s'échappent de la fournaise ardente de son divin Cœur.

La terre a disparu, on ne voit plus que JÉSUS et ses anges. Et ne sont-ce pas *ses anges de la terre* que toutes ces âmes qu'il a purifiées et transformées, qu'il a embrasées lui-même dans l'union eucharistique du matin ?

Après la bénédiction, donnée au milieu d'un silence saisissant, un immense *Laudate Dominum*, cri de reconnaissance et de joie, s'échappe de ces cinq mille poitrines. Est-ce le commencement du cantique éternel de la Cité céleste ?... *Bonum est nos hic esse !*

Non, nous devons demeurer quelque temps encore sur cette terre d'exil, en cette vallée de larmes. JÉSUS veut que *nous descendions avec lui de la montagne.* Pour accélérer cette descente rendue plus difficile,— je ne dirai pas périlleuse : peut-il y avoir péril pour ceux que la Vierge a commandé à ses anges de garder ? — et forcément plus lente par les ombres de la nuit, les groupes reçoivent l'ordre de se diviser ; les uns, Bretons et Lyonnais, redescendront par le sentier de l'orient, les pèlerins du Nord et de Mende par celui du couchant : tous devront se réunir à la Grotte.

Ce fut un spectacle vraiment féerique et qui surpasse l'imagination, au témoignage des spectateurs demeurés en bas dans l'obscurité de la vallée, de voir ces immenses anneaux de feu enlaçant graduellement les flancs de la montagne, se rapprochant, s'entrecroisant dans un orbe immense, pendant que les chants du *Magnificat* et des cantiques à Notre-Dame, dominés par le refrain national des Bretons soutenu de leur fanfare, se répercutent d'échos en échos, de montagnes en montagnes. Jamais, au témoignage des habitants de Lourdes eux-mêmes, on n'avait été témoin d'un spectacle aussi grandiose et aussi saisissant.

Cependant les fleuves de feu se réunissent et se confondent peu à peu,pour ne former devant la Grotte étincelante qu'une vaste mer de flammes. Là encore le spectacle redevient majestueux et grandiose, l'enthousiasme indescriptible.

A Mgr Charbonnel, l'intrépide missionnaire, le courageux évangélisateur, revient l'honneur d'adresser encore une fois la parole à la foule et de clore cette inénarrable journée, qui se termine par la bénédiction solennelle des cinq Évêques, réunis devant la grille de la Grotte.

« On se sépara, » disent les *Annales de Lourdes,* mais les conversations et les souvenirs recommencèrent cette grande journée.

La parole universelle était que dans la vie on n'avait point eu encore jour pareil [1]. »

1. *Annales*, Tom. VI, p. 189.

Jeudi, 2 octobre.

Le lendemain de cette inoubliable journée, vers 8 heures du matin, nos pèlerins se rendent à la Grotte pour assister à la messe célébrée par Mgr Lequette.

N.-D. DES ARDENTS
ET LA SAINTE CHANDELLE.

« Ils sont là, nous dit M. Ansart, massés et profondément recueillis. Leur foi est vive et leur piété sincère. Grande aussi est leur reconnaissance envers l'Immaculée Marie...

« Aussi avec quelle piété et quelle ferveur chacun s'approche de la sainte Table. Ah! si l'on prie, et si l'on prie bien à la Grotte de Lourdes, on y communie mieux encore.

« Peu s'en faut que la main du pontife ne défaille dans la distribution du Pain eucharistique, mais il y a des grâces et des forces surhumaines pour tous, en ces jours. Les hymnes de l'action de grâces retentissent de nouveau. Infatigables comme leurs frères de Bretagne, les fils des Francs et des Belges demandent aussi à leur Mère chérie de garder au cœur de ses enfants, la foi de Clovis et la piété de Clotilde.

« Qu'ils sont beaux et majestueux, ces chants de la terre, prélude des harmonies de la Cité céleste ! »

La matinée s'écoule rapidement, trop rapidement pour les pèlerins empressés, qui, d'achever ses emplettes de souvenirs pieux du pèlerinage, qui, de faire sa provision d'eau à la source miraculeuse : on a peine à y avoir son tour.

Il faut se hâter cependant ; à une heure et demie précise, tous les pèlerins de Cambrai et d'Arras doivent se trouver réunis devant la Grotte, pour y faire leurs adieux à Notre-Dame et contempler une dernière fois cette roche bénie de l'Apparition.

A l'heure marquée, Mgr Lequette arrive accompagné du clergé des deux diocèses. Le prélat veut adresser aussi ses adieux à ce pèlerinage du Nord de la France qu'il a été si fier de conduire à Lourdes.

« Pèlerins de Cambrai et d'Arras, dit Sa Grandeur, nous allons achever ce voyage entrepris dans un sentiment vrai de dévotion et de confiance en Marie. Nous devons vous exprimer notre satisfaction profonde pour l'esprit de foi qui vous anime et dont vous avez fait preuve. Nous sommes heureux de vous le dire, vous laissez ici les meilleures impressions : la France du Nord n'a pas dégénéré de sa religion et de sa piété traditionnelles.

« Nous allons, dans un instant, faire nos adieux solennels à Notre-Dame de Lourdes : la Vierge puissante et clémente n'aura pas manqué d'exaucer vos prières et vos vœux légitimes, et vous rapporterez dans vos contrées respectives ces bénédictions de Marie.

« Nos contrées, elles aussi, sont riches en sanctuaires consacrés à la Mère de DIEU ; la dévotion à Marie y est séculaire : Notre-Dame de Grâce et de la Treille, Notre-Dame des Ardents, des Miracles, de Boulogne.

« Que le fruit pratique de ce pieux pèlerinage soit une dévotion plus solide et plus grande envers Marie, qui vous porte à l'honorer plus parfaitement, à la prier avec plus de confiance dans nos sanctuaires.

« Pèlerins de Lourdes, nous sommes plus que jamais devenus les *enfants de Marie ;* justifions ce titre glorieux par une conduite plus intimement chrétienne, par un zèle infatigable à répandre autour de nous la bonne odeur de JÉSUS-CHRIST, et aussi la bonne odeur de Marie, en pratiquant les vertus qu'Elle a pratiquées elle-même, à l'exemple de son divin Fils.

« C'est dans ces salutaires dispositions que nous rentrerons dans nos foyers avec la paix du cœur et la joie d'une bonne conscience : *Cum pace et gaudio.* »

Après cette courte allocution, écoutée avec un recueillement et un silence parfaits, Mgr Lequette bénit solennellement tous les objets de piété apportés par les pèlerins.

Puis, dans l'ordre indiqué et sous la direction de MM. les Commissaires, chacun entre à son tour dans la Grotte, en fait lentement le tour, faisant toucher à la Roche sanctifiée par la présence de Marie les pieux souvenirs qu'il doit reporter aux siens ; chacun est avide de coller respectueusement ses lèvres sur cette pierre où les pieds de la Reine des vierges se sont arrêtés ; on voudrait même en emporter quelque parcelle, mais le Rocher est incassable, et d'ailleurs il faut laisser place aux autres. Ce défilé de plus de 1.500 personnes dure longtemps, comme on peut le penser.

Lorsque tous et chacun des pèlerins ont pleinement satisfait leur dévotion dans la Grotte, l'un des Révérends Pères arrive pour dire le dernier mot des adieux. C'est le même qui a parlé le matin aux Bretons dans l'église supérieure.

Il demande d'abord une prière, un *Ave Maria,* pour une famille affligée dans l'un de ses enfants qu'il faut arracher à la mort : la pauvre mère est là, dans la Grotte, tenant entre ses bras le pauvre petit dont les traits sont empreints d'une pâleur mortelle. C'est tout simplement un miracle qu'il s'agit de demander à Marie : l'*Ave Maria* est récité avec émotion par toute cette multitude. O Marie ! non, vous n'aurez pu demeurer insensible à la douleur de cette mère, à la sollicitation instante de tant de cœurs.

Involontairement tous les regards se reportent aussi avec attendrissement sur un pauvre prêtre paralytique qui est là, dans la Grotte, attendant avec une résignation sacerdotale sa guérison de Celle qui est le *Salut des infirmes*. Ce prêtre est vraiment admirable par la grandeur de sa foi. Parti de Lyon dans une chaise roulante, que conduisaient trois prêtres dévoués de ses amis, voyageant tout le jour et ne se reposant que la nuit, il est arrivé à Lourdes après *seize journées* de fatigues !

Quel héroïsme de confiance en Marie ! N'y a-t-il pas là de quoi faire violence au Ciel, et Marie pourra-t-elle refuser un miracle sollicité avec une telle persévérance ?...

Le R. Père s'adresse à la foule des pèlerins attentifs. Sa parole, émouvante le matin dans la *chapelle*, est devenue, ce soir, plus ardente et plus pénétrante encore : comme un trait enflammé par l'amour de Marie, elle va faire aux cœurs une blessure inguérissable, leur inspirer la passion du *Retour !*

« Mes chers frères du Nord de la France, ah ! nous vous aimons ici, nous vous trouvons grands et beaux dans cette course gigantesque qui, des extrémités de la France et des confins de la Belgique, vous a menés au pied de ces montagnes.

« Vous avez tout simplement fait une action sublime, vous tous, frères de Dunkerque, de Boulogne, de Lille, que nous ne devions point espérer voir arriver jusqu'ici. Ce qui ne paraissait qu'un rêve, humainement irréalisable, se trouve maintenant réalisé, magnifiquement réalisé sous le souffle puissant de l'Esprit de DIEU et l'attraction irrésistible de la Vierge Marie.

« Nous savions déjà qu'en France, des montagnes aux montagnes, d'une mer à l'autre, il n'y avait qu'une seule famille. A cette heure, cette vérité resplendit d'un éclat plus brillant que ce radieux soleil, par votre présence en ces lieux, où tous nous ne formons qu'un seul cœur dans une même poitrine, qu'une seule âme dans la même pensée ; oui, désormais nous nous aimons, et nous nous aimerons à jamais !

— « *A jamais !...* s'écrie-t-on de toutes parts, entraîné par la parole ardente de l'orateur.

« Soyez bénis par Marie, mes chers frères, vous qui recommencez en nos jours l'histoire d'un monde nouveau, l'histoire de la *véritable fraternité des peuples.* C'est la Vierge Immaculée, c'est Marie qui a réalisé cette union fraternelle, cet embrassement admirable : tous frères, parce que nous n'avons qu'une même Mère ; voilà le mystère du ciel qui resplendit aujourd'hui sur la terre.

« Oui, nous refaisons aujourd'hui la France de Clovis et de Charlemagne. Prêtres du Nord, qui l'avez faite autrefois, cette France glorieuse, c'est avec un bonheur indicible que je vous vois ici ; vous allez reprendre l'œuvre de vos pères.

« Monseigneur, laissez-moi vous parler aussi, bien que je ne sois qu'un grain de poussière, laissez-moi vous redire ce que nos cœurs éprouvent de l'édification grande et profonde que votre parole a apportée dans nos Pyrénées.

« Votre nom est écrit sur ces rochers par vos pieds, selon la pensée de l'Écriture : *Quam pulchri sunt pedes evangelizantium bona !* Oui, nous vous reverrons toujours, au haut de cette montagne, dans la majesté de votre caractère épiscopal ; nous vous reverrons toujours comme les Remi et les Bernard, enflammant nos cœurs par votre parole de feu.

« Que la Vierge Immaculée vous bénisse et vous le rende au centuple, en vous donnant les consolations du Pasteur au milieu de son troupeau, les joies du Père au milieu de sa famille bénie.

« Mes frères, je le sais, vous avez voulu demeurer ici, sur ce rocher, dans ce sanctuaire, et votre pensée ingénieuse a trouvé un moyen de redire toujours à Marie que vous l'aimez : ces splendides verrières, que viendront chaque matin animer les feux de l'astre du jour.

« Ah! si les pierres de cette Grotte pouvaient parler, si cette bouche de marbre voulait s'ouvrir, les yeux de cette statue s'animer: quels regards d'amour maternel, quelles douces paroles tomberaient sur vous !

« Au nom de Marie, laissez-moi vous dire : Merci ! merci pour ce témoignage magnifique de l'histoire de votre pèlerinage du Nord de la France.

« Et je n'oublie pas la Belgique qui vous accompagne et dont vous êtes le Midi. Après la France, je ne sache pas une nation plus aimée de Marie que la Belgique ; Marie y fait les plus étonnants miracles : il n'y a pas de frontières pour la Reine des nations catholiques.

« Allez, retournez dans vos contrées, peuples du Nord, qui êtes venus admirablement achever ce que les populations du Midi, du Centre et de l'Ouest avaient si merveilleusement commencé. Vous aussi, allez être les grands missionnaires de Notre-Dame de Lourdes.

« Je ne vous dis pas : *Adieu !* non ; frères du Nord et de la Belgique, je vous dis : *Au revoir !* »

— « Oui, *au revoir !* » s'écrie-t-on de toutes parts.

Puis, à la demande du R. Père, Mgr Lequette récite un double *Ave Maria* pour assurer les fruits de ce pèlerinage qui se termine.

On récite encore un *Ave Maria* pour Pie IX, suivi d'acclamations enthousiastes ; un autre pour la France et la Belgique, si cordialement unies.

Enfin, un dernier *salut* est adressé à la Vierge miséricordieuse pour demander, pour chacun de ceux qui sont présents, l'heureux accomplissement du grand pèlerinage de la vie : la grâce d'une *bonne mort ;* prière qui n'aura pas été certainement sans fruit pour celui d'entre nous, prêtres d'Arras, qui devait voir se consommer presque le même jour ce double pèlerinage : *Nescitis diem neque horam !* [1]

« Finissons, conclut le R. Père, par ce dernier acte que notre main défaillante tracera encore sur notre poitrine, alors

1. M. Mornave, curé-doyen d'Havrincourt.

que notre bouche glacée ne s'ouvrira plus : par ce *signe de la croix* que Marie est venue nous enseigner à bien faire : *In nomine Patris, et Filii, et Spiritus Sancti. Amen.* »

Mais avant de quitter Lourdes, nos pèlerins veulent laisser à Marie un mémorial éloquent et durable de leur amour pour elle. Ils adoptent pour leur propre chapelle celle qui, au sanctuaire de Notre-Dame de Lourdes, est consacrée à saint Pierre. C'est la troisième du côté de l'Évangile. « Heureux choix, dit M. Ansart, qui rappellera à la postérité l'attachement inébranlable et le dévouement bien prouvé de ce diocèse *au siège de Pierre*, auquel se rattachera, entre autres souvenirs glorieux, l'histoire de l'épiscopat de cet éminent et infatigable champion *des droits de Pierre*, dont il ne portait pas en vain le nom : Mgr *Pierre-Louis Parisis.* »

Ce dessein une fois arrêté, des souscriptions s'organisent, parmi nos concitoyens, en vue de placer des vitraux dans la chapelle ainsi adoptée. 3000 francs ne tardent pas à être recueillis. Aujourd'hui les pèlerins peuvent voir et admirer ces vitraux qui représentent des sujets relatifs à l'Immaculée-Conception, et portent en outre des médaillons de Notre-Dame des Ardents, de Notre-Dame de Boulogne, de Notre-Dame des Miracles et de saint Benoît-Joseph Labre. Le motif principal reproduit les armoiries de Mgr Lequette avec cette inscription commémorative :

Offert par le diocèse d'Arras
1er octobre 1873.

En même temps, un magnifique cœur en vermeil contenant les noms des donateurs est suspendu dans la chapelle Saint-Pierre par les soins du président de la Commission des pèlerinages d'Arras.

Cependant, la vapeur emporte nos pèlerins loin de ces lieux aimés où ils laissent leurs cœurs.

« Revenant, dit M. Ansart, en notre région par un autre chemin, *per aliam viam :* — non pas pour la même raison que les Mages, — nous nous rencontrons avec nos frères du Nord dans la gare de Tarbes, où le premier train devait subir avant nous un arrêt nécessité par un changement de ligne. Pendant le stationnement, les pèlerins de Lille, au moment de repartir, sollicitent la bénédiction de Mgr Lequette : Sa Grandeur, entourée de ses pèlerins d'Arras, accorde solennellement la bénédiction demandée ; ce fut un moment saisissant suivi de chaleureux vivats.

« Nous voici entraînés à notre tour, la nuit vient, et, si l'on ne dort pas, du moins on se repose un peu, la planche parait moins dure aux pèlerins harassés de fatigue. »

Le retour devait se faire par Issoudun.

« Après de courts stationnements, continue M. Ansart, nous arrivons à midi et demi en gare d'Issoudun. La procession s'organise immédiatement de concert avec le pèlerinage de Lille, arrivé un peu avant nous ; on se rend au sanctuaire au chant du cantique de *Notre-Dame du Sacré-Cœur* et de l'*Ave maris Stella*. Les pèlerins marchent, graves et recueillis, sur deux files doublées ; Mgr Lequette, accompagné de Mgr Scott, de M. Roussel, vicaire-général et des chanoines revêtus, ferme la marche.

Sur tout le parcours, la population tout entière se porte sur notre passage dans une attitude respectueuse et sympathique. Selon l'usage, Mgr Lequette bénit les petits enfants que les mères lui présentent.

Arrivés au sanctuaire de Notre-Dame, les pèlerins en remplissent bientôt la vaste nef ainsi que les chapelles latérales et absidales.

L'édifice paraît bien proportionné, selon le style ogival du seizième siècle ; l'intérieur est orné de peintures murales d'une exécution irréprochable ; on remarque de très belles verrières, surtout dans les chapelles latérales.

Avant la célébration du Saint Sacrifice, l'Évêque, qui a voulu demeurer à jeun malgré les fatigues du voyage, éprouve le besoin d'adresser la parole à son peuple, toujours avide de l'entendre, afin de lui rappeler le but de ce dernier pèlerinage :

« Chers pèlerins de Cambrai et d'Arras, dit Mgr Lequette, après les grâces et les faveurs reçues au sanctuaire de Notre-

Dame de Lourdes, il n'est pas inutile de nous arrêter en passant à ce nouveau sanctuaire, et de nous offrir d'une manière spéciale à Notre-Dame du Sacré-Cœur.

« Le Sacré-Cœur de JÉSUS, notre Sauveur, se présente à nous, en ces jours, comme un abri et un refuge au milieu des tribulations. Or, c'est bien par Marie qu'on arrive à ce Cœur : Elle est la voie qui y conduit.

« Par un dessein particulier de la divine Providence, toutes les grâces qui découlent du Cœur de JÉSUS doivent passer par le canal de Marie : *Sic nos Deus totum voluit habere per Mariam.* (S. Bernard.)

« Ce n'est donc pas sans une raison mystique que nous honorons Marie sous le titre de Notre-Dame du Sacré-Cœur. Dame, *Domina*, veut dire souveraine, maîtresse. Or, Marie est la Mère de JÉSUS ; le cœur d'un fils n'est-il pas comme le bien et la propriété de sa mère ? Marie a donc tout pouvoir sur le Cœur de JÉSUS. Nous venons donc à Marie, dans ce sanctuaire, afin, par son entremise, de puiser plus abondamment dans le Cœur sacré de JÉSUS.

« Il y a plus : ce pèlerinage établi en l'honneur de Notre-Dame du Sacré-Cœur, à Issoudun, a pour but spécial de prier pour *Rome et la France* : tel doit être l'objet principal de notre prière dans ce sanctuaire :

Sauver Rome et la France !

« C'est à cette intention spéciale que je vais offrir le Saint Sacrifice : vous allez vous y unir, comme je m'unirai aussi moi-même à toutes les intentions particulières que votre piété vous suggérera.

« Chers pèlerins d'Arras, n'oubliez pas la consécration particulière de notre diocèse au Sacré-Cœur de JÉSUS. Renouvelez-la tous pendant l'oblation de la divine Victime et présentez-la par les mains de Notre-Dame du Sacré-Cœur. »

La messe commence : il est une heure de l'après-midi ! Le cantique d'actions de grâces *Benedictus* est exécuté par les pèlerins, accompagnés de l'orgue. La messe achevée, après la bénédiction pontificale on se sépare, en se donnant rendez-vous au sanctuaire à trois heures de l'après-midi.

Pendant que les pèlerins se répandent dans la ville, où les habitants prévenus leur ont préparé une réfection bien nécessaire, — c'est un vendredi, — les RR. Pères missionnaires du Sacré-Cœur offrent à Mgr d'Arras et aux personnes de sa suite, ainsi qu'à Messieurs les Commissaires du pèlerinage, une hospitalité fraternelle dans leur communauté attenante à l'église.

Chez les bons Pères, on se retrouve en famille. Ne sommes-nous pas d'ailleurs dans le diocèse de Bourges, dont le digne archevêque, Mgr de La Tour d'Auvergne, est un enfant d'Arras, l'ami de cœur de notre Évêque bien-aimé? Appelé, par le devoir de sa charge archiépiscopale, à présider la première session d'un Concile provincial, qui s'ouvre ce jour-là même dans la ville du Puy, Mgr l'archevêque de Bourges a dû éprouver un regret bien vif et bien sensible de ne pouvoir recevoir lui-même ses chers compatriotes : regret bien partagé et vivement ressenti par chacun de nous.

Aussi, après avoir renouvelé, au nom de tous les pèlerins, les vœux pour la prospérité de l'Œuvre Catholique établie à Issoudun ; après avoir porté cette santé, qui passe avant toute autre, la santé du magnanime Pie IX, pour qui l'on prie chaque jour dans le sanctuaire de Notre-Dame, Mgr l'Évêque d'Arras propose la santé de Mgr l'Archevêque de Bourges : se réjouissant de ce que la cérémonie de cette journée vienne cimenter de plus en plus les rapports et l'union existants déjà entre les deux diocèses.

Le R. P. Supérieur répond à Sa Grandeur, qu'en effet l'Archiconfrérie de Notre-Dame du Sacré-Cœur à Issoudun est, avant tout, catholique, dans son but comme dans son origine, puisqu'elle a été établie par le Souverain-Pontife lui-même, qui a daigné s'inscrire au nombre des associés.

Au nom de Mgr l'Archevêque de Bourges, il remercie Mgr l'Évêque d'Arras de ses vœux en portant à son tour la santé du Prélat pèlerin.

Le doyen d'âge des prêtres de l'arrondissement, réunis à

Issoudun pour la cérémonie, s'adresse à Mgr d'Arras au nom de ses confrères ; il remercie Sa Grandeur de ses bienveillantes paroles et de l'édification donnée à cette ville par la cérémonie de cet imposant pèlerinage : *Ecce quam bonum et quam jucundum !...*

« Le clergé du Berry, dit-il, est heureux d'entendre sortir d'une bouche si autorisée, l'éloge de son digne Archevêque, le Père bien-aimé de ses prêtres comme de tous ses fidèles diocésains »

Mgr Lequette veut remercier encore une fois, en la personne de M. le doyen, le clergé du Berry : « Sans doute, ajoute Sa Grandeur, il existe un lien de fraternité entre tous les prêtres et tous les clergés de France et du monde catholique ; mais, entre Bourges et Arras, il est vrai de dire que les liens sont plus étroits et la fraternité plus intime encore. Aussi, en traversant cette terre du Berry, nous, pèlerins d'Arras, nous pouvons répéter avec plus de raison que d'autres : *Ecce quam bonum et quam jucundum habitare fratres in unum !* »

Trois heures et demie ont sonné ; les pèlerins se rendent en foule au sanctuaire pour y faire leurs adieux. A l'arrivée de Mgr Lequette, on chante tout d'une voix le *Magnificat.*

L'un des RR. Pères monte alors en chaire, et reprenant la parole : *Ecce quam bonum....*, il remercie de nouveau Mgr d'Arras de l'édification procurée à cette ville, en ce sanctuaire, par le courage et la piété de ses infatigables pèlerins.

« Qu'il est bon de ne former qu'un cœur et qu'une âme sous le souffle de l'Esprit de DIEU ! Au milieu du siècle mauvais où tout est séparation et dissolution, il faut que l'unité se fasse de plus en plus parmi les enfants de DIEU.

« Heureux pèlerins de Cambrai et d'Arras, de vous être trouvés unis sous la main de la Vierge de Lourdes, et d'avoir subi cette influence mystérieuse qui, de ce rocher, s'exerce sur la France entière pour la régénérer et la transformer! Ah! que votre dernière prière en ce sanctuaire soit un hymne d'action de grâces aux pieds de JÉSUS et de Marie.

« C'est dans le Cœur de JÉSUS que commence à se réaliser

cette unité nécessaire : *Unum sint!* Mais pour entrer dans cette habitation il faut en trouver la porte : or c'est Marie qui est cette porte par où l'on entre facilement dans le Cœur sacré de JÉSUS : *Ad Jesum per Mariam itur*. Et Marie alors réunit tous ces cœurs chrétiens pour n'en faire plus qu'un seul cœur dans le Cœur de JÉSUS.

« Telle doit être, et telle sera notre dévotion à Notre-Dame du Sacré-Cœur. »

Après la bénédiction du Très-Saint Sacrement, donnée au milieu du plus profond recueillement par Mgr Lequette, et la triple invocation au Sacré-Cœur, les pèlerins d'Arras et de Boulogne se disposent pour retourner processionnellement, bannières en tête, à la gare, pendant que les pèlerins des Flandres s'y rendent directement sans délai, car ils doivent partir à quatre heures trois quarts.

Malgré la fatigue des journées précédentes, on retrouve encore des forces et de la voix pour redire une dernière fois les cantiques de Marie, et faire retentir les rues d'Issoudun du refrain national :

Sauvez Rome et la France !

Le second train, disposé en temps convenable par la sollicitude bienveillante des agents de la Compagnie à la gare d'Issoudun, suit de près le premier ; tous deux reprennent leur essor vers Paris, où nous devons reprendre, au milieu de la nuit, par le chemin de fer de ceinture, le train spécial de la Compagnie du Nord qui doit nous ramener dans nos pays respectifs.

Grâce à notre organisation par wagons, à l'instar du pèlerinage de Nantais, ce transbordement nocturne des pèlerins, déjà effectué sans encombre à Agen, se fait avec tout l'ordre et toute la célérité désirables.

Samedi, 4 octobre.

A partir de Paris, nous ne marchons plus : nous dévorons l'espace, nous arrêtant seulement quelques instants à Amiens, où nous entrons pour y laisser descendre nos frères de

Picardie, ainsi que la fraction de nos pèlerins du Boulonnais et du Calaisis.

A sept heures un quart, nous sommes en gare d'Arras, une heure plus tôt qu'on ne l'avait pensé : ce qui empêche un grand nombre de concitoyens de se porter à notre rencontre.

Pendant que notre train achève sa course vers Douai et Cambrai, nous nous acheminons vers la cité, fatigués sans doute, mais heureux d'un si beau voyage ; et chacun s'empresse d'aller en rendre grâces à DIEU dans la Basilique de Notre-Dame et Saint-Vaast, ou dans ses paroisses respectives.

Les prêtres, demeurés presque tous à jeun, disent la sainte messe en actions de grâces, en union avec le séraphique saint François d'Assise, dont l'Église célèbre en ce jour la fête ; ainsi finissent les fêtes de la terre. »

Tel fut le premier pèlerinage du diocèse d'Arras à Lourdes. Un jour viendra où nos visites annuelles à la Grotte de Marie revêtiront un aspect plus populaire et auront une organisation plus habile ; mais il nous sera bien permis de dire, à la louange de notre pays, que cette première démarche faite à la demande de Marie Immaculée est une preuve évidente du grand amour que, depuis de longs siècles, les Artésiens ont vouée à la Mère de DIEU.

Chapitre Quatrième.

1874. — DE 1875 A 1879. — DE 1879 A 1886. — PÈLERINAGE PAR MER. — MORT DE MONSEIGNEUR LEQUETTE. — GUÉRISON DE MARIE HAUCHEZ.

LE pèlerinage de 1874, commun aux deux diocèses de Cambrai et d'Arras, eut lieu du 14 au 19 septembre, sous la présidence de Mgr Monnier, Évêque de Lydda. Cent cinquante pèlerins le composaient. Après avoir fait une courte station à Notre-Dame des Victoires, ils arrivèrent à Lourdes le lendemain de leur départ. Ils s'y rencontrèrent avec les Belges, leurs religieux voisins, et avec les hommes du Rouergue. « On nous dit, racontent les *Annales de Lourdes*, que la piété du Nord de la France était là. Tout le montrait. Dignité parfaite et dévotion profonde et grave, ce fut le caractère de ce saint pèlerinage... Le prélat président parla avec un naturel, une onction, et surtout une lucidité qui faisaient arriver l'enseignement au fond de toutes les âmes avec la clarté des rayons du soleil. Il montra DIEU admirable dans l'Apparition de Lourdes par l'infirmité du sujet qu'il avait choisi, par la manifestation du surnaturel, par les merveilleux résultats de la venue de l'Immaculée-Conception [1]. »

Nos pèlerins partirent de Lourdes dans l'après-midi du jeudi 17 septembre, le cœur rempli de reconnaissance et de saintes consolations. Le lendemain, à 10 heures du matin, ils arrivaient à Poitiers, où ils devaient s'arrêter pour y saluer la patronne du Poitou, sainte Radegonde. Sans nous laisser tenter par la curiosité, ou même par la faim qui commence à se faire sentir, nous dit un pèlerin de 1874, après une longue nuit passée en chemin de fer nous nous mettons en ordre pour aller processionnellement porter nos hommages auprès de la Sainte que nous venons invoquer.

1. *Annales de Lourdes*, t. VII, p. 159.

En tête sont les femmes, qui récitent pieusement leur chapelet, puis viennent les hommes, puis les prêtres de Cambrai et d'Arras, puis enfin Mgr de Lydda, escorté d'une députation de personnages ecclésiastiques envoyés par Mgr Pie, Évêque de Poitiers.

Le cortège se met en marche, et le premier cantique qui retentit dans tous les rangs, c'est le *Magnificat*, le chant de la reconnaissance.

Nous sommes en plein dans la cité de Poitiers, à une assez grande distance toutefois de Sainte-Radegonde, et déjà nous formulons notre prière par ce refrain cent fois répété :

Sainte Marie, priez pour nous !..
La France fut coupable :
Mais elle est à genoux.

Le salut de la France et le triomphe de l'Église, c'est bien là ce que nous allons solliciter auprès de Notre-Dame de Lourdes comme auprès de sainte Radegonde, modèle et soutien de ceux qui gouvernent.

Les habitants de Poitiers sont là, sur le seuil de leurs maisons ; les uns regardent, les autres se découvrent respectueusement, la plupart pleurent et s'associent à nos prières

Nous entrons dans l'antique basilique, et, en présence du tombeau de sainte Radegonde, nous nous prosternons et nous prions !... Aussitôt après commencent les messes à tous les autels, préparés d'avance pour les prêtres qui ont pu rester à jeun jusque-là ; et le nombre en est si grand, que la cathédrale et les communautés voisines ne tardent pas à être envahies par ceux qui n'avaient point trouvé place à Sainte-Radegonde.

Il est midi ; on se sépare pour aller prendre son repas à la hâte et pouvoir ainsi affronter les fatigues d'une seconde nuit blanche qui nous attend.

Vers deux heures, tous les pèlerins se retrouvèrent à Sainte-Radegonde ; c'est alors que Mgr Pie, après avoir témoigné aux prêtres réunis dans la sacristie toute sa reconnaissance pour l'édification qu'ils venaient de donner dans sa ville épiscopale, peu accoutumée à de si touchantes manifestations, c'est alors, dis-je, qu'il monta en chaire et adressa la parole à tous les pèlerins de Cambrai et d'Arras, avides de l'entendre : « Dans les derniers temps, dit le Seigneur, je répandrai mon esprit sur toute chair, vos fils et vos filles prophétiseront, et vos jeunes gens auront des visions. » C'est son texte, tiré des Actes des Apôtres où saint Pierre nous est montré prêchant pour la première fois aux habitants de Jérusalem, et leur rappelant la prophétie de Joël touchant les signes des derniers temps. Mgr Pie applique à notre époque les paroles du prophète.

Après ce discours, que nous ne rapporterons pas, parce qu'on peut le lire au tome X des œuvres de l'illustre prélat, Monseigneur de Poitiers donne à tous sa bénédiction, à laquelle nos pèlerins répondent en chantant, à trois reprises différentes, la prière : *Oremus pro pontifice nostro Pio.*

« Il est trois heures et demie, c'est le moment de partir. Tous les pèlerins saluent une dernière fois le tombeau de sainte Radegonde et reprennent le chemin du retour, suivis de Mgr Pie, qui nous accompagne jusqu'à son palais épiscopal. Là, le cortège s'arrête, et tous d'une voix émue font entendre de chaleureux vivats en l'honneur du grand Evêque de Poitiers, de saint Hilaire et de sainte Radegonde !... Mgr Pie nous donne une dernière fois sa bénédiction et rentre dans son palais, en proie à une émotion qu'il ne sait plus contenir.

« Nous reprîmes le chemin de la patrie, emportant de la ville de sainte Radegonde le souvenir d'une grande reine, dont les vertus et les miracles parlent toujours bien haut, et en même temps le souvenir d'une population sympathique et profondément édifiée de ces manifestations dont elle n'avait pas eu d'exemple, dit-on, depuis cinquante ans.

« La nuit se passe comme toutes les autres, entremêlée de prières, de conversations, de cantiques, et parfois de quelques instants de sommeil.

« Enfin, nous touchons, pèlerins d'Arras, au terme de notre pieux voyage. Le chant du *Magnificat* se fait entendre plus ardent que jamais et, arrivés en gare, nous recevons, prêtres et fidèles, la bénédiction de Sa Grandeur Mgr de Lydda, sous le patronage duquel nous avons fait notre lointain pèle-

N.-D. DES VICTOIRES.

rinage; puis nous rentrons dans nos foyers, fatigués peut-être, mais heureux et reconnaissants pour de tels jours, si remplis de consolations, de grâces et de saintes espérances [1]. »

De 1875 à 1878, nous ne trouvons rien, dans les annales

1. *Semaine religieuse d'Arras*, 1er oct. 1874.

diocésaines, sur les pèlerinages d'Arras à Lourdes. Les dévots serviteurs de Notre-Dame se rendaient à la Grotte bénie, soit isolément, soit en se joignant au pèlerinage national, mais sans l'intervention de l'autorité ecclésiastique. Il ne faudrait pas croire, en effet, que, durant ces années, l'Artois n'ait pas fourni son contingent de pèlerins à la Vierge Immaculée. Comment admettre, par exemple, qu'à l'inoubliable fête du Couronnement de Notre-Dame de Lourdes, en 1876, notre pays n'ait pas été représenté comme toutes les provinces de France? D'après les renseignements que la Direction actuelle des Pèlerinages diocésains a bien voulu nous fournir, nous pouvons établir que pendant cette période dont nous parlons le nombre des pèlerins varia entre 100 et 150 voyageurs. « Ces premiers pèlerinages, écrit un pèlerin de ce temps-là, avaient un charme tout particulier. Lourdes n'était pas encore la grande ville avec ses vastes hôtels et son large boulevard. On prenait hospitalité dans les vieilles maisons de la place Marcadel ou du Marché commun. Mais quelle émotion de rencontrer dans les ruelles étroites les frères et les sœurs de Bernadette Soubirous! On se trouvait dans la maison de Jeanne Abadie, d'Antoinette Péret, ou de quelque autre compagne de la Voyante. Et là, on vous racontait les apparitions comme on redit des choses vues la veille. La Grotte et ses abords étaient encore dans l'état contemporain des premiers miracles... Depuis lors Lourdes s'est transformé. Les étrangers s'y sont établis. Mais si le cachet primitif s'est perdu dans les rapides accroissements de la cité, il y règne une atmosphère surnaturelle qui attire et qu'on ne se lasse pas de venir respirer [1]. »

En 1879, M. Paul de Clerck, qui avait succédé à M. Cavrois dans la présidence du Comité diocésain des pèlerinages, fit un appel à nos compatriotes en vue d'annexer officiellement au Pèlerinage national un groupe d'Artésiens. Cent seize pèlerins du diocèse d'Arras, parmi lesquels plusieurs malades, répondirent à cette invitation. Le pèlerinage eut lieu du 19

1. Cité dans le « Jubilé du Pèlerinage national », 16me mille, p. 27. 8, rue François Ier, Paris.

au 27 août. Nous avons la bonne fortune de posséder dans la *Semaine religieuse* de cette époque l'éloquent rapport adressé par le baron de Livois au président du Comité diocésain sur cette édifiante excursion. Qu'on veuille bien nous autoriser à en citer la plus grande partie : « Vous m'avez demandé de vouloir bien esquisser notre pèlerinage de Lourdes et d'en faire ressortir les points les plus intéressants ; je m'empresse de me rendre à vos désirs.

Nous sommes partis avec la bénédiction du Saint-Père. Nous avons été les témoins de merveilles ; c'est un devoir pour nous de les raconter, heureux si ces quelques lignes peuvent contribuer à inspirer une plus grande confiance dans la parfaite bonté de la Très Sainte Vierge Marie, qui nous a donné tant de preuves éclatantes de son amour pour ses enfants.

Il semble tout d'abord que Notre Dame de Lourdes ait voulu attirer les pèlerins du diocèse d'Arras, et avoir des représentants des trois évêchés qui n'en forment qu'un, et qui professent chacun un culte tout particulier pour Notre-Dame des Ardents à Arras, Notre-Dame des Miracles à Saint-Omer et Notre Dame de Boulogne. — Notre Dame de Lourdes voulait des malades de nos contrées, afin de les renvoyer guéris. — En effet, un grand pèlerinage diocésain s'organisait en ce moment pour aller assister aux fêtes du Couronnement de la Vierge de la Salette, qui devait entraîner toutes les adhésions ; et voilà qu'à la lecture d'un entrefilet de la *Semaine religieuse*, les demandes arrivent de tous côtés pour aller à Lourdes et faire en quelques jours un voyage de 520 lieues. En trois semaines, grâce à des efforts persévérants, 150 pèlerins partent pour la montagne de la Salette ; quatre jours après, le 19 août, 116 voyageurs (78 d'Arras, 24 de Saint-Omer, 14 de Boulogne) se mettent joyeusement en route pour aller à la Grotte de Lourdes. Les uns se rendaient dans les Alpes et les autres dans les Pyrénées ; mais le but était commun. Il y avait un même cœur parmi tous ces enfants de Marie qui allaient prier leur Mère.

Cette rapide et double organisation avait empêché de prévoir certaines difficultés matérielles. A Amiens, on change de train ; prêtres et laïcs prennent dans leurs bras les infirmes et les portent dans leurs nouvelles voitures. Au milieu du déménagement général des sacs de nuit et des malades, nous ne trouvons plus de compartiments vides : on se case comme on peut. Il en est de même au départ de Paris. Est-ce un bien ? Est-ce un mal ? Je serais tenté de croire que la Sainte Vierge a permis cette fusion des pèlerins venus du Nord, de l'Est, de l'Ouest et du Centre, afin d'établir davantage les liens de cette véritable fraternité de la grande famille chrétienne. D'ailleurs, ce n'était pas la confusion, ce n'était pas le désordre, c'était un simple mélange.

A Paris la gare d'Orléans est encombrée. C'est un hôpital en plein air : toutes les infirmités y sont représentées ; une jeune fille brûlée n'a plus de figure, deux ou trois trous informes remplacent les yeux, le nez et la bouche. Un vieillard arrive avec une tumeur cancéreuse à la lèvre, d'une dimension énorme ; puis on apporte, sur des matelas, des femmes mourantes de la poitrine, de pauvres paralysés, des enfants scrofuleux, sans intelligence, et dont tous les membres sont inertes. C'est un autre enfant dont la tête énorme fait un contraste frappant avec la petitesse de son corps ; la tête est belle et fine, il y a une certaine expression dans les yeux.

Au milieu de bien des plaies répugnantes, le cœur ne se sent pas soulevé. De jeunes personnes qui auraient dans d'autres circonstances détourné la tête avec dégoût, regardaient avec admiration ces malades au nombre de 700 environ, auxquels une foi robuste faisait affronter les fatigues d'un voyage de 848 kilomètres (212 lieues de Paris à Lourdes).

Cinq trains spéciaux quittent successivement Paris, le 19 août, entre 5 h. 1/2 du soir et 11 heures, et emmènent tout près de 3.400 personnes.

Le train des infirmes a le guidon blanc ; il part le premier avec ses Sœurs gardes-malades et ses Frères de Saint-Jean de Dieu.

Nous sommes du train vert et nous suivons le train des malades à une heure de distance. Les autres trains arborent les couleurs rouge, bleue et jaune.

Le R. Père Picard, Directeur de l'Œuvre de N.-D. du Salut et Président général du pèlerinage, part avec ses chers malades.

Nous voici en route, les pèlerins prient, les malades offrent leurs souffrances à DIEU. On arrive à Poitiers à 6 heures du matin. Des omnibus, des voitures, des brancardiers transportent les infirmes chez les Sœurs hospitalières, chez les Religieuses du Mont-Carmel, etc. Quelques-uns sont dans un tel état de fatigue et de souffrances qu'on leur apporte la communion en viatique. On se rend à l'église Sainte-Radegonde, on y entend la messe. On y revient à 4 heures. Les personnes qui ont pu y entrer ont le bonheur d'entendre la parole de l'Éminent Cardinal Monseigneur Pie, revenu exprès de Cauterets pour bénir les pèlerins. Il confirme la foi des malades en leur rappelant la guérison de la femme de l'Évangile, qui, après avoir dépensé toute sa fortune en cherchant à se guérir, mit sa suprême espérance à toucher la frange des vêtements de Notre-Seigneur. Puis la procession commence, une procession d'environ 3.000 personnes chantant le cantique de l'*Ave Maria*. On étouffe bien un peu : le thermomètre marque 34 degrés centigrades, mais la foi et l'espérance sont en harmonie avec la chaleur croissante. La cérémonie se termine par le salut du Saint-Sacrement et quelques avis pour la journée du lendemain.

Sainte Radegonde est à juste titre vénérée à Poitiers. Elle rappelle souvent, à ceux qui l'honorent, que la couronne de reine qu'elle a déposée sur la terre a été remplacée par une couronne immortelle qui lui donne toute puissance sur le cœur de DIEU, et il est à remarquer que les guérisons commencent à partir de cette première étape, sanctifiée par la prière adressée à sainte Radegonde dans le sanctuaire qui lui est consacré. Je ne vous parlerai pas de l'abbaye de Ligugé, fondée par saint Martin, visitée le lendemain matin par un certain nombre de nos pèlerins ; d'autres devoirs me retenaient à Poitiers.

Nous nous mettons en route le jeudi 30, à midi et demi. Nous nous souvenons qu'à 11 heures a eu lieu le Couronnement solennel de la statue de la Vierge de la Salette, et qu'à une heure nos frères d'Artois quittent la Sainte Montagne en récitant le chapelet. Nous le disons à leur intention.

Nous n'oublions pas non plus notre cher Président ; nous savons que si des devoirs le retiennent éloigné, son cœur est avec nous, et le chapelet suivant est dit à son intention.

A la gare d'Angoulême, où nous arrivons vers 3 heures, nous sommes tout heureux de voir Monseigneur Sébeaux, qui vient, en bon père de famille, voir ses enfants qui passent. Il monte les marches de chaque compartiment, dit un mot affable à ceux qui s'y trouvent et les bénit. Nous descendons ensuite des voitures et nous nous groupons devant le train.

Alors Monseigneur traverse la voie, et se plaçant au centre du quai de la gare, il donne une bénédiction solennelle à tous les pèlerins prosternés.

Les cris de : Vive Monseigneur ! partent spontanément de toutes les poitrines. Nous apprenons qu'il attend de même les cinq trains, et nous partons en acclamant ce bon Pasteur et en conservant le charmant souvenir de sa paternelle bonté.

Bientôt nous ressentons encore une plus vive émotion. L'abbé Lefebvre vous cherche, me dit-on. — Pour quelle raison ? répondis-je, en me pressant au robinet de la fontaine pour remplir d'eau ma bouteille vide. — Il a une guérison dans son compartiment. — Allons vite ! — A ce moment la locomotive siffle, le cri « en voiture » retentit, les portières se ferment et nous reprenons nos places ; malgré l'impatience et la curiosité qui nous pressent, je ne puis le rencontrer que vers le milieu de la nuit. « J'avais dans mon compartiment, me dit-il, une jeune fille de Neuvireuil, qui est ma parente. Depuis trois ans, A. H. avait une laryngite, et le son de sa voix était devenu tellement imperceptible, qu'il était très difficile de l'entendre et par conséquent de la comprendre. Consultés souvent par elle, les médecins n'étaient pas parvenus à la guérir. J'avais d'autres infirmes également avec moi. Je demandai aux pèlerins de réciter un chapelet pour la guérison des malades et particulièrement de ceux présents dans le compartiment. Et voilà qu'à la quatrième dizaine, nous entendons une voix de plus se mêler aux nôtres ! » — A ce moment, j'arrivai près de la jeune fille. On l'entourait, on la félicitait. — « Parlez-nous donc, » lui criait-on de tous côtés. Elle répondait avec bonheur. Sa voix était bien revenue, forte et un peu voilée, comme celle d'une personne qui vient de se guérir d'un mal de gorge. Il est impossible de vous raconter sa joie : elle était profonde et recueillie comme la reconnaissance qu'elle vouait en son cœur à la Sainte Vierge, dont elle portait fièrement les couleurs avec sa médaille d'Enfant de Marie.

« En voiture ! en voiture ! » Nous nous empilons de nouveau et nous entonnons le chant de reconnaissance du *Magnificat.*

Vers cinq heures du matin, nous arrivons à Tarbes. On se lave un peu à la fontaine. La chaleur et la poussière nous ont rendus à peu près méconnaissables ; mais c'est le grand jour ! On va arriver : encore cinq lieues ! Elle passent rapidement. Bientôt on entend le cri : « Lourdes ; tout le monde descend ! » Les malades sont voiturés ou portés ; nous avons rencontré un infirme couché sur un matelas : les quatre bras du brancard étaient supportés sur les épaules de quatre Frères assis dans une voiture découverte. C'était une toiture d'un nouveau genre !

Beaucoup de pèlerins vont prendre possession de leur logement, et procèdent à des soins de propreté qui ne sont pas superflus. On se retrouve à la Grotte. Les communions sont nombreuses, à la Basilique, à la Crypte et à la Grotte. Peut-on venir à Lourdes sans recevoir dans son cœur le divin Fils de Marie ? Et nous ne sommes pas les seuls : un pèlerinage de Toulouse se rencontre avec nous, et bien d'autres !

Je ne vous décrirai pas Lourdes. Je ne vous parlerai ni des magnificences de la Basilique, ni de la pauvreté de la Grotte, dont la richesse consiste dans les béquilles des miraculés. Hélas ! cette richesse a même été cause d'un incendie. Soit accidentellement, soit autrement, les béquilles ont pris feu il y a quinze jours environ et ont brûlé l'églantier de la Grotte. Il a été remplacé par des rosiers. Mais ce n'est plus le même, et le malheur est irréparable.

L'impression la plus forte que j'ai ressentie n'est pas dans la vue des guérisons instantanées. Je savais que Marie est toute-puissante et qu'elle guérirait de nombreux malades, mais aussi comment cette bonne Mère pourrait-elle s'en empêcher ?

Qui ne sentirait ses entrailles émues en voyant ces milliers de pèlerins accourus de toutes les contrées, faisant monter pieusement vers le ciel l'hommage incessant de leurs prières les plus ferventes ! Celui qui n'est pas allé à la Grotte de Lourdes ne sait pas ce que c'est que la prière, la prière non interrompue. Les malades sont assis ou couchés dans une enceinte réservée ; tout autour d'eux se tiennent les fidèles, debout, assis, à genoux : les uns priant les bras en croix, les autres se prosternant pour baiser la terre. Le chapelet, le *Parce Domine*, l'*Ave, maris Stella*, le *Miserere*, le cantique de l'*Ave Maria* se succèdent sans cesse. De temps en temps, ces prières sont interrompues par un cri de joie : « Je suis guéri ! » Une femme se lève de sa couche ou un boiteux agite en l'air ses béquilles, et les fidèles chantent de tout leur cœur le *Magnificat*.

Le premier jour, et particulièrement dans la matinée, le *Magnificat* n'a pas cessé de retentir.

Alors on s'approche de l'heureux protégé de Marie, on veut le voir, lui parler ; puis on se sent pris de pitié pour les malheureux qui souffrent encore, et on se remet à prier avec plus de ferveur pour obtenir encore une guérison.

A cinquante pas de la Grotte se trouvent les deux piscines. Là aussi se trouvent des groupes qui prient avec ferveur pour leurs chers malades. Ceux-ci vont avec une foi profonde se plonger dans une eau glacée qui, d'après notre pauvre jugement, devrait plutôt les conduire à la mort, et qui devient une fontaine de résurrection, comme la piscine de Siloé quand l'ange de DIEU en agitait les eaux.

La guérison s'opère par un souffle divin qui favorise de

préférence les enfants de Marie et les pauvres, et qui toujours est la récompense de la foi et de la prière persévérante.

« Si vous priez bien, nous disait le R. P. Picard, vous aurez beaucoup de miracles ; si vous priez moins bien, vous en obtiendrez moins. »

C'est pendant cette matinée du premier jour que C. P. d'Arras a été subitement guérie. Tout le monde sait que C. P., qui a aujourd'hui 23 ans, avait les jambes paralysées. Depuis plus de 7 ans elle ne pouvait faire un pas, et ne pouvait rester qu'assise ou couchée. Pendant toute la route on fut obligé de la porter, et voilà qu'au moment de la sainte Communion, elle se sent soulevée par une force intérieure, et marche, sans même le secours d'un bras, jusqu'à la sainte Table.

Est-ce un miracle ? Est-ce une émotion qui délie des jambes nouées à la suite d'un saisissement ? L'Eglise est trop prudente pour trancher cette question. Pour nous, qui sommes les témoins, nous nous bornons à raconter ces merveilles, et nous ajouterons que la Sainte Vierge se sert souvent des moyens qui semblent les plus naturels, mais que les hommes de foi y reconnaissent néanmoins la main toute secourable de celle qui s'appelle *Santé des infirmes.*

Ainsi j'ai rencontré le dimanche un brave homme qui se promenait comme tout le monde. Deux jours auparavant il ne se traînait qu'avec peine sur deux béquilles. Il avait depuis plusieurs années une tumeur blanche au genou ; il se baigne dans cette eau glacée ; la tumeur crève, et il est guéri. N'est-il pas déjà dans l'ordre surnaturel, d'être venu de loin chercher une guérison qu'on trouve au moment même où on l'attend ?

D'autres n'obtiennent qu'une demi-guérison. Peut-être leur prière n'a-t-elle pas été assez fervente. La Sainte Vierge se plaît souvent à achever son œuvre quand la persévérance amène une seconde fois le malade à ses pieds. On m'a cité à ce sujet un fait assez curieux que je n'ai pas vu. Un pauvre homme, devenu aveugle, avait demandé à la Sainte Vierge de lui rendre au moins l'un de ses yeux et l'aurait obtenu. Il disait ensuite plaisamment à un de ses confrères : « Mon cher ami, ne faites pas comme moi, demandez tout de suite vos deux yeux à la Sainte Vierge. »

Dans cette même matinée du vendredi, une jeune fille de Boulogne-sur-Mer fut guérie. J. D. a 26 ans. Depuis l'âge de 3 ans elle avait une affection cardiaque, et il lui était impossible de marcher faute de respiration. A Poitiers on fut obligé de la porter et elle reçut la Communion en viatique. A Lourdes, où elle était couchée dans l'enceinte réservée, on lui apporta également la Sainte Hostie.

Une demi-heure environ après la Communion, un prêtre prend le saint ciboire, qui ne doit pas rester à la Grotte pendant la journée, et le remonte à la basilique construite au-dessus de la Grotte, par un chemin en forme de lacets, taillé sur le flanc de la montagne ; sept à huit malades guéris le suivaient déjà. Au moment où le Saint-Sacrement passe devant elle, un prêtre dit à J. D. : « Et vous, mon enfant, ne suivrez-vous pas aussi le Bon DIEU ? » A ces mots, elle se lève et gravit à pied la montagne sans aucune gêne dans la respiration. Depuis ce moment elle est guérie et je l'ai entendue rendre témoignage de sa guérison.

On continue à prier, on ne sent pas la fatigue d'une nuit passée en chemin de fer, on oublie l'heure du repas. Beaucoup de pèlerins achètent du pain et font un déjeuner frugal en buvant l'eau de la source pour ne pas quitter la Grotte.

Dans la journée, la grille est ouverte et les fidèles peuvent y entrer. Ils apportent des cierges en quantité énorme. Il est impossible de tout brûler immédiatement, on les entasse au fond de la Grotte ; il peut y en avoir trois ou quatre stères. Ils voient en passant une femme moribonde, qui a été administrée pendant la route, couchée sur un matelas déposé sur les marches de l'autel.

Vers quatre heures, les yeux s'animent, la pâleur disparaît en partie, la femme se lève et se met immédiatement à soigner et à porter les autres malades. Ce fut un spectacle saisissant et ceux qui en ont été les témoins ne l'oublieront jamais.

Vers sept heures du soir, les pèlerins munis chacun d'un

cierge partent en procession de la paroisse et se rendent à la Grotte. Les tables d'hôte qui sont encombrées se vident instantanément ; on oublie qu'on n'a pas fini de dîner, on prend place dans le cortège ; à la Grotte, on fait les prières de la neuvaine et on repart en procession pour se rendre à la place de la Madone, en passant par les lacets et la basilique. Cette procession aux flambeaux de 10.000 pèlerins offre un coup d'œil féerique. Elle a lieu pendant les trois soirées que nous passons à Lourdes.

Il est dix heures du soir, la foule se disperse après avoir crié trois fois : « Vive Notre-Dame de Lourdes ! »

De pieux pèlerins retournent à la Grotte et ne se lassent pas d'y prier. La nuit est belle, les rochers de Massabielle et les lierres qui les tapissent prennent des teintes de toute beauté à la lueur des centaines de cierges qui brûlent constamment dans la Grotte.

Les cantiques ont cessé : le recueillement redouble ; la fatigue rappelle enfin que le corps a besoin de repos et des pèlerins s'éloignent à regret, quand déjà d'autres, levés au milieu de la nuit, sont arrivés pour les remplacer.

Les messes commencent à la basilique à minuit, à la Grotte à six heures. Plusieurs voyageurs profitent du samedi pour faire une excursion dans les montagnes. La seconde journée ressemble à la première, mais il y a moins de guérisons.

Le dimanche 24 août, une partie des pèlerins vont à Bétharram. Pendant cette matinée, M. l'abbé Gorain, directeur ecclésiastique du pèlerinage du Pas-de-Calais, dit la Sainte Messe à l'autel de la Grotte à neuf heures et demie. J'ai le bonheur de la servir avec un jeune aveugle, organiste à Paris. Après cette messe, qui est la dernière à la Grotte, commencent les cérémonies d'un exorcisme.

En permettant aux nombreux pèlerins réunis de tous les coins de la France de voir de nos jours une femme possédée du démon, ne semble-t-il pas que la Sainte Vierge veuille montrer aux incrédules que, dans l'ordre surnaturel, s'il faut admettre la grâce, il faut aussi croire à l'esprit du mal ? Il y a huit ans que cette pauvre femme est tourmentée. Son obsession a été notablement diminuée ; mais elle n'est pas encore guérie.

A deux heures, il m'est donné d'assister à l'enquête qui se fait sur les guérisons obtenues. Le R. P. Bailly préside. Deux médecins y assistent. Les malades, ou du moins ceux qui l'ont été, sont interrogés à tour de rôle. Le plus souvent ils sont accompagnés de parents qui sont les témoins, ils ont quelquefois des certificats de médecins constatant la maladie.

Je vois successivement défiler nos malades du Pas-de-Calais, qui ne le sont plus. Je vois la femme moribonde qui était, le premier jour, couchée sur les marches de l'autel. Elle a 53 ans. Depuis six ans elle ne pouvait digérer que du lait et de la soupe claire. Elle est guérie. On lui demande si elle mange bien : « Oh ! non, répond-elle, la joie m'ôte l'appétit. Je mange peu, je bois de l'eau à la source, mais je suis forte et je porte les malades. »

J'en vois une autre qui a été également déposée sur les marches de l'autel et qui a été guérie dans les mêmes circonstances. C'est une jeune femme, ouvrière à Paris, traînant depuis longtemps dans les hôpitaux, ayant une tumeur cancéreuse déclarée incurable. Elle vomissait du pus et du sang. Elle aussi, elle a été amenée de Paris couchée sur un matelas et mourante. Elle est enveloppée d'une robe de chambre en flanelle rayée bleu et blanc et porte un bonnet. Elle rentrera à Paris avec sa robe de chambre ; si elle n'a pas de robe pour la remplacer, elle se consolera en pensant qu'elle aurait pu l'échanger contre un linceul !

C'est encore un ancien soldat, Camille Benito, qui a reçu en 1870, dans le haut de la cuisse, un éclat d'obus qui lui a emporté une partie des chairs et des os. Il avait une plaie de 25 centimètres de longueur sur 15 de largeur, dans laquelle on pouvait mettre le poing. Dans la piscine les chairs se sont refermées, la plaie s'est cicatrisée, ne laissant qu'une ouverture de 2 ou 3 centimètres qui laisse encore passer un reste de pus. Les médecins ont constaté sa blessure à son arrivée à Lourdes. L'un d'eux lui a proposé de rouvrir sa plaie pour s'assurer si les os manquants avaient été remplacés en même temps que les chairs. Sa demande, comme vous le pensez bien, n'a pas eu de succès.

J'assiste en dernier lieu à l'interrogatoire d'une fille d'une trentaine d'années qui est de la Somme, d'Ailly, si ma mémoire ne me fait pas défaut. A la suite d'une fièvre cérébrale à l'âge de 3 ans, elle est devenue complètement sourde et a été élevée dans un établissement de sourds-muets. Sa tante, le curé qui lui a fait faire sa première Communion, son curé actuel, sont présents et attestent qu'elle n'aurait pas entendu un coup de fusil tiré dans son oreille.

Elle entend maintenant les sons. Quand on lui parle en la regardant, elle comprend parce qu'elle lit un peu la parole sur les lèvres. Si on lui parle en arrière, elle entend et ne comprend pas. Les sons n'ont pas de va'eur pour elle, elle lit comme les sourds, d'une façon monotone et à peu près incompréhensible. Elle va être obligée d'apprendre à parler et à comprendre la parole comme les petits enfants.

A quatre heures, je quitte la salle des enquêtes pour assister au salut du Saint-Sacrement. Je rencontre M. l'abbé Pillain, de Desvres, qui est venu avec un groupe de malades, et lui en demande des nouvelles.

Il m'apprend qu'E. C., de Wavrans, arrondissement de Saint-Omer, avait un déboîtement de la hanche. Elle marchait avec une béquille et un bâton. Après avoir été à la piscine, elle a pu laisser sa béquille. Tout en allant beaucoup mieux, elle boîte encore un peu et s'aide de son bâton. C'est une demi-guérison. Notre-Dame de Lourdes veut sans doute la revoir l'année prochaine pour compléter son œuvre.

Le lundi 25 août, fête de saint Louis, nous nous mettons en route pour revenir, en disant à Notre-Dame de Lourdes non pas adieu, mais au revoir.

Nous apprenons qu'il y a eu environ 50 procès-verbaux de guérisons. Mais ce n'est pas tout. Dans notre train seul, les Pères de Notre-Dame du Salut relèvent cinq cas de guérisons qui n'ont pas été déclarés.

On continue en route les prières de la neuvaine, et on

arrive à Paris à 3 h. 30. Plusieurs pèlerins vont à Notre-Dame des Victoires, d'autres à la chapelle du Sacré-Cœur à Montmartre.

A 11 heures, nous montons gaiement dans le chemin de fer du Nord pour rentrer dans nos foyers. Cette deuxième nuit à passer ne nous effraye pas. Nous savons que Notre-Dame des Ardents nous attend à Arras.

Le 27, nous arrivons à 5 h. 15 du matin, et nous sommes heureux de vous retrouver à la gare, Monsieur le Président, ainsi que nos frères de la Salette. Vous savez le reste. Les jeunes filles guéries reçoivent des bouquets qu'elles s'empressent d'offrir à la Sainte Vierge. Notre-Dame des Ardents semble toute radieuse au milieu de son auréole de gaze, et la reconnaissance des pèlerins monte vers le ciel dans une Communion fervente.

Monseigneur attendait les pèlerins; c'est un témoignage d'affection qui nous cause une douce surprise. Sa Grandeur, qui célèbre les Saints Mystères, nous parle avec sa bonté ordinaire, et on se sépare après les agapes fraternelles d'un déjeuner offert par les religieuses de Sainte-Agnès.

Monsieur et cher Président, j'ai terminé mon récit, mais je croirais manquer à tous mes devoirs si je ne remerciais pas ici, du fond du cœur, les dignes prêtres qui ont bien voulu me prêter, pendant tout le temps de ce voyage, un concours dévoué pour la bonne organisation du pèlerinage du Pas-de-Calais. Pour moi, je n'emporte qu'un regret : j'avais des devoirs de famille à remplir qui m'ont empêché de me consacrer utilement à nos chers malades et à tous les pèlerins, pour lesquels je conserve des sentiments d'affection et de reconnaissance qui ne finiront qu'avec ma vie.

Je vous prie d'agréer, Monsieur et cher Président, l'assurance de ma profonde gratitude.

BARON DE LIVOIS,

Directeur délégué du pèlerinage diocésain de Lourdes. »

Nous n'insisterons pas sur les pèlerinages suivants qui, jusqu'en 1886, ont eu la même organisation. L'intéressant compte-rendu de M. de Livois donne une idée complète des différentes excursions qui remplissent cette période, sur laquelle nous glissons rapidement. Il importe, cependant, de faire une exception pour l'année 1881, qui vit la réalisation d'un projet neuf et peut-être hardi : nous voulons parler du pèlerinage par mer conçu et préparé par M. l'abbé Pillain, missionnaire apostolique. Ce pèlerinage « d'hommes de la région du Nord de la France à Notre-Dame de Lourdes » se fit du 16 au 28 août.

Voici le récit qu'un pèlerin, à la plume facile et pieuse, en écrivit dans la *Semaine religieuse* du 4 septembre 1881 : « Le 16 août dernier, M. l'abbé Pillain, missionnaire apostolique du diocèse d'Arras, mettait enfin à exécution un projet qu'avait conçu et que devait soutenir sa foi généreuse : un pèlerinage à Lourdes par voie de mer [1].

Il avait demandé trois cents pèlerins à la région du Nord de la France. Les voici, dans le bassin de Boulogne, sur le gaillard d'arrière d'un beau vapeur anglais, le *Falcon*, et portant sur la poitrine un insigne blanc et bleu qui représente un navire au chiffre de Notre-Dame.

Mgr Lequette, ému et rayonnant, leur lit la bénédiction spéciale que leur envoie le Souverain-Pontife, et son cœur si paternel y ajoute la sienne. Les pèlerins répondent par les cris de : « Vive Léon XIII ! Vive Monseigneur ! » A son tour, la foule les acclame et leur souhaite bon vent. Enfin, à trois heures et demie, nous virons de bord, et nous gagnons la mer au chant de l'*Ave, maris Stella*. Quant à notre capitaine, il se hâte, avec une parfaite courtoisie, de nous affirmer qu'il est tout entier à notre disposition avec son expérience et son dévouement ; puis, en l'honneur de la France, il crie : Hip ! hip ! hurrah ! Nous saluons de même sa patrie, l'Ile des Saints, et désormais nous n'aurons plus avec M. Mitchell que les meilleurs rapports. Cependant le dôme de Notre-Dame de Boulogne s'efface, et devant nous l'immensité se déroule. Du mal de mer,

Ce mal qui répand la terreur

1. Ce récit est signé : A. S.

dans l'âme des bonnes gens, on glose et l'on rit. Le jour tombe. Que c'était beau cette prière du soir au milieu des flots! quel calme étrange que celui d'une première nuit passée dans les flancs d'un navire!

DIEU, cependant, voulut varier les mérites de notre pèlerinage. Le mercredi se lève ; nous avons doublé le cap de la Hague ; nous sommes en vue d' « Aurigny » ; nous filons dix milles à l'heure ; mais la brume s'épaissit, la vague se mutine ; c'est la « Manche » qui veut, avant de nous abandonner à l' « Océan », nous donner le terrible spectacle d'un « raz de marée [1] ».

Cela fait bien de trembler un peu, même une nuit entière, de se sentir petit devant DIEU et de se recommander à sa miséricorde. En regard d'un gros temps, payer son tribut à la mer n'est rien. Nous le payons, excepté quelques invincibles, et la mer nous tient quittes. Elle devinait, sans doute, qu'avec des pèlerins que leur conscience n'empêche pas de rire et de chanter, elle ne devait pas être difficile.

En effet, le jeudi 18, le soleil sort magnifique du sein de l'Océan. Radieux, nous accourons sur le tillac pour y prier, entendre la Sainte Messe et méditer... Pèlerins du *Falcon*, voyez-vous encore M. Pillain, notre capitaine spirituel, s'adosser au grand mât et nous rappeler, pour démontrer le rôle de salut que le navire a joué dans le monde : l' « Arche » de Noé, la « Corbeille » de Moïse, la « Barque » de Pierre, le « Vaisseau » qui amena en Gaule Lazare et ses deux sœurs, la « Nacelle » de Notre-Dame de Boulogne? Et notre « Falcon », que fait-il? Il porte trois cents successeurs aux trois cents soldats de Gédéon, et il les déposera aux pieds de Marie pour qu'ils obtiennent le salut de leur pays... Si bien commencée, la journée devait être splendide. Splendide aussi l'Océan avec ses flots d'or et d'azur, ses mouettes qui chantent, ses monstres qui jouent à sa surface, ses lougres, bricks ou goëlettes qui le sillonnent en tous sens.

1. Les raz de marée sont des mouvements violents des eaux de la mer, qui tantôt paraissent produits par des tremblements de terre, tantôt sont intimement liés aux phénomènes des ouragans. Les raz de marée produisent quelquefois sur certaines côtes d'effroyables désordres.

Déjà, nous avions laissé derrière nous « Ouessant » ; à midi, nous étions en face de « Belle-Ile » ; à cinq heures, un gabier signalait « l'île-Dieu » ; à sept heures, nous étonnions de nos chants les marins du vaisseau-indicateur, « le Rochebonne », et la nuit était avancée, qu'à regret, sur un dernier

N.-D. DE BOULOGNE.

refrain de nos jeunes pèlerins, nous regagnions nos couchettes improvisées. Seuls, veillaient sur le pont, récitant le Rosaire, ceux qui continuaient le « quart » auprès de la statue de Notre-Dame de Lourdes.

Le vendredi fut aussi limpide que le jeudi. « Nous voulons, disait notre directeur dans sa méditation, la guérison de nos deux infirmes ; rappelons-nous donc que l'Évangile du paralytique réclame trois conditions : foi, amour, innocence !... Qu'il n'y ait pas de coupables parmi nous ! » A ces mots, l'on se confessait, et l'on jetait aux échos des « Landes », qui étaient vis-à-vis de notre navire, les versets et les gémissements du *Miserere*.

A dix heures, la bise devient chaude ; à onze heures, le *Falcon* se pavoise, car, à gauche, voici les plus gracieuses villas sous les plus sombres sapins ; — à droite, « Biarritz » se baignant à la « Côte du Moulin » et au « Port-Vieux » ; — en face, « Bayonne » qui se mire dans l'éblouissante baie de l' « Adour ».

Quelle joie de voir cette foule qui nous souhaite la bienvenue avec la plus franche sympathie ! M. Laparade, archiprêtre de Bayonne, nous conduit avec son clergé dans sa monumentale cathédrale. Nous le suivons, joyeux, frais, dispos. Il « regrette » de n'avoir point su l'heure de notre arrivée d'une manière plus précise ; il nous « félicite » de la hardiesse de notre foi, et « fait des vœux pour que nous menions à bonne fin notre pèlerinage d'un genre si nouveau et si intéressant. « Et nous, Monsieur l'Archiprêtre, nous garderons le souvenir de vos délicates attentions, heureux de constater que, malgré les mers qui nous séparent, la foi catholique ne compte que des frères sous son drapeau. » Un vénérable vicaire-général nous donne la bénédiction du Saint-Sacrement ; puis, nous nous dirigeons vers la gare.

Un train spécial nous prend, à cinq heures un quart, pour nous emporter, le long des « bords de l'Adour » et à travers « ses riantes campagnes », vers la ville bénie de Lourdes. Il était onze heures et demie quand, de nos wagons, nous pûmes saluer d'un premier *Magnificat* la « Grotte miraculeuse » où les cierges ne s'éteignent jamais, et, quelques minutes plus tard, nous étions sur le sol qu'a daigné fouler la Reine du Ciel.

Que venons-nous faire à Lourdes ? Visiter son « donjon » perché sur un roc depuis quatre cents ans, ou suivre le « gave » qui, tantôt sautille sur ses cailloux, et tantôt sommeille sous ses mélèzes ? Non. Nous reposer une nuit pour aller, demain, jouir de l'incomparable panorama de « Pau », ou contempler le « Cirque de Gavarnie », cette merveille des Pyrénées ? Non. Nous allons à la « Grotte de Massabielle » où, l'an de grâce 1858, la virginale Mère de DIEU daigna se montrer à une enfant, pour lui annoncer des paroles de miséricorde et de vie. C'est là que nous allons, car nous ne sommes pas de cette prétendue France nouvelle qui singe la Passion et brise la Croix. Nous appartenons, nous, à l'antique France qu'a fondée le CHRIST par l'épée de Clovis. La Mère du CHRIST nous appelle à la pénitence ; elle nous promet, en retour, la victoire, le relèvement et la paix ; nous voici donc, représentant, nous aussi, la France qui croit, qui pleure et qui espère.

Oh ! le vivant, permettez l'expression, oh ! l' « empoignant » spectacle ! Ce rosaire et ces cantiques perpétuels à la Grotte et à la piscine, ces bras en croix, cette inimaginable procession du soir avec ses milliers de flambeaux et de voix, Dieu ! quelle plainte déchirante vers un Ciel courroucé !.. Lorsque, par vingt et trente prodiges opérés chaque jour, l'Immaculée-Conception nous rend nos malades guéris ou soulagés, elle semble nous dire : « Voilà l'image des faveurs dont je prétends combler votre pays de France. Ne me croiriez-vous pas ? Votre pays de France a pour mission d'être le royaume de JÉSUS-CHRIST et le soldat de son Église ; il restera donc catholique, ou il finira ! Qu'il prenne garde ! Ses ennemis sont prêts à le saisir comme une proie et à se partager ses lambeaux. Pénitence ! Pénitence ! Pénitence !... »

Et nous avons mêlé nos chants, nos prières et nos larmes, aux chants, aux prières et aux larmes du Pèlerinage national ; nos jeunes gens ont aidé leurs « brancardiers », ces nobles successeurs des Hospitaliers de Jérusalem ; notre Directeur a dit pour nous la Sainte Messe à l'autel de la Grotte, et fait entendre à la basilique, pendant la grand'messe du dimanche, une parole ardente ; un de nos deux paralytiques, prodigieusement soulagé par Notre-Dame, a laissé ses béquilles ; enfin, contents, ravis plutôt, nous avons, le lundi 22, à huit heures et demie du matin, dit au revoir au miraculeux sanctuaire affirmant bien que nous ne le voyions pas pour la dernière fois.

Pie IX a dit un jour que les pèlerinages sauveraient la France ; nous le croyons, car, véritablement, ce que l'on voit à Lourdes, s'humilier dans la poussière, ce que l'on entend, pleurer et supplier, oui, c'est l'âme de la France catholique.

Vers deux heures, nous rentrions à Bayonne ; à trois heures, nous remontions à bord du « Falcon », comptant que les derniers et aimables souhaits de Monsieur l'abbé Laparade nous vaudraient un heureux et triomphant retour. Vogue donc notre vaisseau ! Les Pyrénées s'évanouissent dans le lointain ; de nouveau, nous voici pauvres « riens » dans l'immensité de l'Océan, et de nouveau, les nuages qui s'assombrissent nous annoncent un « grain ». Ecoutez ce vent ; voyez ces vagues qui couronnent leurs crêtes d'une écume blanche, signe de colère ; considérez ces abîmes où semble s'enfoncer notre navire : vous avez peur ?... Marie est là ! confiance ! Nos voiles aident la vapeur, de sorte que, le mardi 23, sept heures du soir sonnaient à peine que nous mouillions à « Lorient ».

Les uns vont coucher dans la ville où reposent les cendres de « Brizeux » ; les autres restent fidèles au bord. Charmante soirée ! Qu'est-ce donc que ce concert que se donnent nos jeunes gens pour se reposer des fatigues du jour ? Tranquille nuit et joyeux rêve ! Demain, mercredi, nous te foulerons de nos pieds, Bretagne légendaire,

O terre de granit recouverte de chênes,

comme dit Brizeux. Nous verrons ta « Chartreuse du Brech », ton « Mausolée » en marbre blanc que la France désolée, « Gallia mœrens, » a élevé à la mémoire des infortunés héros de Quiberon ; le « Champ des Martyrs » où

L'on massacra longtemps la tribu sans défense ;

puis, cheminant par tes bruyères, tes landes, tes sapinières et tes dolmens, nous irons vénérer ton illustre patronne « sainte Anne » dans sa magnifique église ; nous baiserons ses reliques, et nous boirons à sa fontaine miraculeuse. Ainsi rêvé, ainsi réalisé, et ce fut une bonne journée. Restait le « Mont Saint-Michel ». Hélas ! notre vaisseau ne peut aborder à Granville ; l'idée d'un remorqueur qui nous aurait pris en pleine mer pour nous y transporter directement, est impraticable, Il n'y avait pas à délibérer longtemps : l'excursion à Saint-Michel sera facultative. Une petite centaine d'infatigables, entre autres notre paralytique qui veut prouver sa guérison, se mettent en route ; les autres reviennent en rade.

On se rejoindra dans les eaux de Cherbourg, le vendredi, pour aller ensemble remercier Notre Dame de Boulogne dans la matinée du samedi. Rien de mieux. Ils voyagent donc, nos excursionnistes ; nous nous endormons, nous, à côté du vaisseau-école « le Bougainville », et non loin du terrible cuirassé « la Dévastation ».

Voici le 25, jour de la Saint-Louis.

Pieusement, nous fêtons, dans son église de Lorient, notre saint roi de France, tandis que là-bas on prie, dans son antique sanctuaire, le grand Archange qui nous protège. Nous nous disposons à profiter de la mer de trois heures.

Ainsi, l'homme propose, mais DIEU dispose.

Ce n'est plus un « grain », c'est un « cyclone » qui sévit ; le port arbore le signal noir des grandes tempêtes ; défense est faite à tout vaisseau de gagner la haute mer ; il faut rester en panne, car il y a danger de naufrage. Nous serons certainement en retard d'une journée ; n'importe. Remercions Notre-Dame d'avoir écarté de nous cet effrayant péril.

Cependant le temps s'écoule ; le dimanche arrive avec ses impérieuses exigences. Rentrer samedi à Boulogne est désormais impossible. Force sera donc à un certain nombre d'ecclésiastiques de se séparer du *Falcon*. Quel regret de ne pouvoir finir comme ils avaient commencé ! Mais le devoir commande.

Bref, la tempête se calme ; la mer redevient bonne, et le vendredi 26, dans l'après-midi, notre navire se mettait sous vent. Vingt-quatre heures plus tard, il reprenait à « Cherbourg » les pèlerins de Saint-Michel.

Depuis une journée ils interrogeaient l'horizon, se demandant avec anxiété si l'ouragan n'avait point brisé les ailes de leur « Falcon ». Pourquoi craindre, quand la Reine des flots se fait notre pilote ?

Le samedi 27, vers 5 h. 1/2 du soir, ils reprennent la mer, et le dimanche 28, à 6 heures du matin, leur *Magnificat* de reconnaissance annonçait à la colline de Notre-Dame de Boulogne, leur bonheur de toucher enfin le sol natal. Cette fois encore, plusieurs d'entre eux sont forcés de se séparer brusquement du « Falcon » pour courir à la gare. Notre joie, peut-être, eût été gâtée par la vanité d'une rentrée triomphante. DIEU prit des mesures pour nous l'épargner. Qu'il soit béni !

Mais pendant notre dernière messe à bord, si nous avons grandement remercié Notre-Dame de Lourdes, nous lui avons promis aussi que les pèlerins de l'Océan prendraient encore, pour aller la servir, la route des flots.

Cette pittoresque visite à Notre-Dame de Lourdes, que Sa Grandeur Mgr Lequette avait encouragée si cordialement, fut le dernier pèlerinage entrepris sous le patronage du vénéré Prélat.

En effet, le 13 juin 1882, cet Évêque si bon mourait à Arras, entouré de l'amour et de l'impérissable reconnaissance de tous ses diocésains. La Sainte Vierge, qui était pour lui : Notre-Dame des Ardents et Notre-Dame de Boulogne, Notre-Dame des Miracles et Notre-Dame Panetière, Notre-Dame de Pitié et Notre-Dame de Lourdes, dut sourire à ce Père qui s'endormit doucement en prononçant les premières paroles de l'*Ave Maria*[1]. »

C'est à dessein que nous nous sommes montré sobre de détails sur les différentes faveurs que nos compatriotes ont pu obtenir au cours des pèlerinages que nous venons d'esquisser. Il vaut mieux pécher par réserve que par excès. Or, a-t-on toujours su garder, dans les feuilles publiques, la mesure imposée par la prudence ?

1. *Annuaire du diocèse d'Arras*, 1882, p. 230.

Voici, pourtant, un fait qui a mérité, par son importance, d'être consigné dans les « *Annales de Lourdes* » et qui s'est produit à l'époque où nous sommes parvenu. C'est le cas de Melle Marie Hauchez, de Rivière. Un ancien missionnaire de Notre-Dame de Lourdes raconte ainsi sa guérison :

« Née à Paris en 1849, Marie ne devait point connaître les sourires des auteurs de ses jours. La charité chrétienne la dédommagera en la recueillant dans un Orphelinat dirigé par des religieuses, qu'elle quittera à l'âge de sept ans pour entrer au service d'une pauvre femme infirme de Rivière. La malade qu'elle soigne est une croyante de vieille roche comme on en trouve encore dans nos campagnes du Nord. A ce contact chrétien, elle grandit dans l'amour de DIEU et la pratique de la vertu. Une excellente première Communion la confirma dans ses bons sentiments de piété. La dévotion à la Sainte Vierge occupait une large place dans son cœur ; elle aimait à communier à toutes ses fêtes.

« Grâce à la fréquentation des sacrements et à son immense confiance dans la Sainte Vierge, elle mérita de persévérer dans une pureté angélique. A l'âge de quinze ans, le malin esprit, jaloux de tant de beauté, lui dressa d'insidieuses embûches ; un soir qu'elle revenait des champs, un de ses suppôts osa lui vomir des propos obscènes et attenter à son innocence. La Bonne Mère du ciel et son Ange gardien la délivrèrent de cet horrible piège. Notre orpheline, effrayée, reçut une telle commotion qu'elle en tomba malade ; mais les conséquences de cette frayeur seront surtout terribles. A la longue, ces secousses produisent des désordres intérieurs. Pour notre enfant, ce trouble produisit un cancer affreux, après cinq ou six ans d'alternatives de mieux et de plus mal. Ceci se passait en 1864. Quinze années s'écoulèrent ainsi, avec des traitements énergiques qui n'aboutirent à aucun résultat. Pour tous ceux qui l'entouraient, l'état de la pauvre infirme n'offrait plus aucune chance de guérison. C'était vrai humainement parlant, mais Marie Hauchez espérait contre toute espérance, et c'est en Marie qu'elle mettait sa confiance.

« Depuis des mois le désir ardent d'un pèlerinage au sanctuaire privilégié de Marie, à la Grotte de Lourdes, s'était fixé dans son esprit ou plutôt dans son cœur. Ce désir semblait impossible à réaliser pour la pauvre orpheline ; aussi n'en parlait-elle pas, mais elle priait davantage, s'appliquant à réformer en elle tout ce qui eût pu déplaire au regard si pur de la Vierge Immaculée.

« Dans le courant d'août 1879, elle entendit parler d'un pèlerinage des diocèses de Cambrai et d'Arras, qui devait se joindre au pèlerinage de Notre-Dame du Salut pour Lourdes.

« Dès lors, la réalisation de son désir devenait possible ; elle fit les démarches nécessaires pour faire partie de ce pèlerinage. Elle obtint une carte de faveur et partit pour Lourdes. Son voyage ne fut qu'une prière, simple mais complète : Bonne Mère, Santé des infirmes, lui disait-elle au fond de son cœur, je vais à vous avec confiance. Si vous voulez, je le sais, vous pouvez me guérir ; ne regardez pas ma pauvre âme,mais écoutez ma voix et voyez mon horrible mal.

« Ce que la malade espérait,vous le voyez,c'était sa guérison; elle n'obtiendra qu'un soulagement. Après s'être baignée dans les piscines, elle ne sentira plus l'acuité du mal, et ce premier pèlerinage va en enrayer le progrès.

« Pendant un an encore l'orpheline répétera la même prière, avec l'accent d'une foi toujours croissante : Bonne Mère, je viens à vous avec confiance ; si vous voulez, vous pouvez me guérir.

« Vers la même époque de l'année 1880, une autre caravane de malades des deux diocèses s'organisa pour se fondre dans le Pèlerinage national ; de nouveau Marie Hauchez est admise au nombre des pèlerins et dans les mêmes conditions de charité. Sa foi et sa piété en Notre-Dame de Lourdes avaient grandi, la bonté et la clémence de Marie se manifestèrent à son égard.

« Plongée dans la piscine, soudain éclate avec force le cri : O Vierge Immaculée, achevez votre œuvre ! Guérissez-moi ! Je veux être un témoin de votre bonté.

« La grâce rejaillit là où le désir était monté. A peine eut-elle touché la surface de l'eau,qu'un bien-être indéfinissable se répandit dans tous ses membres. Ce fût une sorte de rafraîchissement doux et inouï. Dans ce second bain se produisit la guérison totale, complète, de son cancer qui la rongeait depuis vingt ans.

« Ainsi guérit notre orpheline, dont le retour à la santé,

ÉGLISE PAROISSIALE.

après de si terribles épreuves, méritait les éloges et les félicitations de toute la contrée. Si les *Annales de la Grotte* contiennent d'autres guérisons aussi remarquables, aucune, croyons-nous, ne vise aussi droit la science et l'incrédulité. Ici apparaît la main de l'Ouvrier céleste à côté de la main des ouvriers de la terre. En reconnaissance de sa miraculeuse guérison, Marie a promis d'exercer envers sa dame infirme la miséricorde que Notre-Dame a exercée envers elle. Plus que jamais elle pratique la douceur, la patience.

« Les voies de DIEU sont insondables, ses miséricordes infinies. Le cantique d'actions de grâces pourra subir des interruptions, mais il vibrera dans la suite encore avec non moins d'éclat.

« En 1881 on disait que la miraculée n'a fait que donner le change à ses médecins et on est stupéfait. Sa santé robuste pendant des mois s'affaiblit peu à peu et menace bientôt ruine.

« O Marie, pourquoi ces tristes retours ? Avez-vous oublié les ardentes prières de cette jeune âme que vous avez prévenue de si touchantes sollicitudes ? sera-t elle de nouveau condamnée à passer sa vie sans bénédiction, malgré tout l'espoir qu'elle a mis en vous ? O Vierge Immaculée, ne détruisez pas votre œuvre dans toute la contrée du Nord ; ô Notre-Dame de Lourdes, ne dormez pas, réveillez-vous !

« Notre-Dame de Lourdes s'est réveillée. C'est encore Marie Hauchez qui va devenir une preuve de la toute-puissance de la Vierge Immaculée.

« Après s'être étiolée comme une plante qui manque d'air et de suc, notre malade sentait naître, germer à sa jambe gauche une tumeur qui gonflera et percera avec un écoulement continuel d'un pus infect. Comme surcroît de souffrances, une plaie s'ouvrira au talon du pied de la même jambe. Ainsi elle ne pourra marcher qu'à l'aide d'une canne et en s'appuyant sur la pointe du pied.

« De fréquentes crises de faiblesse et de douleurs aiguës la mettent dans un état lamentable ! Plus d'une fois elle se voit obligée de suspendre toute sortie pendant plusieurs jours. A mesure que le mal augmente, son courage et sa résignation redoublent. Pas une plainte ne sort de sa bouche, mais ses yeux mouillés de larmes se tournent souvent vers sa Grotte chérie de Lourdes et vers la Madone si compatissante. Cependant l'époque annuelle du Pèlerinage national approche. Une troisième fois elle obtient son voyage gratuit.

« Le voyage fut pénible d'Arras à Paris,de la gare du Nord à la gare d'Orléans, de Poitiers à Bordeaux et de Buglose à Lourdes ; ce fut sans doute une joie, mais ce fut aussi un martyre. Quand elle arriva en gare de Lourdes, le samedi matin, jour de bon augure, elle n'avait plus qu'un souffle de vie. Soit par fausse compassion, soit par oubli égoïste, soit par précipitation mal contenue, notre malade fut oubliée dans le wagon où elle se trouvait. C'était une épreuve bien cruelle ajoutée à ses fatigues et à ses souffrances de toute sorte. Mais dans son isolement, dans son abandon, l'Image de la blanche Madone n'avait cessé de rayonner au fond de son cœur ! La confiance en Marie n'avait subi aucune altération. Après un quart d'heure d'attente, attirés plutôt par ses gémissements que par ses cris, deux admirables jeunes gens qui se dévouent au soin et au transport des malades, allèrent trouver et délivrer la pauvre orpheline à demi morte Ils la descendirent et la placèrent dans une voiture pour la conduire à la Grotte.

« Arrivés aux abords de la Grotte, ils la descendent encore de voiture et la mettent sur un brancard. Pour éviter sur son passage des cris stériles de pitié, ils lui couvrent la figure de son voile, tant étaient grandes la pâleur et l'altération de ses traits. Portée à la Grotte sans retard, notre malade éprouve un éclair de joie qui lui fait oublier ses souffrances ; comme toujours dans les cas pressants, elle est plongée la première dans l'eau miraculeuse. Mais pendant son immersion elle perd tout à fait connaissance. On la retire promptement de la piscine, on la transporte devant la Grotte, on la place dans un fauteuil, mais toujours elle demeure plongée dans sa défaillance. On est obligé de prendre mille précautions pour la conduire à l'hospice de Notre-Dame des Sept-Douleurs.

« — Prenez un peu de nourriture, lui dit un infirmier.

« Tandis que la main charitable lui présente un bol de bouillon tiède, Marie Hauchez entend une voix mystérieuse qui lui crie : Lève-toi et marche !...

« Elle éprouve une sensation étrange ; elle n'est plus de la terre. Ce fut alors qu'elle sentit subitement disparaître le poids de son mal. Il lui semblait que ses douleurs tombaient, s'évanouissaient avec son sommeil léthargique. Était-ce la guérison ? Etait-ce une illusion ? Craignant de se tromper, elle reste quelques secondes sans mouvement ; mais une force irrésistible la soulève sur sa couche, et avant d'accepter la nourriture réconfortante, elle examine ses plaies qui sont cicatrisées, séchées, elle touche la plaie de son talon qui est intact. Elle descend de son grabat en disant : Gloire à la Vierge Immaculée ! Elle tombe à genoux, les yeux tournés vers la Grotte, pour bénir Celle qui depuis trois ans l'a comblée de faveurs toujours plus magnifiques.

« Le lendemain elle portait à la Grotte, comme un trophée de victoire, la canne qui depuis trois ans lui servait d'appui indispensable pour sa marche. Après deux jours d'actions de grâces, Marie rentrait à Rivière aussi heureuse, aussi gaie qu'elle en était partie désolée et souffrante, pleine d'une santé et d'une vigueur qui ne se sont plus un instant démenties. Voilà comment la Sainte Vierge sait récompenser la foi, la piété d'une orpheline qui n'a vécu que de privations, de souffrances et d'épreuves. »

Chapitre Cinquième.

DE 1887 A 1892 LE PÈLERINAGE A LOURDES EST RÉGIONAL. — ACHÈMINEMENT VERS LE PÈLERINAGE DIOCÉSAIN. — MORT DE M. L'ABBÉ OUTREBON, PÈLERIN DE LOURDES. — MORT DE MONSEIGNEUR DENNEL.

LA *Semaine religieuse* d'Arras, du 29 juillet 1887, publiait la note suivante : « Le pèlerinage de Notre-Dame de Lourdes étant entré dans les habitudes de la région du Nord, Nos Seigneurs les Évêques de Cambrai et d'Arras ont cru qu'il convenait d'en prendre la direction. Cette année, Mgr de Lydda le présidera au nom de Mgr de Cambrai, et Mgr d'Arras désignera parmi les ecclésiastiques qui feront partie du pèlerinage un prêtre chargé de le représenter. L'année prochaine, il le présidera probablement en personne... Il aura lieu cette année du 11 au 17 septembre. »

Voici donc que nos pèlerinages vont entrer dans une phase nouvelle. Il y a tant et de si antiques relations entre les deux diocèses de Cambrai et d'Arras, que leur union fut un véritable principe de force et de succès pour l'œuvre de Notre-Dame de Lourdes.

Sept cents pèlerins, dont deux cent dix Artésiens, s'enrôlèrent dans cette pieuse excursion de 1887. A Lourdes, ils firent une profonde impression. « Sept cents envoyés de Cambrai et d'Arras, lisons-nous dans les *Annales*, nous ont édifiés pendant trois jours par leur maintien grave, modeste et recueilli. Ils étaient présidés par Mgr de Lydda, auxiliaire de l'Archevêque de Cambrai.

« Le Prélat leur a expliqué, à la première réunion, la grande merveille qu'ils avaient sous les yeux et dont DIEU seul pouvait être l'auteur.

« Le R.P. Fristot, de la Compagnie de Jésus, a fait un beau commentaire du *Magnificat*, en se servant des versets du texte sacré pour établir la puissance, la dignité et la bonté de Marie : « Oh ! s'est-il écrié, qu'il est facile de prêcher ici l'Évangile ! C'est l'Évangile en action. »

Deux paroles de Mgr de Lydda devraient être méditées par beaucoup de catholiques de nos jours :

« En France, selon le mot de Pie IX, on agit beaucoup, on ne prie pas assez. Il y en a qui s'étonnent des libéralités dont sont capables les grands bienfaiteurs des œuvres catholiques du Nord. La plus stricte économie préside à leurs dépenses ; les soirées dansantes ont été impitoyablement bannies de leur foyer ; leur modeste mobilier suffirait à peine au dernier des bourgeois. »

En 1888, Mgr Dennel, Évêque d'Arras, conduisit à Lourdes les pèlerins des deux diocèses. A peine nos amis et nos compatriotes arrivaient ils dans la cité de Marie qu'une triste nouvelle fondait sur eux comme un coup de foudre : « Mgr l'Archevêque est mort ! » L'avant-veille, plusieurs d'entre eux avaient vu Mgr Hasley assister aux offices dans sa cathédrale. Mgr Dennel annonça aux représentants de la région du Nord le malheur qui les frappait.

Le R. P. Fristot, professeur à l'Institut catholique de Lille, demanda que la Sainte Vierge fût implorée pour le choix du futur Archevêque, et que ce dernier devînt comme l'envoyé de Notre-Dame de Lourdes elle-même.

Mgr l'Évêque d'Arras officia pontificalement le 9 août. Après l'Évangile, il commenta avec beaucoup de charme un texte sacré : « DIEU, dit-il, a voulu que ce lieu fût sanctifié. Il ne faut pas être du nombre de ceux qui passent comme des touristes indifférents ; par conséquent, le premier sentiment des merveilles accomplies ici, doit être un sentiment de respect et de religion ; un autre sentiment sera celui de la prière, celui d'un désir ardent vers l'avancement spirituel, vers la perfection, à la suite de la Femme revêtue du soleil et couronnée de douze étoiles. »

Aux Vêpres du même jour, le P. Fristot montra dans l'Immaculée Conception le remède aux trois maladies qui désolent la France : le naturalisme, le libéralisme et le sensualisme.

L'année 1889 vit les grandes fêtes de l'inauguration de l'église du Rosaire. Ces inoubliables solennités se célébrèrent les 6, 7 et 8 août. Notre pèlerinage régional, présidé par Mgr Dennel, eut lieu du 3 au 14 du même mois On y comptait cent cinq pèlerins du diocèse d'Arras. Notre Évêque vénéré prit la parole, à la Grotte, le soir du dernier jour du triduum des fêtes : « Il le devait, racontent les *Annales*, comme président du pèlerinage de Cambrai et d'Arras ; il le devait comme représentant ici le roi des pèlerins, saint Benoît-Joseph Labre, originaire de l'ancien diocèse de Boulogne. Mgr Dennel a une parole enflammée qui, sans la moindre recherche, laisse deviner un littérateur. Il résuma ainsi la manifestation dont il venait d'être témoin : « C'est, dit-il, une affirmation, un acte de fidélité et un témoignage de vraie fraternité. C'est une affirmation des droits de DIEU, dans un siècle de négation ; c'est surtout un acte de fidélité, à une époque où les caractères s'effacent. La négation est la plaie qui ronge les ennemis du nom chrétien ; l'effacement est la plaie dont souffrent les chrétiens d'aujourd'hui. Si la crainte de DIEU est le commencement de la sagesse, la peur des hommes est une folie en même temps qu'une lâcheté. Pour vous, continuez à vous montrer hautement chrétiens ; faites-le en tout. C'est un témoignage de vraie fraternité. Tout à l'heure, chacun de vous chantait les cantiques de son pays ; mais maintenant vous allez réunir vos voix pour chanter un seul et même cantique. C'est qu'au fond des cœurs il y a un sentiment unique qui met l'union et la beauté dans cette diversité. C'est l'image de l'union des diverses provinces de notre patrie sous la bannière de l'Église et de la France. »

On reconnaîtra à cette parole autorisée l'apôtre et le défenseur de la vérité qu'était Mgr Dennel.

L'année suivante, en 1890, la Province ecclésiastique du Nord conduisit à Lourdes 2400 pèlerins, parmi lesquels 349 diocésains d'Arras.

Ce pèlerinage, qui eut lieu du 7 au 13 septembre, se fit dans des conditions beaucoup meilleures encore que les années précédentes. Nous citons la *Semaine religieuse* d'Arras du 23 mai 1890 : « Le premier avantage dont jouiront les pèlerins de cette année est dû à la bienveillance des Compagnies de chemins de fer et particulièrement de la Compagnie d'Orléans.

« Les billets seront individuels. Les personnes qui ont le désir de faire le pèlerinage, n'auront donc plus la peine de s'enquérir de neuf compagnons pour former le groupe de dix personnes exigé jusqu'ici par les Compagnies.

« Avec le consentement gracieux de la Compagnie du Nord, la Compagnie d'Orléans viendra prendre les pèlerins dans les principales villes du diocèse, le dimanche 7 après-midi, et elle les transportera directement à Lourdes, épargnant ainsi aux pèlerins les pertes de temps et les ennuis qu'ont toujours causés la traversée de Paris et les divers transbordements. La voiture prise à Lille, par exemple, pourra être occupée par les mêmes personnes durant tout le voyage.

« La course sera si rapide que les pèlerins partis de leurs paroisses le dimanche après-midi pourront chanter le salut de la Nativité de la Très-Sainte Vierge dans la Grotte de Lourdes.

« Au retour, les pèlerins auront cinq heures à passer à Bordeaux, et leurs billets individuels leur permettront ou de revenir directement de Paris chez eux, ou de passer à Paris un, deux et même trois jours. La Compagnie du Nord les recevra sur le vu de leur billet de pèlerinage jusqu'au troisième jour après leur descente à la gare d'Orléans.

« Malgré tous ces avantages, les prix seront, à un ou deux francs près, les mêmes que ceux des années précédentes.

« Une autre innovation bien désirée et bien précieuse est que le pèlerinage diocésain est organisé cette année de façon à transporter les malades. C'est pour eux surtout que sera appréciée la faveur obtenue de la Compagnie d'Orléans qu'elle vienne les prendre chez eux pour les transporter directement et aussi rapidement que possible aux pieds de la Vierge Immaculée, dont ils attendent leur guérison.

« Le transport des malades nécessite un matériel considé-

MOULIN HABITÉ EN DERNIER LIEU PAR BERNADETTE ET SA FAMILLE.

rable et une organisation difficile devant lesquels on avait reculé jusqu'ici ; mais enfin il a fallu se rendre aux vœux de plus en plus pressants qui étaient exprimés chaque année. Beaucoup de personnes se trouvaient partagées, d'une part, entre la convenance ou la nécessité de tenir compagnie à leur parent, ami, connaissance, voisin, que ses infirmités obligeaient à suivre le Pèlerinage national organisé chaque année par les RR. PP. de l'Assomption, et, d'autre part, le désir de jouir des avantages du pèlerinage diocésain et d'obéir en même temps au vœu de NN. SS les Archevêque et Évêque de Cambrai et d'Arras.

« Maintenant il n'y aura plus d'hésitation possible, d'autant plus que les RR. PP. de l'Assomption nous ont toujours dit qu'ils renonceraient à toute propagande dans nos deux diocèses et à toute demande de secours pour les pèlerins malades, du moment où nous serions en mesure de nous charger des infirmes de notre contrée. »

Si nous en croyons le rapporteur de ce pèlerinage, ces espérances se réalisèrent de point en point. « Partis le 7 septembre vers deux heures, les pèlerins du Nord et du Pas-de-Calais arrivèrent à Lourdes, le 8 septembre, entre sept et huit heures du soir. Ce voyage des falaises de Boulogne et des dunes de Dunkerque à travers la Touraine, le jardin de la France, jusqu'aux Pyrénées, rappelle le regard et l'apostrophe de saint Augustin, cherchant tour à tour dans la mer, les fleurs et les grands monts, l'infinité, la beauté, la majesté divine. DIEU a bien marqué de son empreinte notre terre de France. Marie aussi s'y trouve partout, sur nos rivages, au cœur du pays où nous saluons au passage la « *Virgo paritura* » et Notre-Dame la Grande, et sous le beau ciel du Midi ! A l'heure un peu avancée où nous mettions le pied sur la terre de l'Apparition, plusieurs milliers de pèlerins commençaient la procession du soir, l'une des plus touchantes manifestations du pèlerinage de Lourdes. Mais cette procession du 8 septembre dernier disait plus haut pour tous, et pour nous qui arrivions, l'incomparable maternité de Marie. En tête du cortège, marchent les bannières de l'Alsace et de la Lorraine suivies des pèlerins qu'elles ont amenés, voilées de deuil et portant cette inscription, cette prière qui rappelle de patriotiques douleurs : *Consolatrix afflictorum, ora pro nobis.* Nous voyons des jeunes gens et des pèlerins du Nord se joindre au pèlerinage d'Alsace-Lorraine.

Bien des émotions filiales, chrétiennes et patriotiques, dès l'arrivée à Lourdes et à la Grotte, saisirent nos cœurs. Notre voyage d'ailleurs avait emprunté un vrai charme à la bonne fraternité chrétienne qui présidait partout ; il devait sa sanctification aux prières et aux saints cantiques qui ne cessèrent pas, durant tout le trajet, de monter vers DIEU et vers Notre-Dame ; la fatigue inhérente à une si longue route en chemin de fer emportait avec elle le mérite attaché à la pénitence.

« Tout n'était-il pas au mieux pour les pèlerins ? Et ce prélude annonçait de si douces et de si saintes journées !

« La sainte Messe, dite chaque matin à la Grotte, réunissait une première fois tous les pèlerins qui faisaient en très grand nombre la Communion. Des prêtres très pieux et très éloquents des deux diocèses, rompant aux fidèles le pain de la parole sainte, aidaient pour les prédications, à la Grotte, aux piscines, aux églises, le R. P. Jonas, de Lille, dont l'éloquence pratique, vaillante et vibrante remuera longtemps nos cœurs. Nos grands offices à l'église du Rosaire, nos Chemins de Croix sous les feux du Midi à Bétharram, nos processions du soir, ont fait connaître une fois de plus la foi de nos pèlerins à ceux qui les appellent là-bas les « Bretons du Nord ».

« Et que dire des supplications qui montaient des piscines pendant que nos malades étaient descendus dans les eaux miraculeuses ! A l'intérieur, les infirmiers joignent leurs supplications à celles des malades. — « O Marie conçue sans péché, priez pour nous qui avons recours à vous ! Notre-Dame de Lourdes, priez pour nous ! O Marie, guérissez-nous pour l'honneur et la gloire de la Sainte Trinité ! O Marie, guérissez-nous pour la conversion des pécheurs ! Santé des infirmes, priez pour nous ! Secours des malades, priez pour nous ! Bénie soit la Sainte et Immaculée Conception de la Bienheureuse Vierge Marie ! » D'autres invocations jaillissent du cœur des infirmes pendant l'acte de foi et de confiance souvent douloureux qu'ils font, lorsqu'on les plonge dans la piscine, invocations simples comme l'élan tout naturel de l'homme vers DIEU, « *simplicitas intendit Deum,* » et sublimes comme la vraie prière qui est la haute élévation de l'âme. Au dehors, pendant le temps de l'immersion, l'on prie les bras en croix, les yeux au ciel, le visage contre terre ; la voix de supplication se fait humble, pressante, attristée, triomphante : Le *Parce Domine*, l'*Ave maris Stella*, le *Credo*, le *Gloria Patri*, la récitation du Rosaire, les invocations évangéliques, se succèdent sans relâche. Lorsque JÉSUS-Eucharistie paraît entouré d'un cortège de prêtres qui portent des palmes, et s'achemine porté au milieu des malades, c'est alors surtout un moment indescriptible de supplications, de larmes suppliantes et de miracles ; aussi le Cœur de DIEU ne résiste pas à celui de l'homme.

« Il est un regret que nous exprimerons ici filialement : c'est celui de n'avoir pu voir en tête de notre pèlerinage l'un des Prélats vénérés qui gouvernent nos diocèses. Monseigneur l'Archevêque ne pouvait rien ajouter à la somme de ses grandes fatigues apostoliques ; l'administration, plus chargée en ce moment, retenait Mgr de Lydda ; Monseigneur l'Évêque d'Arras devait présider la retraite de ses prêtres. La bénédiction de nos Évêques et de Son Éminence Mgr Desprez, Cardinal-Archevêque de Toulouse, nous est parvenue à Lourdes. Nous les en remercions et nous avons instamment demandé à Notre-Dame de les bénir, et de garder entre DIEU et nous nos trois Pontifes comme ce triple lien dont l'Écriture dit qu'il est dur à se rompre : « *Funiculus triplex difficile rumpitur.* »

Cette annexion de notre diocèse à celui de Cambrai, si utile qu'elle ait été, fut en réalité une vraie décentralisation. Si l'on en voulait une preuve évidente, nous la trouverions dans le pèlerinage d'Arras de 1891, qui fut encore, en vérité, un pèlerinage régional pour ce qui concernait le séjour et les exercices de piété à Lourdes, mais qui « pour l'organisation et le voyage [1] » fut tout à fait spécial à notre pays d'Artois.

1. *Semaine religieuse* d'Arras, 3 juin 1891.

Il ne faudrait pas s'étonner de cette mesure, mais au contraire, l'apprécier avec bienveillance. A l'époque que nous étudions, Lourdes prenait de plus en plus, dans les préoccupations populaires, une place de choix : chacun commençait à désirer accomplir ce fameux pèlerinage qui était le théâtre de tant de merveilles ; pourquoi les Évêques n'auraient-ils pas fait écho à de si légitimes aspirations ?

Pour répondre, en particulier, au zèle de ses diocésains, Mgr Dennel, déjà miné par le mal qui devait l'enlever à notre affectueuse vénération, décida d'organiser un train spécial qui partît d'Arras le 24 août 1891, sous la présidence de M. l'abbé Depotter, Vicaire Général, tandis qu'un autre train partait de Lille, conduit par M. le Chanoine Vallin. Il y avait exactement 582 Artésiens, au nombre desquels se trouvaient 77 malades.

Voici en quels termes l'un des membres de ce pèlerinage met en relief ce qui, dans cet acte de dévotion, se rapporte à notre pays : « A sept heures cinquante-cinq, grâce à l'amabilité et à la prévoyance de l'administration du chemin de fer, grâce aussi au bon esprit de nos pèlerins, à l'heure marquée d'avance, le signal du départ est donné. En même temps que le train se met en marche, le chant de l'*Ave, maris Stella* retentit, et les ondes sonores redisent de loin à tous les échos le chant d'espérance et d'amour à Marie dont nous implorons la protection pendant le voyage. Sur tout le parcours du reste, la prière et les chants joyeux se succèdent ; des prêtres disséminés dans tous les wagons et les compartiments président à l'accomplissement des exercices de piété, et l'on peut dire que c'est en priant et en chantant Marie que nous arrivons à Lourdes. Comment dépeindre l'émotion qui saisit les cœurs à la seule annonce que le pays de Lourdes est proche ? A peine a t-on aperçu la flèche de la Basilique qu'aussitôt retentit le salut à la Vierge : *Ave, ave, Maria.*

« Le premier jour, vers quatre heures et demie du soir, nous étions tous groupés à l'église paroissiale de Lourdes, pour nous rendre de là processionnellement à la Grotte, réunis aux pèlerins du Nord arrivés après nous. Nous voilà donc assemblés autour de la Grotte, et le R. P. Jonas, Jésuite, nous adresse la parole et nous dit ce que la Vierge attend de nous. Tout à coup, pendant qu'il parlait, une rumeur s'élève des piscines. Le prédicateur s'arrête..., et bientôt nous apprend qu'un petit jeune homme de Calais, le nommé Débuche, avait quitté ses béquilles... Ce fut l'occasion d'un redoublement de prières. Dans la soirée, une splendide procession aux flambeaux fut organisée, où nous fûmes réunis aux pèlerins de Poitiers et d'Agen, jusqu'au nombre de douze à quinze mille.

« Le deuxième jour, commencé par les trois messes du matin à la Grotte, se termina le soir par l'inoubliable visite à Bétharram, où le P. Jonas nous parla de nouveau. On put aussi constater dès lors quelques améliorations dans l'état des malades : en particulier François Peuthiaux, de Lens, venu à Lourdes sans pouvoir se soutenir, put suivre facilement la procession du soir. Et une autre personne de Lens, Mme Montreuil, put marcher aussi toute la journée sans le secours de qui que ce fût. — Signalons encore Angèle Spreux, de Biache-Saint-Vaast, qui depuis quatre ans ne pouvait marcher sans béquille, — le certificat de son médecin en fait foi ; elle a pu laisser sa béquille à la Grotte et marcher.

« Le troisième jour a été marqué, le matin, par une messe de Communion à six heures, et par une grand' messe chantée à neuf heures ; et le soir par le chant des Vêpres, pendant lesquelles M. le Vicaire-Général Depotter a fait entendre un discours aussi édifiant que bien dit.

« Le quatrième jour, c'était déjà celui du départ. Dès le matin, la Grotte est envahie par nos pèlerins, qui veulent faire leurs adieux à la Vierge bénie. Tous nos malades sont heureux ; et s'ils ne sont pas tous guéris, tous du moins sont consolés et résignés à toutes les volontés de DIEU. C'est un spectacle des plus touchants.

« Nous quittâmes Lourdes vers trois heures après midi. Au signal du départ, tous les cœurs ravis de joie et de reconnaissance animèrent toutes les voix pour le chant du *Magnificat ;* et le retour s'effectua avec cet entrain de la reconnaissance et de la prière. Un bon nombre de nos pèlerins s'arrêtèrent à Paris pour compléter leur pèlerinage par la visite de Montmartre et de Notre-Dame des Victoires. Et vers le soir du samedi nous étions de retour à Arras.

« Tous nos pèlerins étaient donc rentrés sains et saufs, quand le lendemain l'on apprit que l'un d'entre eux, M. l'abbé Outrebon, supérieur de l'institution Saint-Vaast à Béthune, venait de mourir, quelques heures après son retour. Ce fut une surprise pour tous, ce n'en fut pas une pour lui-même. Il semblait n'avoir voulu aller à Lourdes que pour s'y disposer à bien mourir : ceux qui l'ont entendu de près dans son édifiant séjour à Lourdes, pourraient nous dire comment il s'est préparé là-bas à recevoir cette mort qu'il pressentait.

« En rentrant samedi soir à la gare d'Arras, M. Outrebon s'était senti légèrement indisposé. Il dut attendre deux heures pour la correspondance de Béthune, où il voulait à tout prix retourner le soir même, malgré les instances de ses amis. A peine était-il arrivé à Béthune qu'il s'alitait, très sérieusement atteint d'une congestion pulmonaire. Il eut le temps de bien recevoir les derniers sacrements, et il succomba quelques heures plus tard. Il avait 44 ans. Sa mort est de celles qui font envie.

« Quelque franc-maçon hargneux pourra essayer de plaisanter, — même en face de la mort, — en disant qu'il trouve singulier qu'on meure en rentrant de Lourdes, où l'on va chercher la santé et la vie. Quand vous rencontrerez ce sinistre plaisant, dites-lui : « La vie que l'on va chercher à Lourdes, c'est celle qui apprend à bien mourir. Puissiez-vous, à la veille de votre mort, aller apprendre à Lourdes comment doit mourir un chrétien ! Il faudrait pour cela un miracle qui ne serait pas petit. Mais il n'est pas impossible, et franchement je vous le souhaite. »

Le 28 octobre suivant, l'Évêque d'Arras, Mgr Désiré-Joseph Dennel, rendait son âme à DIEU. Au moment de mourir, il avait prononcé ces paroles : « Que mon clergé garde dans son cœur ces trois amours : l'amour du Sacré-Cœur, de la Sainte Vierge et de l'Église ! »

Avant l'arrivée de son successeur, il y eut encore un pèlerinage de la province ecclésiastique du Nord à Lourdes, au mois d'août 1892, sous la présidence de M. l'abbé Carlier, Vicaire Capitulaire de Cambrai. Ce fut le dernier pèlerinage régional.

Chapitre Sixième.

SA GRANDEUR MONSEIGNEUR WILLIEZ, SUCCESSEUR DE MONSEIGNEUR DENNEL, INAUGURE LES PÈLERINAGES DIOCÉSAINS. — PÈLERINAGE DE 1893 AVEC ARRÊT A TOURS. — MADEMOISELLE ADÉLAÏDE DESSAINT, DE FRESCAULT. — 1894. — TROIS FAVEURS A SIGNALER. — 1895. — 1896. — MADEMOISELLE MARIE BRIOIS, DE VIEILLE-ÉGLISE.

LE pèlerinage de 1892 fut bien le dernier pèlerinage régional, car, quelques mois seulement après son élévation au siège d'Arras, Mgr Williez adressait à son clergé la lettre suivante, qui avait pour but de préciser le caractère de la prochaine visite du diocèse à Notre-Dame de Lourdes.

« Messieurs et chers Coopérateurs,

« Connaissant votre piété envers la Sainte Vierge, et le désir que vous avez de la faire honorer, je m'empresse de vous annoncer que cette année je présiderai moi-même le pèlerinage du diocèse d'Arras à Notre-Dame de Lourdes. Je voudrais que ce pèlerinage fût vraiment digne de ce beau diocèse qui a Marie pour patronne. Ne nous laissons point arrêter par la distance : il faut montrer à la Sainte Vierge que ses enfants du pays d'Arras, de Boulogne et de Saint-Omer, après l'avoir honorée chez eux dans les sanctuaires qu'ils lui ont élevés en souvenir de ses bienfaits, ne sont pas les moins empressés à répondre à son appel et à se rendre à Lourdes, où chaque jour le peuple chrétien est témoin des merveilles les plus éclatantes de sa puissance et de son amour de Mère. En allant, les Pèlerins s'arrêteront une journée à Tours ; j'aurai le bonheur d'y vénérer avec eux la Sainte Face et de les conduire au tombeau de saint Martin, double visite si chère à mes souvenirs, et si conforme à votre dévotion.

« En conséquence vous voudrez bien, Messieurs, exciter le zèle de vos paroissiens, provoquer des adhésions au Pèlerinage Diocésain de Lourdes, et recueillir des souscriptions qui nous permettront d'y conduire des pauvres et des malades.

« Ce Pèlerinage aura lieu dans la dernière semaine du mois d'Août. La date exacte vous sera donnée sous peu avec les autres indications nécessaires. »

A ces désirs venus de si haut s'empressèrent de répondre plus de 600 pèlerins, parmi lesquels 50 malades. Ils partirent d'Arras, par un train spécial, le dimanche 27 août 1893 à huit heures vingt du soir. Monseigneur l'Évêque d'Arras, ainsi qu'il l'avait promis, conduisait lui-même ce premier pèlerinage diocésain. Sa Grandeur était entourée de M. le chanoine Sueur, vicaire-général, et des principaux dignitaires ecclésiastiques de son diocèse.

Arrivés à Tours le lendemain matin, nos compatriotes se rendirent aussitôt à l'insigne basilique de Saint-Martin, pour y assister à la messe qui fut célébrée par Mgr Williez. A onze heures, après une visite à l'église métropolitaine, ils furent reçus à l'archevêché, où Son Éminence le Cardinal Meignan, ancien Évêque d'Arras, leur adressa de délicates et bien touchantes paroles.

Aucun pèlerin ne voulut partir sans avoir visité le sanctuaire de la Sainte-Face et les appartements de M. Dupont, le saint homme de Tours. C'était, d'ailleurs, le rendez-vous fixé avant le départ du train. A trois heures quarante, nos 600 pèlerins s'éloignèrent de Tours, enthousiasmés de leur trop rapide séjour dans la ville de saint Martin.

La seconde partie du voyage ne fut pas moins heureuse. A Lourdes, nos Artésiens se rencontrèrent avec les diocèses de Rouen, de Cambrai, de Coutances, de Poitiers, de Bordeaux, d'Aix, de Fribourg et de l'Alsace-Lorraine.

Les pèlerins de chaque diocèse eurent successivement leurs exercices à la Basilique, à la Grotte, à l'église du Rosaire, puis, le jeudi, tous se réunirent pour la procession du Très-Saint Sacrement.

L'ostensoir était porté par Mgr l'Évêque d'Arras.

La foi et l'amour de nos pèlerins ne devaient pas rester sans récompense. A côté de faveurs surnaturelles dont le regard de DIEU peut seul mesurer l'étendue, à côté de nombreuses améliorations dont nos malades furent l'objet, le pèlerinage d'Arras obtint une guérison qu'il nous plaît de signaler, à savoir la guérison de Mlle Adélaïde Dessaint, de Frescault. Voici les renseignements que nous donne, sur ce cas, la direction diocésaine :

« Mlle Dessaint était atteinte d'un ulcère de l'estomac à la suite d'un coup donné par une vache et reçu en pleine poitrine. La jeune fille, très faible, ne pouvait plus digérer qu'un peu de laitage et à l'aide de glace. Elle fut subitement guérie dans la piscine à son deuxième bain, et mangea aussitôt les mets les plus lourds, qu'elle digéra très bien. Depuis, pas de rechute. Elle est mariée actuellement. » Gloire et reconnaissance à Notre-Dame de Lourdes, qui se montre toujours le secours des infirmes, la consolation des affligés et la Vierge puissante !

L'essor était donné et le pèlerinage diocésain désormais assuré. Cependant, M. le vicaire-général Liénard, qui succéda dans la présidence du pèlerinage à M. Sueur, nommé évêque d'Évreux, voulut donner, en 1894, à cette œuvre de Lourdes, une pleine indépendance, et organisa un comité d'ecclésiastiques chargé de prendre tout spécialement la direction des malades, d'assurer l'entrée des piscines, de régler les cérémonies, sermons, processions, et tous les offices à Lourdes réservés aux pèlerins du diocèse d'Arras. De leur côté, les RR. PP. Missionnaires de Lourdes promirent de se conformer autant que faire se pourrait aux dispositions prises par l'Évêché d'Arras.

A la suite de cette intelligente organisation, plus de 500 pèlerins s'engagèrent pour le pèlerinage de 1894, qui eut lieu du 27 août au 1er septembre. Qu'on veuille bien nous autoriser à laisser désormais la parole au rapporteur de 1894[1] :

1. M. l'abbé Meunier, curé de Marconne, depuis Évêque d'Évreux.

« Lundi 27. — Le départ du pèlerinage est fixé à six heures précises.

« La gare d'Arras se remplit rapidement dès avant cinq heures et demie, malgré la forte averse qui tombe depuis le milieu de la nuit ; chacun cherche le numéro de son wagon et s'installe. L'organisation matérielle fait honneur à M. Chevalier, qui l'a menée à bonne fin et qui se multipliera pendant le pèlerinage pour répondre à toutes les demandes et parer à toutes les difficultés. Les commissaires s'occupent spécialement du transport et du placement des soixante malades que nous emmenons avec nous. Enfin tout le monde est casé et le train va partir. Soudain, le bruit se répand que M. Caloin ne paraît pas avec les quatre derniers malades : on raconte que la voiture qui devait les conduire à la gare a fait défaut ; grande déception. M. le président laisse un mot pour les retardataires et.. le train s'ébranle : il est six heures cinq.

« Nous sommes nombreux, 520 pèlerins, dont 60 ecclésiastiques, parmi lesquels nous remarquons MM. le chanoine Condette, curé-doyen d'Hesdin ; le chanoine Chevalier, curé de Saint-Jean-Baptiste à Arras ; Condette, curé de Béthonsart ; Devaux, de Saint-Bertin à Saint-Omer ; Dhorme, curé d'Humières, un fidèle de Notre-Dame de Lourdes ; Royon, curé de Vaulx-Vraucourt ; Théry, curé d'Halinghem ; Roger, curé de Saint-Folquin, etc... Nous portons tous sur la poitrine les insignes de notre pèlerinage : un écusson de métal sur lequel a été dessinée la croix du pèlerin surmontée des trois roses qui sont le symbole des trois illustres sanctuaires du diocèse.

« Plusieurs de nos pèlerins vont à Lourdes aux frais de leurs paroisses ou des œuvres de Marie. Il est, paraît-il, d'usage en quelques lieux de tirer une tombola à 0 fr. 50 le billet ; le gros lot, c'est le pèlerinage de Lourdes, où l'heureux gagnant représentera la paroisse ; dans quelques congrégations, on met en commun un sou par semaine, et le tirage au sort désigne l'Enfant de Marie qui ira à Lourdes au nom de ses compagnes.

« Dès que le train se met en marche, le murmure de la

prière sort de tous les wagons ; nous saluons la Vierge d'Arras, de Boulogne et de Saint-Omer en lui demandant un saint pèlerinage, et aussi un ciel plus clément ; et de fait, en voyant le beau temps dont on jouissait déjà dès Longueau, comme nous avons pensé aux détresses que les pluies persistantes de ces derniers mois ont causées dans notre département, si peu favorisé cette année ! Les pèlerins ont continué jusqu'à leur arrivée à Lourdes de donner le bon exemple de la prière en commun, de l'observation du règlement, de l'union et du bon esprit, et l'on a pu dire avec raison que nous avons formé une grande famille, nous entr'aidant les uns les autres et pleins d'entrain ; aussi nous sommes-nous promis de ne pas oublier devant la Sainte Vierge nos bons compagnons de voyage.

« Une dépêche nous attendait à Bordeaux. M. Caloin nous annonçait qu'il arrivait par un des trains du Nord, dit train bleu, mais qu'il arrivait seul.

« Et ses quatre malades ? Nous comptions qu'un des trains du pèlerinage s'arrêtant à Arras les aurait pris ; des relations de bon voisinage ou au moins un acte de facile bienveillance nous faisait espérer qu'on aurait pitié de ces pauvres oubliés ; nous avons été déçus ; les malades durent retourner à Saint-Omer, d'où ils étaient venus à grand'peine. Il y eut là, pour le personnel de la gare d'Arras et pour toute la ville, une pénible et douloureuse surprise.

« Mardi 28. — Le soleil se lève radieux et nos pèlerins, fatigués d'une journée et d'une nuit en chemin de fer, ne tardent pas à reprendre l'entrain de la veille.

« Tarbes ! C'est près de Lourdes, et la prière devient plus fervente encore ; puis, dès qu'on aperçoit dans le lointain les premières cimes des Pyrénées, les compartiments s'emplissent de nouveaux *Ave Maria* et les esprits sont dans l'attente.

« Un cri : Lourdes ! et toutes les têtes sont à la portière, tous les regards cherchent la Basilique, la Grotte ; les uns y viennent pour la première fois, et qu'ils sont expansifs dans leur joie ! les autres y reviennent : ils sont plus graves, plus recueillis, et saluent comme des amis qu'ils n'espéraient plus revoir peut-être les lieux bénis où ils ont prié et où ils ont reçu quelque faveur signalée.

« Tout le monde descend. Nous sommes reçus à la gare par M. le chanoine Benoist, archiprêtre de Saint-Omer, et M. Debout, missionnaire apostolique, qui nous ont devancés à Lourdes. Il est entendu que nous nous retrouverons tous à la Basilique à 2 heures ; mais la plupart des prêtres et des pèlerins se rendent immédiatement à la Grotte, malgré la longueur du voyage et l'heure avancée (il est 10 heures) ; les premiers veulent dire la Sainte Messe et les seconds communier. A leur tête M. le Vicaire-Général est heureux de célébrer le Saint Sacrifice à l'autel principal de la Basilique, et il a la joie de donner la sainte communion à bon nombre de ses pèlerins.

« Ce sera une grande semaine ; les pèlerins du Nord arrivent dans la journée, et déjà sont venus les pèlerins de la Vendée avec Mgr Catteau, ceux du Poitou avec Mgr Pelgé, ceux de Bordeaux et Libourne ; le jeudi suivant descendront aussi les Alsaciens-Lorrains, les Bourguignons, les Francs-Comtois ; plus on est nombreux à Lourdes et plus on s'édifie mutuellement.

« N'oublions pas nos chers malades ; pendant le voyage, ils ont reçu les soins les plus dévoués des Sœurs Augustines d'Arras, et à leur arrivée, ils sont conduits en voiture aux deux hospices disposés pour les recevoir. Il est deux heures, les cloches sonnent à toute volée et les pèlerins d'Arras pénètrent dans la Basilique, qui s'ouvre pour eux seuls ; M. le Vicaire-Général entonne les vêpres, qui sont chantées par MM. Théry et Lefranc dont le concours sera si apprécié pendant cette semaine.

« M. le Vicaire-Général monte ensuite en chaire. Il salue Notre-Dame de Lourdes au nom du diocèse d'Arras et la remercie de la protection qu'elle a répandue sur notre voyage ; il dit également merci aux pèlerins pour l'édification qu'ils ont donnée, et surtout aux malades si éprouvés par leurs souffrances et pourtant si patients, si courageux.

« Il annonce ensuite que Mgr l'Evêque bénit ses diocésains

et s'unit de cœur avec eux aux pieds de Notre-Dame ; les *Ave Maria* du Pasteur se rencontreront avec ceux des pèlerins sur le chemin du Ciel et réjouiront tous ensemble le cœur de la Vierge Immaculée.

« Monsieur le Vicaire-Général commente ensuite ce texte : *Dominare nostri Tu et Filius tuus.* En passant, il fait avec une grande noblesse de langage justice des injures et des blasphèmes que des romanciers impies jettent sur les apparitions de Lourdes et les miracles qui s'y accomplissent. La science moderne déclare fièrement qu'elle ne croit que ce qu'elle voit ; or, les prodiges opérés à Lourdes confondent la science matérialiste, qui en est réduite aux plus étranges hypothèses pour les expliquer, et affirment en même temps la puissance de Marie et le surnaturel.

« L'éloquent prédicateur en vient aux enseignements de Lourdes : le rocher qui supporte la Basilique est l'image du roc inébranlable sur lequel l'Eglise est fondée ; la source qui jaillit à la parole de Marie nous dit que du Cœur de JÉSUS découle l'onde salutaire de la grâce ; le vêtement blanc de la Sainte Vierge est l'image de la pureté qu'elle demande de ses enfants, etc.

« Les miracles que Marie opère sont de deux sortes : ceux du corps et ceux de l'âme ; tous les malades ne sont pas guéris à Lourdes, cela est nécessaire parce qu'alors, où en serait la foi ? Mais du moins tous éprouvent sinon la guérison du moins quelque soulagement, et surtout la résignation qui sanctifie la souffrance.

« Il faut prier pour nos malades, le diocèse, nos familles, la patrie, et rester au fond du cœur Catholiques et Français.

« Ce résumé est bien rapide ; mais qui dira les généreux accents de ce beau discours ! C'étaient la foi et l'amour de Marie qui débordaient du cœur de l'orateur.

« Puis vint le salut. Pendant que, de sa voix large et puissante, M. Théry chantait le *Bone Pastor* et le *Tantum ergo*, la Basilique était comme enveloppée par les voix des multitudes qui montaient vers le ciel, de l'église du Rosaire, de la Grotte et des piscines. Que c'était beau d'entendre célébrer de toutes parts la puissance de Marie !

« Après la bénédiction du Très-Saint Sacrement et les recommandations du R. P. missionnaire, M. Lefranc, curé d'Arleux, entonna le beau cantique du pèlerinage :

Vierge, en ce sanctuaire
Dont ton cœur a fait choix...

« Nous quittons la Basilique pour faire place aux pèlerins du Poitou conduits par Mgr Pelgé et nous descendons à la Grotte ; Mgr Catteau y préside ses Vendéens ; nous nous mêlons à la foule qui se presse avec amour sur les pas de son Évêque, pour demander notre part des bénédictions d'un maître vénéré, resté cher au cœur de l'Artois.

« Il est 7 heures 1/2 ; de lourds nuages sillonnés d'éclairs s'étendent sur l'horizon et la pluie menace ; malgré l'incertitude du temps, la foule s'avance vers la Basilique. Il y a bientôt de dix à douze mille personnes sur l'esplanade et autour de la Grotte. Tout à coup, la musique d'une œuvre paroissiale de Vendée jette aux échos l'air du cantique : L'heure était venue ; et toutes les voix reprennent avec énergie : *Ave, ave, Maria,* les cierges s'allument et la procession s'organise.

« Mercredi 29. — Messe de communion à sept heures, avait-on annoncé la veille ; à l'heure indiquée, la Basilique est pleine et Monsieur le Vicaire-Général commence le Saint Sacrifice. Nos pèlerins chantent d'abord à pleine voix le *Credo*, et ensuite se dirigent vers la Sainte Table, où MM. Barbier et Deconynck [1] distribuent la Sainte Eucharistie.

« Une messe d'actions de grâces suit aussitôt, dite par M. Therry, et l'on finit par le cantique : *Vierge, en ce sanctuaire,* qui deviendra le chant populaire du diocèse d'Arras à Lourdes.

« Nous allons à la Grotte. Déjà elle est encombrée, aussi

1. M. l'abbé Georges Deconynck, mort vicaire à Notre-Dame de Saint-Omer où il a laissé le plus religieux souvenir.

bien que les piscines, des malades qu'ont amenés les brancardiers volontaires, parmi lesquels nous sommes heureux de saluer plusieurs de nos compatriotes.

« La note vraie du pèlerinage est à la Grotte et aux piscines;

N.-D. DE LOURDES A LA GROTTE.

la prière est le caractère indéniable du pèlerinage de Lourdes; qui n'a pas vu cette supplication pénitente, humiliée, qui ne s'y est pas mêlé, a une fausse idée de Lourdes.

« Sur la recommandation qui leur en a été faite, nos pèlerins vont aux piscines. Entre les malades qu'on amène à chaque instant et la foule, un prêtre est là, debout, exhortant à la supplication et à la pénitence ; et la foule se prosterne dans la poussière, met les bras en croix, crie pitié à JÉSUS et à Marie pour la guérison de tant d'infortunés. Que de larmes dans les yeux ! quels élans ! quelle foi ! Les *Ave maris Stella* et les *Parce Domine* succèdent aux chapelets, et l'on prie ainsi des heures entières sous une chaleur torride, sans qu'il y ait place pour le respect humain ni pour la fatigue. Oh ! que tant de chrétiens feraient bien de venir apprendre à Lourdes comment il faut prier, et même combien il est bon de prier ! Nos trois commissaires, vraiment infatigables, prennent une grande part des travaux de la prédication aux piscines.

« A quatre heures, c'est la procession du Très-Saint Sacrement. Le diocèse d'Arras ouvre le cortège avec sa bannière suivie par les hommes et les prêtres ; les autres diocèses s'avancent ensuite, précédant le DIEU Sauveur que porte Mgr Catteau sous un dais étincelant.

« A sept heures et demie, procession aux flambeaux, plus belle encore, plus nombreuse que jamais. Lorsqu'après l'immense parcours le cortège est arrivé au Rosaire, il y avait plus de 2.000 personnes devant la Grotte ; l'air était si doux, si pur, que pas un cierge ne s'est éteint. La cérémonie se termine par le chant du *Credo* et les acclamations ordinaires.

« Une journée si bien remplie sera-t-elle finie ainsi ? Non, la piété de nos pèlerins artésiens ne connaît pas de limites, et vous auriez pu voir grand nombre d'entre eux, oublieux de la fatigue, s'approcher de la Grotte et y veiller une partie de la nuit, quelques-uns la nuit entière, afin de célébrer la Sainte Messe dès la première heure ou de faire la Sainte Communion.

« Jeudi 30. — Nous nous rendons à la Grotte bien avant cinq heures ; malgré l'épais brouillard qui tombe du sommet des monts et secoue sa pluie fine sur la vallée, les autels des basiliques sont assiégés.

« On annonce pour nos pèlerins les exercices suivants : grand'messe à la Grotte à huit heures, chemin de Croix au calvaire de la montagne à dix heures et demie, vêpres avec sermon à deux heures ; hélas ! c'est déjà l'adieu.

« La grand'messe est célébrée par Monsieur le Vicaire-Général, assisté de MM. Jouy et Ansart ; les prêtres sont placés dans la Grotte et notre excellent lutrin est au complet. A l'offertoire, l'*Ave maris Stella* a été répété par les pèlerins ; à l'élévation, M. Théry a chanté un *O salutaris* composé uniquement pour cette circonstance et imprégné d'un tel caractère de douceur, de plainte, de prière, que l'émotion nous a gagnés. La Sainte Communion a été donnée dès le *Pater* par Monsieur le curé d'Humières, et elle ne s'est terminée que longtemps après la messe, au chant de notre cantique.

« Après la messe, Monsieur le Vicaire-Général fait annoncer par M. Caloin la mort de M. Debras, curé du Sacré-Cœur de Calais, et demande que l'on applique à ce prêtre, victime de son zèle, les indulgences du chemin de la Croix qu'on va faire tout à l'heure.

« A dix heures et demie, précédés de la croix et au chant du cantique : *Vive Jésus, vive sa Croix*, nous gravissons la montagne du calvaire ; le tonnerre gronde, quelques larges gouttes de pluie commencent à tomber, mais qu'importe, nous continuons notre ascension et bientôt le ciel reparaît dans sa pureté. Devant chaque station, nous nous agenouillons un instant, pendant que M. Caloin, d'un mot, indique une réflexion pieuse et que Monsieur le Vicaire-Général récite les prières ordinaires. Le chemin de Croix terminé, nous redescendons sur la pente opposée par le chemin des grottes des Espélugues, et nous nous étageons sur le versant, parmi les roches et les bruyères, attendant le P. Marie-Antoine qui a promis de nous adresser quelques mots d'édification.

« Le cadre est merveilleux : derrière nous, c'est la roche abrupte et droite comme une muraille ; en face de nous, sur le premier plan, nous admirons le calvaire rapporté de Jérusalem ; plus bas, nous plongeons dans la vallée du gave, d'où s'échappent les voix des pèlerins qui se mêlent à la nôtre ; ils forment le fond de l'immense tableau, les hautes collines baignées de soleil bordent l'horizon. Le P. Marie-Antoine arrive par les rudes lacets des escarpements ; avec sa longue robe de Capucin, sa tête pâlie d'où sortent des regards d'une vitalité étonnante, sa longue barbe grise, ses mains émaciées, il ressemble à un portrait de saint François d'Assise ; sa parole est marquée au coin d'une puissance qui n'a d'égale que son originalité ; c'est un Saint qui parle.

« Il monte sur un rocher, et commentant le cantique : *Vive Jésus*, que nous avions continué : « Vouloir JÉSUS sans sa Croix, dit-il, c'est une illusion ; le vouloir avec sa Croix, c'est la certitude du salut. Oh ! qu'il est juste qu'on l'aime ! Il a fait assez pour cela, et le chemin de la Croix signifie : Donne-moi ton cœur. Les élus chanteront ce cantique ; ce sera le ver rongeur des damnés de n'avoir pas voulu donner leur cœur à JÉSUS et d'être écrasés sous le poids de leur ingratitude. Il faudra dire chaque jour : Je porte ma croix, mais avec joie ; le plus grand souvenir de votre vie, ce sera le souvenir du chemin de la Croix sur cette montagne, perpétué dans notre vie. Voyez cette croix, nous l'avons rapportée de Jérusalem ; 200 hommes, pieds nus sur les roches, l'ont montée jusqu'ici : leurs pieds étaient ensanglantés, mais quelle joie dans leurs âmes ! C'est la croix de France et Marie est à côté, Marie qui prie JÉSUS pour la France ; c'est elle qui sauvera la France. » Après quelques souvenirs personnels, il reprit : « Quand, au jour des Rameaux, le prêtre s'avance devant l'église, il frappe trois fois à la porte et la porte s'ouvre. Nous avons par ce chemin de Croix frappé quatorze fois à la porte du Ciel, vous y entrerez. » Il prie ensuite et nous invite à prier pour nous, pour nos familles, nos défunts, la France, la pauvre France comme il l'appelle, et il nous bénit avec sa croix indulgenciée. En descendant de la montagne, nous nous agenouillons aux pieds du calvaire et nous en baisons la roche avec bonheur.

« Quelques-uns de nos pèlerins n'ont pas assisté à ce chemin de Croix, ils avaient voulu satisfaire leur dévotion au sanctuaire voisin de Bétharram et à son chemin de Croix si célèbre ; mais tout le monde était présent aux vêpres de l'adieu.

« A deux heures, M. Liénard commence l'*Ave maris Stella*,

suivi du *Magnificat* et des oraisons ; puis Monsieur le curé de Marconne monte en chaire. « *Salve, Regina, Mater misericordiæ,* » tel est son texte. « Nous sommes tous venus à Lourdes, fils de l'Artois et du Boulonnais, pour dire à Marie notre foi en la puissance de sa royauté et notre espérance en la miséricorde de sa maternité. »

« S'adressant alors à Monsieur le Vicaire-Général au nom de ses confrères et des pèlerins : « A la première heure où le pèlerinage d'Arras s'agenouillait en cette Basilique, vous avez dit votre merci du cœur à Notre-Dame de Lourdes qui nous avait favorisés pendant notre voyage, et vous avez ajouté un autre merci aux pèlerins pour leur piété, leur recueillement, et aux malades pour leur patience et leur résignation. Voilà trois jours que nous sommes ici, et pendant ces trois jours, donnant à vos prêtres et aux fidèles le grand exemple de votre piété, vous avez prié avec nous, récité le chapelet avec nous, chanté avec nous, toujours le premier, toujours le plus vaillant ; votre présence nous a soutenus au milieu des fatigues, votre affection nous a encouragés. Agréez à votre tour ce merci reconnaissant que je vous offre au nom du pèlerinage entier, ou plutôt permettez que je le dépose aux pieds de Notre-Dame, en la priant de vous récompenser plus dignement encore que nos cœurs ne savent le désirer. »

« Le prédicateur entre ensuite dans son sujet : « Nous sommes venus à Lourdes accomplir un acte de foi et un acte d'espérance ; 1° un acte de foi en la royauté de Marie exerçant son action toute-puissante à travers les siècles, chez nous d'abord, à Boulogne, à Arras, à Saint-Omer, à Aire, etc., et aujourd'hui à Lourdes. Le *Credo* de nos cœurs a été dit par le Pape qui a proclamé la vérité des apparitions, par nos Évêques vénérés Mgr Lequette et Mgr Dennel qui ont conduit nos premiers pèlerinages, et enfin par Mgr Williez qui, l'année dernière, est venu mettre son épiscopat sous la protection de la Vierge Immaculée de Lourdes. La puissance par laquelle Marie opère de si merveilleux prodiges découle du titre de Reine que son Fils JÉSUS lui a donné ; *Salve, Regina ;* 2° un acte d'espérance en la bonté maternelle de Marie. Tout à Lourdes rappelle la miséricorde, la compassion de Marie ; invoquons-la avec une ferme espérance, elle n'a pas abandonné nos pères, elle ne nous abandonnera jamais. »

« Il prie pour le Souverain Pontife, pour Monseigneur, pour le diocèse, pour les malades, et enfin il s'écrie : « O Reine, adieu ! où plutôt, Mère, au revoir ! » Vient alors le salut. La bénédiction du Saint Sacrement donnée, Monsieur le Vicaire-Général descend à la balustrade et fait les recommandations du départ ; il adresse aux pèlerins l'expression émue de sa satisfaction pour le pèlerinage si chrétien, si pieux du diocèse d'Arras ; il remercie en particulier les organisateurs du pèlerinage et de ses solennités. Tous se sont associés aux bienveillantes paroles dites à Monsieur le Directeur et à Messieurs Caloin, Barbier et Deconynck ; certes, ils avaient été à la peine, n'était il pas juste qu'on s'en souvînt devant Marie ?

« Alors, la bannière à notre tête (et nous étions fiers de cette bannière, plus belle que toutes les autres), nous répétons notre cantique avec élan et nous descendons à la Grotte par les longs lacets de la montagne pour faire nos derniers adieux à la Sainte Vierge ; nos voix portent aux échos des montagnes ce cri devenu le ralliement des pèlerins :

Vierge, en ce sanctuaire
Dont ton cœur a fait choix,
Nous t'apportons notre prière ;
Bénis les enfants de l'Artois.

« Arrivés à la Grotte, nous donnons au Rocher un dernier baiser, à l'Image de Marie un dernier regard, une dernière supplication, et, nous arrachant à l'émouvante étreinte de ces lieux bénis, nous redisons de nouveau : Marie, au revoir !

« L'orage du soir empêcha toute procession, mais plusieurs de nos pèlerins revinrent vers les dix heures, aussitôt la pluie terminée, et demeurèrent contre les grilles de la Grotte jusqu'au lendemain matin.

« Vendredi 31. — Les messes commencent dès trois heures

du matin, et à quatre heures et demie a lieu une messe de communion pour un très grand nombre des nôtres.

« A six heures, la gare de Lourdes est pleine de pèlerins ; leur attitude est plutôt grave, nous allions dire attristée. Comme on se sépare avec peine du beau Lourdes de Marie ! et quand chacun a repris sa place, organisé ses bagages et reçu les dernières recommandations, quand le train est en marche et qu'il descend vers Tarbes, on jette à tout instant un regard anxieux vers la Basilique, vers la montagne, puis tout a disparu : *Ave, maris Stella.*

« Les exercices reprennent avec les prières, les cantiques, le chapelet, et coupent seuls la monotonie du retour.

« Nous rappellerons maintenant, à propos des faveurs qui ont signalé ce retour, ce que nous avons dit précédemment des faveurs semblables : attendons patiemment que les constatations aient été faites, et alors nos voix s'uniront en un *Te Deum* de reconnaissance.

« La nuit arrive, et la prière du soir faite, nous essayons de donner quelques instants au sommeil.

« Samedi 1er septembre. — Nous avons dépassé Paris, où quelques-uns des nôtres nous ont quittés ; à Longueau, nous nous séparons des Boulonnais ; arrêt encore à Achiet, pour Bapaume et ses environs ; enfin, voici Arras. Un salut respectueux aux chefs du pèlerinage, de bonnes poignées de mains aux confrères, à nos compagnons de voyage ; aux nombreux amis que nous nous sommes faits, la promesse de nous retrouver encore à Lourdes, et... le pèlerinage est terminé.

« Dans le cours de ce récit, nous avons prévenu nos lecteurs que nous attendions les constatations médicales pour parler des guérisons et des améliorations qui se sont présentées dans le cours de notre pèlerinage ; ces constatations ont été terminées au moins pour les deux faits suivants, que nous regardons comme d'insignes faveurs de la Sainte Vierge.

« Nous citerons d'abord la guérison de Madame Bénard, d'Arras.

« Philomène-Louise, épouse Bénard, portait depuis trois ans environ, au creux de l'aisselle droite, une tumeur qui avait pris, dès le 27 juin dernier, un caractère cancéreux et l'empêchait de travailler, d'après un certificat délivré par un des médecins du bureau de bienfaisance. Elle fut admise à l'hospice et y demeura six semaines, sans que les soins intelligents qui lui furent prodigués amenassent d'amélioration dans son état.

« Vint le pèlerinage de Lourdes. Munie d'un certificat qui constatait le gravité de son état, Mme Bénard sollicita une place parmi les malades que le train d'Arras devait emmener, et elle partit avec nous le lundi 27 août. Le mercredi matin elle descendit dans la piscine ; quand elle en sortit, après quelques minutes d'immersion, elle s'aperçut que la tumeur avait complètement disparu. Elle fut alors conduite au bureau des constatations et soumise à l'examen médical de M. le docteur Boissarie ; non seulement il n'y avait plus de tumeur, mais il n'y avait plus même ni cicatrices, ni traces de cette tumeur. La guérison avait été soudaine, radicale.

« De retour à Arras, la malade se présenta aux quatre médecins qui l'avaient soignée, et ils furent unanimes à reconnaître « qu'il n'existait plus de tumeur », et « qu'elle paraissait actuellement guérie de cette affection ». En écrivant, nous avons leurs certificats sous les yeux et nous les remettons à M. Chevalier, où on pourra les consulter.

« Voici le second fait :

« S'unissant de cœur à notre pèlerinage, un certain nombre de paroisses donnèrent chaque jour de pieux exercices pour recommander nos malades à Notre-Dame de Lourdes. Parmi ces paroisses nous citerons Averdoingt, qui fut l'objet d'une protection spéciale de la Sainte Vierge.

« Or, il y avait à Averdoingt une malade, Mme Blondel, née Palmyre Vasseur, qui, « atteinte depuis le commencement d'avril dernier d'une paralysie des membres avec impossibilité complète de se tenir debout et de se servir des mains, » ne quittait le lit que pour être portée dans son fauteuil ; elle avait essayé tous les traitements usités en pareille circonstance, et, découragée de leur insuccès, elle avait abandonné toute médication.

« Le vendredi 1er septembre, le jour même où le pèlerinage quittait Lourdes, M. Leclercq, curé d'Averdoingt, célébrait la Sainte Messe pour cette bonne paroissienne, lorsque, vers les neuf heures, Mme Blondel ressentit dans tout son organisme une sensation indéfinissable, et se levant de son fauteuil, se mit aussitôt à marcher avec une aisance qui jeta dans la stupeur les nombreux témoins de sa soudaine guérison. Le jour même, malgré la distance, elle vint plusieurs fois à l'église remercier la Sainte Vierge, et le lendemain, elle faisait la Sainte Communion en actions de grâces, au milieu de l'émotion de tout le pays.

« L'excellent médecin de Mézières qui soignait Mme Blondel a constaté ces faits dans un certificat que nous tenons, comme les précédents, à la disposition de nos lecteurs ; nous ajouterons ces mots : Mme Blondel est absolument guérie.

« Nous terminerons par cette lettre adressée à M. Liénard, Vicaire-Général, par M. l'abbé Dacquin, curé de Bourlon ; nous citons textuellement :

« Bourlon, 9 septembre 1894.

« Monsieur le Vicaire-Général,

« J'accomplis avec bonheur la promesse que je vous ai faite ces jours derniers, en vous adressant quelques détails sur la guérison merveilleuse d'une de nos pieuses Enfants de Marie de Bourlon, guérison obtenue au dernier pèlerinage du diocèse d'Arras à Lourdes.

« Cette jeune fille, nommée Henriette Molet, avait vu depuis environ dix-huit mois sa santé s'altérer graduellement. L'estomac ne supportait que très péniblement le peu d'aliments qu'elle absorbait avec répugnance. De là l'épuisement de ses forces qui ne lui permettaient plus le moindre travail. Au mois de février dernier, l'affaissement fut complet et Henriette dut renoncer à l'église ; sacrifice bien grand pour sa piété. A partir de ce moment, elle ne vécut plus qu'avec un peu de liquide des plus légers, le bouillon même lui était insupportable. Ajoutez à cela la torture d'insomnies persévérantes. Enfin, pour comble d'épreuve, elle se sentit tout à coup, il y a environ un mois, obsédée par des idées noires, des inquiétudes d'esprit qui la harcelaient nuit et jour et la jetaient presque dans le désespoir. On lui proposa le pèlerinage de Lourdes, ce qu'elle accueillit avec une grande joie. Les fatigues du voyage ne furent pas trop pénibles pour elle, mais elle souffrait de ne pouvoir mêler sa voix à celle des pèlerins chantant les louanges de Marie. A son arrivée à Lourdes, elle éprouva une amélioration sensible et put même absorber quelque peu de nourriture. Après la deuxième immersion dans la sainte piscine, elle se sentit toute transformée, l'esprit libre et porté à la joie, l'estomac réclamant au plus vite des aliments. Elle put manger copieusement sans éprouver le moindre malaise, et la nuit suivante, elle n'eut à souffrir que de la faim, qu'elle ne put satisfaire que le matin après la Sainte Communion.

« Au retour du pèlerinage, elle chanta à pleine poitrine sans se fatiguer, et le lendemain, à sa rentrée à Bourlon, dimanche 27 septembre, elle reprenait à la tribune de l'église sa place de chanteuse qu'elle avait dû quitter depuis longtemps.

« Aujourd'hui ses journées s'écoulent dans le travail, la gaieté, le bon appétit, et surtout dans les pieux élans de sa reconnaissance envers sa bonne Mère du Ciel. »

En 1895, le pèlerinage du diocèse d'Arras à Notre-Dame de Lourdes eut lieu du 6 au 13 août sous la présidence de MM. les chanoines Liénard et Bonvarlet, Vicaires-Généraux. « Le lendemain de l'arrivée de nos pèlerins à Lourdes, M. Caloin, missionnaire apostolique, avec sa parole d'apôtre, disent les *Annales*, anima dans leur cœur l'amour envers la Sainte Eucharistie et Notre-Dame de Lourdes. Cependant ce qui frappa le plus dans le cortège, ce fut la présence de douze mineurs à l'allure énergique, avec leurs habits de toile écrue, avec leurs chapeaux de cuir bouilli, surmonté sur le devant d'une petite lampe ; ils se tenaient modestes autour du dais. Le soir à la procession aux flambeaux, ils portaient deux lumières, l'une à la main, l'autre sur le front. Heureux jeunes gens, qui ne craignent pas de remplir leurs devoirs de chrétiens ! Heureux aussi leurs frères, s'ils savaient fermer l'oreille aux conseils pervers et suivre comme eux le sentier de la Justice[1] ! »

Les faveurs temporelles ne furent guère accordées à nos pèlerins, mais à voir la résignation joyeuse des malades, l'allégresse peinte sur tous les visages, il était facile de se persuader que la bonne Mère avait, en centuplant les bénédictions spirituelles, compensé et au-delà les grâces temporelles non obtenues.

Le pèlerinage de 1896, présidé par Monseigneur Williez lui-même, se fit du 5 au 12 août. Le Journal de Lourdes consacre à cette visite à Notre-Dame la plus grande partie de son numéro du 16 du même mois. « Dès l'arrivée des Artésiens, dit il, M. l'abbé Bonvarlet expose avec netteté et vigueur le triple caractère que doit revêtir le pèlerinage : caractère de piété filiale, il sied si bien aux enfants de Notre-Dame de Boulogne, des Ardents, Panetière et des Miracles ; caractère de réparation, elle sera faite, pour ainsi dire, par la Sainte Vierge ; caractère de supplication, il faut prier pour les intérêts du diocèse, pour les malades, pour les familles absentes et pour nous-mêmes. M. le Grand-Vicaire, après avoir remercié Monseigneur d'être venu, malgré ses fatigues, consacrer sa personne et son diocèse, conseille d'éviter toute dissipation, de se rendre fidèlement aux exercices et d'avoir un grand soin des malades.

Monseigneur a célébré tous les matins la messe de communion, MM. les abbés Barbier et Caloin, par de pieuses allocutions, ont préparé, tour à tour, les pèlerins à s'approcher dignement de la Sainte Table. Aux messes solennelles, nous avons entendu trois orateurs : M. l'abbé Meunier, curé-doyen d'Hesdin, commentant la seconde partie de la Salutation Angélique ; — M. l'abbé Dusart, expliquant cette parole de la Vierge à Bernadette : Priez pour les pécheurs ; — et M. l'abbé Bourgain, montrant l'incompatibilité qui existe entre le péché et la dévotion à Notre-Dame.

Les cérémonies du soir, tout autres que celles du matin,

1. *Annales de Lourdes*, août 1895, p. 117-118.

furent aussi belles. La procession du Saint-Sacrement, toujours présidée par Mgr Williez, présenta une physionomie particulière. Parmi les pèlerins se distinguaient une dizaine de braves mineurs de Méricourt avec leur costume bleu et leur chapeau noir, en cuir bouilli et surmonté d'une petite lampe. Non contents des fatigues ordinaires du pèlerinage, ces chrétiens généreux s'étaient constitués les serviteurs et les brancardiers volontaires des pauvres malades. Mais leur plus grand bonheur était de porter le dais et d'escorter le Roi des rois, des falots allumés à la main.

Que dire des processions aux flambeaux, si ce n'est qu'elles ont été magnifiques d'entrain et d'harmonie! Monseigneur les terminait toujours par quelques sages conseils. Un soir, il disait : « Nous devons redoubler de ferveur pour obtenir ce que la Sainte Vierge ne nous a pas encore accordé, mais souvenez-vous que le bon DIEU refuse toujours le miracle quand il est demandé pour satisfaire une vaine curiosité : témoin Hérode. Souvenez-vous encore que chacun de nous apporte ici son malade ; je veux dire son âme ; c'est la guérison de ce malade surtout qu'il faut demander et obtenir de Marie. »

Chose remarquable ! toutes ces processions se sont faites toujours entre deux ondées, comme si la bonne Vierge avait voulu donner à ses enfants un signe visible de sa protection. Outre ces grandes cérémonies, nous devons une mention spéciale aux exercices intermédiaires qui ont été assidûment suivis : la récitation du rosaire et les supplications pour les malades auprès des piscines.

Le dernier jour, l'ardeur des Atrébates, loin de se ralentir, devint plus intense. Après les communions et les prières de la matinée, ils gravirent la montagne du Calvaire aux cris de : « Vive JÉSUS ! Vive sa Croix ! » Chaque station fournissait à M. l'abbé Caloin des réflexions pratiques sur les devoirs de la vie chrétienne. Quand on fut arrivé devant la grotte de sainte Madeleine, Mgr Williez termina ce pieux exercice par une éloquente allocution dont voici la substance :

« Avant de nous séparer, retenons l'enseignement que nous donne le chemin de la Croix. Si nous voulons obtenir les faveurs de DIEU, ce sera par l'esprit de pénitence, dont le meilleur exercice est le chemin de la Croix. Mais il ne faut pas seulement la pénitence du corps, il faut aussi la pénitence de l'âme. Le spectacle douloureux de JÉSUS répandant son sang pour nous, et la peine amère de Marie parcourant la voie du Calvaire à la suite de JÉSUS, voilà la source des mortifications intérieures. Or, ces souffrances intimes sont la condition nécessaire des faveurs célestes. Aimons donc la souffrance et portons la croix sur nos épaules comme le Sauveur... Quelle est la personne qui n'a pas une croix à porter ! mais aussi quelle source de mérites pour l'âme qui la porte à la suite de son divin Maître !... Le chemin de la Croix est le chemin royal qui nous conduira au ciel. »

A trois heures, les pèlerins de l'Artois se réunissent à l'église du Rosaire et entonnent ce refrain :

Lourdes, salut ! Terre sacrée,
Des fleurs du ciel toute parée
Et du Carmel jardins fleuris !
Le cœur brûlant, la foi robuste,
Voici l'Artois, ô Vierge auguste,
Qui se prosterne en tes parvis ! *(bis)*

Ce cantique terminé, M. l'abbé Liénard monta en chaire ; après avoir dépeint la formation et la bonne tenue des pèlerinages, il donne à ses auditeurs des éloges et des remerciements bien mérités :

« Ces dernières heures du pèlerinage apportent avec elles au président du Comité un devoir auquel il ne veut pas se dérober. Il y a deux mois, écrivant à ses frères dans le sacerdoce, il exprimait l'espoir que le peuple de Notre-Dame des Ardents, de Notre-Dame de Boulogne, de Notre-Dame Panetière, de Notre-Dame des Miracles, enverrait à Notre-Dame de Lourdes une nombreuse députation de ses enfants, heureux d'être présentés à leur Mère du ciel par le premier Pasteur, le père de leurs âmes. Ce qui n'était alors qu'une espérance est aujourd'hui une admirable réalité. Près de 600 pèlerins sont là, aux pieds de Notre-Dame de Lourdes, unis dans les mêmes sentiments de foi, d'amour et de confiance.

A leur tête est un Pontife dont ils admirent la piété et dont ils recueillent avidement l'ardente parole comme une flamme de son grand cœur, où brûle le feu d'un double amour, l'amour de Marie et l'amour des âmes. A côté de ce Pontife une cinquantaine de prêtres, des apôtres rivalisant de zèle, se dépensent à l'envi dans la direction de la prière, dans la brillante exécution des cantiques et des chants sacrés, dans les mille industries du zèle sacerdotal, s'étudiant à glorifier Marie et à édifier les pèlerins.

« Avec eux une élite de fidèles appartenant à toutes les positions sociales, au château et à la chaumière, représentent surtout le travail tel qu'on le connaît dans l'Artois, ardent, opiniâtre : travail qui va chercher le pain de chaque jour à la culture des champs, sur le flot périlleux de la mer, dans l'atmosphère viciée de l'usine et de l'atelier, dans les entrailles de la terre, au fond des mines. Voilà notre députation, voilà la grande famille diocésaine représentée à Lourdes par tout ce qu'il y a de meilleur en elle. A côté de cette élite, une autre élite : nos chers malades, que j'appellerai volontiers les joyaux de notre pèlerinage, sur lesquels se concentrent tous nos regards, toutes nos prières, toutes nos espérances.

« Voilà vos pèlerins, ô Mère ; vous les avez bénis, vous daignerez les bénir encore. Laissez-nous les saluer de tous nos respects et leur dire à tous le merci dont notre cœur est plein. — Salut et merci à notre Évêque bien-aimé ; il semble avoir oublié dans ce pèlerinage quatre mois de fatigues incessantes. Il est le premier, toujours, à nos exercices, édifiant ses pèlerins par la double prédication de son exemple et de sa parole. Il a bien voulu nous dire qu'il est content de nous : qu'il nous permette au nom de tous de répondre que nous sommes fiers de lui. — Salut et merci à nos vénérés confrères. Ils représentent ici notre clergé diocésain si bon, si pieux, si distingué et si dévoué. Ils forment autour de leur Évêque une couronne d'honneur. — Salut et merci à tous les membres de notre Comité, à ces auxiliaires que nous avons vus à l'œuvre et que nous avons admirés. — Salut et merci à ce sympathique Directeur qui a organisé d'une manière si parfaite notre lointaine émigration. — Salut et merci aux brancardiers, aux hospitalières qui se sont faits les serviteurs et les servantes volontaires de nos chers malades. — Salut et merci surtout à nos bons et braves mineurs dont nous avons admiré le dévouement et la piété. » M. le Vicaire-Général répond avec de riches développements à ces trois questions : « Qu'avez-vous vu à Lourdes ? — Qu'avez-vous fait à Lourdes ? — Qu'emporterez-vous de Lourdes ? » Il termine par des adieux touchants à la Grotte bénie, à tous ces lieux sanctifiés par la présence de l'Immaculée. Les pèlerins emporteront, avec leurs résolutions, des souvenirs ineffaçables, et par-dessus tout, l'espérance. « C'est elle qui mettra dans nos cœurs et sur nos lèvres la prière de ce soir et celle de demain. Puisse-t-elle faire descendre sur notre bien-aimé Pontife, sur nos paroisses et sur nous-mêmes les meilleures bénédictions de Marie ! »

Après ce discours, les pèlerins partent en procession, gravissent l'escalier monumental, et longent la Basilique en répétant ce cri de religion et de patriotisme :

Catholique et Français, toujours !

A l'entrée des lacets ils changent de rythme et de paroles, mais non d'enthousiasme ; les collines d'alentour redisent cette ardente prière :

Bénis, ô tendre Mère,
Ce cri de notre Foi :
Nous voulons DIEU, c'est notre Père !
Nous voulons DIEU, c'est notre Roi !

Arrivée devant la Grotte, où le Saint-Sacrement est exposé, la foule se calme, se recueille, et aux accents enthousiastes succède le chant grave du *Salve Regina* et de l'*O Salutaris*. Bientôt la procession du Saint-Sacrement s'ébranle, au chant du *Te Deum*, pour remercier DIEU des grâces reçues, parcourt l'Esplanade et s'arrête devant le Rosaire. Tandis que Monseigneur présente l'ostensoir aux malades, la foule s'écrie : « Fils de David, ayez pitié de nous ! Seigneur, guérissez nos malades ! » C'est une scène des plus émouvantes.

Après le salut et la bénédiction papale donnée dans l'église du Rosaire, on retourne devant les piscines prier pour les malades. Mais c'est les bras en croix, les genoux dans la fange, avec une telle intensité de ferveur, qu'on ne remarque pas la pluie qui survient abondante. On eût voulu que la Vierge récompensât tant de persistance dans la foi et la prière. Tout à coup, une jeune fille, qui ne marchait pas depuis 6 ans, se lève, va porter sa béquille à la Grotte, et se dirige vers le bureau des constatations, tandis que la foule exprime sa joie et sa reconnaissance dans un vigoureux *Magnificat.*

Le lendemain, dès l'aurore, les Atrébates étaient devant la Grotte, où ils entendaient deux messes consécutives, pendant lesquelles on distribua de nombreuses communions. A la fin, M. Caloin leur adressa ces paroles :

« Avant de partir, remercions une fois encore la Sainte Vierge des grâces qu'elle nous a accordées. Quelques-uns ont retrouvé le chemin du ciel qu'ils avaient perdu, d'autres ont pris des résolutions généreuses. Désormais nous mettrons DIEU, et lui seul, dans notre esprit, afin de développer ces germes de vertu jetés dans nos âmes. Ici nous avons goûté quelque chose du ciel, et par là vous pouvez voir ce que sera le ciel. Demandons à Marie d'y être admis pour l'éternité. Prions DIEU de bénir les âmes de nos parents et d'abaisser un regard de compassion sur les pauvres pécheurs. Prions pour la conversion des ennemis de DIEU qui travaillent tous les jours à détruire son culte. Prions enfin les uns pour les autres. Si nous avons vécu, ici, comme les membres d'une même famille, demandons à la Vierge Immaculée d'entretenir toujours cette union dans nos âmes. »

Après ces quelques mots, les pèlerins entonnèrent le cantique des adieux :

Vierge, pourquoi faut-il quitter
Tes autels et ton sanctuaire ?
Pourquoi faut-il déjà chanter
L'adieu des enfants à leur Mère ?

Pendant ce refrain les Atrébates défilaient dans la Grotte,

et déposaient sur la Roche bénie un baiser où se mêlait parfois une larme d'amour et de regret. »

Ce fut durant ce pèlerinage que Mlle Marie Briois, de Vieille-Église, fut favorisée d'une amélioration sérieuse dans sa santé.

SŒUR MARIE-BERNARD.

D'après le certificat du Dr Letailleur, cette jeune fille était atteinte d'une tumeur blanche au genou gauche avec deux fistules suppurant continuellement, et la maladie ayant résisté à tous les traitements, il ne restait plus qu'une seule ressource, l'amputation.

« Cette jeune fille, dit le Journal de Lourdes déjà cité, est malade depuis six ans, et marche péniblement à l'aide de deux béquilles. Elle a éprouvé pendant longtemps de vives douleurs dans le genou gauche, mais depuis deux ans, à la suite d'un premier pèlerinage à Lourdes, les douleurs ont complètement disparu. Les autres symptômes de la maladie ont continué, mais les douleurs ne se font plus sentir. Elle est venue, cette année, implorer de nouveau la Vierge de Lourdes, et après son huitième bain de piscine, elle a éprouvé une nouvelle amélioration. Elle peut maintenant marcher sans béquilles et se mettre à genoux, quoique le genou soit toujours très enflé et que les trajets fistuleux continuent à suppurer. »

De tout ce que nous avons dit dans ce chapitre, il sera facile au lecteur de conclure qu'à l'époque où nous sommes arrivés, l'œuvre du pèlerinage diocésain commence à se dessiner et à prendre sa physionomie définitive. Faisons encore un pas dans cette marche en avant, et nous pourrons rivaliser avec les diocèses les plus fidèles à Notre-Dame de Lourdes.

Chapitre Septième.

1897. — JUBILÉ DU PÈLERINAGE DIOCÉSAIN. — HABILE ORGANISATION. — RÉPONSE DU DIOCÈSE. — LES BRANCARDIERS ARTÉSIENS. — LES GRANDS MALADES. — RÉPONSE MATERNELLE DE NOTRE-DAME DE LOURDES.

COMME il convenait, le Jubilé du Pèlerinage d'Arras à Lourdes eut un caractère particulier de solennité, et fut un véritable succès pour cette grande œuvre diocésaine.

Au point de vue matériel, il fut admirablement préparé par M. Joseph Chevalier. Les deux circulaires que le Directeur des Pèlerinages répandit, à cette occasion, dans le diocèse et que nous avons sous les yeux (mai et juin), furent une preuve nouvelle de son zèle et de son esprit d'initiative.

En même temps ce pèlerinage trouvait un éloquent apôtre dans la personne de M. le Vicaire-Général Liénard : « Un quart de siècle, disait-il dans une lettre préparatoire adressée au clergé diocésain, a passé depuis notre premier pèlerinage... Chaque année la divine Mère a daigné sourire à ses enfants, bénir les pèlerins et répondre à leurs supplications par de nombreux bienfaits : guérisons du corps, guérisons de l'âme, faveurs de tout genre, elles ne se comptent plus les grâces qui nous sont venues de Lourdes depuis vingt-cinq ans. N'est-il pas juste que le pèlerinage de 1897 soit, comme toutes les fêtes jubilaires, une grande et solennelle prière d'action de grâces ? Qu'ils se lèvent donc et qu'ils viennent avec nous tous ceux qui, à un titre quelconque, doivent à Marie leur merci personnel, celui de leurs familles ou celui des âmes confiées à leurs soins ! Qu'ils viennent les malades qu'Elle a guéris, les affligés qu'Elle a consolés, les pécheurs qu'Elle a convertis, tous ceux qu'Elle a soulagés de sa bienfaisante main ! Qu'ils viennent aussi, qu'ils viennent nombreux, ceux qui ne connaissent pas encore nos pèlerinages et qui ne savent pas quel religieux emploi nous faisons de nos cinq jours passés à Lourdes dans une piété douce et recueillie, dans une fervente et précieuse retraite aux pieds de notre Mère du ciel !

« Permettez-nous, d'espérer, Messieurs et chers Confrères, que vous voudrez bien être autour de vous les fidèles interprètes de nos vœux, et nous seconder de toute votre influence et de tout votre zèle pour recruter de nombreux pèlerins. Nous disons : de nombreux pèlerins ; et cependant, n'y en eût-il qu'un seul de chacune des paroisses de ce vaste diocèse, elle serait bien belle déjà et bien imposante la députation de l'Artois, et avec quelle légitime et pieuse fierté nous irions la présenter à Notre-Dame !

« Laissez-nous aussi faire appel à votre généreuse charité et à celle de vos paroissiens en faveur de nos malades. Ils nous supplient en grand nombre de les conduire à la divine Vierge qui est, à Lourdes plus que partout ailleurs, le salut des infirmes. Nous voudrions bien les admettre tous, mais nous sommes obligés de compter avec les ressources mises à notre disposition. Or, ces ressources nous ne pouvons les attendre que des prêtres et des fidèles du diocèse. Aux uns et aux autres, avec une entière confiance, nous demandons leurs aumônes. Déjà la *Semaine religieuse* a signalé les premières offrandes versées entre les mains du Comité. Elle fera connaître les autres au fur et à mesure qu'elles nous arriveront. Plusieurs d'entre elles nous sont annoncées sous une forme délicate et touchante. Il y a telle paroisse, tel collège catholique, telle famille qui veulent se faire représenter à Lourdes par un ou plusieurs malades. Admirable exemple ! Puisse-t-il être suivi ! Puissions-nous présenter en grand nombre à la Reine du ciel ces messagers de la piété et de la charité lui apportant leurs ferventes supplications, et implorant son assistance tout à la fois pour eux-mêmes et pour les âmes généreuses qui les auront envoyés !

« Nous vous serons profondément reconnaissants, Messieurs et chers Confrères, de votre concours dévoué et des aumônes que vous aurez la charité de nous remettre. Cependant il faut que nous vous demandions davantage. C'est vous-mêmes que nous désirons avoir, c'est vous que nous voudrions présenter plus nombreux que jamais à Notre-Dame de Lourdes. Nous formerions une belle et pieuse phalange sacerdotale. Nous nous en irions bénis par notre bien-aimé Pontife et Père, Monseigneur l'Évêque. En son nom, nous offririons à la Vierge Immaculée le diocèse dont elle est la Patronne séculaire et l'auguste Souveraine sous les noms aimés de Notre-Dame des Ardents, de Notre-Dame de Boulogne, de Notre-Dame des Miracles, de Notre-Dame Panetière. Chacun de nous présenterait à la Reine des Pasteurs le troupeau dont il a la charge. Ensemble nous dirions à notre divine Mère nos tristesses, nos espérances et nos joies. A la Grotte bénie, à la Basilique et à l'église du Rosaire notre prière commune se ferait plus ardente pour appeler le secours d'En-Haut sur nos divers besoins, qui sont, hélas ! si nombreux. Celle dont nous sommes les fils par notre sacerdoce nous couvrirait de ses maternelles bénédictions, et nous rapporterions, au retour, les faveurs du Ciel pour nous-mêmes, pour nos familles, pour nos paroisses, pour tout le diocèse et pour son Chef vénéré. »

A cet appel répondirent 768 pèlerins, parmi lesquels plus de *soixante* prêtres et *quatre-vingts* malades au profit desquels la Direction des Pèlerinages put réunir une souscription qui s'éleva à 4808 fr.

Quatre-vingts malades ! quel bouquet à offrir à Marie pour un Pèlerinage Jubilaire ! Mais si l'on avait, grâce à la générosité des catholiques artésiens, les ressources matérielles nécessaires à l'admission de ces chers infirmes, cela ne suffisait pas : il fallait des bras pour les porter. M. Chevalier n'hésita pas ; il organisa pour la première fois le service des brancardiers du Pas-de-Calais, et pour la première fois aussi résolut de conduire à Lourdes sept *grands-malades*. Nous verrons bientôt que la Vierge de Lourdes avait inspiré elle-même ce projet si généreux.

Nos lecteurs connaissent sans doute l'œuvre admirable de l'Hospitalité de Notre-Dame de Lourdes ; pour ceux d'entre eux, cependant, qui n'en auraient qu'une idée incomplète, peut-être sera-t-il utile d'en dire ici quelque chose. Nous empruntons les lignes suivantes au P. Burosse [1], Directeur de « l'Hospitalité de Notre-Dame de Lourdes ».

« Comme toutes les œuvres qui se rattachent à Notre-Dame de Lourdes, notre chère Hospitalité est née spontanément des circonstances, sous l'action du Ciel, par le dévouement pieux de quelques serviteurs de la Vierge Immaculée.

« Les Très Révérends Pères de l'Assomption entreprirent d'emmener à Lourdes, avec le Pèlerinage national, un groupe de malades pauvres. Qui transportera ces infirmes et leur donnera les soins nécessaires dans les hôpitaux et aux piscines?

« Des chrétiens généreux, du meilleur monde, gentilshommes et dames nobles qui se trouvaient à Lourdes, s'offrirent à être leurs brancardiers et leurs infirmiers.. Heureux de leur acte de charité, ils s'engagèrent à se retrouver à Lourdes les années suivantes pour la même occasion... L'un d'eux, M. le comte de Combettes du Luc, de chère et regrettée mémoire, de concert avec le Très Révérend Père Picard, Directeur du Pèlerinage national, les organisa en une association régulière en 1880... C'est l'Hospitalité de Notre-Dame de Salut.

« Nous connaissons sa puissante et merveilleuse organisation. Nous admirons chaque année la pieuse charité de ses membres.

« Bientôt, à l'exemple du Pèlerinage national, les pèlerinages diocésains voulurent avoir leur groupe de malades pauvres ; le nombre de ces malades devenant chaque année plus considérable, il devint indispensable d'avoir à Lourdes, fonctionnant toute l'année, rattachée directement à l'œuvre de la Grotte, une association semblable, et, à cet effet, Sa Grandeur Mgr Billère, Évêque de Tarbes, institua la Confrérie des Hospitaliers et Hospitalières de Notre Dame de Lourdes.

« Un groupe d'amis, membres pour la plupart de l'Hospitalité de Notre-Dame de Salut et qui le sont restés, répondirent à l'appel qui leur fut adressé, et la Confrérie fut canoniquement établie dans la chapelle de la Crypte, pour les Hospitaliers, le 15 août 1885 ; pour les Dames Hospitalières, le 15 août 1886.

1. Introduction au « *Petit Manuel du parfait Hospitalier* ».

« Comme il est facile de le voir en lisant les statuts de la Confrérie, l'Hospitalité de Notre-Dame de Lourdes est le complément nécessaire de l'œuvre de la Grotte.

« Les Hospitaliers sont les auxiliaires officiels des Missionnaires pour tout ce qui regarde le soin des malades et la bonne tenue du pèlerinage. Ils agissent toujours au nom des Pères. Le Directeur les couvre de l'autorité du Supérieur.

« Aussi, les Gardiens du Sanctuaire les regardent comme leurs bienfaiteurs insignes. Les Hospitaliers ainsi que les membres de leur famille, vivants et morts, ont part à une messe qui se célèbre chaque jour, à perpétuité, pour les bienfaiteurs; à chaque réunion dans la chapelle de l'Hospitalité, le Père Directeur applique le saint sacrifice à leurs intentions ; et l'œuvre est mentionnée dans la liste des intentions qui sont recommandées, chaque jour à deux heures, aux prières des pèlerins.

« Ainsi constituée, l'Hospitalité de Notre-Dame de Lourdes, visiblement bénie de DIEU, s'est développée progressivement et a pu suffire aux devoirs qu'elle s'est imposés.

« Il n'appartient pas à son Directeur de louer les œuvres qu'elle a accomplies ; mais je me dois de rendre hommage à la piété vraie, à la modestie sincère, à la charité inépuisable de ses membres.

« Sans parler de l'action toute miséricordieuse et toute-puissante de Notre-Dame, c'est à cet esprit éminemment religieux qui vous anime tous, que j'attribue les magnifiques résultats de l'œuvre. C'est en le gardant qu'elle continuera à mériter les bénédictions du Ciel. »

Nos brancardiers artésiens, enrôlés par M. Chevalier dans cette armée de la charité, allaient désormais marcher sur de si nobles traces.

Comme bien on le pense, l'unique train des années précédentes fut insuffisant pour conduire à Lourdes ce nombre imposant de huit cents pèlerins environ. Il en fallut un second, spécialement destiné à nos frères du Calaisis, du Boulonnais et du Ponthieu, dont la direction spirituelle fut confiée à M. Dusart, curé du Portel, ainsi qu'à M. Hu, vicaire à Saint-Pierre de Calais.

Le départ avait été fixé au 4 août et le retour au 11 du même mois. A la suite du rapporteur [1] de cette heureuse excursion, accompagnons pas à pas nos chers pèlerins : « Tout est prêt ; on attend impatiemment le jour du départ. C'est le mercredi 4 août, à neuf heures du matin pour le premier train. Quelle animation dans la gare d'Arras ! Et cependant on ne voit point sur le front des employés cette inquiétude qu'on remarque à certains jours pour les trains de plaisir, les chefs sont gracieux, les hommes de service sont aimables et prêts pour tout ce que l'on peut leur demander : ils sentent qu'il y a là quelque chose d'extraordinaire. Et c'est vrai. Ils sont là, les quatre cent cinquante pèlerins du premier train qui s'avancent avec calme pour prendre la place qui leur est assignée et qu'ils trouvent facilement, grâce aux numéros des compartiments. Ils sont là, les 60 malades du premier train, accompagnés de leurs parents ou de leurs amis, et pour les installer commodément, voici les brancardiers dont le dévouement est bien connu ; voici les bonnes Sœurs Augustines qui se prodigueront à toutes les heures du jour et de la nuit, et qui auront pour leurs malades ces attentions délicates qu'une mère seule sait donner.

Ce dévouement chrétien, que tous ont pu admirer au départ du premier train, on le retrouve au départ du second.

Mais l'heure avance ; les conversations s'animent, on sent le moment de la séparation ; ce sont les dernières recommandations, les vœux de bon voyage, d'heureux retour pour nos chers malades surtout. Le coup de sifflet a retenti ; le train s'ébranle, tous les bras se lèvent pour le signe de croix et l'*Ave Maria* du départ. Et maintenant DIEU nous garde et que notre bonne Mère nous protège, nous et nos frères du second train !

Arras a disparu rapidement à nos yeux ; entendez-vous ces chants :

> Vierge, en ce sanctuaire
> Dont ton cœur a fait choix,
> Nous t'apportons notre prière,
> Reçois nos vœux, bénis l'Artois !

1. M. l'abbé Ch. Leclercq, Directeur au Petit Séminaire d'Arras.

Après le chant, c'est la prière ; les cœurs en ont besoin. Est-il quelque chose de plus touchant et de plus réconfortant que ces prières de l'itinéraire ? C'est la paix du Seigneur que les pèlerins demandent ; c'est le secours contre le fils de l'iniquité, c'est le voyage heureux : « Faites que, sous votre conduite, ô Seigneur, nous arrivions heureusement là où nous allons et que nous revenions au foyer pleins de santé et de vie. » Chacun le demande pour soi, mais comme on pense aux chers malades et que tout cela fait bien au cœur !

Le train nous emporte rapidement ; Albert ! Notre-Dame de Brebières, crie-t-on de toutes parts : et aux cris de joie se mêle la prière ; n'est-ce pas la même Mère que nous allons saluer et prier là-bas? Longueau! voici nos frères du Boulonnais ; un train spécial nous les amène d'Amiens. Et ici qu'on nous permette d'adresser nos remerciements aux compagnies, qui se sont montrées si aimables pour l'organisation. Elles feront mieux encore au retour ; nous aurons l'occasion de le constater.

Voici Montmartre : quelle ardente prière sort de tous les cœurs pour notre pauvre France ! C'est Orléans avec tous ses souvenirs ; c'est la belle Touraine ; on sait que le Père de la grande famille diocésaine est là, et tout bas on demande une nouvelle bénédiction [1]. Et le voyage se continue ; on prie, on chante, on admire les merveilles de la nature pour reporter sa reconnaissance au Souverain Maître de qui vient toute grâce et toute beauté. Joignez à cela la belle et franche gaîté des âmes tranquilles et vous aurez le véritable aspect du pèlerinage artésien. A chaque arrêt MM. les Vicaires-Généraux et les membres du Comité sont là qui veillent à tout et prodiguent aux malades leurs consolations, aidant ainsi au dévouement des bonnes Sœurs infirmières. Ces chers malades, comme on les aime ! Aux heures d'arrêt, c'est foule aux réservoirs d'eau ; mais quand on entend ce cri : Eau pour les malades, comme chacun se retire ! La nuit se passe lentement ; on cherche le sommeil, mais en vain ; au lever du jour,

1. S. G. Mgr Williez prenait, à cette époque, quelques jours de repos dans ce pays où tant d'amis lui restent à jamais fidèles.

voici les tristes Landes : Dieu ! qu'elles sont longues à traverser ! Serons-nous bientôt à Lourdes ? Patience, chers pèlerins, encore quelques heures et vous verrez et reverrez ces lieux bénis. Voici Pau, le gave, Bétharram dont nous reparlerons ; les hautes montagnes apparaissent et puis, c'est Lourdes, c'est la Grotte ! Lourdes, salut ! c'est le cri qui s'échappe de tous les cœurs.

Ave, maris Stella,
Monstra te esse Matrem.

Nous vous saluons, Étoile bénie, mais vous vous montrerez notre Mère, c'est le désir et l'espérance des pèlerins.

5 août. — Il est midi quand le premier train arrive. La pluie tombe, mais rien n'arrête nos pèlerins ; c'est à la Grotte que l'on se rend d'abord pour saluer la bonne Vierge, et puis l'on pensera à s'installer. L'après-midi passera bien vite ; à deux heures et demie, c'est à l'Abri des Pèlerins que nous recevons les premiers conseils ; nous irons à trois heures aux piscines commencer les prières. A cinq heures, c'est l'arrivée du second train ; nous serons là, nos chefs en tête, pour recevoir et saluer nos frères d'Artois, et alors, nous sentant au complet, nous commencerons vaillamment notre pèlerinage.

Le voyage a été long (trente heures pour Calais et Boulogne), il a été pénible ; n'ajoutez rien à cette fatigue, dit le vénéré président. Dispensez-vous de la procession du soir, le temps, du reste, n'est pas sûr. Mais compte-t-on pour sa Mère ? Quelques heures de repos suffiront; et le soir, presque tous nos Artésiens seront là. Ils seront à la Basilique d'abord ; c'est la clôture de l'Adoration perpétuelle : elle se fait par un salut solennel où toutes les harmonies, toutes les émotions se sont donné rendez vous pour une sorte d'apothéose finale. Qu'il faisait bon d'être là, près de JÉSUS et de Marie Immaculée ! Et quand le *Te Deum* de l'action de grâces a cessé, on va là-bas, sur l'Esplanade, se joindre aux pèlerins de Viviers et chanter le suave cantique du soir : *Ave, ave, ave, Maria.*

J'ai parlé des pèlerins : ils sont vaillants ; mais nos malades, faut-il les oublier ? Pour eux les premiers soins et les premières attentions. Des voitures transportent ceux qui peuvent les supporter ; les autres, on les confiera aux brancardiers volontaires ; car déjà ils sont au poste ; c'est à l'hospice de Notre-Dame des Sept-Douleurs qu'ils seront reçus et soignés aux frais de la souscription ; c'est là qu'ils recevront les soins si délicats et si maternels de nos religieuses infirmières ; c'est là qu'ils apprécieront le dévouement et l'affection chrétienne de ces jeunes infirmières volontaires sorties des plus grandes familles de France. Et tout à l'heure, quand il faudra les transporter, ils retrouveront le même dévouement et les mêmes soins de la part des brancardiers. Les brancardiers, je l'ai dit tout à l'heure, sont à leur poste, prêts à tous les sacrifices. Le Directeur est là : c'est M. Joseph Chevalier, qui conserve la direction matérielle des malades partout ; puis les chefs d'équipe : c'est M. le vicomte de Bizemont, au cœur si charitable et si français ; c'est M. Destombes, de Calais, son digne associé ; et sous leurs ordres, voici les volontaires : ils sont 40, dont 16 jeunes gens des Frères de Saint-Omer sous la direction de leur aumônier si dévoué. On les a vus à l'œuvre ; tous se sont faits les serviteurs des malades, toujours prêts et toujours infatigables ; DIEU a inscrit toutes les œuvres charitables qu'ils ont accomplies, qu'il leur suffise de cette récompense ! Nous ne nommerons personne. Et pourtant, qu'on nous laisse citer nos bons mineurs. Je dis nos *bons mineurs*, car ils ont fait l'admiration de tous ceux qui les ont vus ; sans doute leur costume attirait l'attention, mais qu'il était beau de les voir le long du chemin de l'hôpital à la Grotte égrenant leurs chapelets et priant pour les pauvres malades qu'ils conduisaient !

6 août. — Nous sommes au vendredi matin, et, je l'ai dit, notre pèlerinage est vaillamment commencé ; nos Directeurs l'ont vu et ils en sont ravis. L'horaire de tous les exercices ne laissera que très peu de temps au repos : il faut à Lourdes continuer le *Laus perennis* du voyage. Aussi, ne craignons pas de le dire, notre pèlerinage artésien sera la réalisation de cette parole de nos Livres saints : *Deduxit illos in via mirabili.* Nos Artésiens iront de merveille en merveille.

Aux premières heures du jour, les prêtres se hâtent sur les chemins, ils vont offrir le Saint Sacrifice de la messe ; les fidèles, eux, iront prier près de la Grotte. Sept heures : c'est l'heure fixée pour la messe de Communion : elle est dite par M. le Vicaire-Général Liénard. Et qu'on veuille bien le remarquer, c'est la messe de Communion des pèlerins, c'est JÉSUS par conséquent dans le cœur de tous, JÉSUS le DIEU fort et puissant. Il va venir, préparez vos âmes, nous dira M. l'abbé Barbier ; et son cœur de prêtre s'épanche en ardents actes de foi et d'amour envers ce bon JÉSUS de l'Eucharistie. Et les fidèles s'avanceront, le cœur tout préparé ; ils viendront tous les jours accomplir ce même acte, car la Communion, c'est la force de l'âme.

La messe d'action de grâces est terminée ; les piscines sont ouvertes et nos pauvres malades attendent. Il est huit heures, c'est l'heure de la prière en commun ; les pèlerins sont allés chercher force et courage à la Table Sainte. Comme ils vont prier ! Nous retrouvons là M. l'abbé Barbier avec tout son dévoûment et toute sa piété ; pieux pèlerins de l'Artois, vous savez tout ce qu'il fait ; vous savez aussi comment la bonne Mère l'a récompensé. A quoi bon des louanges ? Tout pour la Vierge de Lourdes !

C'est donc la prière en commun. La prière aux piscines ! Quel spectacle émouvant ! Le prêtre est là entouré de confrères dévoués, autour de lui sont les malades ; en avant, c'est la foule sympathique et dévouée autant qu'on le voudra ! « A genoux, les bras en croix ! » et tous y sont, et les *Ave* se succèdent. « O Mère, guérissez nos malades ! » et ce cri se répète par toute la foule, et la prière continue dans les larmes.

O vous qui ne savez plus prier, vous qui craignez de prier, que n'êtes-vous là ! Vous verriez comme on sait prier à Lourdes ; le respect humain, on l'a secoué ; la peur, on ne la connaît pas. On dit que nos populations artésiennes s'enthousiasment difficilement : c'est parfois un peu vrai, mais, venez à Lourdes, et vous verrez la transformation. Et il n'y a pas seulement que des femmes, les hommes y sont en grand nombre, admirables eux aussi de piété et de dévouement.

J'aurai du reste l'occasion d'en reparler plus loin à propos de Lyon.

Et si l'on prie, on agit aussi. Qu'on nous permette ici de rendre hommage et de redire encore une fois un chaleureux merci aux Dames de l'Hospitalité de Lourdes. Leur dévouement, tout le monde le connaît et l'apprécie ; leurs œuvres, DIEU les enregistre chaque année ; un jour elles les retrouveront : *Opera enim sequuntur.* Les œuvres les suivront pour la récompense suprême.

Le temps passe vite ; à dix heures, c'est la grand'messe à la Basilique. Quel chant que celui des Artésiens ! C'est le beau plain-chant de nos anciens maîtres ; pour le soutenir, les grandes orgues se font entendre, et la main qui les fait parler, nous la reconnaissons bien vite, c'est l'habile main de M. l'abbé Collet ; l'éloge est inutile. Pour lui répondre, M. Lefranc est à l'orgue du chœur, c'est le digne élève du maître ; et enfin, pour diriger et conduire toute la foule, c'est le bon curé de Bailleul-sir-Berthould, qui ne sait compter ni avec le dévouement, ni avec la fatigue. Il nous donnera tout à l'heure l'*Ave Verum* sur l'air d'église de Stradella ; et quand, plus tard, sa voix fatiguée lui fera défaut, sa main continuera de diriger les chants et les cantiques de nos pèlerins d'Artois.

Après le chant, c'est la parole, parole douce et onctueuse, de M. le Vicaire-Général Bonvarlet. Après avoir évoqué nos souvenirs d'Artois, et rattaché à la Vierge de Lourdes le culte des Atrébates à l'égard de Marie, l'orateur indique le caractère que nous donnerons à notre pèlerinage. C'est un acte de piété filiale : nous devons bien cet hommage à la Sainte Vierge ; — un acte de réparation : nous serons des pénitents ; — un acte de supplication : nous prierons pour nous, pour le diocèse, pour nos malades, et pour notre chère France qui succombe sous les ravages de l'impiété et de la volupté.

Et les prières alors s'élèvent ferventes vers le ciel ! La grand'messe est terminée, que se passe-t-il ? Déjà, au début de la messe, un bruit de guérison avait circulé dans la foule : on parlait d'Arras. Et en effet, M. le Vicaire-Général Liénard s'avance tout ému, et c'est les larmes dans les yeux et le tressaillement au cœur qu'il annonce la première grâce que la Vierge Immaculée venait de faire aux Artésiens. Quelle émotion ! quelles larmes de joie coulaient de tous les yeux ! Et puis quelles réflexions ! Oh ! ce n'est pas étonnant ! disaient les étrangers, ces Artésiens, ils ont déjà si bien prié ! Nous ne voulons flatter personne, mais nous pouvons dire que si nous avons été souvent édifiés, nous avons, nous, toujours édifié. Vous êtes gâtés, nous disait-on partout : à peine au premier jour la Vierge vous sourit ! Quel encouragement ! Oui, notre bonne Mère nous souriait : elle avait guéri Mme Durin. Qu'on nous permette quelques citations :

1° « Victorine Descatoire, femme Durin, est une de ces âmes qui ont vu la vie sous un jour qui n'est pas celui des heureux. Elle appartient à une famille de gens très religieux, mais de bonne heure éprouvés. De bonne heure les infirmités l'ont visitée sans la quitter.

« En 1892, un vendredi matin, au retour d'une messe à laquelle elle avait assisté en compagnie de son mari, un violent mal de côté se déclara subitement... Il lui fallut deux heures pour regagner péniblement son logis. A peine rentrée, elle tomba évanouie, et elle resta ainsi sans connaissance vingt-quatre heures durant : elle était paralysée du côté droit. On courut aux docteurs... l'art et les artistes s'avouèrent bientôt vaincus. Une première fois elle postula la faveur d'être admise au pèlerinage d'Arras : la tentative échoua... Après une attente d'un an, elle put être admise. Quelqu'un lui avait dit en apprenant cette nouvelle : Tu sais, si tu pars, tu laisseras là-bas ta peau et tes os. — Je le verrai bien, répondit-elle.

« Le jour du départ était venu. Voici ce qu'en dit un témoin : Pour rejoindre le pèlerinage d'Arras, Mme Durin fut véhiculée au pas de cheval, de Calonne-Liévin à Arras. Le trajet a duré six heures, tandis qu'un bon marcheur met trois heures. Il est huit heures, les malades sont presque tous installés ; une malade, soigneusement soulevée du brancard où elle était couchée, fut placée à côté de moi. C'était Mme Durin, que son mari venait d'accompagner ; il la quitta les larmes aux yeux. Confiée aux bons soins des Sœurs Augustines, elle est restée, durant tout le voyage, sur le côté paralysé. Avant d'arriver à Bordeaux, elle eut une syncope qui dura deux heures environ ; au moment où le train faisait son entrée sur la passerelle qui relie la Bastide à la gare de Bordeaux, elle s'est réveillée. J'essayai de la soulever pour lui faire voir la Gironde ; impossible, elle retombe inerte. Dans tout son voyage, elle a pris un peu de gâteau et un verre de vin.

« Le jeudi 5 août, impossible de la sortir. Et cependant elle réclamait la piscine. Elle aussi en sortirait guérie. C'est le vendredi matin qu'elle y fut conduite. Et voici qu'après son bain elle se met à faire mouvoir son bras droit ; et peu à peu elle recouvre l'usage de ce côté inerte depuis longtemps. La première chose que je fis, dit-elle, ce fut le signe de la croix. On l'emmène. Je veux marcher! s'écrie t-elle. Et la voilà qui se dirige nu-pieds vers le bureau des constatations pendant que le *Magnificat* de l'action de grâces retentit à la Grotte. »

Il est midi, quelques confrères me proposent une visite à l'hôpital : nous arrivons ; sur un des lits était couchée Mme Durin, elle nous apprend sa guérison ; et pour nous convaincre davantage, la voilà qui quitte son lit, toute joyeuse. Que je suis heureuse ! disait-elle. A ses côtés était Jeanne Roisin, une autre malade. Et vous aussi, dit-elle, vous guérirez, je vais tant prier ! Elle disait vrai.

J'ai dit que la piété des Artésiens n'avait pas de repos. A deux heures, ce sont les vêpres chantées à l'église du Rosaire ; tous nos pèlerins sont là, ils savent que l'obéissance amène les victoires. Le *Magnificat* a été magistralement enlevé par M. l'abbé Deplantay. Les vêpres sont terminées : M. l'abbé Milléquant monte en chaire ; sa parole si douce et si persuasive conquiert tous les cœurs. *Ave, gratia plena!* s'écrie-t-il.

Marie est pleine de grâce :

C'est, nous dit-il, une grâce initiale, plénière, singulière, suréminente qui l'a faite Mère de DIEU.

C'est une grâce débordante qui l'a faite Mère des hommes.

Nulle part cette double plénitude de grâce n'a éclaté comme à Lourdes.

C'est la parole savante, mais comme elle est pleine d'affection filiale pour la Vierge de Lourdes !

Le temps est précieux ; à trois heures, nos pèlerins sont déjà aux piscines. C'est la prière ardente qui se continue, et comme elle est bien dirigée, comme elle est soutenue ! Il suffit de nommer le prêtre qui la préside, c'est le dévoué curé du Portel, M. l'abbé Dusart ; il arrachera à la Vierge de Lourdes ses faveurs et ses grâces. Et, en effet, une seconde grâce vient de nous être accordée : la privilégiée se nomme Jeanne Roisin.

2° Depuis 18 mois, elle est atteinte d'une affection nerveuse, compliquée d'une dyspepsie gastro-intestinale. Nous l'avons vue durant tout le voyage, elle n'a pris qu'un peu de lait, et plusieurs fois il a fallu lui prodiguer nos soins. Elle est arrivée couchée sur un matelas, ne pouvant aucunement marcher. C'est le vendredi soir, quelques heures après notre visite, qu'en sortant de son bain elle s'écria tout à coup : Je veux aller à la Grotte ! Et se levant de sa voiture, elle saute au cou du brancardier. A mon tour, crie-t-elle, je vais vous reconduire... Daigne la bonne Mère achever son œuvre ! c'est le vœu de tous.

Quatre heures et demie : c'était l'heure marquée pour la procession du Très-Saint Sacrement qui se fait chaque jour. Cette procession, comment la décrire ? Ceux-là seuls qui l'ont vue peuvent s'en rendre compte, et nous savons l'impression profonde qu'elle produit sur les cœurs.

Voici la Croix ; près d'elle, c'est la bannière de l'Artois, Saint-Waast. Des deux côtés, voici une longue file, les prêtres, les hommes tenant un cierge à la main ; M. le Vicaire-Général Liénard s'avance portant le Saint-Sacrement ; soutenant le dais et portant des falots, voici les mineurs ; ils ont été près de JÉSUS souffrant, ils sont maintenant près de JÉSUS-Hostie ; on leur avait réservé la place d'honneur, et ils le comprenaient. Le cortège s'avance ; les chants liturgiques se font entendre : *Lauda, Sion, Salvatorem !* Oh ! oui, c'est bien notre Sauveur que nous voulons louer, c'est ce bon JÉSUS qui passe comme il passait autrefois dans les villes de la Judée ; qu'il sème donc ses bienfaits au milieu de nous ! Et comme autrefois, il va à chaque malade. M. Liénard vient de quitter le dais. Quelle heure solennelle ! Ecoutez cette voix que la piété et l'amour ont rendue puissante : c'est la voix de l'infatigable M. Barbier; il jette à JÉSUS ces cris que des milliers de voix rediront après lui, au milieu de leurs larmes : JÉSUS, Fils de David, ayez pitié de nous ! — Seigneur, faites que je voie ! — Seigneur, si vous voulez, vous pouvez nous guérir. Quel spectacle majestueux dans sa simplicité ! que de larmes versées ! Le cœur le plus endurci ne saurait résister.

Et quand le dernier malade a reçu la dernière bénédiction, c'est la foule entière qui s'agenouille et qui supplie une fois encore ce bon JÉSUS de guérir nos chers malades, et de nous bénir tous. Dieu ! comme le surnaturel est là ! Et qu'elle est belle, notre foi catholique !

Nos pèlerins se dispersent lentement, c'est à regret qu'ils s'éloignent ; les yeux se portent sur tous les malades : on voudrait tant les voir tous guéris ! Mais DIEU a ses secrets et Lui seul est le Maître.

Il serait juste de prendre quelque repos, mais rien ne repose comme la prière, et nos dévots pèlerins s'en vont, les uns à l'église du Rosaire continuer leurs supplications, les autres à la Grotte, auprès de la Mère Immaculée, épancher leur cœur et dire tous les besoins de leurs âmes. Et puis l'on songera au repos ! Repos bien court, car, comme le disait M. le Vicaire-Général Liénard, nous faisons de nos journées un religieux emploi.

Le DIEU de l'Eucharistie, Fils de l'auguste Vierge, vient d'être glorifié : Hosanna au Fils de David ! redisait-on, comme autrefois à Jérusalem. N'est-il pas juste que la divine Mère ait son tour? A sept heures et demie les pèlerins sont de nouveau réunis pour la procession aux flambeaux. Elle était belle hier, disait on, avec le pèlerinage de Viviers. Nous ferons mieux encore ; le temps du reste est plus favorable et la foule est plus nombreuse, car les pèlerins de Lyon sont là et ils viendront s'unir aux Artésiens. Nous sommes donc à la Grotte. M. Barbier est à son poste, et le chapelet commence ; vers huit heures, d'innombrables lumières apparaissent : ce sont les cierges que les pèlerins viennent d'allumer ; la procession va s'ébranler. La procession aux flambeaux, tous les pèlerins en parlent à leur retour ; on les écoute avidement, mais se la représente-t-on bien ? J'en doute. Le signal est donné ; c'est de la Grotte qu'a lieu le départ. Et sur deux rangées, c'est une traînée de feu qui se déroule insensiblement, s'avançant vers l'église du Rosaire, remontant vers la Basilique, pour redescendre ensuite à travers toutes les sinuosités de l'avenue où domine la Vierge couronnée. Durant ce trajet, des milliers de voix jettent à tous les échos des montagnes ce chant tout simple : *Ave, ave, ave, Maria !* Les couplets se succèdent et, malgré cela, quand la foule entière s'est mise en marche, de loin, nous en avons fait l'expérience, ce n'est qu'un seul mot qu'on entend : *Ave, ave, ave, Maria !* Que cela est donc beau ! C'est le chant du ciel descendu sur terre pour louer notre Mère, la Reine des Anges. La procession s'avance ; les rangs se serrent ; on croirait que les pèlerins s'entrelacent, mais c'est pour se grouper plus facilement sur la vaste plate-forme en face de l'église du Rosaire. Les chants continuent ; l'*Ave Maria* a cessé ;

Nous voulons DIEU, Vierge Marie,

s'écrient maintenant ces milliers de voix, DIEU dans la famille, dans nos écoles, dans notre armée, partout !

Le silence se fait, tous les pèlerins sont groupés sur le perron de l'église. M. le Vicaire-Général Liénard est là ; près de lui est M. le Grand Vicaire Vindry de Lyon ; autour d'eux, tous les prêtres artésiens et lyonnais, frères par le sacerdoce et par les sentiments. M. Liénard prend la parole ; sa voix est toute palpitante d'émotion. C'est un chaleureux merci du cœur aux pèlerins lyonnais et à leur vénéré Président ; il félicite les prêtres, les pèlerins, d'être venus montrer à Lourdes ce culte si connu qu'ils ont pour Notre-Dame de Fourvières. « Merci, s'écrie-t-il, pour l'exemple et le secours que tous vous nous avez apportés : nous marcherons sur vos traces, car, vous le savez, nous aussi nous aimons Marie. Ici, Lyonnais et Artésiens, nous l'aimerons à l'envi ! » C'est une parole qui va droit à tous les cœurs. La joie brille sur tous les visages et les prêtres lyonnais qui sont là murmurent tout bas : Voilà une bonne et belle parole! — « Et maintenant, chers pèlerins, tous ensemble, avant de nous séparer, affirmons nos saintes croyances et redisons notre *Credo.* » Et au même instant une belle voix de ténor entonne le solennel *Credo* de Dumont, et toutes les voix continuent sans interruption, dans l'ordre le plus parfait. Qu'elle est sublime, cette profession de foi chrétienne chantée à cette heure avancée de la nuit par des fidèles qui la comprennent ! Quels accents majestueux !

L'heure est venue de se séparer ; Artésiens et Lyonnais se dispersent, mais ils resteront frères. La dernière prière est faite, le dernier *Ave* est monté vers la Sainte Vierge. O Mère, merci pour ces heures bénies, elles ont passé trop vite. Bénissez-nous, et à demain !

La première journée du pèlerinage s'est très bien passée ; tous nos pèlerins de l'Artois ont été admirables de régularité et de piété : c'est là, du reste, et il le faut bien remarquer, la note caractéristique du pèlerinage diocésain de 1897. « C'était la cinquième fois que je me rendais en ces lieux bénis, m'écrivait un bon prêtre, et vraiment je puis vous dire qu'aucun de mes pèlerinages ne m'a laissé de plus agréables impressions ; j'étais édifié et heureux de la docilité et de l'empressement que montraient nos pèlerins pour remplir le programme si bien ménagé... C'est, en un mot, le pèlerinage dont je conserve le meilleur souvenir... » C'est là, j'en suis convaincu, la source des grâces si nombreuses que notre bonne Mère a daigné nous accorder. La Sainte Vierge bénit les Artésiens, disaient les pèlerins étrangers, mais il faut avouer qu'ils font bien les choses.

7 août. — Nous voici donc au second jour : c'est le samedi 7 août ; la première messe sera dite à six heures, mais que de pèlerins ont devancé cette heure pour prier à la Grotte ! La messe d'actions de grâces suivra ; comme hier, ce sera même foule à la Table de Communion, même foule aux piscines, quand l'heure sera venue. Je dis même foule, je me trompe :

dès hier soir, Lyonnais et Artésiens ont fraternisé, ils s'uniront pour la prière surtout, se rappelant que l'union fait la force, et que la charité ne doit pas être égoïste. Ils sont là, ces braves Lyonnais, ils sont là 1.100 hommes ; ils n'ont amené que peu de malades (7, je crois), mais ils prieront pour les nôtres. Oui, ils sont là 1.100 hommes ! Que pensent de ce chiffre ces malheureux incrédules qui affirment que la piété et les pèlerinages ne sont faits que pour les enfants et les femmes, et que l'homme ne doit pas s'abaisser jusque-là ? Sans doute, ils souriront de la naïveté de ces bons Lyonnais ! Ils peuvent sourire, mais ils seront bien forcés d'avouer que c'est beau et que c'est noble. Il faut du courage pour afficher ainsi sa croyance à cette heure où le respect humain tue les meilleures volontés. La peur du qu'en dira-t-on, ces pèlerins l'ont foulée aux pieds, et ils sont venus, ils ont traversé une partie de la France, et maintenant ils s'agenouillent sur cette terre de Lourdes dans la belle simplicité de leur foi chrétienne. Un pèlerinage d'hommes est chose si rare, qu'on me pardonnera d'insister. Ces 1.100 hommes, d'où venaient-ils donc ? Ils étaient divisés en deux groupes : Lyon et Saint-Étienne ; ils étaient là, patrons et ouvriers, unis dans un même sentiment de foi et d'amour pour la Sainte Vierge ; les rangs avaient disparu, le respect seul restait. Les ouvriers étaient en majorité ; on pourrait s'en étonner, et la réflexion a été faite ; voici la réponse. Un grand nombre de ces pèlerins avaient leur voyage payé par les patrons ; d'autres étaient venus avec des billets en participation, d'autres enfin par souscription. Oh ! qu'elle est belle et grande la charité chrétienne ! Et cette charité, ils l'exerçaient à leur tour, ces bons Lyonnais, ils priaient avec nous, demandant pour nos malades les faveurs et les miséricordes de la Sainte Vierge, le Salut des infirmes et le Refuge des pécheurs.

Neuf heures sonnent ; c'est l'heure de la grand'messe, chantée à la Basilique, et c'est M. l'abbé Decrouïlle, l'auteur des *Méditations sacerdotales*, qui est chargé de donner le sermon. Ce fut un discours magistral et tout apostolique ; on l'a dit, et nous l'avons constaté.

Nous en donnerons, d'après l'orateur, quelques idées principales :

« A la Grotte nous demandons la santé du corps, à la Basilique la santé de l'âme. Ici, unis à Marie, nous demanderons la santé et la piété ; à la prière nous ajouterons nos efforts personnels.

« Après avoir considéré les motifs d'aimer DIEU, l'orateur insiste surtout sur les moyens de pratiquer le véritable amour de DIEU. Arrière donc la piété fausse, c'est-à-dire la recherche de nous-mêmes, et de la créature au-dessus de DIEU ! Que de chrétiens manquent d'abnégation ! on ne sait point renoncer à une réunion, à une habitude ; que d'autres manquent de dévouement ! on ne sait point agir, ou bien on agira, mais quand on en aura le temps ; combien manquent d'humilité et sacrifient tout à l'amour-propre froissé ! combien enfin subordonnent leur piété à la coterie, à la mode, au directeur ou au prédicateur qu'ils entendent ! Arrière la piété mal entendue et ces dévotions pharisaïques ou particulières ! Cherchez la vraie piété dans l'Évangile et dans la Liturgie chrétienne et agissez : luttez contre les mauvais livres et les mauvais journaux, contre l'impiété des individus, mais surtout rendez la religion aimable ; faites des œuvres chrétiennes dans la famille et contribuez activement aux œuvres paroissiales. Ce sont les œuvres que DIEU jugera. »

Comment rester insensible à de tels accents ? Aussi comme nos pèlerins couraient à la Grotte et aux piscines pour y persévérer dans le sacrifice et la prière, pour y redire ces chapelets, ces *Parce Domine*, ces supplications qui forcent DIEU à répandre ses bienfaits, et Marie à dispenser ses grâces !

Il est près d'une heure ; nos pèlerins d'Artois s'acheminent vers la gare. Serait-ce le départ ? Non, non ; on s'arrache à Lourdes, mais pour quelques heures seulement. C'est une pieuse habitude, à chaque pèlerinage, de consacrer une après-midi au chemin de Croix de Bétharram, et c'est le jour fixé. En route donc pour Bétharram ; le voyage n'est pas long.

L'un des Pères nous rappelle dans un langage simple, mais touchant, l'histoire du pèlerinage de Bétharram. Le salut terminé, c'est l'ascension de la montagne qui commence pour le chemin de la Croix ; les pèlerins s'avancent, chantant entre chaque station le *Sancta Mater* et le cantique *Vive Jésus ! Vive sa Croix!* et quand M. Barbier a commenté le titre de la station, M. le Vicaire-Général Bonvarlet récite les prières auxquelles la foule répond avec piété. Et le sentier se gravit lentement, le chemin de la Croix s'achève, et les fidèles sont heureux : c'est le retour à Lourdes.

Quelques instants de repos suffiront aux pèlerins de Bétharram, et à l'heure fixée, nous sommes tous revenus à la Grotte. Là c'est le chapelet, la traditionnelle procession aux flambeaux ; nous accompagnons les Lyonnais, unissant nos chants aux leurs et réalisant ici encore cette sainte parole de nos Saints Livres : « *Ecce quam bonum et quam jucundum habitare fratres in unum !* » C'est le même coup d'œil qu'hier et le même enthousiasme, la même vigueur dans l'affirmation de notre foi, et quand le *Credo* sera enlevé, à son tour M. Vindry, Vicaire-Général de Lyon, répondra par quelques mots aimables aux paroles qu'adressait hier aux Lyonnais M. le Vicaire Général Liénard ; il nous dira le bonheur et la joie que son cœur a ressentis de notre présence et de notre piété. Et maintenant, pieux pèlerins de Lyon, allez veiller auprès du DIEU de l'Eucharistie ; c'est vous qu'il attend. Demain ce sera le tour des Artésiens.

Dès l'aube, la foule est déjà nombreuse dans les rues de Lourdes ; ce sont des prêtres, des pèlerins de Lyon qui reviennent de l'Adoration nocturne, d'autres qui retournent à la Grotte après quelques heures de repos ; ce sont les prêtres et les pèlerins d'Arras, ce sont les fidèles de Lourdes qui se rendent aux églises, car c'est aujourd'hui dimanche. A six heures encore, messe de Communion suivie de la messe d'actions de grâces, à la Grotte. Dès huit heures, nos prêtres directeurs sont à leur poste, entourés des confrères qui ont pu dire la Sainte Messe et d'un grand nombre de pèlerins.

On est rentré hier de Bétharram plein d'ardeur et de bonne volonté ; la parole vibrante de M. l'abbé Decrouïlle résonne encore dans tous les cœurs, il faut prier et se sacrifier. Oh !

oui. Qu'elle était belle cette foule priant les bras en croix, baisant la terre, et faisant monter vers le ciel ses plus ardentes supplications ! De grâces visibles, on n'en a point eu hier ; il en faut aujourd'hui. Et la prière redouble. De nouveaux pèlerins s'ajoutent encore aux nôtres : c'est un groupe de Maltais, l'Archevêque en tête [1] ; il voit nos Artésiens, il admire lui aussi leur foi profonde, et dans son enthousiasme, franchissant l'enceinte réservée, il vient mêler sa voix à celles de nos prêtres et de nos malades. Nos malades ! comme ils espèrent ! Marie a été si bonne depuis quelques jours ! Pourquoi ne continuerait-elle pas ? Pourquoi ne récompenserait-elle pas le prêtre qui depuis treize ans se dépense sans compter au pèlerinage de Lourdes, pour la faire glorifier et exalter? Il a demandé, on a demandé avec lui ; là bas à Fleurbaix, avant le pèlerinage, deux neuvaines ont été faites ; Marie se laissera toucher. Et en effet, tout à coup, M. le Vicaire-Général Liénard s'avance vers la chaire de la Grotte, le visage radieux. « C'est une nouvelle faveur que je vous annonce, dit-il d'une voix toute tremblante d'émotion. La privilégiée, la voilà devant vous, aux pieds de sa Mère. » Les yeux se sont levés : elle est bien là, devant nous, le regard fixé sur Marie, dans une prière ardente ! C'est l'action de grâces de son cœur ; que de choses dit ce regard reconnaissant ! Qu'ils sont doux, même pour le spectateur, ces moments bénis !

3° Cette nouvelle privilégiée, c'est Mlle Sophie Sœnnen. Agée de 38 ans, cette demoiselle était servante chez M. Galland, maire de Fleurbaix, où elle était conservée et soignée depuis sa maladie. Elle souffrait depuis neuf mois d'un rhumatisme noueux qui avait graduellement envahi et déformé les quatre membres [2]. Depuis cette époque, elle ne pouvait ni manger ni dormir, elle n'avait que d'horribles souffrances ; plusieurs médecins l'avaient soignée, mais aucun n'avait pu la soulager ; le dernier l'avait même condamnée à mourir sous

1. Son Exc. Mgr Place, Archevêque titulaire de Rhodes, évêque de Malte.

2. Rhumatisme noueux des articulations des poignets et des cou-de-pieds avec gonflement des *extrémités osseuses*, plus accentué à droite qu'à gauche. Nombreuses nodosités aux articulations des deux mains.

peu... C'est dans ces conditions qu'elle arrivait à Lourdes. Le dimanche, à huit heures et demie, elle prenait son cinquième bain dans la piscine, quand les douleurs disparurent subitement. Avec quel bonheur elle va se consacrer à Marie, selon la promesse qu'elle en a faite!

La prière d'actions de grâces continue jusque vers neuf heures et demie : c'est l'heure de la grand'messe à l'église du Rosaire ; nous retrouvons les beaux chants de l'Artois : c'est la messe du Saint-Sacrement de Miracle. Quelle piété dans ces chants du *Kyrie*, du *Gloria* et du *Credo!* Les étrangers l'admirent et plus d'un vient demander cette messe que chantent les Atrébates. Et puis ce sont les mêmes doigts qui accompagnent ; à défaut de voix, c'est la même main qui dirige le chant de la foule. C'est beau ! Les orateurs sont là aussi à chaque office pour nous rappeler les vérités les plus salutaires. Voici un de nos dignitaires qui prend la parole : c'est M. le doyen de Fillièvres. Son dévouement est bien connu, comme aussi son éloquence ; on ne l'a demandé qu'à la dernière heure, mais qu'importe ! Il redira en moins de temps, mais avec la même onction et la même vigueur qu'on avait admirées quelques jours auparavant, ce qu'est la Croix.

« Chers pèlerins, dit il,

« En quittant notre pays d'Artois, vous avez attaché la Croix sur vos cœurs et vous la portez avec fierté, comme le signe de l'honneur ; avec confiance, comme le gage assuré de la victoire. La Croix a-t-elle toujours été ainsi considérée ?

« L'histoire nous apprend le contraire. Avant le Sauveur, c'est un signe infamant, et cependant notre DIEU s'en sert pour conquérir le monde. N'est-ce pas le plus étonnant des miracles ? Sur cette terre de Lourdes, si fertile en prodiges, laissez-moi, dit l'orateur, vous parler quelques minutes de ce grand miracle de la Croix. »

Et pour développer cette belle pensée, M. le doyen de Fillièvres nous fait passer du Calvaire à Jérusalem, à Rome, dans le monde entier, et il nous montre partout la Croix victorieuse, la Croix chantée, portée, plantée partout, sanctifiant les maisons, veillant sur les chemins, toujours vivante, malgré les

N.-D. DES MIRACLES A SAINT-OMER.

attaques. Et alors, dans un beau mouvement d'éloquence, il pulvérise ces nains et ces pygmées de nos jours, qui, après les géants d'autrefois, osent s'attaquer à la Croix. « Malheur à eux! dit-il ; pour vous, amis de la Croix, rassurez-vous : elle sera votre force, votre consolation, et plus tard votre gloire! » Et longtemps, l'église retentit de ces puissants accents.

La messe est terminée, nous nous dirigeons vers la Grotte. C'est le jour choisi par M. le Vicaire-Général pour offrir à Notre-Dame de Lourdes le cierge de la reconnaissance. Le cierge est là, énorme : il pèse 30 kilos ; qui le portera? Notre vaillant prédicateur s'en empare avec bonheur ; durant les dix minutes que dure le défilé, il le tient fièrement sur sa poitrine, il s'avance aisément avec son pesant mais cher fardeau, au pas lent de la procession (les étrangers seuls s'en étonnent), et ce n'est qu'à la Grotte qu'il le déposera aux pieds de la Sainte Vierge, pendant que nos pèlerins enverront à tous les échos le cantique des croisés artésiens... C'est trop peu encore pour M. le Doyen ; quelques instants après, à la grande édification des fidèles de Lourdes, il prêchait à la basilique de Notre-Dame du Perpétuel-Secours.

Le repos était bien gagné : c'est l'heure de midi, mais il sera court. Aux premières heures de l'après-midi, nos pèlerins sont à la Grotte, d'autres aux piscines. Deux heures : c'est l'heure des vêpres à la Basilique ; une seconde fois, nous aurons le bonheur de goûter les délicieuses et savantes paroles de M. l'abbé Milléquant.

C'est la continuation de l'*Ave Maria* qu'il va nous développer. *Dominus tecum.* Le Seigneur est avec vous.

1° JÉSUS et Marie sont indissolublement unis dans leur prédestination, dans leur préparation prophétique et dans les mystères sensibles de leur vie mortelle.

2° JÉSUS et Marie forment un groupe indivisible, dont les deux termes s'appellent et s'évoquent mutuellement d'après une loi providentielle constante qui préside aux destinées du christianisme.

3° Dans les temps mauvais que nous traversons, il nous suffirait donc d'être loyalement dévots à Marie pour revenir à la foi de nos ancêtres et rendre à notre patrie la sève de vie qui s'en va.

C'est une voix sympathique qui attire, ce sont des paroles ardentes qui remuent les cœurs, et durant près d'une demi-heure l'orateur nous tient sous le charme de son éloquence. Nous aurions voulu donner au moins une partie de sa belle péroraison : notre mémoire est trop peu fidèle et, il faut le dire, l'humilité du prédicateur nous en empêche. C'est un véritable regret.

C'est sous l'impression de cette parole toute remplie de filial amour que nous redescendons aux piscines. Comme on va bien prier ! Il faut des grâces encore, on les arrachera à la Vierge Immaculée. Priez et ne vous lassez point, chers pèlerins, les grâces vont continuer. Jusqu'ici, les privilégiés sont des femmes. Nous sommes là près de 1500 hommes, n'aurons-nous rien ? Assez de femmes ! s'écrient les pèlerins lyonnais et artésiens, il nous faut, à nous aussi, quelque chose. Et cette sainte ardeur sera récompensée. La procession du Très-Saint Sacrement recommence : c'est la même foi, ce sont les mêmes chants, les mêmes prières ; sur le parcours des malades, ce sont les mêmes invocations, mais plus ardentes ; JÉSUS se laissera toucher. Comme autrefois, il fera entendre pour l'un de nos malades cette parole de miséricorde : « Je le veux, soyez guéri. » Et le malade se lèvera et glorifiera le Seigneur. Cet heureux privilégié, c'est un paroissien d'Herbinghem, Louis Lelièvre. Voici les renseignements que j'ai pu recueillir :

4° Louis Lelièvre n'a pas toujours été un chrétien exemplaire ; il travaillait le dimanche, n'allait guère à la messe ; il y a huit ans, à la fête de Noël, en travaillant, il reçut dans l'œil droit un coup violent qui le rendit presque aveugle. Après de longues souffrances, il dut subir une opération. N'y voyant presque plus, il travaillait avec peine, et c'est ce qui explique sa chute, dont nous allons parler. En mars dernier, il était tombé d'une hauteur de douze mètres. On le ramassa mourant, il avait plusieurs côtes brisées, des lésions internes très graves, vomissait le sang. Son estomac ne supportait plus les aliments ; le cœur était pris ; il avait de plus à l'aine gauche une grosseur qui avait résisté à toute médication. C'était la mort à bref délai. Sur le conseil de M. le curé, il voulut aller à Lourdes ; il s'y prépara on ne peut mieux ; son premier accident à Noël l'avait ramené au bien. On sait le reste ; à Lourdes il retrouva la santé ; mais la plus grande grâce, nous dit une personne autorisée, c'est surtout la guérison de l'âme. Pauvre homme ! comme il était heureux. Nous l'avons vu souvent et son bonheur, qu'il racontait naïvement, tirait des larmes de tous les yeux.

Après ce nouveau bienfait, que devait être la procession du soir ? Un magnifique chant d'actions de grâces. C'est ce qui s'est fait. Nous étions là plus nombreux encore, les pèlerins d'Aix s'étaient joints à nous ; plus fervents aussi, c'était l'adieu des Lyonnais et l'action de grâces des Artésiens. Aussi comme on l'enlevait cet *Ave Maria* de la procession, et comme il retentissait ce chant de notre *Credo!* Comme bouquet de cette belle journée, nous eûmes l'heureux avantage d'entendre une spirituelle allocution de M. le chanoine Marbot. En quelques mots rudes, mais apostoliques, il rappela que les pèlerins ne devaient pas être seulement la *gens devota*, mais la *gens pœnitens.* Hommes et femmes eurent leur tour et purent faire leur profit de ces bonnes paroles.

C'était bien le mot final qu'il fallait aux pèlerins de l'Artois, car cette nuit-là même nous devions être les gardiens d'honneur du DIEU de nos autels. Dès le matin tout avait été organisé, nous allions nous succéder d'heure en heure par groupes pour adorer et consoler notre DIEU. Avec quelle ferveur ce grand acte s'est accompli, ceux-là le savent qui présidaient et entretenaient la piété des adorateurs. Ce reproche que le Sauveur adressait autrefois à ses Apôtres : Eh quoi ! vous n'avez pu veiller une heure avec moi ! personne, je crois, ne l'a mérité. Combien passèrent même toute la nuit en adoration, DIEU le sait. J'entends encore cette parole d'un bon prêtre : « Qu'est-ce que passer une nuit quand on vient à Lourdes ? » Ce mot en disait long. Et puis, qu'il fait bon d'expier à cette heure pour tant de pécheurs !

Nous touchons à la fin de notre pèlerinage : c'est le dernier jour complet que nous passerons à Lourdes ; il faut en profiter et redoubler de ferveur, et je me rappelle ici le mot charmant d'un de nos vieux mineurs :

« La fatigue n'est rien ; ce qui fait peur, c'est le départ. » Et Dieu sait s'ils en avaient eu de la fatigue ! Cette peur du départ se lisait sur tous les fronts, on avait tant goûté la vérité de ces paroles :

Lourdes, si tu n'es pas le Ciel,
Tu nous en fais goûter les charmes.

Mais pourquoi s'attristster ? nous avons tant été bénis ! Allons prier, prier encore. C'est à la Grotte que se retrouvent les Artésiens ; malgré les fatigues de la nuit, ils sont là, se préparant à la Sainte Communion; ils suivront la messe d'actions de grâces, et quand la voix des Directeurs les rappellera aux piscines, ils répondront docilement à cet appel. Oh ! ils le savent bien, les malades les attendent ; il en est tant qui voudraient leur guérison ! Le cœur miséricordieux de notre bonne Mère pourrait-il être fermé ? Non, non, une nouvelle grâce nous est réservée, et l'heureuse privilégiée c'est la souffrante de Mercatel, Mlle Céline Desailly.

Cette jeune fille avait une hypertrophie du cœur : sa maladie avait débuté par des tremblements continuels dans les bras et dans les jambes. Depuis trois ans, elle n'avait pu quitter son lit, ne prenant aucune autre nourriture qu'un peu de lait.

Clouée sur son lit de douleur, elle tenait constamment dans sa main droite un chapelet qu'elle égrenait péniblement ; sa main gauche, elle s'en servait pour soulever son vêtement, dont elle pouvait à peine supporter le contact. Sa faiblesse était telle que, durant tout le voyage, il fut impossible d'avoir d'elle une seule parole. C'est dans ces tristes conditions qu'elle arrivait à Lourdes, et nous l'avons vue dans ce même état aux piscines de la Grotte ; mais son espérance était forte ; comme il faisait beau la voir prier devant la statue de la Grotte ! Les premiers bains n'avaient amené aucun résultat, c'est le 8 août qu'un mieux sensible se produisit : « J'ai senti là, disait-elle, quelque chose au cœur qui allait mieux ; » elle pouvait parler à voix basse. Après le cinquième bain, ce mieux s'accentua ; elle put, le dimanche, s'asseoir sur son lit et prendre un peu de bouillon ; le lundi elle était complètement guérie, et le lendemain elle revenait dans un compartiment ordinaire, laissant à d'autres son matelas. Le docteur Boissarie[1] appelait cette guérison « une résurrection ». C'était la ressuscitée de Mercatel ; j'insiste sur ce nom, car, il faut le dire ici à l'honneur de tous les habitants, tous avaient voulu contribuer aux frais de son voyage, et nous savons la foule qui l'accompagnait à l'heure du départ.

Grand Dieu ! que de bénédictions ! Tous les cœurs sont heureux : les pauvres malades eux-mêmes s'associent à la joie universelle ; c'est pour eux un soulagement et une consolation. Car, il faut bien le remarquer, ceux qui n'ont point trouvé la guérison, quittent toujours Lourdes résignés et fortifiés.

Nous n'avons point de grand'messe aujourd'hui ; c'est le chemin de la Croix qui la remplacera. Demain, nous quitterons Lourdes ; demain, nous nous retrouverons en face des luttes et des devoirs parfois si pénibles de la vie chrétienne : il est bien juste d'aller chercher de la force en méditant les tristesses et les souffrances de notre bien-aimé Rédempteur. A dix heures, nous quittons la Basilique pour gravir le sentier qui conduit au mont des Espélugues. *Vive Jésus ! Vive sa Croix !* c'est le chant de cette foule d'Artésiens qui s'avancent péniblement mais pieusement sur deux rangs. M. l'abbé Barbier, que la fatigue n'arrête pas, dirige l'exercice ; à chacune des stations, il nous adresse quelques mots simples mais touchants, nous excite au regret de nos fautes, et quand il a fini c'est M. le Vicaire-Général Bonvarlet qui dit les prières, auxquelles tous répondent. C'est par des sentiers rocailleux et des détours nombreux que nous arrivons sur le plateau qui renferme les trois dernières stations. Et quand les quatorze stations ont été visitées, nos pèlerins redescendent par les revers à travers les grottes jusqu'au Calvaire de France pour y faire les dernières prières.

1. Le bureau des constatations se composait de quatre médecins, sous la présidence du docteur Boissarie.

Et chacun se retire pour prendre un repos de quelques heures, repos bien légitime.

Le temps marche vite et tout passe, hélas ! les joies douces et célestes du pèlerinage comme les tristesses, ou plutôt plus vite encore que les amertumes de la vie. Comme ils ont rapidement passé, ces cinq jours ! Il faut déjà penser au départ. Il y a dans tout voyage, dans tout pèlerinage de quelque durée, un moment solennel, mais toujours pénible : on l'appelle la cérémonie des adieux. Ce moment, il va bientôt venir pour nous : nous sommes à la veille avancée du départ, et c'est aux vêpres que s'accomplit cette cérémonie.

Bientôt, ô peine amère !
Nous quitterons ce lieu ;
Adieu, ma bonne Mère,
Ma bonne Mère, adieu.

Plusieurs fois déjà nous avons entendu ces paroles dans la bouche des pèlerins étrangers : notre tour est venu. Les vêpres sont terminées. M. le Vicaire-Général Liénard monte en chaire. Sa figure rayonne de bonheur et son cœur déborde de joie : tant de belles choses se sont accomplies depuis cinq jours ! Point n'est besoin de grand discours : la bouche parlera de l'abondance du cœur et cette parole émue ira au cœur de tous.

« Après les sermons si riches de doctrine et si brillants de forme que nous avons entendus, dit l'orateur, je terminerai par une causerie toute familière : ce sera le mot du père à ses enfants pour leur faire tirer du pèlerinage quelques résolutions pratiques. Je m'arrêterai à ces trois pensées : avant, pendant et après le pèlerinage. »

Avant le pèlerinage. — M. le Vicaire Général se reporte à vingt-cinq ans en arrière, presqu'au lendemain de l'année terrible ; il donne un délicat souvenir au vénéré Mgr Lequette, de regrettée mémoire, et à l'habile Directeur des pèlerinages de ces premières années, M. le baron Cavrois, que nous apercevons parmi nos pèlerins en 1897.

Et passant bien vite au Pèlerinage jubilaire de cette année,

M. le Vicaire-Général exprime, au nom de notre vénéré Pontife, Mgr Williez, toute la reconnaissance dont son cœur est rempli.

C'est un merci aux précieux auxiliaires qu'il a trouvés dans les membres du Comité, au Directeur dévoué, M. J. Chevalier, pour l'habile organisation du pèlerinage de cette année. Les malades ont été comblés de soins ; merci à ces volontaires de la charité, les brancardiers, les bons mineurs, les élèves de nos maisons religieuses ; merci aux bonnes Sœurs Augustines, dont le dévouement est si connu et la bonté si appréciée de nos malades. Faut-il louer les prêtres chargés de nous donner la parole de DIEU ? Faut-il louer les organisateurs du chant ? A quoi bon ! leur éloge est sur toutes les lèvres. Merci à tous.

Merci à vous, chers pèlerins de l'Artois, qui avez répondu si nombreux à l'appel que nous vous adressions. Merci, au nom de nos malades, à tous les généreux bienfaiteurs. Jamais, pour eux, pareil élan ne s'était vu. Merci à vous, mes vénérés Frères dans le sacerdoce ; vous avez été pour nous des soutiens, pour nos pèlerins des modèles, pour tous nos malades des consolateurs. O bonne Mère, sur tous daignez jeter en retour un regard de tendresse et de miséricorde.

Pendant le pèlerinage. — « Qu'avez-vous fait, chers pèlerins de l'Artois ? Vous avez accompli un acte public de foi chrétienne ; cette foi, vous l'avez montrée partout : vous l'avez affirmée dans ces cantiques que toutes vos voix chantaient à l'église ou semaient dans le parcours des processions ; vous l'avez affirmée dans toutes vos pieuses manifestations, dans l'Adoration nocturne, dans toutes ces prières auxquelles vous avez été si fidèles. Votre piété a vengé nos mystères méprisés ; c'est le *Credo* de chaque soir jeté à la face de l'impiété, c'est la Communion quotidienne en réparation pour tant de sacrilèges et de blasphèmes, ce sont tous ces chapelets adressés à l'Immaculée Mère de DIEU pour affirmer sa puissance et sa bonté. Quel beau résumé pratique de notre foi catholique ! Qu'ils sont admirables, ces pèlerins de l'Artois ! disaient les Lyonnais ; et j'en bénis DIEU. Cette foi, chers pèlerins, vous la garderez pour vous et les vôtres, et ce sera le fruit du pèlerinage. Oui, *après le pèlerinage*, vous offrirez à Marie l'hommage de votre persévérance. Cette foi, vous la montrerez sans ostentation, mais sans faiblesse : vous rejetterez et vous écarterez de vos demeures les mauvais livres, ces journaux qui déforment les intelligences et corrompent les cœurs ; vous prierez chez vous, dans vos familles et vous ferez prier vos enfants avec vous ; vous ne rougirez point de vous approcher de la Sainte Table pour recevoir votre DIEU, et puis vous pratiquerez la charité ; arrière l'égoïsme, les haines et les discordes, arrière tout ce qui divise !

« Chers pèlerins, nous partons bientôt, mais le souvenir de ces cinq jours de prières et de grâces restera profondément gravé dans tous les cœurs ; nous vivrons de ce souvenir, et avec lui nous emporterons l'espérance du retour ; *Bonum est nos hic esse*, dirons-nous avec l'apôtre saint Pierre. Ah ! qu'il faisait bon d'être là ! Et puis là-bas, dans nos familles, au retour, par reconnaissance, nous ferons aimer Marie, car Marie c'est la Mère des malades : *Salus infirmorum ;* c'est la Mère des pécheurs : *Refugium peccatorum ;* c'est la Mère et le secours de tous les chrétiens : *Auxilium christianorum.* — Oui, chers pèlerins d'Arras, ce sera là votre souvenir reconnaissant, et un jour vos enfants pourront dire : Ce sont nos pères, ce sont nos mères qui ont fait naître et qui ont conservé dans nos cœurs la foi catholique. Et vous, vous répondrez : Oui, mais c'est grâce à notre Mère. *Erat spes nostra*, Elle était toute notre espérance, et sa protection ne nous a pas manqué : « *Et venit in adjutorium nobis !* »

Ces paroles si pleines de foi, d'onction et de filial amour envers la Vierge Immaculée, faisaient bien au cœur de tous les pèlerins : c'étaient leurs pensées, c'étaient leurs sentiments, c'étaient leurs espérances qu'elles exprimaient, et tous les yeux attentifs et émus semblaient dire : « Merci, vénéré Président, nous vous avons compris et nous sommes prêts à suivre vos conseils. Allons donc vers Marie pour la prier encore, allons jusqu'à la Grotte.

Oui, DIEU le veut ! Sa vive flamme
A ranimé les fils des preux ;

Courons, amis, à Notre-Dame,
Oui, DIEU le veut, oui, DIEU le veut.

C'était le chant qui sortait non seulement de toutes les bouches, mais encore de tous les cœurs.

C'est maintenant la dernière procession du Très-Saint Sacrement ; elle ressemble à toutes les autres pour l'organisation, mais les prières, mais les invocations sont bien plus ardentes : il y a tant de reconnaissance et tant de désirs encore dans les cœurs! Le bon Sauveur passera ; il ira auprès de tous les malades, sinon pour les guérir, au moins pour les fortifier et les encourager.

Et quand viendra le soir, nous serons là encore pour la dernière procession aux flambeaux. Je ne dirai plus qu'elle ressemblait à toutes les autres : Lyon était parti, nos Artésiens étaient quelque peu fatigués. Pourtant, unissons-nous aux pèlerins de Castres et de Sarlat. Une fois encore, chantons notre *Credo*, et puis allons nous reposer, car, demain, il faut être vaillants.

Le dernier jour : dans quelques heures, c'est le départ définitif. Qu'ils se sont rapidement écoulés ces cinq jours de pèlerinage! Les deux messes sont dites à la Grotte, de nombreuses Communions y sont distribuées, et quand tout est fini c'est M. le Vicaire-Général Bonvarlet qui donne la bénédiction papale.

Et maintenant, ce sont les véritables adieux : tous nos pèlerins sont à la Grotte, prêtres et fidèles sont réunis aux pieds de leur bonne Mère. M. l'abbé Barbier monte en chaire : « O Mère, s'écrie-t-il, avec des larmes dans la voix, il faut donc vous quitter ; mais laissez-nous vous dire merci : vous nous avez tant aimés, vous nous avez tant bénis ! Merci, ô bonne et sainte Mère ; et puisqu'il faut partir, ce n'est point adieu que nous vous dirons, mais au revoir, au revoir ! »

Les pèlerins de l'Artois s'éloignent ; ils s'arrachent difficilement à la Grotte ; après quelques pas, il en est qui reviennent les larmes dans les yeux prier une fois encore, boire une dernière fois l'eau salutaire de la Fontaine des Miracles. Mais enfin, il faut s'éloigner : Bonne Mère, au revoir. Les douleurs de la séparation, vous les avez éprouvées à certains jours de votre vie, vous qui lirez ces lignes. Vous étiez auprès d'un ami sincère et dévoué, auprès de parents bienveillants et affectueux, auprès surtout d'une mère bonne jusqu'à l'excès, et il fallait vous éloigner pour aller là-bas où DIEU vous voulait, là-bas où vous attendaient, après des joies trop tôt passées, des luttes certaines et des combats pénibles ! N'est-il pas vrai qu'à cette heure suprême votre cœur se brisait de chagrin, vos yeux se gonflaient de larmes et votre être tout entier frémissait de douleur ? Mais votre mère bien-aimée vous bénissait et vous partiez fortifiés. C'est quelque chose de semblable qui se passe dans l'âme des pèlerins de Lourdes, à l'heure de la séparation. Notre bonne Mère, nous la quittions et nous allions, où DIEU voulait, continuer les combats de la vie. *Fiat !* Que votre volonté, ô DIEU, soit faite ; nous partirons avec peine, mais nous aurons vaillance au cœur, car la Vierge Immaculée nous a bénis.

Le sifflet de la locomotive a retenti, tout est en ordre comme au départ ; le premier train s'ébranle, le second va suivre ; c'est fini. En route pour le retour, et longtemps encore dans les compartiments c'est le même chant qui retentit :

Vierge, pourquoi faut-il quitter
Tes autels et ton sanctuaire ?
Pourquoi faut-il déjà chanter
L'adieu des enfants à leur Mère ?
Ave, Maria !

Durant tout le trajet, au retour, ce seront les mêmes chants, les mêmes prières, la même fidélité qu'au voyage d'arrivée : nous serons pèlerins jusqu'à la dernière heure. Nous sommes au mercredi 11 août, il est dix heures et demie : que d'amis nous quittent ! C'est le groupe important des Boulonnais et des Calaisiens ; ils sont 158, et pour leur donner toute satisfaction, le dévoué Directeur a demandé un train spécial de Longueau à Boulogne, ce que les compagnies ont gracieusement accordé. Onze heures et demie : c'est Arras, notre pèlerinage est terminé. — Mais pourquoi cette animation et cette joie ? C'est chose facile à comprendre. Vous avez vu à certains jours des centaines d'hommes, membres d'une même société : ils revenaient heureux et fiers des récompenses qu'ils avaient vaillamment acquises ; à mesure qu'ils approchent, le cœur bat plus fort, et la joie est plus exubérante. C'est là ce qui s'accomplissait pour nos pèlerins de l'Artois. Nous étions arrivés au point de départ et nous revenions victorieux ; le prix de nos prières et de nos sacrifices, il était là : ils étaient là nos chers malades, les uns guéris, les autres consolés et fortifiés. Et tous nous étions heureux et fiers ! Notre bonheur, ils le partagent ces modestes employés de la gare, on les entend se dire les uns aux autres : « Voilà les guéris ! » et ils sont émus eux-mêmes. Mais au dehors, quelle foule sympathique ! Ce sont tous les amis, les parents surtout ; on cherche à se reconnaître, on se jette dans les bras de tous ceux qu'on aime, et puis, les premières émotions passées, c'est le calme : peu de paroles, il n'y a que des larmes de joie, à plus tard tous les détails du voyage.

Mon rôle est fini, il ne m'appartient pas d'en dire davantage ; une voix autorisée s'est fait entendre à Lourdes pour donner à chacun des membres du Comité le merci de son grand cœur et exprimer la reconnaissance de tous les pèlerins. Il ne me reste qu'un devoir : c'est d'offrir au vénéré Président toute la respectueuse gratitude de nos cœurs reconnaissants. Daigne la Vierge Immaculée faire tomber sur lui et sur nous tous ses maternelles bénédictions ! »

Il est facile de se représenter avec quel enthousiasme et avec quelle sainte fierté le diocèse tout entier accueillit à leur retour les pèlerins de 1897. Quel honneur, quel sujet de joie pour notre pays d'Artois d'avoir été d'une façon si éclatante l'objet des prédilections de Marie ! Il est peu de contrées, en effet, qui puissent enregistrer de si belles et de si nombreuses faveurs, en une seule visite à Lourdes. Mais si la famille diocésaine se réjouit, que dirons-nous de la famille paroissiale ? Suivons nos miraculés jusque chez eux et nous constaterons de véritables explosions de bonheur.

Quelle foule à Lens à l'arrivée du train ! On sait déjà la nouvelle de la guérison de Mlle Durin, et les mineurs ne sont pas les derniers à manifester leur joie et leur sympathie. M. Durin est là ; il peut à peine encore en croire à ses yeux ; c'est bien elle, cette épouse qu'il avait quittée avec tant de larmes ! La voilà qui s'avance seule et sans soutien. Ce bonheur intime, nulle plume ne peut le décrire. C'est un triomphe : à sa rentrée, Mme Durin, après trente heures de chemin de fer, s'est rendue à pied de la station du tramway à l'église pour y faire sa prière d'action de grâces ; une foule considérable la suivait et ne l'a guère quittée de la journée. Le jour de l'Assomption, à l'office des vêpres, la privilégiée, accompagnée d'une religieuse et d'une de ses enfants vêtue de blanc, fut placée dans l'avant-chœur de l'église : tous les fidèles ont voulu la voir, l'émotion était vive et l'effet produit sur la classe ouvrière a été excellent. Nous savons que son état de santé se maintient parfaitement. Ajoutons encore un détail que nous avons recueilli : son mari avait fait, lui aussi, sa promesse à la bonne Mère du ciel ; il l'a accomplie généreusement ; durant neuf jours, vous auriez pu voir sur les chemins, après son travail, à une heure avancée, un pauvre mineur, la tête et les pieds nus, la prière sur les lèvres : il allait à un sanctuaire de Marie, prier pendant deux longues heures en reconnaissance. C'était M. Durin. Heureuse famille ! Comme vous aimerez votre protectrice !

Nous sommes maintenant à Fleurbaix : Melle Sophie Sœnnen est absolument guérie, et sa guérison a produit dans le pays une émotion considérable. L'église est remplie de monde au jour de la rentrée, et bien des larmes ont coulé durant le *Magnificat.* Au jour de l'Assomption, même foule sympathique. La pauvre fille avait promis de se consacrer publiquement à la Sainte Vierge : cette consécration, elle l'a faite devant les paroissiens et les étrangers venus en grand nombre. C'était un spectacle ravissant [1].

Passons à Mercatel. Là notre miraculée est appelée « la ressuscitée ». Tous les paroissiens s'étaient cotisés pour lui obtenir un billet, et ce billet était le dernier disponible.

1. *Compte-rendu du Pèlerinage*, 1897.

Quelle multitude heureuse à sa rentrée ! Sa première visite est pour l'église et tous les cœurs sont à l'allégresse.

A Neuvireuil, l'on chante également gloire à Notre-Dame de Lourdes.

C'est à Herbinghem que nous nous arrêterons. L'annonce de la guérison de Louis Lelièvre a remué le pays ; sa pauvre femme a peine à maîtriser sa joie et son bonheur. Le jour de l'Assomption le miraculé reprend sa croix de pèlerin, se l'attache à la poitrine, et va faire la sainte Communion à la grande édification de tous.

Remarquons surtout, en finissant ce chapitre, que si Notre-Dame de Lourdes sourit à notre diocèse en lui donnant ces faveurs signalées, elle indique plus encore que l'on a été au-devant de l'un de ses ardents désirs en acceptant au nombre des pèlerins les malades désespérés, « les grands malades, » car c'est parmi ceux-ci que se trouvent les préférés de sa miséricordieuse bonté.

Comme son divin Fils, elle incline son cœur vers ceux qui souffrent le plus, et elle console de préférence ceux dont l'âme et le corps touchent de plus près à la croix.

Chapitre Huitième.

1898. — SUCCÈS DU 26e PÈLERINAGE. — LA MORT A LOURDES. — LES GUÉRISONS DE 1898. — « LE MESSAGER ARTÉSIEN. » — LA CONSTATATION DES GUÉRISONS DE 1898.

SI déjà le Pèlerinage jubilaire avec ses 800 pèlerins et ses 80 malades a excité, bien justement d'ailleurs, notre enthousiasme et notre reconnaissance, qu'en sera-t-il du pèlerinage que nous avons à raconter en ce moment, et qui va du 6 au 13 septembre 1898 ?

« D'année en année, » dit le compte-rendu de 1898, « d'année en année notre œuvre de Lourdes (car, dans la pensée de l'autorité diocésaine, c'est bien une œuvre de prière et de salut que ce pèlerinage au saint Rocher) prend des accroissements admirables qui sont du meilleur augure pour la conservation de la foi au cœur de notre cher pays de l'Artois. Bientôt, Notre Dame de Lourdes aura des apôtres, des fidèles, des enfants jusqu'au fond des plus humbles hameaux du diocèse : des apôtres qui parleront de sa puissance, des fidèles qui pratiqueront ses enseignements, des enfants qui la feront aimer.

Nous savons à qui revient l'honneur de ces progrès. Monseigneur, dont la piété filiale envers Marie n'est plus un secret pour ses diocésains, se fait une joie de présider lui-même habituellement ces pieuses excursions ; cette année il n'a fallu rien moins que la coïncidence de la retraite pastorale pour le retenir auprès de ses prêtres, ses fils de prédilection ; mais ses vœux nous accompagnaient auprès de la Grotte de Marie, et sa paternelle bénédiction était venue nous réjouir à notre départ d'Arras. Qui ne sait ensuite avec quel cœur M. le Vicaire-Général s'est donné à cette œuvre du pèlerinage diocésain ? C'est son œuvre de choix, celle à laquelle il a consacré sa vie ; et quand il veut se reposer de ses durs labeurs, il n'éprouve point d'allégresse plus douce que d'écrire, en faveur de Lourdes, une de ces lettres où la suavité s'unit à la persuasion pour déterminer les hésitants et enflammer de zèle ceux dont le siège n'est plus à faire.

Enfin, ai-je besoin de dire qu'une des plus grandes causes de succès pour notre pèlerinage annuel à Lourdes, c'est l'habileté et le dévouement infatigable de M. Joseph Chevalier, qui a su donner son parfait achèvement à l'organisation matérielle du voyage? Car enfin, faire qu'on puisse aller à Lourdes, c'est-à-dire traverser toute la France en moins de trente heures, et cela dans des compartiments agréables et bien capitonnés, pour une somme relativement modique, c'est mettre ce voyage à la portée du pauvre comme du riche, de ceux qui sont malades comme de ceux qui jouissent de la santé, et telle est la merveille réalisée par le zélé Directeur de nos pèlerinages diocésains.

Si la fatigue ne l'avait pas empêché de faire cette année son 26e pèlerinage à Lourdes, M. Chevalier aurait plus d'une fois, au cours du voyage, recueilli des témoignages de reconnaissance sur les lèvres de nos pèlerins.

Grâce à ces hauts patronages, grâce à cette heureuse organisation, l'amour de Lourdes s'est merveilleusement développé sur tous les points de notre pays ; et cette année ce ne sont plus 600 pèlerins comme en 1896, ou bien 800 comme l'année dernière, mais 1.150, parmi lesquels 110 malades, qui partent d'Arras ou de Calais, pleins d'enthousiasme, de confiance et de vraie piété. Encore la direction avait-elle été forcée de rejeter un certain nombre de demandes venues trop tard pour être acceptées !

D'où viennent donc ces 1.150 enfants de Marie, si heureux de se rendre à la Grotte de Lourdes ?

Assurément, il y a des pays privilégiés qui fournissent plus que d'autres : tels Arras, Calais, Le Portel, Aire, Béthune, Saint-Pierre de Boulogne, etc.; mais on peut dire que chaque paroisse du diocèse est représentée dans ce pèlerinage. Ils viennent, ces dévots pèlerins, de la maison d'ouvrier et du château, de l'usine et de l'atelier, de la cité et du village, des monastères et des écoles, du fond des mines et du grand air des champs ; c'est la famille diocésaine reconstituée dans

LA BASILIQUE SUPÉRIEURE, LA CRYPTE ET L'ÉGLISE DU ROSAIRE.

tous ses éléments par l'amour et la confiance envers Marie, et qui s'en va là-bas prier pour le diocèse, pour son Chef bien-aimé, pour ces chers malades de l'Artois, pour la grande malade qu'on appelle la France. Et comme s'il fallait donner à cette prière une force particulière, une irrésistible puissance, voyez, groupés autour de MM. les Vicaires-Généraux Liénard et Bonvarlet, cette centaine de prêtres pieux, dévoués, zélés, qui sont comme les ministres de cette ardente supplication.

Jamais nous n'avons atteint ce nombre ; oui, 100 prêtres qui, par un privilège dû à la grande bonté de Monseigneur, s'en vont faire leur retraite à Lourdes, ce vestibule du Paradis, et montrer à la France et au monde ce clergé d'Arras auquel on est fier d'appartenir.

Vous les connaissez désormais, chers pèlerins, ces prêtres au zèle infatigable. Sur leur front, vous avez vu rayonner la flamme qui fait les apôtres ; ils m'en voudraient peut-être si je les nommais ; mais qu'ils viennent de Fleurbaix, du Portel, d'Hardinghem, de Calais, de Béthune, de Saint-Omer, de Pernes-en-Artois, de Fruges, de Saint-Pol, de Bailleul-sir-Berthoult, d'Arleux, de Boulogne, d'Arras, ou d'ailleurs, vous ne les oublierez pas, vous prierez pour leurs œuvres, et s'ils vous ont fait quelque bien, c'est ainsi que vous leur montrerez votre gratitude.

Voyez-vous, non loin d'eux, ces admirables infirmières Augustines ? Elles nous apparaissent comme les anges de la charité ; pour nos malades, elles seront des mères : et jusqu'à la dernière minute du pèlerinage, leur cœur triomphera de toutes les fatigues au milieu desquelles elles semblent passer comme en se jouant. Elles font penser à cette parole exquise de leur saint Docteur et Père : « Quand on aime, on ne sent point la fatigue ; ou bien si elle se fait sentir, l'on aime et l'on bénit cette fatigue. »

Et pour finir cette énumération des dévouements qui vont se dépenser pour nos malades, que dirai-je de nos brancardiers? — Lorsqu'on n'a pas reculé devant une charge de cavalerie à Reischoffen ; quand on a persévéré durant douze années dans une prière toujours la même et toujours confiante, on ne sait pas reculer devant les labeurs les plus lourds, l'on est réfractaire au découragement [1]. Braves mineurs au costume si pittoresque et à l'âme si noble, vous imiterez ce courage et vous participerez à cette virilité. Jeunes gens d'Arras, de Saint-Omer, de Fleurbaix, d'Herlin et de Ruitz, et vous aussi, venus des quatre coins du diocèse pour mettre la force de vos vingt ans et les belles énergies de votre cœur au service de la charité chrétienne, vous n'avez qu'à imiter vos chefs d'équipe de Neulette et de Calais ; avec eux et comme eux vous ferez des merveilles, et Marie protégera votre jeunesse. Qui donc a dit que la charité est la sauvegarde de la pureté ? Parole admirablement vraie ! Si dans vos paroisses vous savez vous dévouer, comme vous le ferez dans ce pèlerinage, au sein des œuvres catholiques, dans les Cercles, les Patronages et les Conférences, dans ces mille formes du zèle qui sont l'honneur de notre pays et de notre siècle, ne craignez pas, ne craignez rien, vous serez plus forts que l'orage, vous serez vainqueurs de la tentation.

Et maintenant l'heure du départ a sonné ; récitons avec ferveur les prières de l'Itinéraire pour que l'ange des voyages nous accompagne, et volons vers Lourdes, la ville du miracle !

O vous qui lisez ces pages, si vous n'avez jamais fait ce pèlerinage, n'essayez pas de vous représenter la fraternelle cordialité qui unit tous les pèlerins, qu'ils soient d'une extrémité du diocèse ou d'une autre. C'est à la lettre le « *Cor unum et anima una* » des premiers chrétiens. Là, plus de ces intrigues qui attristent la vie, plus de ces divisions qui paralysent, plus de ces petitesses qui font peine. N'a-t-on pas dit qu'il y a, dans l'œuvre de DIEU, des âmes sœurs, des âmes unies par les mêmes désirs et guidées par les mêmes aspirations ? Ah ! c'est bien ici qu'on rencontre cette fraternité des âmes, et ce n'est pas l'un des moindres charmes de notre pèlerinage. Cependant, comme dans toute famille, il y a parmi nous des privilégiés ; ce sont les pauvres, ce sont les malades, et il n'est pas rare de voir, aux arrêts du voyage, sortir d'un compartiment de première classe quelque dame, noble de cœur et de

1. Nos lecteurs savent les généreux chrétiens auxquels nous faisons allusion en ce moment.

nom, qui s'en va chercher avec l'anxiété d'une mère les enfants qu'elle aime, pour leur porter des douceurs et des gâteries achetées au prix de l'or dans un buffet.

Puis, quelle ferveur parmi ces chrétiens unis dans la charité! chaque compartiment est un cénacle où la prière ne connaît pas d'interruption. J'ai vu, j'ai admiré de pieuses servantes sur les lèvres desquelles les *Ave Maria* n'ont pas discontinué durant tout le cours du voyage. On dirait d'une âme qui a peur de perdre la moindre parcelle du don de Dieu. Le prêtre, car il y en a un dans chaque wagon, le prêtre n'a qu'un signe à faire, qu'une prière à indiquer, qu'un cantique à désigner, et aussitôt la louange monte vers Marie sous forme d'hymne ou d'oraison. Beaucoup même ne se contentent pas d'accomplir scrupuleusement toutes les prescriptions du Manuel, pourtant si bien composé et déjà si chargé ; ils disent qu'il faut faire violence au Ciel et rien ne peut les distraire de la prière. Non, rien, pas même cette chaleur équatoriale qui nous accable durant la première journée du voyage. Ils n'ont qu'une seule préoccupation, c'est que nos malades n'aient pas trop à souffrir de cette température extraordinairement élevée, et ils les entourent de soins affectueux pour qu'ils puissent supporter leurs épreuves avec résignation.

Voici la nuit ; hélas ! le sommeil ne l'accompagne point. Qui ne sait, en effet, que passer une nuit de pèlerinage en chemin de fer par cette grande chaleur, c'est, pour employer une expression familière, passer une nuit blanche? Mais disons-le de suite : ce surcroît de fatigue n'éteint pas l'enthousiasme, n'éloigne pas cette franche gaîté qui semble être, avec la ferveur, la caractéristique de notre voyage ; et il est difficile de s'empêcher de rire quand, à un arrêt quelconque, on entend les différents groupes s'aborder en se posant l'inévitable question : «Avez-vous pu dormir au moins ? » et en recueillant la réponse non moins générale : « Ah ! mais non ; il m'a été impossible d'attraper le sommeil. »

Prenez courage, pieux pèlerins, redoublez d'espoir et d'entrain, retrempez votre âme dans la méditation ; faites même couler sur votre visage l'eau purifiante dont il peut avoir besoin; puis remplissez-vous de saints désirs, car Lourdes, la ville sainte, la cité de Marie, la piscine probatique des temps modernes, la citadelle de la prière, Lourdes n'est plus loin ; encore quelques heures et vous le verrez.

C'est fait ! nous sommes à Lourdes. Voici la Grotte vénérée, l'image de l'Immaculée, la Basilique, le gave aux flots limpides, les foules en prière : *Ave, maris Stella ! Ave, Maria! Spes nostra, salve !*

Il est onze heures et demie quand arrive le train d'Arras, avec M. le Vicaire-Général Liénard, et une heure et demie quand celui de Calais-Boulogne entre en gare, avec M. le Vicaire-Général Bonvarlet.

A peine nos pèlerins ont-ils pris un rapide repas et choisi leur installation, qu'ils se précipitent vers la Grotte de Marie. Impossible d'y aborder : il y a en ce moment à Lourdes les grands pèlerinages de La Rochelle, de Digne, de Tours, de Grenoble, d'Avignon, du Quercy, de Reims, de Saint-Etienne, de Belley, d'Auch, de Mirande, des campagnes de l'Arros et de Courtray, sans compter des groupes du Gers, de la Haute-Garonne et des Alpes-Maritimes. Une mer humaine se presse à travers les rues de Lourdes et aux abords de la Grotte et des sanctuaires.

Certains pèlerins semblent regretter le calme des années précédentes et les saintes privautés de nos derniers pèlerinages [1].

Je reconnais bien qu'il peut y avoir et qu'il y a un charme réel à disposer, selon son gré et d'après les inspirations de la piété, de Lourdes, de sa Grotte bénie, de ses églises, de ses piscines salutaires, de son eau miraculeuse ; mais après tout, si nous nous plaçons au point de vue des conditions qui nous sont faites par des circonstances forcées, n'avons-nous pas à nous féliciter encore ? — Dites-moi, ne sentez-vous pas aujourd'hui planer au-dessus de vous un souffle plus puissant de grâce, une atmosphère plus remplie de surnaturelles mer-

1. En raison de la coïncidence des élections départementales, le pèlerinage d'Arras avait été remis au mois de septembre, qui est le mois des foules.

veilles, et ne pressentez-vous pas une intervention plus efficace de Marie dans le drame passionnant de la misère humaine ?

Toute cette foule qui tend les bras au ciel comme pour forcer le miracle, qui lève des yeux pleins d'angoisse vers la statue de l'Immaculée ; ces prêtres qui se dressent rayonnants dans la splendeur de leur beauté d'apôtres ; tous ces regards qui étincellent d'une foi qui n'a rien d'humain ; cette clameur puissante d'une prière qui éteint jusqu'au murmure argentin du gave ; ces malades, par centaines, attendant avec anxiété une guérison depuis longtemps espérée, et ces pleurs, et ces pieuses objurgations, et ces chants, et ces cris où semblent passer toute la foi, tout l'amour, toute l'espérance de la souffrance aux abois : tout cela est beau, infiniment beau, n'est-ce point vrai ? et c'est un spectacle qui vous jette en plein dans ce monde surnaturel où vous êtes venus vivre pendant cinq jours.

Bientôt d'ailleurs nous nous ressaisirons ; nous retrouverons nos réunions familiales, nos exercices particuliers d'autrefois.

Que dis-je ? bientôt ; mais n'est-ce pas déjà fait ? Il est trois heures à peine et voici que nos prêtres, debout en face des piscines, prennent hardiment la direction des prières..... Et leur foi est si transparente, leur voix si vibrante, leur piété si communicative, que tous ces pèlerins venus des quatre coins du monde, que ces nombreux malades — inconnus, mais combien chers ! — sentent passer sur eux un renouveau de confiance et de sainte espérance. Ainsi en sera-t-il jusqu'à la fin du pèlerinage. Aussi bien lorsqu'on n'entend plus, aux piscines, ce prêtre à l'âme de feu, à l'éloquence entraînante et pleine d'un à-propos qui vous tire les larmes des yeux, ce prêtre que l'on dirait parfois inspiré d'en haut, tant ses accents vous pénètrent, — je ne le nommerai pas, mais vous le connaissez tous, chers pèlerins, — ne semble-t-il pas que la prière est languissante et comme insuffisante à arracher le miracle ? C'est bien ce qui faisait dire au correspondant de l'*Univers*, dans le numéro du 12 septembre : « Le diocèse d'Arras paraît spécialement appelé à voir récompensée la piété de ses pèlerins. »

Non, non, ne regrettons rien, prions, mettons-nous à genoux, étendons les bras, crions bien haut notre confiance en Marie !

— O Marie, guérissez nos malades !

— Mère du CHRIST, priez pour nous !

— Pour la gloire de la Sainte Trinité, ô Marie, guérissez nos malades !

— Pour la conversion des pécheurs, ô Marie, exaucez-nous !

— Bénie soit la Sainte et Immaculée Conception de Marie !

— Consolatrice des affligés, priez pour nous !

— Santé des infirmes, priez pour nous !

— O Marie, écoutez-nous !

— O Marie, exaucez-nous !

Et si nos malades ne sont point guéris, consolons-nous en jetant avec eux ce cri de l'espérance chrétienne vers notre bonne Mère du ciel : « J'irai la voir un jour ! »

Nos brancardiers se donnent avec le même élan que nos prêtres ; avec le même désintéressement aussi. Ils pourraient attendre que nos malades de l'Artois soient eux-mêmes à la Grotte ou aux piscines, ils n'en font rien. A Lourdes il n'y a ni étrangers, ni grecs, ni barbares, il n'y a que des frères, lesquels, pour employer un mot de Chateaubriand, s'aiment à travers DIEU qui spiritualise leur amour ; à Lourdes, on se dépense sans réserve, surtout lorsqu'il s'agit des pauvres malades, membres souffrants de JÉSUS-CHRIST ! Et puisqu'aucune réunion officielle ne nous appelle à la Basilique, voulez-vous vous arrêter un instant à considérer ce beau spectacle ?

Voyez-les donc, ces hospitaliers d'un nouveau genre, prêtres, ouvriers, jeunes gens, vétérans de notre glorieuse armée, membres distingués de la bourgeoisie chrétienne, représentants de la noblesse française, voyez-les donc à l'œuvre !

Admirez avec quel empressement et quelle dignité ils traînent ces petites voitures par lesquelles les infirmes peuvent accéder à la Grotte ; avec quelle délicatesse ils portent les malades auprès des piscines ; avec quelle ferveur ils prient pour ces chers déshérités de la vie, qu'ils aiment sans les connaître ; avec quelle aménité, avec quelle grandeur chrétienne ils se penchent vers ceux auxquels la douleur arrache des plaintes involontaires !

Revêtus de leurs bricoles, sur lesquelles se voit en relief le chiffre de Notre-Dame de Lourdes, ils sont là, en plein soleil, la tête nue, supportant sans faiblir toutes les fatigues, n'ayant qu'une ambition au cœur, celle de satisfaire tous les désirs de ce peuple d'affligés et de malheureux.

Parmi eux règne l'émulation de la charité. De l'hôpital à la Grotte, de la Grotte à la piscine, de la piscine à l'esplanade de la Procession, c'est la pratique la plus touchante du dévouement et de l'amour du prochain. Ils savent, ces infirmiers admirables, ils le savent pour l'avoir appris dans nos Saints Livres, que la charité est la première obligation du christianisme, et ils sont venus ici pour la mettre en œuvre, sans respect humain comme sans ostentation. Parfois même ils vont jusqu'à la mort, plutôt que de faillir aux prescriptions de cette divine charité.

A l'intérieur des piscines, vous seriez encore en présence des mêmes prodiges de dévouement. Je puis en témoigner peut-être mieux que personne, moi qui ai reçu, à ce sujet, les confidences d'une âme affamée d'apostolat, laquelle a trouvé là les plus douces jouissances de son pèlerinage. DIEU, sans doute, récompense parfois sur-le-champ tant d'infatigable charité, en mettant sous les yeux des brancardiers et des brancardières de merveilleux coups de la grâce ; mais il n'en reste pas moins que cette fraternité céleste est l'un des plus suaves parfums de Lourdes.

Non, non, ceux qui n'ont jamais été témoins de ces grands exemples du dévouement catholique, ne se figurent point ce que peut, pour le soulagement de ses frères en JÉSUS-CHRIST, un chrétien en qui DIEU a allumé la divine flamme de la charité.

8 septembre. — Par une coïncidence mille fois chère à nos cœurs, voici que nous nous trouvons à Lourdes en la journée du 8 septembre, fête de la glorieuse Nativité de la Vierge Marie.

Pèlerins du diocèse d'Arras, il ne nous est pas permis

d'oublier qu'il y a six ans, à pareil jour, Mgr Williez devenait notre Évêque et le Père de nos âmes. Depuis lors, comment il a su se faire aimer par son indicible bonté, nous le savons bien, nous tous qui, à un degré quelconque, avons bénéficié de son inépuisable charité. Que pour lui soit notre première prière ! Oui, prions la Vierge Immaculée de bénir son épiscopat, de le rendre heureux et fécond, long et prospère, et avec toute l'Eglise d'Arras jetons vers le ciel cette filiale acclamation : *Ad multos annos ! Ad multos annos !* Où donc, mieux qu'à Lourdes, pouvons-nous prier pour ceux que nous aimons, en une telle journée surtout [1] ?

Oui, vraiment, l'on sent que l'on entre dans une journée privilégiée. En ce jour de sa nativité, Marie ne va-t-elle pas se montrer plus Mère que jamais ? En tout cas, la prière se fait plus enflammée, elle revêt des accents plus persuasifs, et l'on dirait qu'il y a dans l'air comme une promesse de grâces extraordinaires.

Oh ! la prière à Lourdes !

Vous qui ne connaissez pas Lourdes, ne vous représentez pas, je vous prie, une de ces prières timides dont en France on est trop coutumier, et sur lesquelles le respect humain garde son funeste empire ; mais imaginez une supplication dans laquelle la vraie foi reprend tous ses droits, une prière où l'enthousiasme, le repentir, la confiance, l'humilité, la résignation, l'oubli du monde, le mépris de la terre se fondent surnaturellement ; une prière enfin qui soulève l'homme, pauvre exilé, enfant malheureux d'Adam et d'Ève, au-dessus de sa propre vie et le transporte pour un instant jusqu'aux portes du Paradis : telle est la prière à Lourdes ! Elle pénètre jusqu'aux fibres les plus intimes de l'âme ; on ne résiste pas à sa puissance et plus d'un touriste, venu là en simple curieux, quelquefois en ennemi, s'est déclaré vaincu sous l'action de cette prière éperdue.

Et de fait, qui pourrait regarder ces 10 000, ces 20.000, ces

1. Se faisant l'interprète de tous les pèlerins, M. le Vicaire-Général Liénard avait envoyé de Lourdes à Mgr Williez une dépêche exprimant vœux et respectueuse affection.

30,000 pèlerins qui prient les bras en croix, qui baisent la terre, qui se frappent la poitrine, qui demandent au Ciel de les pardonner avec des yeux mouillés de larmes, et qui toujours recommencent sans nul souci du qu'en dira-t-on, sans nul retour de personnalité, qui pourrait les regarder et ne pas être profondément remué ?

Certes, il y a dans l'intérieur des monastères des âmes passionnées pour DIEU qui savent, elles aussi, prier ; ne sont-elles pas comme le paratonnerre qui détourne de nos têtes les foudres du ciel ? Mais je ne puis croire qu'il y ait sur la terre un endroit où la prière revête la même intensité qu'à Lourdes. On sent que quelque chose de surnaturel anime cette vallée du gave ; que le Ciel s'y est manifesté à la terre dans un sentiment d'amour et de miséricorde ; que Marie remplit de sa douce majesté ce pays privilégié ; et c'est cette pensée qui donne à la prière cette indicible ardeur et son incomparable élan.

O pèlerins du diocèse d'Arras, vous qui respirez cette atmosphère de prière et de piété en ce jour du 8 septembre, ne perdez pas, je vous en supplie, les suaves émanations qui s'en échappent, et prenez la résolution de toujours prier comme vous priez ici. Demain, quand vous rentrerez en votre foyer, vous retrouverez la besogne quotidienne, pleine de vulgarité et de terre-à-terre ; ah ! de grâce, sachez tenir votre âme dans les hauteurs où elle est en ce moment, dans ces hauteurs où la prière, telle qu'on la fait à Lourdes, l'a transportée.

Et voici, ô pèlerins, que, sans nous apercevoir de la disparition des heures, nous touchons au terme de la journée. De merveilleuses guérisons, récompense de la ferveur de plusieurs milliers de pèlerins, ont marqué la fête de la Naissance de Marie : ne convient-il pas de clôturer ce jour cher à nos âmes par une véritable apothéose de la Reine des Anges ?

Oh ! comment décrire cette féerique procession aux flambeaux, à laquelle prennent part plus de 10,000 pèlerins unis dans l'amour de DIEU et de sa sainte Mère ! Comment décrire l'embrasement des églises dans toutes leurs lignes architecturales, depuis la base de celle du Rosaire jusqu'au haut de la

Basilique qui se dresse au ciel, semblable à une envolée d'âme vers le bleu du Paradis ! Comment photographier ces interminables théories d'hommes, de femmes et d'enfants qui se déroulent, à la lueur des cierges, à travers les rampes colossales de pierre et sur les allées du parc ! Comment redire ces chants enflammés, ces *Ave Maria* innombrables, cet enthousiasme, ces hymnes passionnées que rien ne peut arrêter ! Comment redire surtout ce *Credo* final, solennelle affirmation de foi jetée par la France chrétienne au DIEU prêt à frapper la France coupable !

Les familiers de Lourdes disent avoir rarement contemplé de telles magnificences et vu de pareils enthousiasmes. C'est la terre, ô Marie, qui fait écho aux joies du ciel et qui, à sa manière, célèbre les ineffables mystères de votre sainte naissance.

9 septembre. — Dans sa lettre adressée le 28 juin à Messieurs les curés, M. le Vicaire-Général Liénard, Président du Comité du pèlerinage, s'exprimait ainsi :

« Une de nos réunions à la Basilique ou à l'église du Rosaire aura spécialement pour objet l'œuvre de la Sainte-Famille. Il y a moins de deux ans que Mgr l'Évêque d'Arras a érigé dans son diocèse l'Association universelle des familles chrétiennes consacrées à la Sainte Famille de Nazareth. Cette œuvre a pris en quelques mois des développements considérables. Elle compte aujourd'hui près de 200 paroisses et plus de 11.000 foyers chrétiens où l'on s'est engagé à réciter la prière en commun devant la sainte image de JÉSUS, Marie, Joseph.

« Le pèlerinage groupera autour de nous une élite des familles chrétiennes du diocèse. Avec elles et avec vous, Messieurs et chers Confrères, nous ferons hommage de notre Association à la Vierge Immaculée, en la suppliant d'accorder au premier Pasteur la joie de voir bientôt s'étendre à toutes les paroisses de son diocèse cette œuvre de régénération et de salut.

« Nous renouvellerons aux pieds de Marie notre acte de consécration et nous chanterons, selon le désir de Monseigneur, le cantique de la Sainte Famille, dont la *Semaine religieuse* vous a dit tout le mérite et qui a été récemment adressé à chacun de vous. »

Or, c'est aujourd'hui à 10 heures que se fait, dans l'église du Rosaire, cette réunion dite de la Sainte-Famille. Il serait malaisé, vraiment, de trouver une occasion plus opportune que cette rencontre à Lourdes des Artésiens, des Boulonnais, des Audomarois et des Calaisiens, pour prêcher la diffusion et le développement dans tout le diocèse de cette œuvre belle et importante entre toutes les œuvres... M. l'abbé Bourgain, curé-doyen de Saint-Pierre de Calais, célèbre le Saint Sacrifice devant tous les pèlerins, fidèles au rendez-vous. On entend retentir aussitôt, dans l'assistance pieuse et recueillie, le splendide cantique de M. l'abbé Moreau en l'honneur de la Sainte Famille de Nazareth, lequel se trouve désormais entre toutes les mains.

Je me déclare incompétent pour juger cette œuvre au point de vue musical, mais je puis attester que dès l'abord elle produisit le meilleur effet sur l'immense auditoire, et qu'elle me paraît devoir être, au milieu de nos paroisses où on l'exécutera bientôt universellement, comme une éloquente prédication en faveur de l'Association bénie.

Que ne puis-je faire arriver également jusqu'aux plus humbles villages de notre pays, les échos des paroles élevées, infiniment délicates, profondément convaincues, prononcées par M. le Vicaire-Général Liénard, au cours de cette même réunion, sur « la famille chrétienne, que nous devons estimer, garantir contre les nombreux dangers qui la poursuivent et attacher au culte sauveur de la Famille de Nazareth ! » Résumer un tel discours, c'est le déflorer ; d'autre part il ne m'appartient pas d'en faire l'éloge.

O frères, ô compatriotes, ne résistez pas à cet appel ; si ce n'est déjà fait, enrôlez-vous dans l'Association de la Sainte-Famille ; il est difficile de vous représenter le spectacle qu'offrira notre pays, le jour où tous les cœurs seront unis dans l'élan d'une commune prière, et qu'au-dessus de tous nos foyers régénérés planera le souvenir de JÉSUS, de Marie et de Joseph.

C'est par un pèlerinage à Bétharram que nous allons terminer cette journée du 9 septembre. Il ne faut rien moins qu'un motif de piété et de pénitence pour nous détacher de Lourdes, même pour un petit nombre d'heures. Oh ! non, ce n'est pas aux pèlerins d'Arras qu'il faut interdire les parties de plaisir ou les excursions si recherchées des touristes !

Nous faisons d'abord notre pèlerinage à l'église de Notre-Dame. Un des religieux du monastère nous redit en substance l'histoire de ce sanctuaire miraculeux, où nous recevons, avant de nous retirer, la bénédiction du Saint-Sacrement.

C'est alors que nous commençons l'exercice du chemin de la Croix, à travers la sainte montagne. On a fait mille fois la description de ces quinze stations qui sont autant de chapelles monumentales, sauf la station du Crucifiement, qui forme un haut calvaire de marbre avec les statues de la Vierge et de saint Jean, avec les croix des Larrons, et une Descente de Croix qui n'est autre qu'une Pietà de marbre blanc. Ce qu'il importe de redire, c'est la piété, le courage, l'esprit de sacrifice avec lesquels nos pèlerins accomplissent cet acte de dévotion. A chaque station, le même religieux qui nous recevait tout à l'heure à l'église, nous adresse une allocution qui remue nos âmes profondément. Et c'est un admirable spectacle, plus beau sans doute que l'incomparable paysage dont l'on jouit au sommet du plateau, que celui offert par ces centaines de pèlerins infatigables dans la prière, affamés de repentir et visiblement remplis de l'amour de Notre-Seigneur. Qui sait si cet acte de pénitence et de foi que nous venons d'accomplir sous un soleil accablant ne nous rendra pas la Vierge Marie plus favorable encore, et n'aura pas touché quelque pécheur rebelle jusqu'ici à la divine action de la grâce ?

10 septembre. — Voici qu'au milieu même de nos joies, une épreuve nous arrive. DIEU nous rappelle que si Lourdes est le vestibule du Ciel, ce n'est pas le Ciel encore ! L'un de nos pèlerins, venu à la Grotte de Marie pour obtenir le rétablissement d'une santé très fortement ébranlée, est mort, peu de temps après son arrivée, malgré tous les soins dont il a été entouré à l'hospice des Sept-Douleurs. C'est M. Rougemont, ancien employé des Postes à Béthune, et retiré à Allouagne. Il a vu venir la mort sans épouvante ; on pourrait même dire qu'il l'aurait accueillie avec bonheur, n'avait été la grande douleur de ne plus revoir ceux qui déjà sans doute se faisaient une joie de fêter bientôt sa guérison. Ceux-ci sauront se montrer généreux en prononçant en chrétiens le *fiat* de l'acceptation ; car enfin Marie se montre toujours bonne à l'égard de ses enfants, et c'est encore une grâce de finir à Lourdes le pèlerinage de cette vie après avoir reçu avec piété les sacrements de la Sainte Eglise. Puissions-nous nous-mêmes, pieux pèlerins, avoir une mort semblable, et nous endormir du dernier sommeil entre les bras et sur le cœur de la Vierge Immaculée !

C'est aujourd'hui, à dix heures, que doit se célébrer à la chapelle de l'hôpital des Sept-Douleurs l'office funèbre du cher défunt. M. le Vicaire-Général Liénard fait lui-même la levée du corps. La foule des pèlerins se presse dans le sanctuaire, trop étroit pour la circonstance ; n'est-ce pas à l'heure de l'adversité que se reconnaît la véritable fraternité chrétienne ? Leurs suffrages se mêlent à l'auguste prière de la messe, que tous suivent avec une visible piété. Nos mineurs et nos brancardiers sont près du cercueil, avec les prêtres en surplis. Avant de laisser partir pour le champ du repos la dépouille mortelle de celui qui était un des nôtres, notre Président, fidèle interprète des sentiments du pèlerinage, nous propose de faire placer à nos frais, sur sa tombe, un modeste monument qui gardera son nom en redisant les enviables circonstances de sa mort. Une croix dominera ce monument de la piété fraternelle, et quand ils reviendront à Lourdes, les pèlerins du diocèse d'Arras iront s'agenouiller au cimetière, pour se souvenir de celui qui dort sous cette croix et demander, pour eux-mêmes, la grâce d'une fin chrétienne, d'une fin résignée comme la sienne.

Certains adversaires de Lourdes ont prétendu que tandis que l'on publie à son de trompe les guérisons obtenues dans les pèlerinages, on dissimule soigneusement les décès qui s'y produisent.

On vient de voir que le diocèse d'Arras ne mérite pas ce reproche, et nous ajoutons de suite qu'aucun groupe de pèlerins n'agit autrement que nous.

Il y a longtemps, par exemple, que les Belges, les premiers, se sont chargés de la réponse à cette réflexion peu honnête. Non seulement ils ne cachent pas les décès, mais ils les affichent, selon leur système ordinaire. Leurs pèlerins sont ainsi convoqués, en aussi grand nombre que possible, aux funérailles, à entourer ceux qui s'en vont d'autant d'honneurs et de prières qu'il est en leur pouvoir. Ils prononcent sur leur tombe d'émouvants discours. Ils leur ont élevé dans le cimetière de Lourdes, dans un endroit bien en vue, un monument où tous les noms sont inscrits, monument formé de marbres aux trois couleurs du drapeau national. Et pour que leur souvenir survive dans la mémoire de tous leurs frères, ils font imprimer des souvenirs mortuaires qu'ils distribuent à profusion. On y lit des paroles comme celles-ci : « Je crois que je vais mourir à Lourdes ; la Sainte Vierge va me faire cette grâce ! »

Voilà comment on meurt à Lourdes ; voilà aussi comment on y cache les morts et comment on y fait silence sur leur décès.

Le Pèlerinage national français vient de suivre cet exemple en élevant, dans le cimetière de Lourdes, un monument à la mémoire de ses malades décédés et enterrés ici. La bénédiction en a eu lieu le jeudi 23 août 1900. On s'est rendu processionnellement au cimetière. Là, le célèbre Capucin de Toulouse, le R. P. Marie-Antoine, a prononcé un discours aussi plein de doctrine que d'émotion, où il donnait la vraie notion du cimetière chrétien : lieu de paix et d'espérance en attendant la résurrection de ceux que nous avons aimés. Pour celui de Lourdes, notamment, il a montré combien la joie de mourir aux pieds de Notre-Dame de Lourdes ajoutait aux grâces de tous les cimetières. Sur un tel thème et en un tel lieu, il était facile de faire couler les larmes ; elles ne manquèrent pas au discours du vieil et vaillant apôtre [1].

1. Journal *L'Univers*, 31 août 1900. Lettre de M. Ruin.

Et pourquoi, d'ailleurs, les chefs du pèlerinage recourraient-ils à ce triste procédé ? Au lieu de cacher les décès qui surviennent à Lourdes, il conviendrait plutôt de les faire connaître à tous, car leur rareté est un véritable miracle.

« Dans une période de dix ans, dit M. Boissarie, dix mille malades, qui ont séjourné un mois environ (à trois jours par an), n'ont donné qu'une vingtaine de décès : vingt décès sur dix mille malades pendant un mois de séjour, c'est un résultat bien extraordinaire ; dans aucun hôpital vous ne pourrez obtenir une moyenne aussi favorable. Cette immunité sans exemple doit s'interpréter comme s'interprètent les guérisons que la science n'explique pas.

« Dix mille malades, c'est un chiffre supérieur à la population des hôpitaux de Paris ; dans ces hôpitaux, on constate environ trois à quatre cents décès par mois ; avec nos dix mille malades, nous n'avons eu que vingt décès au lieu de quatre cents ! Que l'on vienne nous parler après cela des fatigues du voyage, de l'encombrement, des chances de contagion, des inconvénients des piscines ; malgré tous ces inconvénients et tous ces dangers, nous constatons des résultats que tous les progrès de l'hygiène et toute la science des médecins ne peuvent procurer aux malades [1]. » Non, nous ne dissimulons pas le nombre de nos « morts » de Lourdes. Ces trépas sont rares, et de cela nous bénissons Marie ; ils sont enviables, et, si nous l'osions, nous les réclamerions pour nous et pour ceux que nous aimons.

Après le repas de midi, continue le Rapporteur du pèlerinage, nous reprenons la suite de nos exercices particuliers. Nous avons, à deux heures, les vêpres à la Basilique.

Je ne sais si je m'abuse, mais il me semble qu'il y a quelque chose de suave, de familial, d'infiniment agréable dans ces réunions à Lourdes, entre pèlerins d'un même diocèse. On se dirait à un bel office de paroisse, d'une paroisse où règnent la piété et la concorde, où tout le monde s'aime et sait prier. On ne se croit pas dans un pays étranger ; on est chez soi, et l'on chante et l'on prie comme dans l'église du pays natal. Tous

1. *Les grandes Guérisons de Lourdes*, p. 20.

ces prêtres qui sont là rangés autour de l'autel et que l'on connaît, achèvent de donner l'illusion ; au moment où le prédica-

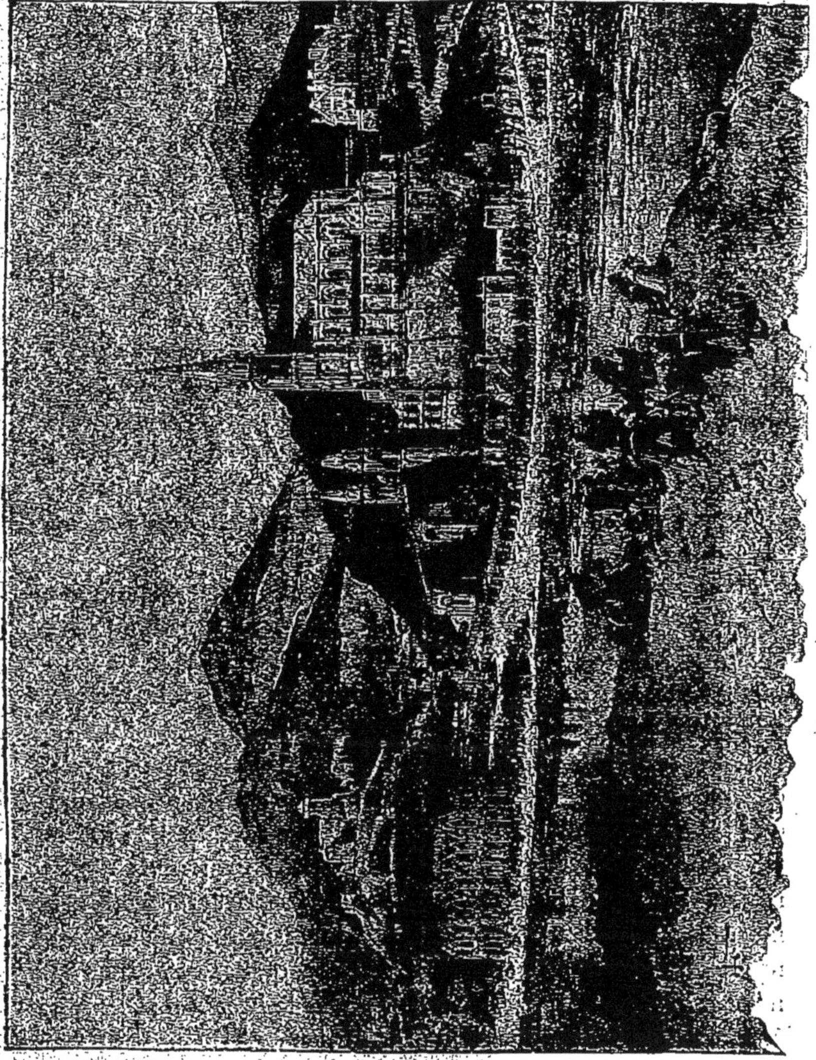

PROCESSION DU SAINT-SACREMENT A LOURDES.

teur aborde la chaire de vérité, il semble que c'est le pasteur lui-même qui apparaît, et on l'écoute avec le même bonheur.

Et aujourd'hui, c'est plus vrai que jamais ; car celui qui parle est le pasteur modèle dont tout le monde connaît le zèle et la paternelle bonté. Il prend comme sujet de son allocution cette parole de la Vierge Immaculée à Bernadette : « Mon enfant, fais-moi la grâce de venir ici 15 fois. Je te promets de te rendre heureuse non pas en ce monde, mais en l'autre. »

Au milieu des grandes allégresses de Lourdes, peut-être allons-nous oublier la loi de la vie, qui est une loi de souffrance. M. le curé du Portel nous rappelle : 1° que pour nous comme pour Bernadette le bonheur n'existe pas en ce monde ; en ce monde il n'y a que le sacrifice, pour nous surtout, pécheurs, qui avons tant besoin de faire pénitence.

2° Que pour rendre efficace et méritoire cette souffrance nécessaire, il faut, comme les saints, l'accepter avec amour. Les croix bien portées suent le baume et distillent la douceur.

Et puis, DIEU n'a-t-il pas voulu lui-même endormir notre souffrance et charmer nos douleurs, si l'on peut ainsi parler, en nous donnant une Mère qui a souffert plus que l'on ne peut dire et qui est vraiment notre modèle ?

11 septembre. — Hélas ! c'est la dernière journée complète de notre séjour à Lourdes. Nos pèlerins, qui redoutent déjà l'heure si triste de la séparation, semblent redoubler de ferveur et se pressent dès l'aube matinale à la Grotte miraculeuse pour y communier.

Lorsque, dans un instant, j'aborderai la deuxième partie de ce compte-rendu, je parlerai avec quelques détails des faveurs que nous avons obtenues de la toute bonne et toute miséricordieuse Vierge Marie, au cours du pèlerinage ; mais dites-moi, ne convient-il pas de signaler au premier rang de ces merveilles les innombrables, les édifiantes communions dont nos pèlerins nous donnent le spectacle quotidien ? Ceux-là mêmes qui, chez eux, n'éprouvent guère le besoin de recevoir Notre-Seigneur, subissent, ici, le charme du Don de DIEU. Ils communient chaque matin, et toujours avec une ferveur visible à tous les regards. Si vous les interrogez, ils vous disent sans détour que cette heure de la communion est l'heure la plus délicieuse de la journée. Ils vivent en état de grâce sans difficulté comme sans étonnement ; ils restent unis à Notre-Seigneur, comme s'ils n'étaient plus de cette terre de misère, et le lendemain, ils communient encore avec la même piété, avec la même joie.

A Lourdes seulement, on voit de semblables et si divins spectacles. Ce DIEU qui, ailleurs, ne parvient pas à se faire aimer dans son adorable mystère eucharistique, règne ici sur toutes les âmes, même sur celles qui d'ordinaire sont insensibles aux choses exquises de la piété. O Seigneur, quelle douce compensation à l'indifférence universelle votre Cœur ne doit-il pas trouver dans cet amour généreux, simple, fidèle, qui se manifeste chaque matin, en des milliers de cœurs, à la Grotte de l'Immaculée ! En vain chercherons-nous à expliquer ce mystère, le fait est là ; chaque jour il se renouvelle, et, à lui seul, il réfuterait, s'il en était besoin, les mesquines critiques qu'une plume sans honneur et heureusement sans écho a voulu soulever contre Lourdes !

Et puisque j'en suis à redire les triomphes de l'Eucharistie à la Grotte de Lourdes, me permettra-t-on de passer sous silence les autres exercices de la journée, qui tous se ressemblent plus ou moins, pour arriver de suite à notre inoubliable procession du Très-Saint Sacrement, celle où notre Diocèse va jouer le rôle principal ?

Elle a lieu, comme chaque jour, à quatre heures, et elle est présidée par Sa Grandeur Mgr Chapelle, archevêque de la Nouvelle-Orléans, qui porte l'Ostensoir, assisté de Messieurs les Vicaires-Généraux d'Arras. Non loin de la Croix se dresse la belle bannière du Diocèse, autour de laquelle, émouvant spectacle, se groupent nos heureux miraculés du dernier pèlerinage. Nos prêtres, en habit de chœur et un cierge à la main, font une escorte splendide au DIEU de l'Eucharistie. Sur les quatre côtés de l'immense esplanade du Rosaire, plusieurs centaines de malades, assis dans leurs voitures ou couchés sur leurs matelas, attendent avec anxiété le passage de Notre-Seigneur. De toutes parts, des foules en prière... Tel est le cadre, mais comment décrirai-je la scène ?

Non, nous ne sommes plus à Lourdes en ce moment, c'est en Palestine que nous nous trouvons transportés soudain par un prodige de la foi, sur ces chemins où JÉSUS passa en faisant le bien et où les foules se jetaient à ses genoux en criant éperdument : « JÉSUS, Fils de David, ayez pitié de nous ! Béni soit Celui qui vient au nom du Seigneur ! Hosanna ! Hosanna au Fils de David ! »

Oui, c'est JÉSUS lui-même qui est là, le même DIEU qui a rendu la vie à la fille de Jaïre, ressuscité le fils de la veuve de Naïm, délivré les lépreux, chassé les démons, enthousiasmé les peuples de Galilée : c'est Lui, Il est là ; notre foi le voit, notre amour le chante, notre confiance lui demande des miracles... C'est Lui ! Le voici qui s'arrête maintenant devant chacun de ces nombreux malades : il va les bénir, les guérir peut-être, comme jadis il bénissait et guérissait les infirmes de Judée. Oui, s'il le voulait, il pourrait les guérir d'un seul mot, par un seul signe ! Mais tous, peut-être, ne sont pas dignes d'une semblable faveur ; pour certains, la souffrance vaut mieux que la santé... DIEU a ses desseins, des desseins d'amour, que nous devons adorer !... N'importe, les mains se joignent, la prière se fait plus ardente, les cris plus pressants ; les yeux se remplissent de larmes, et au-dessus de cette foule remuée par une indicible émotion, la voix du prêtre jette vers JÉSUS ces acclamations, j'allais dire ces objurgations amoureuses que mille voix répètent :

« JÉSUS, Fils de David, ayez pitié de nous !

Sauvez-nous, JÉSUS ! nous périssons !

Seigneur, si vous le voulez, vous pouvez me guérir !

Vous êtes le CHRIST, Fils du DIEU vivant !

Vous êtes la Résurrection et la vie !

Seigneur, nous croyons, mais augmentez notre foi !

Seigneur, faites que je voie !

Seigneur, faites que j'entende !

Seigneur, faites que je marche !

Hosanna ! Hosanna au Fils de David ! Béni soit Celui qui vient au nom du Seigneur ! »

C'est le triomphe de la foi ! Et ces voix ne se taisent, et

ces supplications ne font silence qu'au moment où le ministre de DIEU donne à tout ce peuple la dernière bénédiction avant de remettre JÉSUS dans le Tabernacle. Je ne sais plus quel journaliste disait dernièrement en parlant de cette manifestation eucharistique : « Quiconque n'a pas vu la procession du Saint-Sacrement à Lourdes, n'a rien vu. »

Nous l'avons vue, nous, ô pèlerins, cette manifestation unique au monde, nous y avons pris part et à jamais nous en garderons le souvenir. Demain, quand nous rentrerons à notre foyer, nous le redirons à ceux que nous aimons, et comme autrefois les disciples d'Emmaüs, nous enflammerons de zèle envers le divin Maître ceux qui entendront de notre bouche le récit de cette incomparable procession, qui est vraiment le digne couronnement de notre pèlerinage. — Car, chers pèlerins du diocèse d'Arras, plus d'illusion, nous voici au terme de notre séjour à Lourdes. Encore quelques heures et ce sera fini ; il faudra, comme tantôt nous le disait avec émotion M. le Vicaire-Général, — en accordant à tous son plus cordial merci, — « dire adieu à la Grotte de Marie, à ces sanctuaires, à cette cité, à ces chères montagnes, à ce coin béni de la patrie française où nous avons vu des choses merveilleuses, mais dont aucune ne nous a touchés autant que le spectacle de votre foi, de votre piété et de votre charité. »

Consolez-vous d'ailleurs, car, comme tous les pèlerins de la Grotte miraculeuse, vous emportez, j'en suis sûr, la douce nostalgie de Lourdes ; vous y reviendrez, vos cœurs l'ont promis à Marie !

Nous caressons un doux espoir :
Avant notre dernière aurore,
Ici nous reviendrons te voir,
Heureux de te redire encore :
Ave, Maria !

A tant de générosité, Marie répondit par une générosité plus grande encore que celle de l'année précédente. Le pèlerinage de 1898 obtint neuf faveurs signalées que nous allons raconter, en citant presque textuellement le *Journal de la Grotte*.

1° *Ludivine Leviez*, de Farbus (Pas-de-Calais), est arrivée à Lourdes, l'année dernière, ne pouvant marcher. Les membres inférieurs étaient paralysés depuis trois ans et les jambes fortement contractées dans la flexion. Le bras gauche était également paralysé et les doigts de la main gauche contractés dans la flexion ; les ongles avaient produit une plaie dans la paume de la main.

A son quatrième bain de piscine, en 1897, elle éprouva une amélioration subite : elle put soulever un peu le bras gauche et faire quelques pas, sur la pointe des pieds, soutenue par deux personnes. Les doigts contractés se détendirent partiellement et la plaie de la main, nous dit la malade, fut guérie instantanément dans la piscine. Actuellement, on ne trouve aucune trace de cicatrice à l'endroit où se serait trouvée la plaie. L'amélioration obtenue en 1897 est restée stationnaire, et la malade revient cette année telle qu'elle était en quittant Lourdes l'année dernière.

Le 7 septembre 1898, au passage du Saint-Sacrement, la guérison se compléta subitement ; la paralysie et les contractures disparurent, excepté dans le pouce gauche, qui reste encore fléchi sur la paume de la main ; mais toutes les autres articulations ont repris la liberté de leurs mouvements ; les forces sont revenues dans les membres paralysés et la malade s'en sert facilement.

2° *Lucie Deneuville* de Gouy-en-Artois. Le certificat médical porte qu'elle a été traitée, depuis le 18 septembre 1896, pour un état pathologique qui s'est traduit principalement par des accidents gastriques et névralgiques. Depuis dix-huit mois, elle rejetait à peu près tout ce qu'elle prenait. En août 1897, elle a eu plusieurs vomissements de sang très abondants qui ont mis ses jours en danger. Des douleurs gastriques et abdominales vives et fréquentes, jointes à des névralgies faciales se renouvelant souvent, la forçaient à garder le lit, quelquefois pendant des semaines. Depuis deux ans elle ne mangeait rien, et ne se nourrissait que par des lavements de lait, d'œufs, de bouillon Elle avait maigri de 58 livres, ne pouvait plus marcher et était d'une faiblesse extrême.

Au premier bain de piscine, la jeune malade a commencé à aller mieux ; les vomissements ont cessé et elle a pu manger un peu.

Le 8 septembre 1898, au passage du Saint-Sacrement, elle s'est levée et a marché, et, depuis ce moment, elle se sent tout à fait bien ; elle mange de tout et marche, les forces reviennent à vue d'œil.

Pourquoi faut-il, hélas ! qu'ici-bas la joie ne soit jamais complète ? Au jour même où cette jeune fille mérite cette grande faveur, M. le curé de Gouy rend sa belle âme à DIEU [1].

Avec quel bonheur ce bon pasteur n'aurait-il pas accueilli, à son retour de Lourdes, cette enfant jadis baptisée par lui, par lui préparée à la première Communion et maintenant devenue l'une des privilégiées de la Vierge Marie !

L'heureuse paroissienne de Gouy saura unir le souvenir de son bon curé à la joie de sa reconnaissance !

3° *Antoinette Delbart*, de Roquetoire, était atteinte d'une maladie de langueur depuis près de cinq ans. Elle eut d'abord une angine granuleuse, compliquée d'une inflammation chronique des gencives. Cette dernière affection, qui a résisté à tous les traitements employés jusqu'à son arrivée à Lourdes, l'empêchait de se nourrir d'une manière suffisante. Par suite de la douleur qu'elle éprouvait, la malade ne prenait jamais de nourriture solide et ne vivait que d'une petite quantité de liquide (bouillon ou lait). Il en résulta un affaiblissement considérable, auquel s'ajoutèrent bientôt des troubles neurasthéniques tels que syncopes, spasmes, sensibilité exagérée, alternant avec l'insensibilité complète de différentes parties du corps, et enfin, impossibilité de marcher.

Depuis l'arrivée à Lourdes, l'état s'améliore graduellement après chaque bain de piscine, et le 9 septembre 1898, au passage du Saint-Sacrement, la malade s'est levée de son brancard et s'est mise à marcher. Le lendemain, 10 septembre, on constate que la marche est facile et que les gencives sont dans un état normal. La jeune fille nous dit que, depuis qu'elle s'est

1. M. l'abbé André Delattre, curé de Gouy-en-Artois depuis 1858.

levée, elle a commencé à prendre de la nourriture solide et que toute sensibilité des gencives a disparu.

4° *Justine Leclerc*, de Pernes-en-Artois, âgée de 17 ans, fut prise, en décembre 1895, nous dit le certificat du docteur, d'une douleur localisée au genou droit. Pendant plusieurs mois encore il fut possible à cette jeune fille de marcher en s'aidant d'un bâton ; sa douleur n'était alors qu'intermittente. Devenue continue dans la suite, la souffrance obligea la malade à passer des journées entières allongée sur plusieurs chaises, et cela pendant des années. Il n'y a jamais eu ni enflure ni lésion au genou droit.

Melle Leclerc est venue à Lourdes l'an passé. Son pèlerinage lui obtint une amélioration sensible qui lui permit de marcher avec moins de difficulté.

Cette année, au cours d'une procession du Saint-Sacrement à laquelle la patiente assistait, soutenue par deux personnes, la guérison s'est complétée. — Depuis lors, Melle Leclerc marche régulièrement et ne souffre plus. Elle est venue à Lourdes avec le pèlerinage d'Arras pour remercier la Sainte Vierge et faire constater la guérison de son arthralgie.

5° *Marie Charlet*, de Laventie (Pas-de-Calais), était atteinte d'une gastrite particulièrement rebelle à tout traitement. Les vomissements étaient journaliers et l'alimentation extrêmement difficile. Les divers traitements suivis n'avaient jamais procuré à la patiente d'amélioration appréciable.

Le 9 septembre 1897, après son cinquième bain de piscine, la malade a éprouvé un grand bien-être. Il lui a semblé que son estomac s'ouvrait, et elle a eu faim. Depuis ce moment, elle mange de tout, ne vomit et ne souffre plus.

6° *M. l'abbé Emile Fiquet*, de Saint-Omer, âgé de 18 ans, est arrivé ici atteint depuis plusieurs mois, comme le dit le certificat du docteur, de neurasthénie, avec tendances fréquentes et invincibles au sommeil et une complète inaptitude au travail.

La maladie a commencé au mois de mai 1898, après un excès de travail, par des maux de tête suivis de la perte de la mémoire et de l'impossibilité de supporter la lumière. A ces désordres sont encore venus s'ajouter des troubles digestifs et des syncopes.

Au début de l'affection, le malade dormait presque toute la journée ; un peu plus tard, au contraire, il eut des insomnies et il fallut lui donner des soporifiques.

A son arrivée à Lourdes, M. l'abbé Fiquet avait même oublié les formules de ses prières.

Le 8 septembre 1898, à la procession du Saint-Sacrement, ce jeune ecclésiastique vit disparaître sa photophobie ; il put se passer de ses lunettes noires. Le soir même il dîna de bon appétit, digéra bien et dormit de même.

Le lendemain 9 septembre, au second bain de piscine, M. l'abbé Fiquet a retrouvé la mémoire et a pu dire ses prières.

Depuis ce moment, l'amélioration s'accentue chaque jour davantage.

7e *Clémence Laréjouissance*, de Wimille, âgée de 49 ans, était atteinte, d'après le docteur Mahieu, d'une *bacillose* légère qui semblait avoir une tendance à subir la transformation fibreuse.

Cette personne a fait un premier pèlerinage en 1896. Très faible alors, incapable de marcher, tout le monde la croyait sur le point de mourir pendant le voyage. — Ce pèlerinage fut pour elle une cause d'amélioration. Depuis lors, Clémence Laréjouissance a toujours bien dormi, bien mangé et bien travaillé. — Elle revient, cette année, avec de légères douleurs à la poitrine et à l'estomac ; en mangeant elle éprouve quelquefois un spasme à la gorge.

Dans la piscine elle a ressenti un bien-être qui lui fait croire qu'elle est complètement débarrassée de ses dernières misères.

8e Copie d'un certificat adressé à Sa Grandeur Mgr Williez, le 19 septembre 1898, par M. Capelle, curé de Wierre-Effroy.

Mme veuve Evrard-Dandenthun, de Wierre-Effroy, âgée de 69 ans, avait perdu l'usage du bras droit en juin 1897, à la suite d'une opération au sein qui avait dû être continuée jusqu'au-dessous du bras droit. Une bosse fibreuse vers le milieu du bras décelait une rétraction musculaire. La main était le siège d'un œdème continuel qui rendait impossible toute action des doigts.

Cette personne avait été plongée deux fois dans la piscine sans résultat, mais le 8 septembre, jour où elle avait fait la sainte communion avec les membres de sa famille qui l'accompagnaient, tous les symptômes ont subitement et complètement disparu.

Ce fut sans doute en raison de cette étonnante vitalité de nos Pèlerinages diocésains que fut décidée, presqu'au lendemain de ce 26e pèlerinage, la création du « *Messager Artésien de Notre-Dame de Lourdes* ». Le premier numéro en parut le 8 décembre 1898. Voici en quels termes « le Comité des Pèlerinages » indiquait la raison et le dessein de cette publication, que nous sommes si heureux de saluer de notre admiration et de notre plus vive reconnaissance :

« Le « *Messager* » sera un hommage rendu à Notre-Dame de Lourdes : il perpétuera, en le ravivant, le souvenir reconnaissant des bienfaits reçus, en même temps qu'il imprimera une puissante impulsion aux prochaines manifestations que la piété filiale des Artésiens prépare à l'auguste Mère de DIEU.

A ces titres divers, il a sa place marquée parmi les feuilles périodiques que la presse religieuse multiplie avec raison, pour défendre nos saintes croyances, provoquer l'affirmation publique de notre foi, et spécialement pour stimuler dans notre pays la dévotion envers la Vierge Immaculée.

A notre époque surtout, en ce siècle de scepticisme et de négation audacieuse, jamais trop de voix pieuses et réparatrices ne s'élèveront vers le Ciel irrité, jamais trop de cœurs reconnaissants ne porteront jusqu'au trône de Marie le légitime tribut de leur gratitude. Se souvenir des bienfaits obtenus, c'est se disposer à en recevoir de nouveaux ; se concilier la protection de la Reine du Ciel, c'est se ménager la plus sûre défense en face de la justice divine.

Par la lecture de ce « *Messager* », les pèlerins du diocèse d'Arras rentreront en communication directe avec la terre bénie de Lourdes ; ils se retrouveront dans ces montagnes pyrénéennes qu'on ne se lasse jamais de revoir parce qu'elles nous rapprochent du Ciel ; ils sentiront se renouveler dans leur âme les émotions profondes, inoubliables dont ils aiment à s'entretenir encore au sein de la famille.

Ces quelques pages consacrées chaque mois à la gloire de Notre-Dame de Lourdes et à l'histoire des faveurs sans nombre qu'Elle a daigné répandre sur la France, et en particulier sur notre diocèse, apporteront dans nos maisons comme un parfum lointain de la Grotte sacrée.

Or, il est d'expérience reconnue que la pensée habituelle de la Très-Sainte Vierge affermit la Foi, réveille l'Espérance et enflamme la Charité ; précieux résultats qui ont fait dire aux Saints : « De Marie on ne parle jamais assez. »

On remarquera d'ailleurs que la création de ce « *Messager* » est la conséquence toute naturelle du prodigieux développement que la dévotion envers Notre-Dame de Lourdes a pris dans notre diocèse.

A ces populations qu'un mouvement irrésistible entraîne dans les sanctuaires de l'Immaculée Conception, au pied de ses autels, auprès de ses images vénérées, il faut une voix qui exprime publiquement cet enthousiasme universel et ces sentiments unanimes.

A cette armée de pèlerins dont les rangs de plus en plus pressés formaient, il y a trois mois, une incomparable couronne à la Vierge des Pyrénées, il faut un guide sûr, des renseignements autorisés, une organisation prévue dans ses moindres détails.

En un mot, à ce peuple artésien dont la piété fervente envers Marie obtient toute grâce, parce qu'elle ne recule devant aucun sacrifice, il faut un livre qui enregistre soigneusement les hommages offerts et les bienfaits obtenus.

Le « *Messager* » sera cette voix populaire, ce guide indispensable, ce livre fidèle.

Sa création répond à une nécessité impérieuse en même temps qu'elle est imposée par le devoir sacré de la reconnaissance. Daigne Notre-Dame de Lourdes protéger et bénir notre œuvre naissante ! Elle est exclusivement consacrée à sa Gloire Immaculée, car elle n'a point d'autre raison d'être et d'autre espérance de succès. »

De grand cœur, Monseigneur l'Evêque d'Arras bénit le « *Messager* » à son apparition, lequel fit d'ailleurs sensation à Lourdes même. Voici par quelles paroles le regretté Emile Ruin, dans le « *Journal de la Grotte* », souhaitait, dès le 25 décembre 1898, la bienvenue à ce précieux organe :

« Les catholiques d'Arras, dont le pèlerinage s'était fait remarquer, cette année spécialement, par le caractère sérieux de ses manifestations, son cachet de foi profonde et recueillie, viennent d'établir une organisation très entendue, très pratique et très complète, du culte de Notre-Dame de Lourdes dans ce grand et beau diocèse.

« Pour donner une expression à ce culte, pour servir de moyen de communication, de « signe de ralliement entre le Comité, état-major de l'armée des pèlerins Atrébates », dont le nombre va toujours croissant, « et chacun de ses soldats », le Comité diocésain a voté la création d'un bulletin mensuel. M. Joseph Chevalier est nommé directeur et rédacteur de ce bulletin, qui prend le titre de *Messager Artésien de Notre-Dame de Lourdes* et est publié au profit des malades.

« Le premier numéro a paru le 8 décembre, en la fête de l'Immaculée-Conception. Nous l'avons sous les yeux. Il mérite plus qu'une simple mention, et nous y reviendrons dans un de nos prochains numéros.

« Mais, dès aujourd'hui, nous sommes heureux de saluer la naissance, en un si beau jour, de ce nouveau confrère, et de lui souhaiter la bienvenue. »

M. Ruin revint sur notre *Bulletin* en reproduisant presque in-extenso, dans le *Journal de la Grotte*, le premier numéro du *Messager Artésien*. C'était, pour ainsi dire, donner à cet organe une consécration officielle. Il le méritait bien, d'ailleurs ; il le mériterait encore aujourd'hui par sa variété, par son caractère de vraie piété, par sa rédaction si intéressante, par l'amour qu'il sait inspirer envers Notre-Dame de Lourdes. Il vient d'entrer dans sa troisième année et, pour l'améliorer encore, son zélé rédacteur n'a pas reculé devant de véritables sacrifices et a joint au texte des illustrations du meilleur goût.

Ajoutons que cette excellente revue se vend au profit des malades. Là, sans doute, se trouve l'un des secrets qui ont déterminé le succès toujours croissant du *Messager*[1].

Nous permettra t on de recueillir dans l'un des premiers numéros du *Messager*[2] ce trait si touchant qui se réfère justement à notre pèlerinage de 1898? Il a pour titre « Un bon ange du Pèlerinage » et est signé « Joseph Chevalier ».

« Midi ! et déjà six heures de bureau, sans avoir eu le temps de décacheter les nombreuses lettres reçues par les premiers courriers du matin, grâce à la succession constante des pèlerins ou des malades qui s'étaient présentés ce jour-là.

J'espérais un instant de repos, lorsque je vis entrer une nouvelle solliciteuse.

La jeune fille qui se présentait se laissa tomber sur une chaise, en faisant signe qu'elle ne pouvait parler sans se reposer un peu.

De longtemps, je n'oublierai la pâleur de cire de son visage ; ses grands yeux cerclés de noir, où brillait une flamme fiévreuse ; ses mains amaigries, sépulcrales, comprimant avec peine une poitrine haletante sous les hoquets d'une toux rauque, de cette toux qui indique sûrement le poitrinaire à la dernière période.

Après quelques instants de repos, la jeune fille prit la parole :

— Je suis la malade refusée par la Commission. En recevant ce matin votre lettre, qui me donnait la triste nouvelle, j'ai cru mourir de chagrin. Rassemblant mes dernières forces, j'ai quitté le lit et je me suis traînée jusqu'ici, en me reposant parfois sur le seuil des portes. Je viens plaider ma cause. J'ai de bons certificats ; une personne généreuse veut bien payer les frais de mon voyage. Ne cachez donc pas la vérité : le Comité me refuse comme étant trop malade. Qu'importe ! je suis orpheline. Grand'mère, qui m'a élevée, consent au départ. J'ai vingt-deux ans, ne suis-je pas libre de mes actes ?

1. *Le Messager Artésien de Notre-Dame de Lourdes*, Arras, 3, rue Chanzy (Prix : 2 fr. par an).

2. *Messager*, février 1899.

— C'est par prudence, lui répondis-je, que nous vous conseillons d'attendre. Priez bien, faites des neuvaines, promettez le pèlerinage. L'an prochain, vous serez peut-être plus forte.

Elle eut un sourire et reprit en secouant la tête :

— Avant l'hiver on ne parlera plus de la pauvre poitrinaire. Oh ! Monsieur, accordez-moi donc cette dernière consolation, laissez-moi partir !

— Vous avez vraiment l'espoir d'obtenir votre guérison à Lourdes ?

— Je prierai de toute mon âme pour les malades. Pour moi, je demanderai à ma Mère du Ciel la grâce de bien mourir.

— Mais le voyage serait pour vous fort pénible !

— Ne faut-il pas souffrir pour gagner le paradis ?

— Enfin, s'il arrivait un accident ?

— Si je mourais en route, voulez-vous dire ? Eh bien ! vos bonnes religieuses gardes-malades m'enseveliraient avec le drap que j'emporterai à cet effet. Vous feriez déposer mon corps en lieu saint, et vous remettriez, au retour, ma médaille et mon chapelet à grand'mère, en lui disant que ma dernière pensée, mon dernier sourire auront été pour elle.

Je n'eus pas le courage de refuser et promis le voyage, à la condition qu'une personne autorisée par la grand'mère se chargerait spécialement de la malade.

La jeune fille alla donc à Lourdes. Elle y fut un sujet d'édification pour tous les pèlerins.

« Comme elle prie bien, » disait-on, « la Sainte Vierge l'a guérie. »

Elle priait en effet, mais non pour elle, et plus d'un malade lui doit sans doute les faveurs accordées par Marie.

La jeune poitrinaire supporta le voyage sans trop de souffrances, et c'est dans les bras de sa bonne grand'mère qu'elle expira, un mois après le retour du pèlerinage.

Pieux pèlerins de 1898, souvenez-vous, dans vos prières, de l'âme de Mlle Clotilde Fosseux. »

Tandis que s'envolait vers le Ciel le « bon ange du Pèlerinage », plusieurs d'entre nos malades, qui avaient reçu à Lourdes le bienfait de la guérison, se transportaient à Arras près des membres du Comité diocésain, dans le but de leur faire constater que le temps avait heureusement sanctionné les faits merveilleux signalés au pèlerinage de 1898 en leur faveur. Voici, tels que nous les donne le *Messager* de mars 1899, les résultats de cette enquête extrêmement sérieuse.

1° *Mlle Ludivine Leviez.*

« La guérison se maintient sans aucune rechute. La marche est facile. Il ne reste plus aucune contracture des membres. Le pouce de la main gauche seul, quoique plus libre dans ses mouvements, est encore un peu fléchi sur la main. Sans être très forte, la jeune fille se porte bien et peut travailler facilement. »

2° *Mlle Lucie Deneuville.*

« Depuis son retour de Lourdes, l'état de Mlle Lucie Deneuville s'est toujours amélioré et on peut la considérer guérie. Elle a augmenté du poids de vingt-cinq kilos depuis son voyage à Lourdes. Elle mange et digère bien, et n'a plus que très rarement des vomissements muqueux, encore sont-ils provoqués par un peu de fatigue. L'augmentation du poids du corps est surtout due au tissu graisseux ; quant à la force musculaire, elle n'est pas encore complètement revenue : la jeune fille peut cependant accomplir des marches de deux à trois lieues pendant la même journée, sans trop de fatigue. En somme, état général aussi bon que possible, permettant de croire que la guérison se maintiendra d'une manière absolue. »

3° *Mlle Antoinette Delbart.*

« Mlle Delbart n'a pas eu de rechute depuis son retour de Lourdes. Les granulations et la gencivite disparaissent. Sans être complètement rétablie, cette jeune fille voit ses forces revenir de jour en jour. Elle a augmenté du poids de dix kilos, marche et dort bien, et l'état général laisse prévoir une prompte et entière guérison. »

4° *Mlle Justine Leclercq.*

« Depuis sa guérison, Justine Leclercq est dans un état de

santé florissant, elle circule facilement, peut se livrer au travail et bénit toujours la Sainte Vierge de la faveur insigne dont elle a été l'objet. »

5° *Mlle Marie Charlet.*

« L'amélioration qui s'était produite à Lourdes dans l'état de Marie Charlet s'est parfaitement maintenu. Cette jeune fille n'éprouve plus les vomissements constatés avant son départ ; elle partage les aliments de la table commune, sans aucune difficulté de digestion. Les forces lui reviennent peu à peu et elle reprend son travail, mais avec des ménagements. »

6° *M. l'abbé Fiquet.*

« Depuis son retour de Lourdes, M. l'abbé Fiquet a pu reprendre ses études sans fatigue. La mémoire et les forces lui sont revenues. Il peut travailler et lire facilement à la lumière. La guérison se maintient complète. »

Le bien fondé de cette enquête, faite plusieurs mois après notre pèlerinage, n'échappera à personne. En entrant au bureau des constatations médicales à Lourdes, on peut lire, au-dessus du fauteuil du président, l'avertissement suivant :

« Nos premiers procès-verbaux, écrits sous la dictée des « malades, sans moyens de contrôle suffisants, ne peuvent « présenter les garanties que les enquêtes ultérieures doivent « leur donner. Maladies et guérisons sont abandonnées à la « discussion. »

Étant donné que notre Pèlerinage diocésain de Lourdes prend des proportions si grandes et que Marie le bénit si visiblement, il convient de lui assurer, au regard des plus malveillants, ce caractère sérieux et loyal qui est la marque de toute œuvre catholique.

Le Pèlerinage de 1899, que nous allons raconter, constituera encore un nouveau progrès dans cette voie.

Chapitre Neuvième.

1899. — ORGANISATION DU SERVICE MÉDICAL. — ÉLAN NOUVEAU DU PÈLERINAGE. — LA JEUNESSE CATHOLIQUE DU PAS-DE-CALAIS A LOURDES. — LE XIIe CONGRÈS EUCHARISTIQUE. — DISTINCTION ACCORDÉE A M. JOSEPH CHEVALIER. — LES GUÉRISONS. — APRÈS LES GUÉRISONS. — L'ANGE DU PÈLERINAGE.

L'AMÉLIORATION véritablement sérieuse que nous annoncions à la fin de notre précédent chapitre, consista dans l'organisation définitive du service médical près du pèlerinage diocésain. Déjà en 1898, un médecin et un pharmacien avaient eu la charité de veiller sur nos chers malades, en même temps que nos zélés brancardiers et nos dévouées Sœurs Augustines. Le « Comité » voulut faire plus et fonda, pour le 27e pèlerinage diocésain, un vrai service médical.

Voici comment Le *Messager Artésien* fit ressortir le but, le fonctionnement et la composition de cette œuvre excellente.

« *But.* — Ce service a pour but d'éviter qu'un enthousiasme parfois irréfléchi ne jette le discrédit sur l'Œuvre divine de Lourdes, par la proclamation comme miraculeux de faits douteux, contestables; et qu'aucune guérison ou amélioration ne soit présentée sans des *garanties incontestables*, de façon à ce que la vérité des faits merveilleux, ainsi reconnus par une étude scientifique sérieuse, soit à l'abri de toute critique.

Fonctionnement. — Le Directeur du Pèlerinage est chargé de l'organisation de ce service. Il recevra les adhésions, réunira chez lui les Docteurs qui se feront inscrire, et formera les dossiers qu'il soumettra aux Médecins avec tous les renseignements désirables.

Les guérisons de Lourdes ne sont pas seulement une grâce, un fait intime, c'est un *fait public* destiné à un retentissement extérieur : et comme tel, il relève des données de l'expérimentation. Ce fait, il faut le prouver et le défendre par la science. La démonstration doit être éclatante et palpable. Le service médical, fondé dans ce but, emploiera à cet effet tous les moyens que lui offre la science.

Chaque dossier présenté à l'étude des Docteurs comprendra, outre le certificat demandé au médecin du malade :

1° La photographie ;

2° L'examen radiographique pour les fractures, coxalgies, etc...

3° L'analyse des expectorations dans toutes les maladies de poitrine et des voies respiratoires.

Les Médecins du service examineront ensemble tous les malades à leur arrivée à Lourdes, et rédigeront un procès-verbal de constatation sur l'état de ces malades.

Ils donneront leurs soins aux malades en cours de route et à Lourdes.

Ils étudieront et discuteront loyalement les guérisons et les améliorations qui pourront se produire.

Ils demanderont, s'il y a lieu, un nouvel examen radiographique, et une nouvelle analyse au retour.

L'examen définitif de constatation se fera à Arras, *six mois* après le retour, par les mêmes Docteurs, qui se réuniront à cet effet chez le Directeur.

Le *Messager Artésien*, organe officiel de la Commission, ne publiera les procès-verbaux des faits reconnus qu'après cette dernière constatation.

Les dossiers des malades, les photographies et les clichés radiographiques, les rapports des analyses, etc., seront conservés à la Direction, où les Médecins pourront toujours les consulter.

Médecins. — Tous les Docteurs de la région du Nord peuvent faire partie de ce service, sans aucune distinction d'opinions ni de croyances.

Ils doivent se faire inscrire à l'avance chez le Directeur.

Aucun nom ne sera livré à la publicité sans l'autorisation écrite des Médecins.

Pour le voyage, les Médecins inscrits seront répartis dans chaque train du Pèlerinage.

Ils y occuperont un compartiment spécial et porteront le brassard blanc avec croix rouge.

Pharmaciens. — Un Pharmacien muni d'un matériel de campagne accompagnera les Docteurs, et assurera en même temps le service d'hygiène dans les voitures-ambulances. »

Six docteurs se firent immédiatement inscrire ; deux furent empêchés au dernier moment ; il en resta quatre qui vinrent assurer les secours de leur art à nos malades. Partout, en cours de route comme à Lourdes, on les vit exerçant leur œuvre de charité et de dévouement.

Mais n'anticipons pas. En même temps que la direction du pèlerinage soignait le côté matériel, elle se préoccupait aussi du côté spirituel. Une neuvaine préparatoire de prières fut demandée à tous les pèlerins et à leurs amis, laquelle commença le 22 juillet et se termina le 30 du même mois. Elle consistait dans la récitation des prières suivantes : 3 fois « Cœur Sacré de JÉSUS, ayez pitié de nous ; Notre-Dame de Lourdes, priez pour nous ; Notre-Dame des Ardents, Notre-Dame de Boulogne, Notre-Dame des Miracles, priez pour nous ; saint Vaast, priez pour nous ; saint Benoît-Labre, priez pour nous. »

Les Artésiens comprirent si bien l'importance de la prière pour le succès du pèlerinage, que beaucoup d'entre eux, se voyant dans la douloureuse impossibilité d'aller à Lourdes, demandèrent à s'unir aux vrais pèlerins en récitant et en accomplissant, aux mêmes heures, les mêmes prières et les mêmes exercices de dévotion. Pour accéder à leurs désirs si légitimes et si touchants le « Comité » augmenta le tirage du *Manuel*, de façon à pouvoir le procurer aux personnes désireuses de suivre, spirituellement, les Artésiens à Lourdes.

Donner ces renseignements, c'est indiquer déjà que le 27e pèlerinage eut un caractère particulier de prière, de foi et d'entrain. Nous pouvons dire qu'il fut, avec les grandioses manifestations faites au mois de juin de la même année en l'honneur du Calvaire d'Arras, le point le plus saillant de l'histoire de notre diocèse en 1899. Il eut lieu 2 mois plus tard, du 3 au 10 août, et Mgr l'Évêque d'Arras le présida lui-même.

Qu'on veuille bien nous permettre, pour le raconter, de citer le compte rendu que nous en avons donné dans le numéro du *Messager Artésien* (septembre 1899).

« *3 et 4 août.* — Si nous voulions rechercher la raison première de l'élan inespéré de notre pèlerinage, c'est jusqu'aux pèlerinages des années précédentes qu'il nous faudrait remonter. Est-il, en effet, un diocèse de France qui, depuis un quart de siècle et surtout depuis sept ans, ait envoyé autant de pèlerins à Lourdes que le diocèse d'Arras ? A l'heure qu'il est, ce ne sont plus seulement les villes de notre Artois qui s'en vont prier à la Grotte miraculeuse : les plus humbles hameaux eux-mêmes, les plus modestes associations, les familles les moins fortunées se font représenter à Lourdes. Ne vous souvient-il pas du temps où l'on se montrait jalousement les heureux privilégiés qui avaient fait le grand pèlerinage ? Aujourd'hui, ils sont légion ; on les rencontre sur tous les points de l'Artois, du Boulonnais, du Calaisis et du Ponthieu.

Parmi eux, il y a des miraculés (car combien Marie se montre toujours bonne pour nous !) dont toute l'âme tressaille au seul nom de Lourdes et dont l'enthousiasme égale la reconnaissance ;

Il y a des riches de ce monde à qui leur esprit de foi fait bien comprendre que l'une des aumônes les plus rédemptrices est de faciliter à quelque pauvre ce pèlerinage qui jusque-là n'était pour lui qu'un rêve en apparence irréalisable ;

Il y a les prêtres, enfin, qui savent, par expérience, combien de grâces jaillissent de cette terre visitée par le miracle, et qui exhortent puissamment les âmes à aller recueillir leur part de ces grandes faveurs surnaturelles.

Ce sont, vous le comprenez, autant d'apôtres, autant de chevaliers de Notre-Dame qui, sous le chaume des pauvres maisons comme au sein des plus opulents foyers, dans les petites comme dans les grandes paroisses, parlent et parlent encore de Lourdes et de ses merveilles, et qui finissent par amener ou pousser quelqu'un des leurs à la Grotte bénie.

Voici donc qu'il suffit de faire appel à nos compatriotes et de les inviter au pèlerinage pyrénéen pour être écouté. Lourdes est devenu comme l'un des pôles de la piété artésienne, le centre autour duquel gravitent nos souvenirs et nos espérances. Désormais le pèlerinage à la Grotte de Marie est une véritable institution diocésaine. Je n'en veux point d'autre preuve que le nombre merveilleusement croissant de nos pèlerins. En 1896, nous étions 600 ; en 1897, le chiffre se montait à 800 ; l'année dernière nous étions 1.150, et cette fois nous sommes arrivés à 1.400, parmi lesquels 110 prêtres, 400 hommes et 150 malades. Quelle récompense pour les ouvriers de cette grande œuvre, qui, après avoir été à la peine, sont maintenant à la joie [1] !

Pour conduire à Lourdes cette imposante armée de la prière et de la pénitence, trois trains à marche rapide, formés avec le matériel très confortable de la Compagnie d'Orléans, partent d'Arras et de Calais dans la matinée du jeudi 3 août.

Mgr l'Evêque, accompagné de M. Liénard et de M. Bonvarlet, vicaires-généraux, est dans le premier train d'Arras, que dirige l'infatigable M. Joseph Chevalier. Le second train d'Arras-Saint-Omer et celui de Calais-Boulogne sont dirigés respectivement par M. l'abbé Briet et par M. l'abbé Hu......

...... Quiconque n'a pas fait ce pèlerinage diocésain ne saurait s'imaginer l'ordre, la charité, la piété, la joie, la cordialité qui règnent au cours du voyage parmi les pèlerins. Riches et pauvres, prêtres et fidèles ne constituent qu'une seule famille unie par la fraternité chrétienne. Nous l'avons déjà dit l'année dernière, mais ce sont des choses qu'on ne se lasse point de répéter, parce que le spectacle en est toujours doux et consolant. Seule, la religion peut rapprocher ainsi les âmes. En effet, les pèlerins ne se contentent pas de s'unir dans la charité, ils s'unissent encore dans la prière. De même qu'avant le départ ils ont fait les uns pour les autres une neuvaine préparatoire à Notre-Dame et aux saints Patrons du diocèse, de même ils appellent maintenant les bénédictions de Notre-

1. La souscription en faveur des malades, plus fructueuse que jamais, s'éleva à 10.031 fr. 40.

Seigneur JÉSUS-CHRIST et le regard de Marie sur leur sainte entreprise. Le chant des cantiques succède à la récitation du chapelet et à l'exercice de la méditation. Le prêtre qui se trouve dans chaque wagon, comme ministre de la prière, n'a qu'à dire un mot,et immédiatement les âmes se recueillent dans la pensée de DIEU. Oh ! que l'on prie bien lorsqu'on sait ainsi se soustraire aux mille préoccupations d'ici-bas, aux petitesses de la vie, à ces bagatelles qui nous absorbent habituellement !

Je ne sais si je me trompe, mais il me semble qu'on ne sent point la fatigue au sein de cette douce atmosphère de piété et de charité. Malgré la gêne qu'une température équatoriale impose aux malades, aux religieuses Augustines qui sont, comme chaque année, les anges gardiens de nos infirmes, aux admirables chrétiens qui se sont constitués leurs médecins, et aux plus robustes pèlerins eux-mêmes, pas une plainte ne se fait entendre. Au contraire, la joie rayonne sur tous les visages, parce que la joie inonde tous les cœurs. Je dirai même que nos pèlerins les plus joyeux sont nos malades : ces chers malades, si beaux dans leur confiance, si tristes dans leurs infirmités ; véritables joyaux du pèlerinage, comme on l'a dit et redit ; héros autour desquels tout gravite, pour lesquels les brancardiers se sacrifient et se sacrifieront jusqu'au bout, s'interdisant, par exemple, d'aller voir la cascade de Cauterets et le cirque de Gavarnie ; pour lesquels, enfin, la prière se fait plus ardente, plus pressante la supplication. Il en est parmi eux qui jouent — confiance sublime ! — leur dernier souffle sur l'espoir de la miséricorde de DIEU et de la Vierge de Lourdes, et la joie la plus sereine ne les abandonne pas ; il en est qui reviennent à Lourdes pour la quinzième fois, et leur bonheur est indéfectible comme leur espérance ; il en est qu'une implacable maladie a terrassés dans la maturité de l'existence, et — qu'on veuille bien permettre ce souvenir à ma piété filiale — dans l'honneur d'une belle vie sacerdotale qui promettait d'être si féconde : la résignation la plus joyeuse se lit quand même sur leur visage. C'est Marie, c'est la Vierge de Massabielle qui nous enveloppe déjà du sourire de sa bonté à la première journée de notre pèlerinage.

Cependant le temps marche ; nous avons traversé les deux tiers de la France, voici la nuit. Ah ! si l'on n'était pas en pèlerinage, quelle occasion de sacrifice qu'une nuit passée en chemin de fer ! Car vous pensez bien que malgré le confortable relatif de l'installation, il n'y a guère moyen de trouver le sommeil. Mais, en ce moment, qu'importe ? La journée dont nous saluons déjà l'aurore est consacrée au Cœur béni de JÉSUS ; et puisque nous ne pouvons pas, à notre grand regret, recevoir dans la communion ce cœur « doux et humble », il convient au moins que nous l'honorions par notre patience et par notre douceur. Demain, Marie nous conduira à JÉSUS ; aujourd'hui, c'est JÉSUS qui nous conduit à Marie par un chemin dont Lui-même semble diminuer la longueur et dissimuler la fatigue. En effet, voici que, sous ses auspices bénis, nous arrivons en vue des hauts sommets pyrénéens ; voici que nous entrons dans la pittoresque vallée du Gave : encore quelques heures et nous saluerons avec amour la Grotte sacrée où Marie a posé son pied virginal. Ah ! comment redire la poignante émotion qui s'empare des pèlerins à mesure qu'ils approchent du saint Rocher ? Comment retracer la joie des familiers de Lourdes, la pieuse anxiété de ceux qui font pour la première fois le pèlerinage à la Grotte de Marie, la douce satisfaction de tous lorsqu'enfin l'on peut envoyer un premier salut à la Vierge Immaculée ? Alors, des larmes de bonheur s'échappent de tous les yeux, des chants retentissent de toutes parts ; c'est une joie sans mélange, c'est une allégresse indescriptible ; l'on sent que l'on touche une terre bénie. Lourdes, salut ! Salut, Grotte vénérée ; salut, Notre-Dame ! Car voici qu'enfin nous apercevons Votre chère image, Vos églises, Votre domaine : *Ave, maris Stella, ave, Maria !*

C'est à neuf heures vingt que le train d'Arras s'arrête à Lourdes, à onze heures et demie qu'arrive celui d'Arras-Saint-Omer et à une heure et demie le train de Calais-Boulogne. Monseigneur, dont la paternelle bénédiction et les aimables paroles ont réjoui les pèlerins partis de sa ville épiscopale, veut bien venir recevoir et bénir à la gare de Lourdes le reste de sa grande famille accourue pour prier Marie.

Il est donc vrai que nous sommes à Lourdes ! Oui, plus heureux que beaucoup des nôtres, plus heureux même que tel ou tel bienfaiteur, privé au dernier moment de la chère visite annuelle à la Vierge Immaculée, nous sommes à Lourdes, c'est-à-dire, en ce coin du ciel où le surnaturel afflue, où les grâces semblent suinter du sable et du rocher, déborder de la source miraculeuse et se précipiter, comme un courant irrésistible, sur les âmes transportées d'admiration et de reconnaissance.

Nous sommes à Lourdes, et, enviable bonheur ! cette année, Lourdes n'appartient qu'à nous ; à nous la Grotte miraculeuse, à nous les piscines salutaires, à nous l'église du Rosaire et la Basilique, à nous, à notre seul diocèse d'Arras, Marie, notre espérance et notre douceur !

Jetez un regard sur ces dévots pèlerins qui, sans perdre un instant, vont se jeter aux pieds de Notre-Dame : vous ne verrez que des compatriotes. Voici d'abord ces prêtres au zèle débordant qui seront, comme chaque année nos modèles, nos introducteurs auprès de Marie. Ce n'est pas nous seulement qui les admirons ; désormais, on les connaît et on les admire comme les principaux acteurs de notre pèlerinage bien au-delà des limites de notre diocèse.

Voici ces infatigables religieuses Augustines qui sont bien nôtres, elles aussi, et qui vont se dépenser à Lourdes comme elles le font à Arras, à Boulogne, à Saint-Omer, sur toute la surface du diocèse. Non loin d'elles, voyez ces pauvres malades qui sont nos amis, nos frères, nos parents, nos concitoyens, et qui, par conséquent, sont deux fois chers à notre cœur. C'est à nous que leurs familles les ont confiés ; c'est nous, s'ils sont guéris, qui annoncerons l'heureuse nouvelle, là-bas, au foyer ; c'est nous encore qui serons leurs consolateurs, s'il plaît à DIEU de continuer à les éprouver.

Ici, ce sont les mineurs des Brebis, de Mazingarbe et de Méricourt, dont le costume attire tous les regards, dont l'héroïque dévouement, surtout, dont la piété et la chrétienne simplicité vont provoquer l'admiration universelle.

Là, c'est une belle phalange de jeunes gens, aux espérances

viriles, à la foi convaincue, à la vaillante charité, serrés autour de l'image du Sacré-Cœur comme des soldats autour du drapeau, et qui vont mettre leurs bras et leur cœur au service de nos infirmes, pendant cinq jours, sans faiblir un seul instant. C'est Saint-Omer, Arras, Boulogne, Calais, Saint-Pol, Bucquoy, Sailly-sur-la-Lys, Houlle, Ruitz, Guémy, Longuenesse, etc., etc., qui députent auprès de Marie l'élite de notre jeunesse artésienne. Élite sagement conduite par des aumôniers choisis avec soin ; élite exercée au noble métier du sacrifice par un jeune lieutenant formé à l'école de l'Université catholique de Lille et qui chasse de race ; élite commandée, pour cette grande circonstance du pèlerinage, par notre zélé Directeur et par deux vétérans du dévouement que je nommerais bien volontiers, si tous ne connaissaient M. de Bizemont et M. Destombes.

Plus loin, ce sont les matelotes de Boulogne, du Portel et d'Etaples, qui sont venues offrir à Marie, l'Étoile de la mer, l'hommage chrétien de nos vaillantes populations maritimes ; ici, ce sont des Enfants de Marie, sœurs de Bernadette, fières d'aller déposer leur médaille sur le rocher de Massabielle, accourues de tous les points du diocèse, de Béthune, de Calais, d'Arras, de Lumbres, de Boulogne et d'ailleurs, pour se mettre sous la protection de l'Immaculée ; là, ce sont de jeunes enfants qui viennent demander à Marie de bénir leur entrée au Petit Séminaire et de veiller sur leur vocation ; là encore, des premiers communiants, réalisant, avec leur mère de la terre, la promesse faite de venir à Lourdes remercier la Mère du Ciel, si, malgré une santé chétive, ils arrivaient à ce beau jour de la première rencontre avec N. S. ; là, des élèves de nos collèges ecclésiastiques ; là, enfin, des pèlerins venus de tous les points de l'Artois, c'est-à-dire toute la famille diocésaine réunie dans tous ses éléments et présentée à Notre-Dame de Lourdes par l'Évêque de Notre-Dame des Ardents, de Notre-Dame de Boulogne, de Notre-Dame des Miracles, de Notre-Dame Panetière. Ah ! s'il est bon pour des frères de se rencontrer avec des frères unis dans les mêmes sentiments et soutenus par les mêmes espérances, cette joie n'est-elle pas plus grande encore lorsque c'est à Lourdes, ce vestibule du ciel, que l'on se rencontre, et que la Providence s'y montre si bonne, que l'on y soit exclusivement en famille ?

Chose étrange ! à peine le pèlerin de Lourdes a-t-il touché ce sol visité par la Mère de DIEU qu'il se sent envahi par le surnaturel, par l'impérieux besoin de s'agenouiller, de prier, de montrer sa foi. Marie est là, avec la grâce infinie et l'incomparable majesté de sa personne ; Elle est là avec sa tendresse de mère et ses sourires pleins de douceur ; Elle est là, c'est évident !

Dès lors, il importe de ne pas perdre un instant, il s'agit de parler immédiatement à Celle qui est si visiblement là et qui y est pour nous écouter. Nos directeurs et nos brancardiers le comprennent si bien que, depuis deux heures de l'après-midi, ils sont déjà à la Grotte et aux piscines, nous exhortant à la prière, nous rappelant le devoir de la pénitence, nous suggérant d'ardentes invocations qui nous arrachent des larmes des yeux, qui nous font lever vers le ciel et vers l'image de Marie des bras suppliants, pendant que nos malades descendent dans les piscines avec la douce espérance d'y retrouver la force, la santé, la vie. Durant cinq jours cette prière ne va pas discontinuer ; prière pour nos chers malades, prière pour tous les nôtres, prière pour nous-mêmes, prière pour la France, qui en a tant besoin, hélas ! et qui est vraiment la grande malade ! C'est à toutes ces intentions que, vers quatre heures et demie, Monseigneur donne à la Grotte la bénédiction du Très-Saint Sacrement. Au cours de cet office, M. le vicaire-général Bonvarlet monte en chaire et prononce une magnifique allocution, dont le but est de remercier les organisateurs de notre beau pèlerinage et de nous encourager à mettre, sans restriction, notre confiance en Marie, en Marie dont les miracles soulèvent les foules, en Marie qui reste, avec le Sacré-Cœur, la suprême espérance de notre patrie.

Endormons-nous sur cette pensée consolante ; car, en raison de la fatigue qui nous accable tous, le Comité du pèlerinage a décidé qu'il n'y aura point ce soir de procession aux flambeaux.

5 août. — Fête de Notre-Dame des Neiges.

Bien avant sept heures, qui est l'heure fixée pour la messe de communion, nos pèlerins sont groupés autour de l'autel de la Grotte, où Monseigneur va célébrer le Saint Sacrifice. L'un de nos directeurs ecclésiastiques monte en chaire pour nous préparer à la réception de l'auguste Sacrement, et quand le moment de la Communion est arrivé, deux prêtres distribuent le Pain eucharistique aux pèlerins qui se pressent à la Table Sainte. Hier nous signalions l'une des premières merveilles de Lourdes, à savoir l'intensité, l'enthousiasme indescriptible que revêt la prière telle qu'on la fait là-bas ; voici un autre sujet d'admiration qui frappe immédiatement le pèlerin : c'est la grande place qu'à Lourdes l'on donne à la communion. O vous qui ne voulez pas communier, vous qui feignez de ne pas croire à la présence réelle de DIEU dans la Très-Sainte Eucharistie, venez, venez ici, je vous en conjure. Et voici ce que vous y verrez. Vous y verrez des hommes qui, dans leur paroisse, avaient bien de la peine à communier à Pâques ; vous les verrez, dis-je, devenus pèlerins de Lourdes, ne point passer une seule journée de leur heureux séjour près de la Grotte sans qu'ils s'avancent à la Sainte Table ; vous les verrez prolonger l'exercice de l'action de grâces avec une piété qui fait rêver du cloître ; vous les verrez, en un mot, comme fascinés par l'Aigle eucharistique, vouer à Notre-Seigneur un amour qui ne se démentira plus... et vous ne pourrez point ne pas les imiter. C'est là, en effet, l'un des plus beaux côtés de Lourdes ; JÉSUS y captive les âmes, il les enivre de son amour, il se les attache pour jamais ; et c'est pour cette raison encore que l'on ne saurait accomplir une œuvre plus belle que de faciliter aux pauvres, aux jeunes ouvriers, aux déshérités de ce monde, le voyage à la Grotte de Marie, devenue un vrai Thabor eucharistique.

A neuf heures, nos malades sont conduits aux piscines, qui leur sont ouvertes sans la moindre difficulté puisque nous sommes, en ce moment, comme nous l'avons dit, les seuls pèlerins de Lourdes. Je ne m'arrêterai plus à vous redire ces supplications qui sortent de toutes les poitrines en faveur de nos malades ; c'est la plus ardente prière que l'on puisse imaginer et j'en ai déjà parlé ; mais ce qui me touche par-dessus tout, c'est le dévouement, c'est la piété de nos brancardiers. Ils sont là, tantôt sous une pluie battante, tantôt en plein soleil, préoccupés uniquement de leurs malades, égrenant leurs chapelets pendant que ceux-ci sont dans la piscine, affables et obligeants envers tous ceux qui sollicitent leurs bons offices. Il en est de même de MM. les médecins et pharmaciens attachés au pèlerinage. Ce sont encore là des conséquences du voisinage de DIEU, car DIEU est charité, et il est impossible de l'approcher sans brûler d'amour pour ceux qu'il aime avec prédilection. Vraiment, quand on parle de ce qui se fait à Lourdes, l'on est peut-être taxé d'exagération, à cause du langage toujours admiratif que l'on emploie, mais je vous défends bien, si vous avez la foi et si vous êtes sincère, de parler autrement.

Voici que les belles cloches de la Basilique nous appellent à l'église du Rosaire pour la grand'messe solennelle qui doit être chantée à dix heures et demie. Cette cérémonie sera l'une des plus touchantes de notre pèlerinage, car elle doit avoir pour couronnement la consécration à Notre-Dame de Lourdes de la Jeunesse catholique de l'Artois.

M. le chanoine Stalin, supérieur du séminaire Saint-Thomas, ancien supérieur du collège Saint-Joseph d'Arras, est l'officiant du jour. C'est bien à lui que devait revenir un tel honneur, car avant d'être appelé à former la jeunesse cléricale, il a dépensé son grand esprit d'initiative, son remarquable talent et sa bonté, à l'éducation de plusieurs de ceux qui sont aujourd'hui à la tête de cette belle association de la Jeunesse du Pas-de Calais.

L'office commence. M. l'abbé Therry, doyen d'Étaples, dirige les chants avec une incontestable compétence et une remarquable vigueur. Il ne cherche pas, on le voit bien, à faire de l'art pour l'art (rien ne lui serait plus facile, car il a de qui tenir, je le sais mieux que personne) ; il sent qu'il a en face de lui une assistance populaire, et il veut se tenir dans la note populaire. Mais quelle précision, mais quelle ampleur dans son geste superbe et dans sa voix incomparable! M. l'abbé Guilbert, curé de Busnes, est à l'harmonium ; à ses côtés se trouvent M. le curé d'Outreau, M. le curé de Robecq, M. le curé de Bonningues-les-Ardres, dont les voix puissantes et harmonieuses se feront entendre durant tout notre pèlerinage.

Après l'Évangile, notre ami M. l'abbé Milléquant, aumônier de la Jeunesse catholique d'Arras, prend la parole. Je ferai mieux que louer son action convaincue, son style châtié, son éloquence délicieuse, comme tout ce qui sort de la cellule d'un directeur de grand séminaire ; je citerai, au nom même de cette amitié qui m'unit à lui, la plus grande partie de cette remarquable allocution.

« *Ego Mater agnitionis... In me gratia omnis viæ et veritatis !* »

« Je suis la Mère de la science ; moi seule puis communiquer la grâce de bien penser et de bien vivre. » (Ecclésiastiq., XXIV, 24 et 25.)

« DIEU, dit le P. Lacordaire, est l'éternelle Jeunesse, et il « se plaît en ceux qui portent un instant, dans la caducité « rapide de nos âges, cette ressemblance avec sa propre « figure... Aussi la jeunesse est le printemps de la beauté ! Il « est beau le jeune homme, avec ses espérances et ses enthou- « siasmes ; il est plus beau, quand il domine son temps et « son siècle en en répudiant les erreurs et en foulant aux « pieds ses séductions ; quand il rend fécondes les années qui « le séparent de l'âge mûr, et qu'il en fait une période de « préparation, un laborieux noviciat aux graves devoirs de la « vie domestique et sociale ; il est beau, quand, en face des « blasphèmes de l'impiété et des audaces croissantes de « l'immoralité, devant les trahisons, les défections, les lâche- « tés qui se consomment au grand jour et rêvent même, sur « notre sol français, terre natale de la loyauté et de la droi- « ture, de recueillir l'encens prostitué de l'apothéose ; il est « beau, dis-je, alors que saintement il s'indigne, se drape dans « le manteau immaculé de sa foi et de sa vertu pour

« échapper à la contagion du siècle, et jure de se dépenser
« sans compter pour la cause de DIEU et de la patrie...

« En le rencontrant un jour à travers ses courses aposto-
« liques, JÉSUS se prit à l'aimer sans mesure : « *Intuitus eum*
« *dilexit !* »

« Dans votre ville épiscopale, Monseigneur, au cours de
« vos tournées pastorales à travers votre diocèse, vous l'avez
« rencontré souvent, ce jeune homme ; chaque fois, à l'exem-
« ple du Bon Maître, votre cœur s'est ému, et de fortes et
« suaves paroles ont jailli de vos lèvres pour le bénir et
« l'encourager : « *Intuitus eum dilexit !* » Que ne peuvent le
« regard et la parole d'un Pontife et d'un Père ! Sous votre
« haut et si bienveillant patronage, ces jeunes gens ont résolu
« de se serrer en un groupe compact ; dès lors, pour éviter
« les écarts dont la bouillante jeunesse est coutumière, ils ont
« suivi avec une admirable docilité la direction des chefs
« qu'ils se sont donnés.

« Il leur manquait encore le regard et le sourire d'une
« Mère. O Marie, nous sommes venus les chercher, parce
« qu'ici, pour les pèlerins dont les flots chaque année gros-
« sissants font monter vers Vous la puissante voix de l'amour
« qui souffre, qui répare et qui prie, votre trône semble plus
« accessible, votre présence plus sensible, votre bonté plus
« miséricordieuse, votre bras plus secourable. »

« Nous voulons donc, Messieurs et chers amis, consacrer à Notre-Dame de Lourdes notre association de la *Jeunesse catholique du diocèse d'Arras*. Le moment ne vous paraît-il pas solennel? Recueillons-nous quelques instants, et comme rien n'est plus nécessaire aux générations contemporaines que la vérité totale, laissez-moi vous présenter Marie comme la Reine des intelligences et la Mère de la vérité : « *Ego Mater agnitionis.* »

Après ce splendide début, M. Milléquant développe cette belle thèse familière à saint Bernard et au cardinal Pie, d'après laquelle c'est par Marie que nous arrivons à la vérité plénière.

« Le mensonge, dit-il, est partout ; et cependant l'homme

est fait pour la vérité, pour la vérité totale, que procure seule la foi au CHRIST ; il n'y a que Lui qui ait osé se définir : « *Ego sum veritas.* »

« Or, pour resplendir au regard de l'humanité, de quel instrument s'est-Il servi ? De Marie : c'est Elle qui a versé sur le monde la lumière éternelle, Notre-Seigneur JÉSUS-CHRIST, « *lumen aeternum mundo effudit, Jesum Christum Dominum Nostrum.* » Et comme « les dons de DIEU sont sans repentance », c'est toujours par Marie que JÉSUS continue d'être la lumière du monde.

« Voilà pourquoi nous sommes venus solliciter instamment ici la plénitude de la vérité, dans une foi vigoureuse et agissante. Cette foi est une force, c'est un germe de vie, c'est un principe de victoire, c'est elle qui nous sauvera. « *Veritas liberabit vos.* » Mais la vérité libératrice, c'est seulement celle que l'on fait sans reproche, « *Veritatem facientes,* » c'est celle que l'on défend et que l'on propage sans peur. »

Puis, s'adressant directement aux membres de la Jeunesse catholique artésienne,dont l'un d'eux soutient près de la chaire le drapeau du Sacré-Cœur pendant que tous les autres sont debout, le sympathique orateur ajoute en terminant :

« Cette vérité plénière et surnaturelle, nous en serons les dépositaires intègres, les témoins fidèles, les intrépides soldats, les apôtres zélés. Nous en prenons ici l'engagement solennel, en consacrant à Marie notre Association. Daigne en ce moment la Très-Sainte Vierge, la toute-puissante Mère de DIEU, la nouvelle Ève qui écrasa la tête du serpent infernal, Celle qui triompha de toutes les hérésies, qu'Elle daigne nous armer chevaliers !... A jamais, de par Notre-Dame, nous serons les chevaliers sans peur et sans reproche du Roi JÉSUS. *Amen !* »

Ainsi consacrée à Marie, notre jeunesse catholique d'Artois va se signaler à Lourdes par de véritables merveilles. Elle sera la première auprès des malades, la première à la Grotte ; et quand le soir viendra, alors même que tous les autres auront regagné leur logis, on la retrouvera aux pieds de Marie dans une prière qui semblera vouloir ne pas se terminer.

Il est donc vrai qu'il y a dans notre pays une jeunesse fervente, dévouée, comprenant la charité, affamée de chasteté ; une jeunesse qui ne fait pas de son printemps un prétexte de licence et de folle joie : qu'on ne rencontre pas dans les endroits où, pour employer un mot célèbre, l'on n'a rien à gagner mais tout à perdre ; une jeunesse que l'on voit, au contraire, dans les cercles, dans les patronages, dans les conférences de Saint-Vincent de Paul, partout où il y a du bien à faire et des âmes à conquérir à JÉSUS-CHRIST. Aussi, ne suis-je pas étonné de toutes les sympathies qu'elle s'attire à Lourdes, de l'admiration qu'elle provoque, si bien que l'*Univers*, parlant de nos jeunes Artésiens dans son numéro du 12 août, citait à leur sujet ce mot pittoresque d'un brave pèlerin : « Ceux-là, ce sont les vrais. »

Grâce aux encouragements et aux vigoureux conseils que, dans des réunions intimes tenues à Lourdes même, la jeunesse catholique du Pas-de-Calais a reçus de Sa Grandeur Monseigneur l'Evêque d'Arras, du R. P. Lemius, de M. l'abbé Fontan, de M. l'abbé Lenfant, elle continuera le bien déjà commencé et elle se répandra, comme un levain de salut, sur les points les plus reculés de notre Artois.

A 2 heures, tous nos pèlerins se retrouvent aux piscines. Il faut faire violence au Ciel, toucher le cœur de Marie en faveur de nos pauvres malades, redoubler de confiance, arracher enfin des guérisons. Est-ce que nous serions moins heureux que les années précédentes ? Est-ce que notre Mère voudrait se montrer sourde à notre appel ? Non, non, cela ne sera pas ; comme chaque année, Marie va nous bénir, si nous ne nous lassons pas de prier. Et voici qu'en effet, sous l'action d'une prière plus ardente, un souffle de miracle semble passer sur nos pèlerins, et qu'à l'heure de la procession du Très-Saint Sacrement, nous obtenons pour nos chers malades de véritables faveurs dont il sera question plus loin.

Me hasarderai-je une fois encore, et après mille autres, à tenter une description de cette incomparable procession du Très-Saint Sacrement, telle qu'on la fait à Lourdes, telle que nous la faisons nous-mêmes, en ce moment, au nom de notre

Diocèse ? Ovation triomphale au DIEU de l'Eucharistie, acte de foi digne des jours évangéliques, adoration d'une solennelle portée, que le récit ne peut vraiment reproduire, dont rien ne peut donner l'idée à quiconque n'en a pas eu le spectacle sous les yeux : voilà ce qu'est cette merveilleuse manifestation.

Le cortège part de la Grotte. Il se compose des membres de la Jeunesse catholique, de nombreux laïques artésiens, de nos bons et pieux mineurs, d'un certain nombre de grands séminaristes, des prêtres et des dignitaires du diocèse, qui tous portent un cierge à la main, pendant que des voix sonores chantent nos plus belles hymnes eucharistiques. Au milieu de cette imposante assemblée, voici, entre les mains de Monseigneur, qui est accompagné de MM. les Vicaires-Généraux Liénard et Bonvarlet, l'Hostie rayonnante, point de mire de tous les regards, centre adorable de tous les cœurs. Cependant la procession s'avance sous les arcades ; la voici maintenant qui se développe sur l'esplanade du Rosaire ; la voici enfin en présence de nos pauvres malades.

Voyez-vous, comme autrefois les malades de Palestine sur les chemins de la Terre-Sainte, ces aveugles, ces muets, ces paralytiques, ces déshérités de la vie, victimes infortunées de ces mille misères physiques qui affligent l'humanité ? Ils sont là, rangés sur le parcours que JÉSUS va suivre. Des parents et des amis sont auprès d'eux, à la fois pleins d'espérance et d'anxiété, murmurant des prières, et en particulier, cette prière qui est bien la prière de Lourdes, le chapelet.

Tout à coup, ces voix se taisent ; les fronts se courbent, une émotion indescriptible fait frissonner tous les cœurs : JÉSUS a quitté le dais brillant qui lui servait de trône et Le voici qui vient bénir, porté par les mains du Pontife, à tour de rôle, chaque malade. Pendant cette scène dont rien ne peut reproduire l'ineffable grandeur, un prêtre à la voix pénétrante et à la foi communicative laisse tomber sur la foule troublée d'émotion des cris suppliants comme ceux-ci :

Seigneur, si vous voulez, vous pouvez me grérir !
Seigneur, dites seulement une parole et je serai guéri !

Seigneur, faites que je voie !
Seigneur, faites que je marche !
Seigneur, celui que vous aimez est malade !
Seigneur, guérissez nos malades !
Hosanna ! Hosanna au Fils de David !

Et toute la foule, et tous les malades de redire éperdument ces supplications, ces prières déchirantes, je dirais bientôt ces sommations qui sont le cri suprême de la confiance, de la foi et de l'amour. Et lorsqu'au milieu de ces choses qui nous reportent à dix-neuf siècles en arrière, l'un des malades vient à se lever, comme nous l'avons vu nous-même, à cette procession que nous essayons de raconter, c'est alors que l'émotion est portée à son comble, que la confiance redouble d'intensité et que les objurgations — si l'on me permet ce mot — deviennent plus pressantes. Nouveau triomphe de l'Eucharistie à Lourdes ! Sublime compensation offerte, par des âmes fidèles, à Notre-Seigneur si indignement méconnu ! Défi jeté à la science impuissante et misérable de l'homme ! Touchant témoignage de compassion et d'amour du Cœur de JÉSUS envers la souffrance humaine !

Puisse, chers pèlerins, ce spectacle, dont vous garderez l'inoubliable souvenir, mettre en vous une foi lumineuse, un indéfectible amour envers le Très-Saint Sacrement. Aussi bien, ce Maître adoré que nous chantions là-bas, Il est ici, près de nous, dans la pauvre église de notre village, au tabernacle de notre paroisse : donc allons souvent à l'Hostie, courons souvent à l'Autel !

Cependant si le Soleil eucharistique a mis la joie dans nos âmes, voici que le soleil de la nature est moins aimable pour nous. De gros nuages accourent de tous les points de l'horizon ; le vent souffle en rafale ; tout nous fait pressentir que nous n'aurons pas encore aujourd'hui la cérémonie qui couronne si bien une journée à Lourdes, la procession aux flambeaux. En effet, lorsque huit heures sonnent au cadran de la Basilique, nos pèlerins, qui ne se laissent pas déconcerter par une température malencontreuse, veulent quand même se mettre en branle ; déjà ils ont allumé leurs flambeaux, entonné le cantique de l'*Ave Maria*, mais, désirs inutiles, ils sont forcés par la violence de la tempête à revenir sur leurs pas et à se contenter de prier à la Grotte.

Alors, Monseigneur monte en chaire et de sa forte voix adresse à tous ses enfants, groupés autour de lui, quelques paroles qui descendent sur eux comme la plus douce bénédiction de la journée. Sa Grandeur nous rappelle que nous sommes venus à Lourdes pour honorer Marie et pour l'intéresser à tous nos besoins temporels et spirituels, puis Elle nous dit que, pour réaliser fidèlement ce programme, nous avons trois choses à offrir à Marie :

1° La prière, à laquelle d'ailleurs nous n'avons pas manqué ;

2° La pénitence, que Marie nous a demandée au cours d'un voyage rendu pénible par une chaleur accablante, et qu'elle nous demande ce soir encore en nous privant de notre procession ;

3° La foi, cette foi que Notre-Seigneur réclamait jadis de ceux qui s'adressaient à sa puissance, et que sa divine Mère exige encore de ceux qui recourent à sa bonté ; cette foi, enfin, qui n'a point d'expression plus belle que le *Credo catholique*, dont les accents retentissent aussitôt parmi la foule électrisée.

Quand ce chant, toujours magistralement conduit par M. l'abbé Therry, est achevé, Monseigneur, qui n'a pas quitté la chaire, ne peut contenir son admiration et s'écrie : « Que c'est beau ! que c'est beau ! » Oui, qu'il est beau, ce *Credo* chanté par la France priante et croyante, au-dessus d'un pays où il y a parfois tant de sujets de tristesse, mais au sein duquel il reste toujours tant d'esprit de foi et tant d'amour pour DIEU !

« Et maintenant, dit Monseigneur, de même que dans une famille, le soir, le père bénit ses enfants, de même moi, qui suis le chef — non, ce mot ne me plaît pas — moi qui suis le père de la famille diocésaine, je vous bénis, avant que vous alliez prendre votre repos. » — *In pace in idipsum dormiam et requiescam...*

Dimanche 6 août. — Fête de la Transfiguration.

L'heureuse idée qu'ont ces Messieurs du Comité de nous

donner un dimanche à Lourdes ! Si toutes les journées que l'on y passe sont pleines d'une infinie douceur, — là, en effet, on ne connaît ni fiel, ni amertume, ni basses rivalités, ni rien de ce qui, ailleurs, trouble sans cesse la vie, — ne vous semble-t-il pas que le dimanche y prend un caractère tout particulier de suavité ? C'est assurément ce que ressentent les chrétiens voisins de Lourdes, qui ce jour-là ne manquent pas de descendre de leurs montagnes pour s'en venir prier à la Grotte de Marie ; c'est ce qu'éprouve tout pèlerin, dont la joie semble se dilater encore dans ce jour que le Seigneur a fait.

Les offices, les prières, les cérémonies, les communions plus nombreuses, tout, jusqu'à ce je ne sais quoi qui se traduit dans la tenue, fait du dimanche de Lourdes un jour de plus grande fête. Sans nous arrêter aux prières des piscines et de la Grotte, lesquelles ne sont, sauf un accroissement de ferveur, que la répétition des prières de la veille, arrivons immédiatement à la Grand'Messe. Dites-moi, savez-vous quelque chose de plus touchant que cet office dominical, rehaussé par la présence du premier Pasteur, embelli par la plus magnifique assistance sacerdotale que l'on puisse rêver, suivi par une foule extraordinairement recueillie, et rendu vivant par cette grande prière populaire du chant liturgique exécuté d'ailleurs avec la plus parfaite précision ?

C'est M. le chanoine Vasseur, supérieur du collège Saint-Bertin, qui célèbre l'auguste Sacrifice. Il est assisté à l'autel par un ecclésiastique du diocèse et par M. l'abbé Boissarie, diacre de la veille, qui a tenu à honneur, par une sorte d'atavisme dont nous le remercions, de témoigner sa sympathie à notre pèlerinage. A cette heure l'Eglise universelle répète l'exclamation que l'apôtre Pierre, enivré de joie devant la vision du Maître transfiguré, poussait autrefois sur le Thabor : « *Bonum est nos hic esse :* Qu'il nous est bon de nous trouver ici ! » O pèlerins, n'entendez-vous pas, dans vos âmes extasiées, le même chant d'indicible bonheur ? « En vérité, a dit le cardinal Pie, il fait si bon d'être à Lourdes, et l'on voudrait y pouvoir fixer sa tente avec celle de tous les siens. On y respire un air, on y goûte un bien-être, un calme, une suavité qui est un avant-goût du ciel ; et quand on a commencé à gravir cette montagne, on se croit, je ne dirai pas à moitié chemin, mais aux trois quarts de route du Paradis. Quelque chose de la transfiguration du visage de la pure et naïve Bernadette semble s'y refléter sur tous les fronts. Les préoccupations vulgaires de la vie terrestre n'y comptent pour rien. Et comme là-haut, où il y aura de grandes foules, les corps spiritualisés ne se causeront point de gêne ni d'embarras mutuel, il semble qu'ici on ne se touche que par les côtés de l'âme, et que l'entassement de la multitude y apporte seulement, comme dans la Jérusalem céleste, la joie de la participation de tous à la félicité de chacun. »

C'est de cette « joie », dont Marie est la « cause » et l'aimable régénératrice, que va nous parler l'orateur de la Grand'Messe, M. l'abbé Leclercq, le distingué professeur de rhétorique de Saint-Bertin. Sujet plein de charmes s'il en fut jamais, et bien digne d'être traité à Lourdes ; sujet dans le développement duquel le jeune et brillant prédicateur s'est joué avec une merveilleuse aisance et avec l'éloquence d'un maître : tour à tour délicat et pénétrant, familier et élevé, sûr dans la doctrine et infiniment gracieux dans la forme. Un tel discours, j'en suis sûr, reste gravé dans vos esprits, chers pèlerins d'Arras, et vous ne m'en voudrez pas si je me borne à vous en laisser ici une froide et sèche analyse.

1° Marie nous donne certaines joies matérielles dont nous avons besoin dans la vie, telles que la santé, l'honneur d'une famille respectée, la liberté, etc.

2° Marie nous procure les joies de l'esprit. C'est elle qui nous a donné la Vérité intégrale : elle est elle-même le plus beau poème que DIEU ait composé, le plus beau cantique qu'il ait chanté, le plus beau tableau qu'il ait réalisé.

3° Enfin Marie, « la Mère de ceux qui n'ont plus de mère, » nous donne la joie du cœur, cette joie surtout d'être aimés d'elle et de pouvoir l'aimer...

Monseigneur ajoute à toutes ces joies celle de sa bénédiction paternelle et nous invite, en reconnaissance des faveurs signalées que Marie, vraie « cause de notre joie », a accordées depuis hier à nos chers malades, à chanter le *Magnificat* à la fin de la Grand'Messe.

A 2 heures, nous voici de nouveau aux piscines, puis à 3 heures à l'église du Rosaire pour l'office des Vêpres. Déjà de nombreux pèlerins sont arrivés en vue du Congrès Eucharistique qui doit s'ouvrir demain soir ; nous sentons bien qu'à partir de ce moment, Lourdes ne sera plus exclusivement à nous ; mais si nous avons moins de place, notre piété sera plus grande encore et la Vierge Immaculée ne cessera de nous regarder avec amour.

Non,vraiment : car,à la procession du Très-Saint Sacrement qui se déroule immédiatement après les Vêpres sur la place du Rosaire, une guérison merveilleuse vient s'ajouter à celles des jours précédents. Nos pèlerins, dont l'enthousiasme ne pourrait se dire, ne cessent de chanter le *Magnificat* de la reconnaissance, pendant que de tous côtés l'on entend parler avec admiration du pèlerinage d'Arras...

Enfin, à 8 h., grande procession aux flambeaux. Avec quel bonheur nous allumons nos « candélous » et nous nous mettons en marche au chant, jamais fatigant, de l'*Ave Maria!* Lentement nous nous avançons le long du gave, dans les eaux duquel se reflète la lumière brillante de nos cierges ; puis nous nous engageons sur les rampes gigantesques qui conduisent aux églises, et nous arrivons peu à peu sur la verte pelouse du Rosaire. Près de nous, voici la Vierge du Couronnement, complètement illuminée, et dans le fond, la Croix du pont Saint-Michel, également embrasée. Dans ce cadre magnifique, nos cierges, comme des étoiles mouvantes, avancent, reculent, reviennent, semblant écrire en longs traits de feu le saint Nom de Marie, que nos lèvres ne se lassent point de prononcer.

Au retour, sur les gradins de l'église du Rosaire, Monseigneur veut bien encore dire à ses enfants un mot de félicitation, le dernier mot de la journée. On peut le résumer ainsi qu'il suit : « Si nous aimons Marie, nous irons jusqu'à son Fils, dont nous devons tous désirer le règne : « *Oportet illum regnare.* ».

1° Il faut que Notre-Seigneur règne d'abord sans restriction dans *nos âmes ;* sachons donc lui sacrifier ce qui pourrait s'opposer à l'avènement de JÉSUS en nous ;

2° Il faut que Notre-Seigneur règne à *nos foyers.* Si, là encore, il y a quelque chose qui soit de nature à contrarier les desseins du Maître, nous devons nous en séparer sans merci ;

3° Enfin, nous devons désirer que Notre-Seigneur règne dans *la société*, dont il doit être le seul Seigneur.

Nous répondons à ces vibrantes paroles par le chant toujours si impressionnant du *Credo*, et nous nous retirons après avoir reçu la bénédiction de notre bien-aimé Père.

7 et 8 août. — C'est aujourd'hui à dix heures que doit se tenir, toujours à l'église du Rosaire, notre réunion diocésaine dite de la Sainte-Famille.

Que l'on ne s'étonne point de voir nos directeurs revenir, cette année encore, sur cette œuvre qui est vraiment de première importance. Il faut bien savoir, en effet, que la famille chrétienne est comme l'arche sainte et la cellule sociale qui tient en réserve le salut de notre pays. Nous ne serons sauvés ni par un système, ni par une organisation quelconque. Notre société sera sauvée le jour où la famille, aujourd'hui désorganisée — ainsi que le disait jadis Léon XIII dans une Encyclique célèbre et notre Evêque dans un magistral Mandement — sera reconstituée sur des bases absolument chrétiennes. Or, pour obtenir ce but si désiré, quel meilleur moyen à employer que la dévotion et la consécration des familles à la Sainte Famille de Nazareth ? Moyen pacifique, mais quel moyen infaillible ! Il importe donc, ainsi que le disait, avec l'autorité d'un pasteur modèle, M. l'abbé Guilbaut, curé de Beaurains, d'introduire au sein des foyers la prière en commun, qui est, pour ainsi dire, l'âme de l'Association fondée par le Souverain Pontife.

Est-ce qu'en effet « cette prière ne met pas le Ciel lui-même dans la famille, et la famille dans le Ciel ? » Qu'il sera beau, notre Artois, le jour où, à l'appel de son Pontife, il saura s'inspirer de ces idées et suivre ces conseils ! Pour cela, il a besoin d'être stimulé par ses prêtres. « Mettez-vous donc à l'œuvre, chers et vénérés Confrères, dit en finissant le zélé prédicateur ; surtout ne vous laissez pas décourager par les difficultés du début, car si vous savez persévérer, vous serez bien récompensés par les magnifiques résultats que vous obtiendrez. »

C'est au cours d'une messe basse que cette excellente exhortation nous est adressée, car le temps nous est parcimonieusement ménagé, attendu qu'immédiatement après le repas de midi nous devons nous rendre à Bétharram.

Une pluie torrentielle nous accueille à notre arrivée dans ce vallon de Bétharram, si délicieux lorsque, par une douce température, le soleil vient se refléter dans les eaux limpides qui se précipitent sur ses bords. Terre plus belle encore par les merveilles de la grâce dont elle a été le témoin. N'y entendez-vous pas les échos des grandes fêtes données, il y a un peu plus d'un mois, en souvenir du vénérable Père Garicoïts ? Terre de sainteté qui semble être le prolongement de Lourdes et où nous venons demander la foi et l'espérance comme à Lourdes.

L'un des religieux attachés au sanctuaire de Notre-Dame nous reçoit à l'église et nous engage, dans une instruction des plus pieuses, à ne point quitter ce lieu béni sans recevoir de Marie « le rameau de Salut », qui sera le palladium de la société, de notre diocèse et de nos familles.

Au moment où nous voudrions quitter ce sanctuaire pour entreprendre l'exercice du Chemin de la Croix, l'une des raisons de notre petit pèlerinage, l'orage se déclare plus violent que jamais. Seuls, quelques-uns d'entre nous, les intrépides, s'aventurent dans les lacets de la montagne boisée et font, au nom de tous, la visite aux quinze stations monumentales du plus magnifique Chemin de la Croix qui soit au monde.

Or, pendant ce temps-là, voici ce qui se passait à Lourdes. Lorsque, par l'orage, M. Chevalier dut emporter du Rosaire Cécile Hurtrel, la grande malade du pèlerinage, la poitrinaire mourante, il demanda de quoi couvrir le brancard qui la soutenait. Aussitôt, des dames, des jeunes filles se défont de leurs manteaux et jaquettes pour en couvrir la pauvre moribonde.

Des brancardiers y ajoutent leurs vêtements, et, en bras de chemise, par la pluie torrentielle, portent la malade aux piscines. Et voici qu'en revenant au Rosaire, après ces actes de charité, Cécile Hurtrel, toujours sans connaissance, se lève à la bénédiction du Saint-Sacrement donnée par M. l'abbé Barbier.

Peut-on imaginer plus belle justification immédiate du choix que le « Comité permanent des Congrès Eucharistiques » a fait de Lourdes comme centre du XIe Congrès International qui doit commencer tout à l'heure? Car, il faut le répéter encore, Lourdes, la ville de Marie, est aussi la cité de l'Eucharistie. Qui ne sait qu'il y a autant de miracles qui se produisent sous le rayonnement de l'Hostie que sous l'action salutaire des eaux miraculeuses? Par le fait, la Sainte Vierge n'est et ne veut être que le vivant ostensoir de JÉSUS. C'est Elle qui nous a donné JÉSUS, c'est par Elle que les âmes doivent revenir à JÉSUS. Toute dévotion est incomplète qui ne conduit pas à Notre-Seigneur. Voilà bien ce qu'ont voulu nous faire comprendre ce Pape aux grandes initiatives et ces pieux Evêques de Belgique et de France dont les yeux se sont arrêtés sur Lourdes pour le dernier Congrès Eucharistique du XIXe siècle.

Nos pèlerins vont donc consacrer la fin de leur séjour à Lourdes, tantôt aux exercices du Pèlerinage, tantôt aux séances du Congrès.

Comme exercice particulier de cette dernière journée, signalons d'abord le Chemin de la Croix fait à la montagne des Espélugues, à dix heures du matin. Monseigneur est présent avec ses infatigables diocésains. Au milieu de la foule, voici une petite voiture poussée par l'heureux miraculé d'Hénin-Liétard et dans laquelle se trouve ce cher M. l'abbé Benoist, qui a voulu gravir encore ce Calvaire...

A la descente, nos pèlerins s'arrêtent près de la Croix de Jérusalem pour entendre un très beau discours de M. l'abbé Guilbert, curé de Busnes, dont les deux pensées principales se rapportent à « la vie de Marie avec la Croix » et à « la vie du chrétien avec la Croix ».

Signalons enfin la procession du Très-Saint Sacrement, qui ne se déroule pas, comme chaque jour, sur la promenade du Rosaire, mais simplement dans l'enceinte extérieure des piscines. C'est là que sont groupés tous nos malades, c'est là que JÉSUS nous bénit, près de l'image de sa Mère Immaculée.

La plupart des pèlerins s'en vont alors à l'église du Rosaire et y restent jusqu'à une heure avancée de la nuit, soit pour y entendre de belles considérations sur la sainte Eucharistie, soit pour y entendre, dans une délicieuse adoration nocturne, la voix plus suave encore de Notre-Seigneur Lui-même.

9 août.— Hélas ! nous voici au moment toujours si pénible de la séparation.

A six heures, nos 1400 pèlerins sont à la Grotte pour la messe des adieux, célébrée par Monseigneur. Il y a de nombreuses communions ; il y a des prières plus ardentes que jamais ; il y a surtout des larmes dans tous les yeux et des regrets dans tous les cœurs. Car, quoi que l'on fasse, on ne quitte jamais Lourdes sans éprouver je ne sais quelle mystérieuse nostalgie dans laquelle domine un mystérieux besoin d'y revenir.

Il est vrai de dire, à la gloire de notre Diocèse, que nos pèlerins savent se dépenser quand ils vont à Lourdes ; or, quand on se dépense pour une œuvre de zèle et de prière, on s'y attache pour jamais. Eh bien, oui, les pèlerins d'Artois se montrent là-bas tels qu'ils sont en réalité, pleins de bienveillance et de charité, fortement disciplinés, infatigables dans la prière. Quand ils ne sont plus à la Grotte ou aux piscines, il semble que les exercices n'ont plus de vie, que les supplications sont moins ardentes, que l'atmosphère qui enveloppe les âmes est plus éloignée du Ciel...Nous ne faisons que redire ici ce que bien des fois, au cours de notre pèlerinage, nous avons recueilli sur les lèvres des étrangers.

Honneur et remerciement à ceux qui sont l'âme de cette grande œuvre diocésaine ! Aussi, c'est avec une bien vive satisfaction que nous avons appris la flatteuse distinction dont vient d'être honoré l'habile organisateur des pèlerinages du diocèse. Pour reconnaître l'importance du pèlerinage artésien, surtout pour reconnaître le dévouement infatigable dont fait preuve depuis vingt-sept ans M. Joseph Chevalier, l'Œuvre de l'Hospitalité de Lourdes l'a nommé « membre de l'Hospitalité », et son président, M. le baron de Malet, a tenu à remettre lui-même au nouveau titulaire la médaille de bronze qui est l'insigne de l'Œuvre. Que M. Joseph Chevalier veuille bien recevoir les plus cordiales félicitations de tous les pèlerins de 1899! Ils y ajoutent leur meilleur merci ; car cette fois encore ils ont constaté que le voyage à Lourdes, tel qu'on le prépare à la Direction des pèlerinages diocésains, est un véritable tour de force au point de vue du confortable de l'installation et de la rapidité de la marche[1].

Comme chaque année, nos malades ont été les vrais héros du pèlerinage : c'est vers eux que tous les regards se tournaient, c'est pour eux que l'on priait sans relâche, c'est à leur service que se mettaient tous les dévouements. Quelle joie quand l'un d'eux se levait de sa couche de douleur ou sautait de sa petite voiture d'infirme! Quelle compassion en face de ceux que la souffrance ne voulait pas abandonner!

Je voudrais donc, autant pour la gloire de Marie que pour la légitime curiosité de nos compagnons de route, dire un mot des principales guérisons de notre dernier pèlerinage. Je n'ignore pas que dans le monde où Zola est en honneur, on croit de bon ton de ne pas admettre ces faits que nous appelons merveilleux, de mettre tout cela sur le compte de la névrose ou de la sensibilité développée à l'excès ; nous nous contenterons de répondre qu'autorité pour autorité, nous aimons mieux nous en rapporter au verdict d'un Docteur éminent comme M. Boissarie ou M. Cox qu'à ces fervents du naturalisme, dont trop souvent les jugements ne sont que des préventions.

Or, les guérisons extraordinaires que nous allons rapporter d'après le *Journal de la Grotte*, et d'après les renseignements venus de la Direction du pèlerinage d'Arras, ont été

1. Le 8 septembre de l'année suivante (1900), M. Joseph Chevalier fut nommé « Hospitalier titulaire », et échangea, dans une cérémonie touchante, la médaille de bronze contre la médaille d'argent.

constatées et reconnues par ces hautes sommités médicales en présence des quatre docteurs artésiens accompagnant nos malades.

1° *Berthe Payen*, de Montenescourt (Pas-de-Calais), se fit une entorse au genou gauche, il y a deux ans, en montant sur un pommier. Pendant vingt-cinq jours après l'accident elle continua à marcher, mais, au bout de ce temps, elle fut obligée de se mettre au lit et y resta pendant plusieurs mois, ayant le genou très enflé et douloureux. Après un repos prolongé, la malade commença à se lever et à faire quelques mouvements, puis à marcher un peu en s'appuyant sur une canne, mais elle boitait et souffrait toujours, et il lui était impossible de se mettre à genoux.

Pendant la messe à l'église du Rosaire, le 5 août 1899, Mlle Payen sentit subitement que son genou était libre et se mit à genoux, position qu'elle garda pendant vingt minutes. Depuis ce moment, la jambe a repris la liberté de ses mouvements, la marche est normale.

2° *Adelina Gouy*, de Corbehem (Pas-de-Calais), se prit le pied gauche entre deux rails, le lundi de la Pentecôte, l'année dernière, en traversant la voie ferrée au moment où un train approchait. Après un violent effort elle réussit à se dégager, mais son soulier resta entre les rails et elle se fit une *déchirure des ligaments du genou gauche*. Elle fut forcée de garder le lit pendant sept semaines, puis elle se leva et commença à marcher; mais depuis cette époque elle était obligée de porter une genouillère, la marche était difficile et douloureuse et le genou était toujours resté enflé.

Le 7 août 1899, dans la matinée, pendant que la malade, malgré ses souffrances, faisait le Chemin de la Croix au Calvaire, le genou désenfla subitement et la genouillère glissa sur la jambe.

Le même jour, dans l'après-midi, quoique les douleurs causées par la marche fussent toujours assez vives, Adelina Gouy, qui avait quitté sa genouillère depuis le matin, alla faire une seconde fois le Chemin de la Croix au Calvaire. Toutes ses souffrances disparurent en ce moment. Elle marche maintenant facilement, sans aucun appareil, ne boite plus et suit sans fatigue tous les exercices du pèlerinage.

3° *Lucie Pétain*, de Rebreuve-sur-Canche (Pas-de-Calais), était entrée, depuis six semaines, au couvent des Augustines d'Arras, lorsqu'elle subit, en juin 1898, une opération peu grave mais très douloureuse. Elle continua à souffrir pendant trois semaines après l'opération, et il fallut plusieurs fois lui donner de la morphine pour la calmer. Ces souffrances prolongées développèrent chez elle une affection nerveuse caractérisée par des vomissements répétés, de fréquentes crises de nerfs, des syncopes et des troubles fonctionnels de toutes sortes. Lorsqu'elle arriva à Lourdes, le 4 août 1899, elle avait de plus, depuis sept semaines, *une contracture des deux membres inférieurs et du bras droit, accompagnée d'anesthésie de ces parties.* Mlle Pétain avait fait le voyage couchée sur un matelas, prenant très peu de nourriture et vomissant à peu près tout ce qu'elle prenait.

Le 6 août 1899, dans la matinée, au premier bain de piscine, la contracture du bras droit disparut ; les vomissements cessèrent aussi depuis ce moment et, à midi, la malade put faire un bon repas, qu'elle garda.

Le jour même, dans l'après-midi, à la procession du Très-Saint Sacrement, la guérison s'acheva, les membres inférieurs reprirent leur souplesse. La marche est maintenant facile, l'appétit est très bon et les forces reviennent à vue d'œil.

4° *Anatole Dessailly*, ouvrier des mines de Drocourt (Pas-de-Calais), travaillait au fond d'une mine, le 21 avril 1898, lorsque, par suite d'une fausse manœuvre, il fut violemment heurté aux reins et à la hanche droite par une benne de 4,000 kilos et pressé contre la paroi de la mine. Il en résulta une fracture du bassin, accompagnée d'une forte contusion. Pendant trois mois il ne put quitter son lit. Au bout de ce temps, il commença à faire quelques mouvements ; puis il put se tenir debout et faire quelques pas avec deux béquilles, mais il conserva jusqu'à sa guérison une grande sensibilité de la hanche droite qui rendait la marche très pénible, même avec ses deux béquilles. Il lui était aussi impossible de se mettre à genoux, et, pour s'asseoir, il était obligé de soulever sa jambe droite avec la main.

Le 7 août, vers onze heures du matin, en rentrant à l'hôpital, le malade sentit une douleur violente dans la hanche droite et, sans s'en rendre compte, il sauta de sa petite voiture pendant qu'elle était en mouvement et se mit à marcher sans ses béquilles, en disant : Ça y est. Depuis ce moment, la guérison paraît complète ; les membres inférieurs ont repris leur force normale et tous les mouvements sont faciles. La douleur a complètement disparu.

5° *Cécile Hurtrel*, de Villeman (Pas-de-Calais), porte un certificat médical déclarant qu'elle est atteinte de phtisie. La maladie dure depuis trois ans, et, depuis deux ans et demi, cette jeune fille n'a guère quitté son lit. Elle mange très peu, a beaucoup maigri, vomit fréquemment ce qu'elle prend, tousse beaucoup. Elle a fait le voyage, couchée sur un matelas, sans voix, perdant connaissance à chaque instant. On la considérait comme la plus malade du pèlerinage, et à diverses reprises, durant le trajet et depuis son arrivée ici, on lui a fait des piqûres d'éther et de caféine pendant ses syncopes.

A son premier bain de piscine, le 4 août, elle a éprouvé une amélioration passagère ; mais le 7 août, à la bénédiction du Très-Saint Sacrement à l'église du Rosaire, elle s'est levée et s'est déclarée guérie. Elle marche maintenant facilement, mange, reprend ses forces, ne tousse plus.

A l'examen, on ne trouve aucune lésion pulmonaire.

6° *Madeleine Daquin*, de Lillers (Pas-de-Calais), eut en 1896 une *fièvre typhoïde*. A la suite de cette maladie, elle fut atteinte d'une paralysie des quatre membres, accompagnée de violentes douleurs. Les fonctions de la vessie et des intestins furent suspendues pendant plusieurs jours. La paralysie des jambes resta à peu près stationnaire jusqu'en juillet 1898. Une amélioration se manifesta alors, après une promesse de venir en pèlerinage à Lourdes. La malade, qui était toujours restée couchée jusque-là, put se lever un peu et, à la fin de novembre 1898, elle commença à marcher avec des béquilles.

A son arrivée ici, elle marchait, quoique difficilement, en s'appuyant sur son parapluie.

A son premier bain de piscine, le 4 août 1899, la jeune fille sentit un craquement dans les genoux et se mit immédiatement à genoux, ce qu'elle n'avait pas fait depuis trois ans. La marche est redevenue facile depuis ce moment ; il n'y a plus ni faiblesse, ni douleur, ni claudication.

7° *Mademoiselle Mathilde Mailly*, de Montenescourt, 19 ans, paralysée et muette depuis dix ans, à la suite d'une chute de voiture.

S'est levée le 7 août à la procession du Saint-Sacrement et a retrouvé l'usage complet de la parole, mais les jambes sont encore faibles et la soutiennent difficilement.

Cette jeune fille parle aujourd'hui et répond à toutes les questions. Au retour, en gare d'Arras, émotion indescriptible de la mère et des sœurs de cette jeune fille, qui depuis exactement dix ans n'avait pas même pu prononcer le nom de sa mère.

A ces guérisons connues de tous les pèlerins, on nous autorise à ajouter 20 améliorations sérieuses, dont l'enquête définitive du mois de février prochain relèvera le détail, mais qui ont été signalées au cours de notre séjour à Lourdes.

Sept guérisons et vingt améliorations ! quel sujet d'actions de grâces envers Notre-Seigneur et envers sa divine Mère ! Car si Notre-Dame de Lourdes a voulu s'effacer presque complètement, puisque la plupart des guérisons se sont opérées au passage du Très-Saint Sacrement, comme pour nous dire qu'Elle-même n'est qu'un moyen, mais que le terme suprême de notre amour c'est JÉSUS, son Fils, il n'en reste pas moins que c'est à sa maternelle intercession que nous devons toutes ces merveilles. O chers et heureux miraculés, vous n'allez pas oublier Marie, n'est-il point vrai? Puisqu'Elle vous a tant aimés, vous l'aimerez beaucoup vous aussi, et vous saurez La faire aimer. Il convient qu'à partir de l'heure présente, vous deveniez les apôtres de sa bonté et les témoins audacieux de ses miséricordes. Vous chanterez Marie par votre reconnaissance et votre fidélité, et à la face d'un monde qui ne croit guère que ce qu'il touche de son orgueil, vous direz à peu près comme le Miraculé de l'Evangile : « S'il y a miracle, je n'en sais rien ; mais ce que je sais, c'est que je ne marchais pas et que je marche ; que je n'y voyais pas et que j'y vois ; que j'étais muet et que je parle ! »

Quant à vous, chers et pauvres malades, si vous n'avez pas obtenu une guérison ardemment désirée de vos nombreux amis, c'est sans doute pour que vous continuiez à nous donner l'édifiant spectacle de votre soumission à l'adorable volonté de DIEU, c'est assurément pour que soit plus belle l'enviable couronne que vous vous préparez. Du moins quelque chose nous console, en dehors même de cette grande espérance : c'est que l'on nous a dit souventes fois que l'un des plus suaves fruits de Lourdes, c'est la résignation. Or, vivre résigné sous la croix de tous les jours, ce n'est presque plus souffrir, car c'est vivre avec Celui qui a souffert plus que nous infiniment, et qui aujourd'hui encore porte sur ses épaules la plus grosse part de notre fardeau. »

A la nouvelle de ces grâces si multiples, un chant de reconnaissance retentit par tout le diocèse d'Arras. « Le retour de tous les privilégiés de Marie, écrivait M. Chevalier dans le *Messager* de septembre 1899, a été partout un sujet d'étonnement et de grande joie, et a donné lieu à de bien touchantes cérémonies d'actions de grâces. » M. le Président du Comité voulut, lui aussi, redire sa joie d'une manière publique en en confiant l'expression chaleureuse aux colonnes du même *Messager Artésien*. — « O Notre-Dame de Lourdes, disait-il, de la région lointaine de notre Artois que vous aimez et qui vous aime, laissez-nous vous saluer, en vous offrant, du fond de nos âmes, les respectueux hommages de la plus filiale reconnaissance. Dans la cité sainte où, sur notre terre française, vous avez daigné établir le trône de votre puissance et de votre amour, nous avons vu se dérouler, et le jour et la nuit, d'incomparables spectacles. Auprès de vous, nous avons goûté des joies qui ne sont point de ce monde ! Ces spectacles et ces joies, nous ne les oublierons jamais. Nous aurons à cœur de les raconter autour de nous et d'être ainsi les apôtres de nos pèlerinages diocésains, pour vous glorifier autant qu'il sera en notre pouvoir. »

Comme il arrive toujours en pareil cas, le triste scepticisme

MONSEIGNEUR PEYRAMALE.

essaya de s'opposer à ces enthousiasmes si légitimes. Ce fut l'extraordinaire guérison de Mlle Cécile Hurtrel qui servit de prétexte à ses déclamations. « Un esprit fort du pays, lisons-nous dans le *Messager*, devant se rendre à l'évidence, mais ne voulant pas reconnaître l'intervention de la Sainte Vierge, s'écria : Sans doute cette personne est guérie, mais elle doit sa guérison au changement d'air et aux piqûres de caféine qu'on lui a faites. Donc, avis aux docteurs de France et de Navarre. Nous avons enfin trouvé, d'après ce Monsieur, le remède tant cherché à la tuberculose : 48 heures de chemin de fer, cinq jours de changement d'air, quelques piqûres de caféïne, et il ne reste plus qu'à dire avec le mineur d'Hénin-Liétard : « *Ça y est.* »

Le 15 mars suivant, la Commission des malades se réunit à Arras, chez le Directeur des pèlerinages. Messieurs les Vicaires-Généraux Liénard et Bonvarlet présidèrent cette réunion, à laquelle étaient présents les docteurs qui avaient accompagné les malades à Lourdes. Nos heureux « miraculés » étaient là, eux aussi, portant encore sur leur visage le sourire de la joie et de la reconnaissance.

Mlle Madeleine Dacquin, habitant à cette époque Boulogne-sur-Seine, n'avait pu se présenter à la séance. La Direction avait, par prudence, conseillé à Mlle Hurtrel de ne pas faire le voyage d'Arras. Les conclusions de l'enquête furent extrêmement satisfaisantes. Nous les citons dans les termes mêmes employés par la Commission, afin de leur laisser toute leur importance.

1° *Berthe Payen.* Très grande amélioration : le membre atrophié a regagné 2 centimètres.

2° *Adélina Gouy.* Résultat de l'examen : Identique à celui fait à Lourdes. Pas d'atrophie musculaire, mouvements d'abduction un peu plus faciles du côté gauche.

3° *Mlle Lucie Pétain.* Guérison complète, plus aucun stigmate.

4° *Anatole Dessailly* n'a éprouvé aucune rechute. Depuis le 1er septembre dernier son indemnité lui a été retirée, et il a repris, le 4 du même mois, son travail au fond de la mine. Les mouvements sont libres, la marche normale et sans boiterie, et l'existence de la fracture du bassin reste toujours visible. La différence de circonférence du membre brisé est de huit centimètres. Les docteurs présents demandent l'examen radiographique qui sera fait incessamment.

5° *Mlle Hurtrel.* Nous avons vu Mlle Hurtrel en novembre dernier. Les forces étaient bien revenues, ne toussait presque plus, la maigreur extrême disparaissait, l'état général satisfaisant. Au cours d'un voyage cet hiver, la jeune fille eut froid, elle fut prise d'influenza qui amena une bronchite.

Aujourd'hui, elle est bien remise de cette rechute. Les forces reviennent à nouveau, ne tousse plus, mange bien, mais nous avons cru prudent de ne pas lui faire accomplir, en ce moment, le voyage assez long de Willeman à Arras. Mlle Hurtrel viendra à Lourdes au mois d'août prochain et sera alors examinée par les docteurs de notre service médical [1].

6e *Mlle Madeleine Dacquin.* « Nous apprenons que sa guérison s'est maintenue [2]. »

7° *Mlle Mathilde Mailly.* « La guérison est complète. Tous les stigmates de la névrose ont disparu, sauf un peu d'anesthésie du pharynx. »

Après avoir terminé l'examen des malades qui s'étaient présentés, les médecins proposèrent à la Commission :

1° De joindre à l'avenir au dossier du malade sa photographie avant et après la guérison ;

2° De faire analyser autant que possible les expectorations des malades atteints d'affections de poitrine, également avant et après la guérison ;

3° L'examen radiographique des fractures, coxalgies suppurées, etc., lorsqu'il y aura lieu.

La Commission approuva ces diverses mesures et chargea M. Chevalier, délégué à cet effet du service médical, de les faire exécuter.

M. le Vicaire-Général Bonvarlet, s'adressant aux heureux privilégiés, leur montra la dette contractée par eux et par tous les pèlerins artésiens envers Notre-Dame de Lourdes,

1. En effet, Cécile Hurtrel a pris part au pèlerinage de 1900. Sa santé est restée très bonne depuis sa guérison. Les *Annales de Lourdes* (31 août 1900) nous disent que cette guérison amena la conversion immédiate d'un de ceux qui en furent témoin.

2. Mlle Dacquin, complètement guérie, se trouvait aussi à Lourdes au pèlerinage diocésain de 1900. Son plus grand bonheur était de venir en aide à nos chers malades.

qui avait été si bonne à leur égard. Il les invita à prouver leur reconnaissance à Marie par une vie de zèle et de dévouement à son culte vénéré.

M. le Vicaire-Général Liénard remercia ensuite les docteurs qui avaient bien voulu assister à cette réunion, et leur donna rendez-vous pour un prochain pèlerinage.

Cependant, comme l'année précédente, l'une de nos malades les plus ferventes avait été rappelée à DIEU quelques jours après le pèlerinage. Ecoutons M. Joseph Chevalier nous raconter lui-même les derniers moments et la mort de cette jeune prédestinée.

« C'était à la fin d'août 1899, quelques jours après le retour du pèlerinage. Je vis entrer chez moi la mère d'une jeune malade que j'avais conduite à Lourdes.

— Eh bien, dis-je à la brave femme, comment va notre petite Gabrielle ?

— Mal, très mal même, le médecin la dit à l'extrémité, et la chère enfant, qui ne se fait pas d'illusion, veut à toute force vous parler avant de mourir. Je suis vraiment confuse d'abuser encore une fois de vous, mon bon Monsieur, et je n'osais vraiment plus me présenter chez vous, mais c'est pour mon enfant...

— Ne craignez pas de me déranger autant de fois qu'elle le voudra. Vous savez bien que tout mon temps appartient à mes chers malades. Allez dire à Gabrielle que je vous suis.

En effet, quelques instants plus tard je montais l'escalier de l'appartement occupé par ces pauvres gens, et j'entrai chez la jeune malade.

Quel changement s'était opéré depuis ma dernière visite ! La phtisie avait achevé son œuvre destructive sur ce pauvre corps de quinze ans.

La fillette sourit à ma vue. Elle sortit de dessous ses couvertures une petite main décharnée, et me tendit ses longs doigts effilés semblables à un jeu de fuseaux.

Tandis que je m'asseyais auprès du lit, tout transpercé et fumant d'une sueur fiévreuse, l'enfant jeta un regard sur sa mère et lui dit câlinement :

— Maman, laisse-nous un petit instant.

— Comment ! fis-je, votre mère n'est pas de trop ici !

— Si ! ajouta-t-elle, mère a tant de chagrin ! c'est inutile de renouveler ses peines, et ce que j'ai à vous dire la ferait pleurer encore.

La pauvre femme comprit la pensée de sa fille, car elle sortit sans mot dire.

— Cher Monsieur, reprit l'enfant, je vais mourir ; et avant de quitter la terre, je veux causer une dernière fois avec vous.

— Mais, vous n'êtes pas si malade ! vous avez pour vous la jeunesse ; de plus, la Sainte Vierge est si bonne qu'Elle vous gardera, ne fût-ce que pour votre mère. Priez-la bien. De mon côté, je vous promets de vous conduire encore une fois à Lourdes, l'an prochain.

L'enfant eut un sourire que je n'oublierai jamais, et me pressant plus fortement la main elle ajouta :

— Vous vous rappelez avec quelle joie, avec quelle confiance j'entrepris le dernier pèlerinage. J'étais certaine de guérir. Un instant, je crus même à Lourdes que le miracle s'accomplissait. C'était à la procession du Saint-Sacrement. L'une de mes compagnes de souffrance venait de quitter son brancard. Le prêtre qui portait Notre-Seigneur s'avançait vers moi, et, au moment où il me bénissait avec la Sainte Hostie, je sentis un trouble étrange envahir tout mon être. Il me sembla que tout se déchirait dans ma pauvre poitrine. Je me soulevai et, tendant les bras, je dis avec toute la force de mon âme :

— JÉSUS, ayez pitié de moi !

Il me parut que l'ostensoir d'or grandissait... grandissait toujours.

— JÉSUS, guérissez-moi ! criai-je avec une nouvelle ardeur. A ce moment suprême, j'entendis une douce voix qui paraissait venir de l'hostie, me dire :

— Enfant, pourquoi veux-tu guérir ? Préférerais-tu donc quelques satisfactions terrestres aux jouissances éternelles de mon paradis ?

J'avais compris ! le choix était fait. Je me laissai retomber sur mon grabat en disant dans mon cœur :

— Souffrir et mourir, ô mon JÉSUS ! et ensuite ange du bon DIEU !

Voilà pourquoi, cher Monsieur, le lendemain, lorsque je fus portée aux piscines, vous me dîtes avec un certain air de reproche :

— Gabrielle, vous ne priez plus avec la ferveur d'hier. Perdriez-vous déjà confiance et courage ?

Je priais vraiment, mais *en dedans*, et c'était pour ma mère, pour tous les malades, pour vous, Monsieur. Quant à moi, mon sacrifice était complet et je n'avais plus qu'à attendre... Voilà pourquoi je n'ai pas été guérie à Lourdes. Plus tard, quand je n'y serai plus, vous raconterez cela aux lecteurs du *Messager*, il est bon qu'ils le sachent !

Puis, l'enfant se recueillit un instant et reprit :

— Il y a, dit-on, des anges chargés de veiller sur les choses d'ici-bas. Lorsque je serai au ciel, je demanderai à DIEU de me faire l'ange de votre pèlerinage. J'irai auprès de vos malades ; j'augmenterai leur foi, j'exciterai leur confiance, je les consolerai au retour et les soutiendrai dans leur souffrance. Enfin, durant le voyage, je veillerai sur les pèlerins et j'écarterai d'eux tout danger.

Quelques jours plus tard, l'enfant prenait son vol vers l'Eternité.

Chers lecteurs, en vous faisant aujourd'hui ce simple récit, j'obéis à la volonté dernière de cette enfant prédestinée. DIEU, dans sa bonté, a-t-il accédé à son désir ? J'ose l'espérer. Plusieurs fois depuis lors, j'ai cru remarquer qu'un ange protecteur veillait d'une façon toute particulière sur notre œuvre des pèlerinages. Serait-ce l'âme de la petite Gabrielle ? J'aime à le croire. »

Chapitre Dixième.

1900. — DERNIER PÈLERINAGE DU SIÈCLE. — « NOUS IRONS A LOURDES. » — CRAINTES A CAUSE DU JUBILÉ DE ROME ET A CAUSE DE L'EXPOSITION. — TROIS CENTS PÈLERINS NON ADMIS. — PENDANT LE PÈLERINAGE. — INTENTION CHÈRE A TOUS LES PÈLERINS. — GUÉRISONS. — CONTINUATION DU PÈLERINAGE PAR LA PRIÈRE. — A LA COMMISSION MÉDICALE A ARRAS. — SECRETS DES ANGES.

NOUS voici au dernier pèlerinage du siècle. Dès le 20 juin 1900, M. le Vicaire-Général Liénard le préparait en adressant au clergé du diocèse cette lettre qu'il faut citer en entier. Nous y verrons comme un tableau anticipé de la générosité et de la piété dont nos Artésiens firent preuve soit pour organiser ce pèlerinage, soit pour lui donner ce cachet de religieuse gravité que tout le monde fut unanime à lui reconnaître.

« MESSIEURS ET CHERS CONFRÈRES,

« Nous préparons, en ce moment, le pèlerinage annuel du diocèse d'Arras à Lourdes, et il se fera dans la première quinzaine du mois d'août, du vendredi 3 au vendredi 10.

« Vous avez déjà reçu et placé dans vos églises les affiches qui donnent les conditions et le programme de notre pieuse excursion. Vos paroissiens en ont pris connaissance et ils sont nombreux, nous aimons à le croire, ceux dont la résolution est prise et qui ont dit dans leur cœur : Nous irons à Lourdes !

« Oui, nous irons à Lourdes ! La divine Mère nous y attend et nous avons besoin de lui porter l'hommage de notre profonde et filiale gratitude. Dans la cité sainte où Elle a daigné placer, sur notre terre de France, le trône de sa toute-puissante bonté, Marie se plaît à nous accueillir avec une sorte de prédilection s'affirmant chaque année par des faveurs de tout genre. L'an dernier, ces faveurs se sont multipliées au-delà de toute espérance. Il vous en souvient, pendant nos retraites ecclésiastiques, quelques semaines après ce pèlerinage qu'il avait eu le bonheur de présider lui-même, notre Evêque vénéré nous faisait part des joies qui remplissaient son cœur au souvenir des bénédictions répandues à flots par la Vierge Immaculée sur les pèlerins de son cher diocèse.

« Nous irons à Lourdes ! C'est le cri de la reconnaissance. Il jaillit, avec toutes les effusions de l'action de grâces, du cœur de ces trente-deux malades qui, au pèlerinage de 1899, ont obtenu à Lourdes, les uns le rétablissement complet, les autres une amélioration considérable de leur santé. Le *Messager Artésien de Notre-Dame de Lourdes* vous a fait connaître ces merveilles.

« Il jaillit, ce cri de la reconnaissance, avec non moins de ferveur, du cœur de ces autres malades que la Vierge Marie est venue visiter au sein même de la famille, où depuis longtemps la prière implorait son assistance, avec cette confiance absolue qui obtient les miracles. Faveurs consolantes et doublement précieuses ! En même temps qu'elles faisaient succéder la joie à la désolation et à l'angoisse dans les foyers chrétiens auxquels ces lignes font allusion, elles rappelaient une fois de plus que, même en dehors de Lourdes et au loin, on n'invoque jamais en vain la bienfaisante Vierge de Massabielle, l'Immaculée-Conception. Ils viendront avec nous ces heureux privilégiés de la Mère de DIEU. Ils apporteront à leur céleste Bienfaitrice le merci qu'ils Lui doivent, et son Cœur laissera tomber sur eux des bénédictions nouvelles qui assureront la sanctification et le bonheur de leur vie.

« Nous irons à Lourdes ! C'est le cri d'espérance que font entendre plus de deux cents malades nous demandant instamment le bienfait du pèlerinage. Oui, ils iront à Lourdes ces humbles, ces affligés, ces déshérités, car, comme les années précédentes et plus généreusement encore, le diocèse voudra mettre à la disposition du Comité les ressources dont nous avons besoin pour les y conduire. Ressources si ardemment souhaitées, elles nous viendront de partout, du château et de la chaumière ; elles seront l'obole du pauvre et l'offrande du riche. Les paroisses, les communautés religieuses, les séminaires diocésains, les collèges catholiques nous les fourniront à l'envi. Les clients de Celle qui est le salut des infirmes pourront ainsi répondre à son bienfaisant appel leur disant : « Venez à moi, vous tous qui souffrez, et je vous soulagerai, » et le DIEU qui ne laisse pas sans récompense un verre d'eau donné en son nom, chargera sa Mère de payer au centuple toutes ces largesses de la charité.

« Nous irons à Lourdes ! C'est le cri joyeux de la piété artésienne. Nous irons à Lourdes avec les dispositions que nous aimons à y porter chaque année, nous efforçant de les rendre plus parfaites, n'ayant d'autre souci que d'honorer la divine Mère par notre filial hommage, afin de rapporter, au retour, une somme abondante et précieuse de grâces dans l'ordre spirituel et dans l'ordre temporel.

« Enfants de la Vierge Marie, pieusement honorée et servie partout dans ce vaste diocèse, où elle compte de si nombreux sanctuaires, nous nous souviendrons qu'Elle aime à se montrer particulièrement notre Mère, et ce souvenir nous mettra au cœur les sentiments de ferveur et de filiale confiance qui ont le secret d'attendrir le Cœur de cette douce Souveraine et d'en faire jaillir d'inépuisables bienfaits.

« Nous irons à Lourdes nombreux et fervents, mais avant d'entreprendre notre pèlerinage, chacun de nous regardera comme un devoir de s'y préparer par la prière en même temps que par la lecture attentive et pieuse du *Manuel.* Ainsi nous nous formerons à l'esprit de piété, de discipline, d'obéissance et de charité fraternelle qui doit animer tous les pèlerins.

« Comme les années dernières, le départ sera précédé partout d'une neuvaine ou d'un *triduum* de prières pour les pèlerins, et particulièrement pour les malades. Ceux à qui il ne sera point possible de nous accompagner, pourront faire le *Pèlerinage spirituel,* en suivant jour par jour, dans le *Manuel,* nos exercices, depuis le 3 août jusqu'au 10 inclusivement. Ainsi le diocèse tout entier, s'unissant à notre prière, la rendra plus puissante pour obtenir, dans une large mesure, les bénédictions du Ciel.

« Nous irons à Lourdes ! C'est un cri de bonheur pour nos âmes sacerdotales profondément attachées au culte de Marie. C'est, au fond de nos cœurs, l'espoir et la riante perspective d'un doux et bienfaisant repos auprès de la divine Mère si bonne pour tous, si bonne surtout pour les prêtres de son Fils JÉSUS ! Nous irons à Lourdes ! Messieurs et chers Confrères, vous y serez, comme tous les ans, l'âme de notre pèlerinage, rivalisant de ferveur et de dévouement, heureux de vous dépenser à l'envi dans la direction de la prière à la Grotte et aux piscines, dans l'exercice des saintes fonctions aux divers Offices, dans la prédication de la parole de DIEU, dans l'exécution des cantiques et des chants sacrés, dans le soin des malades, en un mot dans toutes les pratiques du zèle et dans toutes les œuvres de la charité. Heureux serons-nous tous ensemble si nous avons ainsi le bonheur de nous édifier nous-mêmes en édifiant les autres.

« Nous irons à Lourdes, prêtres et fidèles, avec d'autant plus de ferveur et de filiale confiance que les besoins de l'heure actuelle sont plus nombreux et plus pressants. Nous porterons, aux pieds de la Vierge Immaculée, nos angoisses, nos tristesses et nos espérances. A la Grotte bénie, à la Basilique, à l'église du Rosaire, notre prière commune sera une ardente supplication pour l'Eglise, pour la France, pour le diocèse et son Chef vénéré, en même temps que pour toutes les âmes dont nous avons la charge, pour nos familles et pour nous-mêmes. La divine Mère daignera, comme les années précédentes, s'incliner vers ses enfants de l'Artois, leur sourire avec amour et les combler de ses maternelles bénédictions. »

Il eût été difficile de résister à de tels accents. Cependant, pour dire toute notre pensée, nous devons ajouter qu'en raison des grands pèlerinages jubilaires de Rome, qu'en raison aussi de la coïncidence de « l'Exposition », il y eut sans doute, chez plusieurs d'entre nous, comme une crainte de voir, en 1900, diminuer le nombre de nos pèlerins auprès de la Grotte des Apparitions.

Crainte chimérique, de laquelle le divin Maître, avec sa souriante bonté, aurait pu nous réprimander par ces mots : « O hommes de peu de foi ! pourquoi donc doutez-vous ? » Au cœur de nos fidèles d'Artois, la Vierge Immaculée parle plus éloquemment que tout attrait, même pieux ; plus éloquemment surtout que les fêtes les plus éblouissantes de la terre. Et pour n'en donner qu'une preuve, nous connaissons plus d'un foyer où la mère de famille, offrant à son fils ou à sa fille le choix entre un voyage à l'Exposition et un pèlerinage à Lourdes, eut la joie de les voir opter pour celui-ci et laisser dédaigneusement la partie de plaisir.

C'est dire que le 28e pèlerinage fut aussi beau, aussi suivi, autant béni que les pèlerinages précédents. Pour nous en convaincre, écoutons encore le rapporteur de cette édifiante excursion.

« *3 et 4 août.* — C'est le vendredi 3 août, dès six et huit heures du matin, que nos pèlerins sont partis d'Arras et de Calais. Ne vous semble-t-il pas que d'inaugurer un tel voyage, un voyage en l'honneur de Marie sous les auspices du Sacré-Cœur de JÉSUS, en cette journée du premier vendredi du mois, est déjà un gage et une certitude de bénédiction ? Je ne serai d'ailleurs pas indiscret en ajoutant que beaucoup de nos pèlerins s'étaient accordé la douce joie d'aller puiser cette bénédiction à son divin foyer, en assistant à une messe matinale célébrée à leur intention par un prêtre, pèlerin lui aussi, et en y faisant la sainte communion. C'était le couronnement et la consécration de cette neuvaine préparatoire de prières que, depuis quelques années, la Direction du pèlerinage réclame de nous, afin de rendre le Ciel plus propice et Marie plus favorable. Vienne donc la fatigue, viennent les ennuis d'une suite de repas maigres à subir parmi les cahots du chemin de fer, viennent les pénitences d'une nuit à passer dans des wagons bondés sans merci, nos pèlerins accepteront tout cela sans murmurer, on pourrait même dire avec allégresse.

Un seul regret s'empare de ces heureux voyageurs, celui de penser que près de 300 parents et amis sont privés des consolations de ce pèlerinage pour avoir demandé trop tard leur inscription parmi les pèlerins. Qu'il nous soit permis, à ce propos, de demander à nos chers compatriotes du Pas-de-Calais de prendre, à l'avenir, en sérieuse considération, les indications que donne chaque année l'infatigable Directeur des pèlerinages, relativement à la date où expire l'émission des billets. Je sais bien que, dans certains cas, un voyage à Lourdes ne peut se décider qu'à la dernière heure, mais lorsqu'on est déterminé à prendre part au pèlerinage, tantôt plusieurs semaines, tantôt plusieurs mois avant le jour du départ, pourquoi donc attendre indéfiniment et ne pas réclamer immédiatement l'admission que l'on désire ?

Malgré cela, 1225 pèlerins pleins d'entrain, de foi et de charité, remplissaient les deux trains d'Arras et de Calais-Boulogne. Parmi eux, voici quatre-vingt-dix prêtres de tous les degrés de la hiérarchie ecclésiastique et deux cents malades.

« Comme les années précédentes et plus généreusement peut-être, dit le *Journal de la Grotte de Lourdes* (8 août 1900), la souscription ouverte dans le diocèse, en faveur des pauvres malades, a produit la somme de 10,000 francs, ce qui a permis à plus de cent cinquante infirmes de répondre à l'invitation de Celle qui, à l'instar de son divin Fils, leur adresse cette consolante parole : « Venez à moi, vous tous qui souffrez, et je vous soulagerai ! » Je ne sache pas que les personnes favorisées de la fortune puissent faire œuvre plus méritoire devant DIEU, plus agréable à Marie, plus bienfaisante aux âmes que d'envoyer ainsi à la Grotte miraculeuse les pauvres et les infirmes.

A ces prêtres et à ces malades était accourue se joindre, de tous les points du diocèse, même de l'Angleterre, une élite de fidèles : les uns venant pour la première fois à Lourdes et soupirant par avance après la vision béatifiante de la Vierge bénie, les autres apportant à la Mère des Miséricordes leur *Magnificat* et le merci de leur cœur pour des grâces obtenues au dernier pèlerinage ; ceux-ci cherchant près du Rocher sacré la consolation à une grande douleur, ceux-là, heureuses victimes d'une sainte nostalgie à laquelle on ne peut résister, revenant pour la cinquième, la dixième, la quinzième fois auprès de Marie Immaculée.

A la tête de cette phalange de dévots pèlerins, nous voyons d'un côté M. le Vicaire-Général Liénard, qu'avec le journal déjà cité « nous pourrions appeler le Pierre l'Ermite des pèlerinages artésiens à Lourdes », accompagné de son vénéré collègue M. le Vicaire-Général Bonvarlet, de M. Joseph Chevalier, Directeur du pèlerinage, dont il suffit de prononcer le nom pour évoquer l'idée de dévouement et d'intelligente initiative ; de M. l'abbé Barbier, curé de Fleurbaix, qui sera comme chaque année l'apôtre infatigable et vraiment inspiré de la prière en faveur des malades ; de M. l'abbé Allart, curé des Brebis, si dévoué à ses chers et braves mineurs ; et de M. l'abbé Verheylewegen, vicaire de la ville de Béthune, où il a tant contribué à faire aimer Notre-Dame. De l'autre côté il y a, comme directeurs ecclésiastiques, M. le chanoine Dusart, curé du Portel, entouré de ses robustes matelots et de ses vaillantes matelotes ; M. l'abbé Bresselle, curé d'Hardinghem, et M. l'abbé Hu, qui seront l'un et l'autre les dignes auxiliaires de M. Barbier à la Grotte et aux piscines. L'absence forcée de M. l'abbé Sellier, curé-doyen de Saint-Pierre de Boulogne, rendait encore plus douloureux le souvenir de celui qui, chaque année, occupait une si grande place dans la population maritime de la Beurrière, présente à notre pèlerinage. Il voit aujourd'hui Celle qu'il a tant aimée et tant célébrée [1].

Mais avant tout il faut songer à ces pauvres malades dont les tristes infirmités réclament des soins de tous les instants.

1. Nous parlons en ce moment, nos lecteurs le devinent, de M. l'abbé Edmond Royer, premier vicaire de Saint-Pierre de Boulogne.

Il mourut quelques jours après le pèlerinage de 1899. C'était un prêtre très bon, très pieux, très charitable et fort populaire dans le quartier de la Beurrière. Sa mort fit grande impression dans la paroisse Saint-Pierre, où il était depuis dix-neuf ans. Mgr l'Évêque d'Arras, qui se trouvait à Boulogne à cette époque, voulut lui-même présider ses funérailles et prononça, au milieu d'une foule émue jusqu'aux larmes, l'éloge mérité de ce prêtre dont la mémoire restera en bénédiction dans la marine boulonnaise.

M. l'abbé Royer était aussi l'un des membres les plus dévoués et les plus fidèles du Pèlerinage diocésain à Lourdes.

« Place aux Brancards ! » dit M. Chevalier, en ses « notes et souvenirs » publiés dernièrement dans le *Messager*.

« Place aux brancards ! Place aux grands malades !! » Voici entre autres Marie Morel, de Boisleux-Saint-Marc. La pauvre enfant, épuisée par une maladie qui dure depuis huit ans, gît sur un matelas. La souffrance lui a fait perdre connaissance. Sa face est couverte d'un eczéma purulent, sorte de lèpre affreuse, qui répand une odeur nauséabonde sur son passage.

Involontairement, on se détourne écœuré.

Comment ose-t-on transporter pareille malade ? entends-je dire près de moi. Comme hospitalier de Lourdes, je suis habitué au triste cortège de misères humaines qui accompagne nos pauvres malades. J'avoue pourtant avoir reculé un instant au moment de l'admission, devant la perspective de me charger d'une telle malade. Mais, comment résister au désespoir de la pauvre mère ? Comment, surtout, ne pas céder aux supplications de cette malheureuse enfant, qui depuis plus de trois ans demandait instamment à faire le pèlerinage ?

— Emmenez-moi ! répétait-elle, la Sainte Vierge me veut à Lourdes !... Elle m'appelle !... Je guérirai !!... Prépare mes vêtements pour le retour, disait-elle encore à sa mère.

Vaincu par une telle insistance, j'acceptai donc, et, le 14 juillet dernier, j'allai moi-même à Boisleux photographier cette face hideuse, que la Vierge de Massabielle devait guérir radicalement en moins d'une seconde, à l'étonnement des sept médecins qui venaient d'examiner et de constater la terrible affection de la malade.

« Pèlerins qui partez, effrayés d'un tel spectacle, mais confiants dans la bonté de la Vierge de Lourdes ; parents, amis, curieux surtout, venus en sceptiques assister à l'embarquement : au lieu de vous détourner avec un geste de dégoût et d'horreur, regardez bien au contraire cette face purulente. Voyez ces yeux éteints par la souffrance, ce nez qui émerge à peine au milieu d'une plaie hideuse. Conservez le souvenir de cet affreux tableau, et au retour du pèlerinage constatez par vous-mêmes la puissance de Marie, en retrouvant ce visage absolument guéri, ne portant plus la moindre trace du masque d'horreur qui vous répugne aujourd'hui. »

Voici, pour servir ces chers malades, un beau bataillon de jeunes gens — plus de soixante-cinq brancardiers — sortis de nos collèges libres et de nos universités catholiques, conduits par M. l'abbé Briet, par l'intrépide et dévoué M. de Bizemont et le sympathique M. Paquet, de Houlle, sous la direction de M. Chevalier ; plus près d'eux encore, voici les admirables Sœurs Augustines d'Arras, qui cherchent à oublier dans l'exercice de la charité, la grande épreuve qui vient de les frapper [1]. Signalons enfin la présence de quelques médecins et pharmaciens dévoués et croyants qui, plus heureux qu'un certain nombre de leurs collègues, ne rougissent pas d'aller à Lourdes et de reconnaître, tout en exerçant leur œuvre philanthropique, le pouvoir supérieur de Celle qui est la santé des infirmes et la consolatrice des affligés. Nous n'avons pas contrôlé le fait, mais l'on nous a dit qu'un docteur en médecine présent à Lourdes, témoin de l'une des guérisons que nous raconterons plus loin, frappé du caractère surprenant de cet événement, était allé se jeter aux pieds d'un prêtre et se réconcilier immédiatement avec le DIEU de son baptême et de sa première communion.

C'est avec de tels chefs et de si vaillants gardiens que tous, valides et malades, avons entrepris nos saintes pérégrinations. Ai-je besoin de vous dire que par-dessus tout nous mettions DIEU, qui nous a visiblement protégés ? Après les chaleurs sénégaliennes de juillet, nous aurions pu redouter d'avoir à souffrir des mêmes inconvénients. Au contraire, une douce température nous a permis de franchir sans fatigue les 1200 kilomètres qui nous séparent de la Cité de Marie. Mais a-t-on le droit de parler de fatigue quand on sait que pour soutenir ce long pèlerinage il y a, parmi tous ceux qui y prennent part, une charité inépuisable, s'ingéniant à secourir les malades et allant jusqu'à héberger ceux d'entre nous qui se sont embarqués sans provisions de voyage ; un entrain que rien ne peut arrêter ; une prière qui réconforte et des chants

1. La mort de la R. M. Supérieure Générale des Augustines d'Arras.

qui ne se taisent qu'au moment du grand silence imposé par les prescriptions du Manuel ? Tout nous porte à croire que ces sentiments de foi, d'espérance et de charité chrétiennes contribuent puissamment à incliner vers les pèlerins la toute bonne et toute clémente Vierge. Une intention, en particulier, rend nos âmes plus ferventes et plus fortes : c'est celle que nous portons à Marie en faveur de notre Evêque, dont l'affectueuse pensée et le souvenir ininterrompu nous accompagnent partout, comme la pensée et le souvenir d'un Père qui, de loin, préside notre sainte excursion à la Grotte de l'Immaculée. Puissions-nous arracher à Notre-Dame de Lourdes sa prompte et complète guérison !

Cependant, voici que nous approchons du but de notre beau pèlerinage ; il y a trente heures que nous avons quitté nos demeures et nos paroisses, Lourdes ne doit plus être loin de nous. Ames des pèlerins, frémissez d'enthousiasme, soyez dans la joie et chantez votre bonheur. Vous venez de passer en face de la Grotte bénie, vos yeux aperçoivent la gracieuse basilique de Notre-Dame ; jetez à travers l'espace l'*Ave maris Stella* le plus émouvant ; encore quelques minutes et vous toucherez vous-mêmes le sol qu'a sanctifié Marie de son pied virginal.

Exactement, c'est à neuf heures et demie et à midi qu'arrivent en gare de Lourdes les deux trains du Pas-de-Calais.

Avec le même empressement que nos pèlerins ont mis à quitter leurs parents et leurs amis, voyez-les courir à la Grotte de Massabielle. Dès deux heures et demie, ils envahissent les abords des piscines et viennent se jeter au pied de la sainte Image. On pressent immédiatement que ce pèlerinage se signalera par sa ferveur, par son esprit de discipline, par son recueillement. C'est d'ailleurs l'exhortation que nous adresse, dans une première parole, le Président du pèlerinage, M. le Vicaire-Général Liénard. Il nous demande aussi, puisque nous sommes les enfants d'une même famille, de mettre toutes nos intentions en commun, et nous invite à placer, au-dessus de toutes ces intentions, celle qui intéresse la santé de Monseigneur, « à qui nous manquons et qui nous manque tant, » ainsi que le dira dans une autre réunion la même voix autorisée. Par la pensée, du reste, Monseigneur s'unit à nous, et dès la première heure de notre pèlerinage, il tient à nous bénir : « Je bénis, dit-il dans un télégramme daté de Châtel-Guyon, les chers Pèlerins d'Arras dès leur arrivée à Lourdes ; qu'ils prient bien et soient récompensés. » A cet affectueux

HENRI LASSERRE A SON BUREAU DE TRAVAIL.

souvenir, M. le Vicaire-Général Liénard répond aussitôt par cette dépêche dont il communique la teneur aux pèlerins : « Merci à notre vénéré Pontife et Père de la bénédiction qu'Il veut bien nous envoyer.

« Ses Vicaires-Généraux, ses prêtres pèlerins, ses diocésains présents à Lourdes, lui offrent l'hommage de leur respect et de leur amour filial avec l'assurance de leurs ferventes prières pour son diocèse et pour Lui. »

A son tour, M. le Vicaire-Général Bonvarlet, dans un discours où se reflète un grand amour de Notre-Dame, nous trace le programme de notre pèlerinage, de ce pèlerinage qui a pris, dit-il, dans notre pays de telles proportions, qu'on pourrait le comparer, pour les bienfaisants effets qu'il a produits, à une mission diocésaine dont Marie est le missionnaire, avec tous les pèlerins pour auxiliaires.

« Il convient, dit l'éloquent orateur, que nous apportions à ce dernier pèlerinage du siècle une pensée de réparation ; car si ce siècle qui s'achève a eu de belles journées, il en a eu de bien tristes ; s'il a eu ses gloires, également, et plus encore peut-être, il a eu ses hontes. Donnons à Marie, pour cette réparation nécessaire, l'humilité de notre esprit et les pénitences de notre corps.

Puis, c'est à nous-mêmes qu'il faut penser. Nous sommes venus à Lourdes pour nous convertir. On se plaît à dire que nous constituons une élite ; c'est vrai, sans doute, mais que celui qui est juste se justifie davantage, et que celui qui est saint s'avance encore sur le chemin de la sainteté. Y a-t-il sur la terre un endroit plus favorable à cette œuvre de salut ?

Cette œuvre si importante, nous la ferons reposer sur une prière ardente et ininterrompue.

Enfin, nous nous montrerons et nous serons les esclaves de l'obéissance et de la discipline.

Est-ce que les complaisances de Marie à notre égard ne nous imposent pas l'obligation de donner à ce pèlerinage un cachet spécial de ferveur et de piété insigne ? Voici que nous sommes les maîtres de la Grotte, des piscines et des églises de Notre-Dame de Lourdes. Donnons-nous donc tout entiers à la prière et au service des malades, et soyons des pèlerins modèles. Nous avons le Cœur de Marie ! »

En effet, ce qui ne s'était pas produit pour nous depuis plusieurs années déjà, se réalise dans notre pèlerinage actuel. Jusqu'au 7 août, nous serons les seuls visiteurs de Notre-Dame de Lourdes. C'est là que se trouve le grand avantage des pèlerinages diocésains. Non seulement l'on y vit en famille, mais l'on y a, pour ainsi dire, le monopole de cette terre bénie où Marie a posé son pied, et dont elle a fait le théâtre incessant de ses faveurs et de sa miséricorde. Je connais plus d'un pèlerin qui, après expérience faite, ne voudrait pour rien au monde se priver de prendre part à cette manifestation où l'on prie, où l'on chante, où l'on pleure avec des frères, près d'une Mère dont le Cœur semble nous être réservé tout entier.

« Le misérable écrivain qui sortit de Lourdes, impressionné par le miracle, et qui, repoussant la miséricorde, osa composer un livre où la Vierge était insultée, Zola, naguère, affirmait que les pèlerins de la Grotte étaient tous, ou des désespérés cherchant à guérir, ou des curieux voulant voir un prodige. A l'en croire, il n'y avait point de dévots sincères[1]. » S'il avait vu avec quelle ardeur les pèlerins d'Artois, après avoir écouté avec recueillement le programme donné plus haut, coururent à la Vierge des piscines pour y commencer de suite cette série d'*Ave Maria* qui ne se termine qu'à la dernière minute de leur séjour à Lourdes, sans doute il ne parlerait plus ainsi.

C'est M. l'abbé Barbier qui prend immédiatement la direction de la prière. Sous son inspiration, cette prière revêt bientôt un élan, un caractère de confiance, un accent de piété et de supplication qui se communiquent sans retard à tous les cœurs. Les pèlerins qui viennent à Lourdes pour la première fois, n'ayant jamais assisté à un tel spectacle, en sont émus jusqu'aux larmes. Le souvenir de saint Dominique, l'apôtre du Rosaire, rappelé avec beaucoup d'opportunité en ce jour de sa fête, et la secrète pensée d'entrer dans les desseins du Souverain Pontife, qui ne cesse de prêcher cette dévotion, achèvent de donner à cette prière quelque chose qui n'est pas d'ici-bas. En même temps, à la Grotte, M. le curé du Portel récite le chapelet avec les pauvres malades qu'il excite à l'espérance, à la confiance en Marie, à l'amour de Notre-Dame. C'est comme un céleste et mystérieux réseau de

1. F. VEUILLOT, *Les Hommes de France à Lourdes.*

prières qui va des piscines à la Grotte, de la Grotte aux piscines, et qui enlace les âmes dans un sentiment d'ineffable amour envers la Mère de DIEU.

Mais si déjà, par cette prière du Rosaire, coupée d'invocations touchantes et de *Parce Domine* réparateurs, nous sommes en plein dans l'atmosphère surnaturelle que l'on respire à Lourdes, voici une cérémonie qui nous transportera davantage encore, je veux dire la procession de quatre heures en l'honneur du Très-Saint Sacrement. Assurément, c'est cette procession eucharistique qui donne à Lourdes sa vraie grandeur et son aspect le plus imposant. De Marie, qui n'est qu'un intermédiaire, elle nous fait passer à JÉSUS, qui est le centre adorable de tous les cœurs et de toutes les vies. De Marie, qui n'est venue à Lourdes qu'à certains moments de sa vie transfigurée, elle nous fait aller à Celui qui est sans interruption sous les espèces du divin Sacrement, et qui s'est fait acclamer en personne par des âmes illuminées de foi, frémissantes d'une invincible espérance. De Marie, qui ne peut que prier, d'une prière, certes, toute-puissante, elle nous conduit à JÉSUS, qui peut exaucer tous les désirs et réaliser toutes les prières.

Il faut dire que ces prières sont l'expression la plus émouvante qui puisse sortir d'une âme humaine. Depuis les jours où Notre-Seigneur traversait les chemins de la Palestine, rien de semblable ne s'est produit. Tous ces cris d'angoisse, d'espérance, d'amour, de reconnaissance, d'adoration, d'enthousiasme et de sainte admiration que les Evangélistes ont recueillis sur les lèvres des contemporains de JÉSUS, éclatent en indicibles transports tout le long du parcours de l'adorable Eucharistie. Quand le Saint Sacrement s'arrête et s'incline devant chaque malade, ces cris deviennent plus puissants encore, et l'on dirait que le regard de tous ces infirmes lance jusqu'au Cœur de JÉSUS, fournaise infinie d'amour et centre d'infinie puissance, la supplication ineffable qui retentit au loin : « Seigneur, nous vous aimons. — Seigneur, nous vous adorons. — Seigneur, si vous le voulez, vous pouvez me guérir. — Seigneur, faites que je voie. — Seigneur, faites que je marche. — Pour la conversion des pécheurs, Seigneur, guérissez-nous. » Parfois, au milieu de ces invocations, l'un de ces chers malades descend de sa voiture ou se lève de son brancard : l'ardente prière de la multitude ne s'interrompt pas, ou bien, si elle se laisse surprendre par une distraction qui paraît bien légitime, un prêtre lui rappelle aussitôt qu'elle ne doit avoir d'autre point de mire que l'adorable Sauveur. Alors, les hosanna recommencent, les supplications sont plus vibrantes, les cris plus déchirants, et ces scènes qui nous reportent à dix-huit siècles en arrière, véritable anachronisme au regard de nos générations naturalistes, ne s'achèvent qu'au moment où le Saint-Sacrement est remis dans le tabernacle sacré. Spectacle unique au monde : on ne s'habitue jamais à le contempler ; au contraire, plus on le considère, plus l'impression qu'il laisse est profonde, salutaire, ineffablement douce aussi. On sent bien qu'en réalité, sur la terre, il n'y a rien de plus suave que l'amour de la Sainte Eucharistie, et c'est ici, à Lourdes, entre le Cœur de JÉSUS et le Cœur de Marie, que l'on apprend le mieux cette science de l'amour divin.

Mais ne me laissé-je pas égarer ? Je ne vous dis rien de la composition du cortège imposant de notre procession, de ce beau groupe d'hommes et de jeunes gens qui ont un cierge à la main, fidèle image de la flamme d'amour qui réchauffe leur âme ; de ces prêtres en habit de chœur qui escortent l'Hostie Sainte portée entre les mains de M. le Vicaire-Général Liénard ; de ces pieuses pèlerines dont le regard ne se détache point de l'Ostensoir où réside le Maître ; rien non plus de ces chants eucharistiques exécutés à la manière artésienne, et qui sont bien la plus belle prière que l'on puisse offrir à Notre-Seigneur ; rien de ce recueillement et de cet ordre qui attirent l'attention étonnée de tous les étrangers : ce sont là des choses que vous n'avez pas oubliées... que vous n'oublierez jamais.

S'il n'y a rien, à Lourdes, de plus imposant que la procession de quatre heures en l'honneur du Saint-Sacrement, il n'y a rien de plus gracieux que la procession aux flambeaux.

C'est par cette manifestation que nous terminons notre journée d'arrivée. Guidés par notre belle bannière de saint Vaast, nous nous avançons d'abord, en deux rangées, le long des piscines et des bureaux de constatation, puis nous gravissons et nous descendons les colossales rampes qui conduisent à la première église, et nous arrivons ainsi, après avoir salué la Vierge couronnée qui semble nous sourire à travers sa parure de lumière, près de l'immense perron du Rosaire. Mais comment retracer le va-et-vient de ces cierges qui, comme des astres échappés du ciel, écrivent en lettres de feu le nom béni de Marie ; comment décrire l'ineffable discordance de ces *Ave Maria* qui se succèdent sans se rencontrer jamais, dont les uns s'achèvent quand les autres commencent, et qui sont l'image parfaite de toutes ces prières aux intérêts divers, ayant comme terme unique la bonté miséricordieuse de la Mère de JÉSUS ? Les lumières qui brillent à travers les différents étages de la Basilique éclairent cette scène incomparable, et du haut des montagnes voisines, des feux, piqués sur le flanc des Pyrénées, semblent vouloir porter jusqu'au ciel ce Nom aimé des hommes, vénéré des anges, redouté des démons, que des milliers de voix et de cœurs célèbrent à l'envi.

En face de ce beau spectacle, M. le Vicaire-Général, président du pèlerinage, ne peut contenir son admiration. Il félicite tous les fidèles artésiens d'avoir fait succéder à une nuit et à une journée de fatigue, une superbe journée de prière. Prière et fatigue, dit-il, seront agréables à DIEU ; prière et fatigue attireront sur nous ses bénédictions. Il donne ensuite le signal de ce chant du *Credo* qui est comme la prière du soir du pèlerin de Notre-Dame et de l'enfant de l'Eglise catholique. Les âmes sont dès lors dans une joie complète, et le plus saint enthousiasme les envahit. Voici, cependant, quelque chose qui achève de les rendre heureuses et qui donne à cette première journée de Lourdes un cachet vraiment céleste : c'est la bénédiction collective que, sur la délicate indication de M. le Vicaire-Général, et « au nom de Monseigneur absent, mais présent par la pensée et par le cœur », tous les prêtres répandent sur les chers pèlerins d'Artois [1].

5 août. — Maintenant qu'il ne reste plus rien de la fatigue d'un long voyage, puisqu'un sommeil réparateur a fait tout oublier, nos pèlerins vont se livrer à la prière avec une plus grande ardeur encore.

Leur premier rendez-vous a lieu à la Grotte pour la messe de communion, qui se célèbre à 7 heures. Déjà, dans d'autres circonstances, nous avons fait remarquer l'élan qui, sur la terre de Lourdes, porte les âmes vers la Sainte Eucharistie. Ne vous rappellent-elles pas ces enfants d'Israël qui, dans le désert, couraient chaque matin après la manne salutaire et puisaient, en cette nourriture descendue du ciel, la force d'avancer sur une terre étrangère, oubliant, en la prenant, toutes les amertumes de l'exil ? Ainsi font tous nos pèlerins. Pas un jour ne se passera sans qu'ils s'approchent de ce foyer d'activité, de lumière et de sainte consolation qu'est l'adorable Eucharistie. Avec une pieuse avidité ils ouvriront, en même temps, leur âme à cette nourriture que le prêtre, du haut de la chaire, leur distribue, infatigable dans son apostolat béni. Et quand ils quitteront Lourdes, il s'exhalera, de toute leur personne, un parfum eucharistique qui réjouira DIEU et qui sera sensible aux hommes eux-mêmes. Pourquoi faut-il, hélas ! que ces admirables dispositions, endémiques, si l'on peut ainsi dire, et naturelles sur la terre de Massabielle, ne deviennent pas la loi constante de tous les pèlerins de Notre-Dame ? Faites au moins, chers compatriotes qui avez tant et si bien communié à Lourdes, faites au moins qu'il reste quelque chose à votre vie ordinaire de ces élans et de ces ferveurs du pèlerinage. Si, désormais, vous n'osez plus communier, vous ne répondrez ni à l'attente de Marie, ni aux légitimes exigences de ceux qui vous entourent. Un pèlerin de Notre-

1. Pour regagner leur domicile, nos pèlerins ont eu cette année le grand avantage des tramways électriques. — A ce propos, nous devons dire que la Compagnie des T. E. de Lourdes s'est montrée d'une obligeance parfaite à notre égard. Elle a organisé un service complet pour les Artésiens, doublé le matériel à leur intention, préparé des voitures pour les malades à l'arrivée et au départ du pèlerinage, distribué des billets spéciaux, etc., etc. Nous sommes heureux de lui rendre cet hommage auquel elle a tous les droits.

Dame de Lourdes doit se distinguer entre tous les membres de la famille paroissiale.

Pourquoi, en particulier, ne célébreriez-vous pas votre Dimanche comme vous avez célébré celui que nous essayons de raconter ? Y a-t-il rien de plus beau, après la communion du matin, que cette grand'messe aux imposantes cérémonies, aux chants harmonieusement exécutés, durant laquelle la prière est plus forte, parce qu'elle s'échappe d'âmes plus ferventes et plus dévouées ; plus douce, parce que ce sont des frères qui la font monter vers DIEU ? Je n'ignore pas, certes, que nos paroisses sont loin d'avoir à leur service et la majesté du célébrant, et la gracieuse précision du maître des cérémonies, et l'exceptionnelle habileté des organistes, et la voix puissante, ainsi que le noble geste du maître de chapelle que nous admirons ici (l'une des forces de notre pèlerinage vient justement de cette attention à choisir des spécialistes pour chaque fonction) ; mais pour qui sait comprendre les offices de l'Eglise, il y a, même au sein des plus modestes sanctuaires, de vrais charmes dans cette *action* liturgique.

N'en pourrais-je point dire autant, toute proportion gardée, de la cérémonie des vêpres ? Plus j'assiste à ces touchantes prières, moins je trouve l'explication du désolant discrédit que, du haut en bas de l'échelle sociale — à part quelques honorables exceptions — l'on essaie aujourd'hui de faire tomber sur elles. Si ce sacrifice du soir, *sacrificium vespertinum*, n'est pas comparable, pour sa valeur, au sacrifice du matin, il n'en est peut-être pas de même si on le considère au point de vue des beautés si reposantes qui en constituent le fond. Les pèlerins qui assistaient aux vêpres, le 5 août, dans l'église du Rosaire, ne me contrediront pas. Ce jour-là, au charme intrinsèque des offices liturgiques, vint s'ajouter l'attrait d'un discours qui fut, à la lettre, un hymne d'amour envers la Vierge Marie. L'orateur était M. l'abbé Fournier, vicaire à la Cathédrale d'Arras. Je vais essayer de donner l'analyse de son allocution, mais ce que je ne pourrai redire, c'est la chaleur de sa parole, la pureté de sa diction, la belle sobriété de son action oratoire.

Au début d'un pèlerinage qui est une manifestation éclatante de l'amour immense et de la confiance sans bornes des chrétiens envers Marie, le prédicateur se demande les raisons d'une place si extraordinaire réservée dans l'économie de notre religion et de notre liturgie à une créature, à une femme, à l'humble fille d'Anne et de Joachim. Partant de ce principe, que l'Incarnation est la synthèse de tout ce que nous croyons, il fait voir l'intime corrélation qui existe entre cet événement capital et la personne de Marie ; d'où il suit que la Vierge, à laquelle viennent se rattacher, comme à leur indispensable soutien historique, tous les faits qui ont fondé notre christianisme, peut être regardée comme le *résumé* humain, vivant, tangible et palpable de toute notre foi. Combien donc elle est grande et belle ! Bénissons-la ; chantons-la ; acclamons-la ! — Mais Marie est de plus la sauvegarde invincible de cette même foi. Placée, pour ainsi dire, par la Providence aux avant-postes de la défense religieuse, elle est comme une armée rangée en bataille qui lutte sans trêve contre l'hérésie et l'erreur. — Après avoir mis en relief, par quelques exemples, la réalité de ce rôle de Marie, l'orateur termine en invitant les pèlerins, qui l'écoutent avec autant de plaisir que de profit, à prier Notre-Dame de Lourdes de conserver, de protéger, d'augmenter la foi de la France, la foi de l'Artois.

Pendant que les Artésiens juraient ainsi fidélité à Marie, la Mère de DIEU, de son côté, montrait son amour envers eux. Voici qu'en effet, à l'issue des vêpres, M. le Vicaire-Général Président monte en chaire pour nous annoncer trois guérisons extraordinaires. En moins de deux heures, une religieuse de Boulogne-sur-Mer, une jeune fille de Boisleux-Saint-Marc et une tuberculeuse de Boiry-Notre-Dame, se sont levées de leur grabat, au milieu de l'émotion universelle.

Aussitôt une procession s'organise, qui va de l'église du Rosaire à la Grotte. C'est une procession de remerciements au cours de laquelle éclatent le *Magnificat* et tous les chants de l'action de grâces. Seulement, quand le cortège des pèlerins enthousiastes a jeté vers Marie son dernier cri de gratitude, M. le Vicaire-Général Liénard, qui assume toute la responsabilité du pèlerinage, et qui doit lui imprimer sa véritable direction, prend bien soin de nous recommander l'humilité, dont l'oubli pourrait tarir la source des bienfaits de Celle qui fut la plus humble des créatures. Trois *Parce Domine*, chantés avec les sentiments de la plus vive componction, mettent nos âmes dans cette disposition si chère à Notre-Dame de Lourdes.

Or, voici, chers pèlerins, tels que nous les a fournis la Direction du service médical, ces trois premiers bienfaits de Marie :

« 1° *Marie Morel*, de Boisleux-Saint-Marc (Pas-de-Calais), âgée de 20 ans, fit une grave maladie à l'âge de douze ans et demi. Elle eut alors une *pleurésie* accompagnée de symptômes cérébraux qui firent craindre une méningite. Cette maladie la laissa dans un état de grande faiblesse, et elle devint bientôt sujette à des crises nerveuses très fréquentes qui l'ont forcée à garder le lit depuis plusieurs années. En novembre dernier, cet état se compliqua d'une *éruption eczémateuse purulente*, siégeant principalement à la figure, et donnant à la pauvre malade un aspect repoussant. — Le 5 août 1900, au second bain de piscine, un mieux subit s'est manifesté ; Marie Morel, qui jusque-là était toujours couchée, se leva et fit quelques pas. Depuis ce moment, les crises nerveuses ont cessé, l'eczéma a complètement disparu, l'appétit et les forces reviennent.

« 2° Sœur *Marie de Gonzague*, de la Congrégation des Sœurs de Marie-Immaculée, de Gaudechard (Oise), âgée de 27 ans, fut prise, vers le 20 mai 1899, de douleurs dans la hanche gauche, bientôt compliquées d'une notable *déformation* de cette région et d'un *raccourcissement* de 5 centimètres *du membre inférieur gauche*. On eut recours aux pointes de feu et aux vésicatoires, qui ne produisirent aucune amélioration appréciable, et la maladie gagna bientôt la hanche droite. La Sœur fut alors envoyée dans une clinique chirurgicale à Boulogne-sur-Mer, où on la mit dans un appareil silicaté double, remontant jusque sous l'aisselle, et qu'elle n'a pas quitté depuis lors. Elle est arrivée à Lourdes le 4 août, couchée sur un matelas, immobilisée dans son appareil, et portant un certificat médical déclarant qu'elle est atteinte de *coxalgie double*.

« Le jour de son arrivée, au premier bain de piscine, la malade a remué légèrement les jambes, les douleurs ayant diminué. Le lendemain, 5 août 1900, dans l'après-midi, à la troisième immersion dans la piscine, une nouvelle amélioration très sensible eut lieu ; la Sœur put quitter son appareil et faire quelques pas sans être soutenue. Depuis ce moment, les progrès sont rapides, la marche, d'abord chancelante, s'affermit de plus en plus.

« 3° *Suzanne Delcourt*, de Boiry-Notre-Dame (Pas-de-Calais), âgée de 38 ans. Le certificat médical porte qu'elle est sujette, depuis 15 ans, à des troubles nerveux et qu'elle est, de plus, atteinte de tuberculose. Cette dernière affection a surtout porté sur le système ganglionnaire et sur les yeux.

« La malade n'a pas quitté son lit depuis 9 mois, prenant très peu de nourriture et étant très faible. Il y a 8 mois, elle commença à éprouver de la difficulté à parler, et depuis 4 mois elle est complètement muette, ne pouvant se confesser que par écrit. Sa vue s'est aussi considérablement affaiblie depuis quelque temps, et on constate l'existence de leucomes cornéens aux deux yeux, ainsi que des traces d'abcès sous-maxillaires à gauche.

« A son arrivée, Suzanne Delcourt a été portée à la piscine sur un brancard. Au premier bain, le 4 août 1900, elle a commencé à parler et, à partir de ce moment, l'amélioration a été continuelle. La parole est maintenant facile, la vue à peu près normale ; l'appétit est revenu, les forces augmentent, et la malade marche à peu près comme tout le monde. »

Que l'on veuille bien nous permettre de signaler, à propos des guérisons de Lourdes, ce que chacun d'entre nous sait parfaitement, mais qu'il est toujours bon de redire : c'est la réserve, nous dirions volontiers la désespérante réserve que les médecins des constatations apportent dans la reconnaissance des cas miraculeux. Il me semble encore entendre la réflexion de l'un de nos jeunes médecins d'Artois, présent à notre pèlerinage, à propos de M. Boissarie : « En voilà un juge d'instruction...! » Ils agissent ainsi sous l'inspiration d'une haute sagesse, qui défie les préventions les plus déloyales.

C'est dans le sentiment de la reconnaissance que nous chantons nos *Ave Maria* de la procession aux flambeaux On dirait que notre prière est plus fervente, et que nous avons à cœur de nous rendre dignes, par une piété plus vive, des bontés ineffables auxquelles Marie semble vouloir nous habituer. Avant le chant du *Credo* final, M. le Vicaire-Général Liénard se fait l'éloquent interprète de cette gratitude qui est en nous ; puis, élevant sa pensée, il tire à l'adresse de tous les pèlerins, des différents bienfaits de la journée, un enseignement précieux. « Ce soir, dit-il en substance, nos âmes sont dans l'allégresse et nos cœurs chantent, *quia vidimus mirabilia hodie.* Ce dimanche qui s'achève est assurément, pour nous, l'un des plus beaux de cette terre. Pourquoi ? Parce que c'est un dimanche bien sanctifié ; de là, sans doute, ces récompenses merveilleuses que le Seigneur a bien voulu nous accorder. Célébrons, tous, le dimanche catholique comme nous avons célébré celui-ci, et nous inclinerons sans cesse vers nous la miséricorde divine. Aujourd'hui, même parmi les fidèles, il y a une tendance désolante à réduire le dimanche à un *minimum ;* c'est la conséquence de cette confiscation du jour du Seigneur par un ensemble de sports et de fêtes mondaines dont nos ennemis ont eu l'idée, à laquelle nous contribuons inconsciemment. Veillons et prenons garde. Donnons à DIEU ce qu'Il nous demande, c'est-à-dire le dimanche tout entier, avec la communion matinale, avec la messe de paroisse, avec les vêpres, avec la pensée ininterrompue du Père qui est aux cieux... » Sous l'impression de ces fortes leçons, tous les pèlerins se retirent et vont prendre un repos nécessaire, non sans avoir, comme la veille, incliné leurs fronts sous la bénédiction de tous les prêtres artésiens. De son côté, le dévoué Président de notre pèlerinage, à la fin d'une journée si consolante, envoyait à Monseigneur ce témoignage de respectueuse affection et ces heureuses nouvelles : « La divine Mère bénit vos diocésains. Une amélioration, samedi ; trois guérisons, ce dimanche. Votre nom est prononcé sans cesse. Votre souvenir est présent à tous. Voudrions avoir de vos nouvelles. »

6 août. — Malgré l'heure matinale de la messe à la Grotte (six heures et demie), tous nos pè'erins sont fidèles au rendez-vous pour la communion quotidienne. En ce jour de la Transfiguration, ils écoutent religieusement la voix du Maître qui les appelle au Thabor eucharistique, et, comme les Apôtres, ils ne tardent pas à goûter les ineffables douceurs de sa rencontre.

C'est dans cette délicieuse vallée du gave que nos pèlerins vont passer la matinée, aux piscines d'abord, où ils mettent dans leur prière en faveur des chers malades toute l'ardeur de leur confiance si bien récompensée hier ; à la Grotte ensuite, où, à dix heures, se célèbre la grand' messe. L'officiant est M. l'abbé Therry, curé-doyen d'Etaples. Il a abandonné pour un instant ses fonctions de chef d'orchestre, qu'il remplit avec tant de maëstria et qui lui vaudront, quand il nous quittera, à sa gare d'arrivée, une ovation bien méritée.

Je ne sais si vous l'avez éprouvé pendant cet office, chers pèlerins, mais il semble qu'en face de ce Rocher touché par Marie, on est, plus qu'ailleurs, proche de son Cœur Immaculé. C'est ici qu'Elle s'est montrée avec sa céleste parure ; c'est ici qu'Elle a parlé à l'angélique voyante ; c'est ici qu'Elle a fait jaillir l'eau mystérieuse ; c'est ici qu'Elle a fait ses premiers miracles de Lourdes ; c'est ici qu'Elle a établi à jamais le trône de sa puissante bonté. Oh ! qu'il fait bon se trouver ici, dirions-nous volontiers en empruntant le cri de saint Pierre : *Bonum est nos hic esse !* Avec quel bonheur n'y fixerions-nous pas notre tente, si le devoir ne nous rappelait aussitôt qu'en définitive il n'y a rien de plus grand et de plus doux, en somme, que de vivre à la place déterminée par Dieu pour chacun de nous.

De nos vêpres chantées à 3 heures, à l'église du Rosaire, je ne vous rappellerai — pour éviter les redites qui sont le désespoir du rapporteur et l'ennui du lecteur — que le discours, si riche de doctrine et si magnifique de forme, que M. l'abbé

Milléquant, le fidèle et si aimé prédicateur de Lourdes, y a prononcé sur le culte de Marie à travers les âges. Vous ne m'en voudrez pas de vous en donner ici seulement le résumé : donner plus n'est pas en mon pouvoir.

« *Benedicta tu in mulieribus.* » — « Vous êtes bénie, ô Marie, entre toutes les femmes. » Cette parole exprime à merveille l'ineffable amour de DIEU et celui de l'homme pour la Très-Sainte Vierge Marie. Je voudrais rappeler seulement, ici, les bénédictions sorties du cœur de l'humanité à l'adresse de Marie. Devant la Vierge-Mère, la plus belle de toutes les créatures, puisqu'elle est la plus chère à DIEU ; la plus libérale aux hommes, puisqu'elle est leur mère, le cœur humain, qui se laisse prendre aux charmes de la beauté et de la bonté devait tressaillir et s'émouvoir ; et, de fait, personne, sauf JÉSUS qui est en DIEU, n'a été aimé comme Marie ; personne, comme elle, n'a reçu à l'en viles bénédictions du Ciel, les bénédictions de la terre.

Inauguré au Paradis terrestre dès la première promesse d'un Rédempteur, le culte de Marie se transmet d'âge en âge à travers l'Ancien Testament ; et les prophéties dont DIEU favorise la nation choisie le développent et le précisent.

Voici que s'ouvre enfin l'ère de la réalité. Marie reçoit les hommages d'Elisabeth, de Joseph et de JÉSUS lui-même. Les Apôtres prêchent Celle de laquelle est né JÉSUS ; les premiers chrétiens rivalisent entre eux de tendre dévotion envers Marie, sans que les persécutions puissent arrêter leur élan. Constantin se convertit, et l'édit qu'il porte permet aux fidèles de produire au grand jour leur piété filiale, de la traduire en protestations et en témoignages splendides. Pour célébrer Marie et décrire les beautés de son âme, les Pères et les Docteurs épuisent toutes les ressources du langage humain ; si jamais une voix discordante s'élève, tous les cœurs chrétiens frémissent d'indignation, et l'épiscopat catholique venge l'honneur de Marie.

Le culte de la Vierge pénètre le culte chrétien tout entier : Marie a sa part dans tous les hommages publics que rendent les fidèles assemblés ; Elle a son office propre, et dans le cycle liturgique, ses fêtes sont multiples ; Elle a ses litanies ; ses livrées : le Scapulaire et le Rosaire ; ses chevaliers et ses hommes-lige ; Elle a ses pèlerins. L'*Angelus* lui consacre trois moments de la journée ; la dévotion du samedi lui dédie un jour de la semaine ; le mois de mai n'est plus dénommé dans le langage catholique que le mois de Marie.

Le culte de Marie a encore été la source du beau dans ses plus idéales manifestations. Enfin, il se mêle intimement à l'histoire de tous les peuples chrétiens ; mais nulle part il n'a plongé ses racines plus profondément que dans le sol français ; et même, par un édit solennel, Louis XIII a dévoué à Marie sa couronne et son royaume.

— A cet universel et perpétuel concert qui retentit à votre gloire, ô Marie, avec quel bonheur nous unissons les élans de nos cœurs et les accents de nos voix ! »

DIEU soit béni ! Pendant que nous écoutions avec avidité célébrer si bien les gloires de notre Mère, au dehors le vent et la pluie faisaient rage, et voici que, soudain, le soleil se montrant, un Père de la Grotte vient nous annoncer que nous allons pouvoir organiser la procession du Très-Saint Sacrement. Cette nouvelle nous met dans la joie, d'autant plus que la veille, en raison de la coïncidence de l'*Adoration perpétuelle* à la Basilique, cette manifestation si chère à notre foi n'avait pas eu lieu. Je n'essaierai plus de vous redire les incomparables beautés de ces hommages rendus à la Sainte Eucharistie. Vos yeux, vos esprits et vos cœurs sont pleins de cette vision céleste. Laissez-moi seulement signaler une heureuse innovation dont l'idée, soumise préalablement aux *Missionnaires de l'Immaculée-Conception*, est due au zèle de M. l'abbé Barbier, à savoir de faire précéder les acclamations habituelles de quelques paroles enflammées ayant pour but de rappeler que ce JÉSUS que nous adorons est bien le même que le divin Thaumaturge de la Palestine, avec la même puissance et la même bonté. Par là, la foi devient plus ardente la piété s'avive, la confiance se dilate et se fait plus expressive. Nous souhaitons que cette méthode de prière s'étende à beaucoup d'autres pèlerinages, qui ne manqueront pas de se féliciter de l'avoir employée.

Dans la procession aux flambeaux qui termina cette journée si remplie, nous avons aussi remarqué un détail bien intéressant. Vous souvient-il de ces méandres, de ces zigzags que l'on nous a fait tracer sur l'esplanade du Rosaire, avant de nous laisser toucher le perron, pour le *Credo* final ? Ces gracieuses évolutions faites à la lueur des candélous et au chant de l'*Ave Maria*, ne vous ont-elles pas paru d'un symbolisme charmant ? n'écrivaient-elles pas sur le sol et dans les airs la lettre initiale de ce nom de Marie qui était sur toutes les lèvres et dont l'amour est vivant dans tous nos cœurs ?

En face de ce spectacle, qui est en admiration aux Anges et aux hommes, nous dit M. le Vicaire-Général Liénard, dans son mot toujours si bien approprié du soir, le monde s'étonne. Il s'étonne de nos chants, de nos acclamations et de nos prières. Mais pourquoi s'étonne-t-il ? Ne sait-il donc pas que nous aimons Marie de tout notre cœur ? Marie si bonne, Marie si douce à la France, Marie, canal de toutes les grâces, Marie, source de toutes nos joies, Marie, qui embellit notre vie et qui sera, nous en avons la confiance, notre introductrice au Ciel ! Que le monde s'étonne, mais qu'il sache bien que nous vouons à Marie tout l'amour de notre vie.

En même temps, M. le Vicaire-Général nous donne lecture d'un télégramme où Monseigneur se réjouit avec nous des bénédictions que Notre-Seigneur et sa clémente Mère répandent sur notre pèlerinage, sur nos chers malades, — et où Sa Grandeur nous annonce qu'il y a aussi amélioration dans sa santé. De cette bonne nouvelle, grâces soient rendues à DIEU ! Cependant, si je l'osais, dit encore M. Liénard, je demanderais à tous les pèlerins une communion en faveur de notre Evêque, afin qu'il revienne bientôt au milieu de nous, complètement rétabli.

Comme hier et comme avant-hier, au nom de notre vénéré Père, présent à nous par le souvenir et par la prière, la pieuse phalange de nos prêtres si édifiants fait descendre sur nous la dernière bénédiction de la journée.

7 août. — Cette journée sera, avant tout, consacrée à obéir à l'austère parole de la Vierge : « Pénitence, pénitence, pénitence ! »

Nos pèlerins sont conviés à se rendre à la messe de communion dès 6 heures du matin. Vous pensez bien que, malgré l'heure matinale, tous répondent au divin appel. Par contre, ne les invitez pas à ces excursions si recherchées des touristes, si chères à ceux qui ne sont pas de vrais pèlerins. Tout au plus, les déciderez-vous à faire, sans guère sortir de Lourdes, l'ascension du Pic du Jer. Encore, soyez sûrs qu'avant de gravir cette montagne ils ont eu le secret instinct que de là-haut ils pourraient saluer la terre sainte qui reçut la visite de Marie. Il en est ainsi en réalité ; car si, dans un gracieux panorama l'on peut contempler, à cette altitude de 1200 mètres, le diocèse de Tarbes tout entier, ayant d'un côté la ville épiscopale, de l'autre Bagnères-de-Bigorre, plus loin les gorges sauvages de Cauterets, c'est toujours sur Lourdes, la cité de Marie, qui apparaît comme un joyau céleste, que se reposent premièrement les regards.

La seule sortie que s'accordent nos pieux Artésiens est une visite à Bétharram, terre célèbre par les bienfaits de Marie et par les éminentes vertus d'un homme qu'un jour prochain, nous l'espérons, l'Église placera sur ses autels. Vous savez que le but principal de ce voyage est de faire l'exercice du Chemin de Croix à travers les lacets de la montagne qui domine l'église et le monastère. L'infatigable M. Dusart, curé du Portel, avait bien voulu se charger de présider cet acte de pénitence et de prononcer à chacune des stations quelques paroles qui enflammèrent toutes les âmes.

Quelques heures auparavant, sur la montagne des Espélugues, nos compatriotes, désireux de rester à Lourdes, avaient accompli le même exercice sous la conduite de leurs prêtres. M. le curé de Fleurbaix, dont rien ne peut fatiguer le dévouement et la piété, improvisa au pied de chaque croix une allocution courte et pratique qui répondait bien aux dispositions de pénitence et de contrition dont les pèlerins étaient déjà remplis.

Mais voici que, guidé par cette pensée de la Croix, j'allais omettre de vous parler de notre grand'messe de 9 heures. Comme les jours précédents, par une attention de notre Président, l'officiant était l'un des membres du Comité. M. l'abbé Occre, curé de Louches, prononça le sermon de circonstance. — Après avoir remercié DIEU d'avoir laissé à la France, comme dernière planche de salut, la suprême ressource de la prière, et constaté que c'est surtout à Lourdes que notre patrie sait prier encore, l'orateur se propose de considérer d'abord les beautés de la prière telle qu'elle se fait à Lourdes, puis les récompenses que DIEU, dans sa miséricorde, veut bien accorder à cette prière de Lourdes : *Benedictus Dominus qui non amovit orationem — et misericordiam suam a me.*

Assurément, dit-il dans une première considération, l'un des plus suaves parfums de Lourdes est la charité qui règne sur cette terre bénie; mais ce qui fait de Lourdes un lieu sans pareil dans tout l'Univers, c'est la prière. — Y a-t-il, dans le monde entier, un endroit où l'on prie *autant* qu'ici ? Ce ne sont pas des unités, ce sont les foules qui apportent leur prière au pied du Rocher béni. Et cette prière ne s'arrête jamais ; elle sort des cœurs comme l'eau miraculeuse jaillit du sable et de la montagne ; et pour mieux toucher le cœur de DIEU, elle revêt les formes les plus variées. Seuls, les anges du ciel pourraient dire de combien d'âmes sortent, en une seule journée, ces cris de la prière à Lourdes. De plus, nulle part ailleurs on ne prie *aussi bien* qu'à Lourdes. Ici, pas de prières timides ni peureuses ; ici, pas de prières gâtées par le respect humain. A Lourdes, la prière voit Marie et parle à Marie ; à Lourdes, la prière voit DIEU et parle à DIEU. Depuis les jours où le divin Maître se montrait aux foules de la Judée, rien de si beau ne s'était vu... Aussi, l'impie lui-même ne résiste-t-il pas aux charmes vainqueurs de cette prière... Dans nos heures de lassitude, souvenons-nous de Lourdes et de sa prière. — Et maintenant, voici les récompenses de cette prière. C'est d'abord la *guérison* des maladies corporelles, car, quoi qu'en disent certains, il est avéré qu'il se produit à Lourdes de merveilleuses guérisons qui ne sont ni l'effet de l'imagination, ni le résultat des excitations nerveuses, ni la conséquence d'un enthousiasme en délire, mais la réponse de DIEU et de Marie à une confiance sans bornes. — Quand DIEU n'accorde pas la guérison demandée, Il laisse tomber de ses infinis trésors le bien inappréciable de la *résignation.* — Mais que sont ces bénédictions en face de ces miracles de l'ordre moral, quotidiens à Lourdes, vocations, conversions, desseins héroïques, etc., que nous ne connaîtrons qu'au sein des joies éternelles et qui sont aussi la récompense de cette prière?

Que si, cependant, nous trouvons que pour tant de supplications et de sacrifices il y a, relativement, peu de miracles apparents, rien ne nous empêche d'appliquer à la France, grande malade en certains jours, la surabondance de nos prières et de lui ménager ainsi, pour le siècle qui va se lever, une triomphale résurrection. — Si les pèlerins qui ont entendu cette instruction y ont goûté quelque joie surnaturelle et en ont tiré quelque profit, qu'ils daignent donner à celui qui l'a prononcée un souvenir dans cette prière dont ils ont appris depuis longtemps sans doute le secret près du Cœur de Marie.

C'est en compagnie des pèlerins de Limoges, fils de saint Martial, que les pèlerins d'Arras, enfants de saint Vaast, font la procession eucharistique de 4 heures. Je n'oserais pas assurer qu'elle valut la procession des jours précédents. Au risque d'être en contradiction avec notre vénéré Président, qui nous prêche sans cesse l'humilité, nous répéterons ce que l'on nous a dit, à savoir que quand Arras ne commande plus absolument la marche, il y a quelque chose qui fait défaut. Et ceci peut se comprendre, puisqu'il y a 28 ans que nous venons à Lourdes ! Par exemple, que pouvez-vous imaginer de plus beau que cette soirée à l'église du Rosaire où, ce même jour, la pluie nous a renfermés à l'heure habituelle de notre procession aux flambeaux ? Ne vous rappelez-vous pas cette prière du soir, ces chants si pieux, ce *Credo* si touchant qui, montant du cœur aux lèvres, durent s'élancer directement jusqu'au Cœur de la Vierge bénie ? Ne vous rappelez-vous pas ces heures délicieuses de l'adoration nocturne et les suaves entretiens qui les rendirent si courtes ? N'entendez-vous plus ces exhortations chaleureuses qui semblaient jeter vers le DIEU d'amour et de majesté infinie le *Sanctus*, *Sanctus*, *Sanctus*, que les anges chantent éternellement au ciel ?

A une heure avancée de la soirée, nous revenions par la pensée sur toutes ces choses, lorsque, nous rendant à la Grotte pour donner un dernier salut à notre bonne Mère, nous eûmes sous les yeux ce spectacle : plusieurs de nos mineurs, malgré les fatigues d'une longue journée consacrée aux malades, égrenaient, appuyés à la grille du sanctuaire, leur chapelet avec dévotion. Ils restèrent longtemps sans doute à prier Marie, et, en les quittant, nous songions à leurs frères du travail qui, là-bas, suivent trop souvent d'autres inspirations que celles de la foi...

8 août. — Avant de raconter cette journée qui est, hélas ! déjà la dernière de notre séjour à Lourdes, il convient de signaler les guérisons que la Vierge toute bonne a bien voulu ajouter à celles dont nous avons parlé précédemment. Pour ces faveurs, nous laissons la parole au Directeur du Service médical :

« 4° *M*[lle] *Elisa Gorillot*, de Vermelles, 22 ans. — *Phtisie pulmonaire :* n'avait pas quitté le lit depuis plus d'un an. Elle est partie pour Arras couchée dans une voiture pour éviter les transbordements par chemin de fer. Elle avait communié dans son lit en viatique avant le départ. La faiblesse était si grande qu'elle ne pouvait même plus réciter un *Ave Maria* sans s'interrompre plusieurs fois. Elle passa la nuit à Arras au couvent des Augustines, et fut portée le lendemain agonisante à la gare par des religieuses de cette communauté. Elle fut considérée par les docteurs comme la plus grande malade du pèlerinage. Aux premiers bains de piscine l'état général s'améliora. Le 8 août, la jeune fille quitta son brancard et put marcher au bras de sa mère. Depuis, les forces reviennent, l'appétit est bon. Grande amélioration dans la journée. On constate encore quelques lésions au sommet gauche.

« Au retour, elle trouva à la gare de Vermelles une foule immense qui l'attendait, malgré une pluie battante. Devant l'église elle descendit de voiture et monta malgré la pluie les marches de l'église. On lui avait préparé une place dans le chœur et, là, elle assista à un *Te Deum* et à un salut d'actions de grâces. Depuis elle assiste tous les jours à la sainte messe, où elle se rend à pied soutenue par sa mère. Elle n'éprouve plus aucune gêne pour respirer, parle sans fatigue, mange avec ses parents et reste levée toute la journée. Les forces et les couleurs du visage reviennent chaque jour. Tout fait espérer une guérison certaine.

« 5° *Mlle Juliette Demoulier*, d'Arras, 33 ans. — A toujours été délicate de santé. Cette jeune fille entra au noviciat des Sœurs de la Présentation de Tours en mars 1894. — Le 30 novembre 1896, fut prise de douleurs rhumatismales dans le bras et la jambe gauche. Cinq semaines après, le bras et la jambe droite furent atteints. — Le cœur fut aussi atteint en même temps que le côté gauche, et depuis le début elle resta alitée jusqu'en avril de l'année suivante. Le médecin de Crouy sur-Ourcq, près May-en-Multien (Seine-et-Marne), où la jeune religieuse était maîtresse d'ouvroir, ayant alors déclaré la maladie incurable, Mlle Demoulier dut quitter la communauté et fut rendue à sa famille, le 29 août 1897.

« Depuis ce jour, l'état est resté le même, la jeune fille presqu'impotente se levait quelques heures chaque jour et était transportée dans un fauteuil, souffrant beaucoup. Les douleurs n'ont jamais cessé depuis 4 ans.

« A fait le voyage couchée sur un matelas. Le 6 août 1900 après la piscine du matin, a commencé à faire quelques pas, les douleurs ayant diminué subitement. — Dans l'après-midi toutes les souffrances disparurent. La jeune fille put se mettre à genoux au passage du Saint-Sacrement et quitter sa voiture. Depuis ce moment, marche facilement. Elle avait aussi des douleurs gastralgiques avec enflure de l'estomac qui la forçaient de prendre très peu de nourriture. Aujourd'hui la jeune fille mange de tout, et de bon appétit, digère bien, marche facilement, et les forces augmentent à vue d'œil.

« 6° *Mlle Lucie Lermusiaux*, de Corbehem, 31 ans. — Cette jeune fille souffrait depuis plus de douze ans. D'abord supportables, les souffrances devinrent intolérables et produisaient de très grands désordres. Les médecins consultés, soit dans le pays, soit à Lille, ne purent reconnaître la maladie. Pendant cinq ans on chercha la cause des souffrances atroces et des graves accidents qui se produisirent. En dernier ressort, on s'adressa au docteur Toison, de Douai, qui découvrit la cause du mal : *Rein flottant.* Il parla d'opération, seul remède, mais la déclara impossible, vu l'affaiblissement de la jeune fille. Depuis, cette jeune fille continua à souffrir. Pendant la neuvaine préparatoire au pèlerinage, les souffrances augmentèrent encore, et le jour du départ elle fit le court trajet de chez elle à la gare en se traînant et en pleurant. Elle croyait même ne pouvoir gagner la gare.

« Le vendredi 3 août, à cinq heures, dans le train, au moment où l'on priait à la grotte du pays pour la malade, après la récitation du chapelet et l'absorption d'un peu d'eau de Lourdes, les douleurs disparurent. A son arrivée à Lourdes, la jeune fille marchait facilement, sans ceinture, ne ressentait plus aucune douleur et put suivre tous les exercices. — Pas la moindre rechute depuis le retour. »

A propos de ces grâces obtenues pendant notre pèlerinage, nous croyons bon d'avertir nos lecteurs que nous préférons pécher par sobriété que par excès, dans les détails relatifs à la nature et au nombre des améliorations ou des guérisons [1]. Nous ne disons rien, par exemple, de ce jeune homme qui a déposé lui-même à la Grotte un appareil qui le torturait depuis des années ; rien non plus de vingt autres personnes qui, sous une forme ou sous une autre, ont ressenti, pour leur santé, les bienfaisants effets de la bonté de Notre-Dame de Lourdes ; nous nous unissons à leur joie, nous nous sommes associés à leur reconnaissance, mais, pour l'honneur de la cause que nous servons, il est plus sage de rester dans les limites d'une prudente réserve.

Si maintenant nous en arrivons aux différents exercices de

1. Nous imitons, en cela, la discrétion du Service médical, qui ne publiera le procès-verbal définitif et officiel des guérisons qu'après la séance de constatation qui se tiendra à Arras en mars prochain, chez le Directeur des Pèlerinages, en présence des Docteurs de ce service.

cette journée qui sera si belle, l'on ne nous pardonnerait point de ne pas donner une large place aux solennels offices du matin et à l'inoubliable cérémonie des adieux, qui eut lieu durant la réunion des Vêpres.

Ce qui, sans doute, chers pèlerins, vous aura le plus vivement impressionnés dans cette grand'messe de dix heures, c'est la pastorale allocution de M. le curé du Portel, ayant pour thème la parole que nous avons choisie comme épigraphe de ce travail : « Allez boire à la Fontaine et vous y laver, et mangez l'herbe qui pousse à côté. » M. le chanoine Dusart est l'un de nos orateurs artésiens les plus connus et les plus goûtés à Lourdes ; depuis plusieurs années, il se plaît à commenter devant nous l'une ou l'autre de ces paroles saintes que l'Apparition a prononcées devant Bernadette, mais je ne sais pas s'il l'a jamais fait avec plus de bonheur de rapprochement que cette fois-ci. Ses auditeurs se souviendront longtemps de ses ingénieuses comparaisons établies entre la source miraculeuse, — véritable fontaine de Siloé offerte à notre siècle, dont les eaux remuées par une prière ininterrompue sont le principe des plus grands prodiges, — et les sources mystérieuses de la vie chrétienne, dont les eaux rejaillissent jusque dans l'éternité. En particulier, ils se souviendront, pour les mettre en pratique, de ces enseignements donnés avec toute la liberté apostolique, qui est chez l'orateur la conséquence d'une forte conviction, relativement à la fréquentation des Sacrements de la Pénitence et de l'Eucharistie. Ce serait être traître à Notre-Dame de Lourdes et renier Marie, que de ne plus connaître, une fois de retour au pays, ce qui fait ici la joie du pèlerin, à savoir l'habitude de la communion. Ce n'est pas aux torrents du gave, c'est-à-dire aux illusions et aux entraînements du monde qu'il nous faut courir, mais aux ondes salutaires et bienfaisantes que notre Mère l'Eglise fait couler sur nos âmes et dont la source première est le Cœur de JÉSUS.

L'un des prélats présents à Lourdes, Mgr Dupont [1], de la Congrégation des Pères Blancs, voulut bien présider notre dernière cérémonie des vêpres. Ce fut au cours de cette réu-

1. Mgr Joseph Dupont, évêque de Thibar, vicaire apostolique du Nyassa.

nion que M. le Vicaire-Général Liénard adressa à tous les pèlerins d'Artois le discours d'adieu.

Après avoir salué et remercié, avec une délicatesse extrême, le vénéré Pontife qui nous donne, pour un instant, la douce illusion de la présence d'un autre Père à qui sa bonté le fait tant ressembler, et appelé sur son auguste personne, sur ses œuvres, sur sa vie, les bénédictions de Notre-Dame, M. le Président envoie l'expression de sa reconnaissance à DIEU et à Marie qui ont si visiblement béni ce pèlerinage, l'un des plus beaux que nous ayons accompli encore. Ce premier devoir terminé, l'orateur salue de son plus respectueux et cordial hommage Mgr l'Evêque d'Arras, « à qui nous manquons et qui nous manque, » mais qui nous préside de loin et qui est avec nous, comme nous sommes avec lui, par la pensée, par la prière et par le cœur. Il adresse ensuite l'expression de sa reconnaissance à son cher et vénéré collègue, M. le Vicaire-Général Bonvarlet, au très zélé Directeur du pèlerinage, à tous les membres du Comité, aux dévoués brancardiers, aux Dames hospitalières, aux chères Sœurs Augustines, qui ont su faire taire leur douleur filiale en se dévouant, sans compter, à la garde de nos malades... bref, à tous ceux qui ont contribué, pour une part quelconque, à notre pèlerinage ; car, on le sent bien, le seul ennui de M. le Vicaire-Général serait d'oublier quelqu'un dans ses remerciements. — Il n'oubliera que lui-même.

Puis, se retournant par le souvenir vers ces heures bénies de notre séjour à Lourdes, M. le Chanoine Liénard se met à nous faire le plus gracieux tableau — cette fois-ci heureusement réalisé — de ce que le pèlerinage avait été pour nous. Comme conclusion de sa délicieuse allocution, l'orateur demande à l'Évêque officiant de nous bénir en union avec notre Pontife et Père qui, lui aussi, nous bénit de loin.

Il est visible qu'à partir de ce moment, un nuage de tristesse plane sur le visage de tous les Artésiens. Autant l'on est heureux d'arriver et de vivre sur le sol de Lourdes, autant l'on est peiné à la pensée de le quitter. A Lourdes, en effet, on trouve le repos du corps et le repos de l'âme à Lourdes on oublie tout ce qui ailleurs trouble sans cesse la vie ; pour tout dire en un mot, à Lourdes on goûte le vrai bonheur. C'est pour n'en perdre aucune parcelle que nos pèlerins suivent dans le plus grand recueillement la procession du Saint-Sacrement et la procession aux flambeaux, à l'issue de laquelle Mgr l'Evêque de Limoges leur donne sa bénédiction.

Mais cette tristesse universelle s'accentua bien davantage encore le lendemain matin, à l'heure définitive de la séparation. Il ne fallut rien moins qu'une fervente communion à la Grotte pour en adoucir l'inéluctable amertume ; et, malgré cela, lorsque retentit le cantique des adieux : « Vierge, pourquoi faut-il quitter..., » sur tous les visages il y avait des larmes. Me permettra-t-on d'ajouter que si les Artésiens quittaient Lourdes à regret, de son côté Lourdes nous voyait partir avec une véritable tristesse ? L'un des Pères missionnaires de l'Immaculée-Conception voulut bien nous dire, après la bénédiction papale, donnée par S. G. Mgr Dupont, que le Pèlerinage d'Arras devrait toujours rester à Lourdes pour servir de type aux pèlerinages ; que si, cependant, nous nous décidions à partir, il nous disait non pas adieu, mais au revoir. Ce délicat compliment, sorti d'une bouche qui ne prodigue pas les félicitations, nous oblige à nous montrer plus que jamais les serviteurs et les apôtres de Notre-Dame de Lourdes.

Ainsi se termina notre pèlerinage de 1900.

Mais je me trompe, ce pèlerinage n'est pas achevé. Il va se continuer dans une prière quotidienne — un *Ave Maria* et une invocation à Notre-Dame de Lourdes pour les malades améliorés — qui durera jusqu'à la prochaine visite de nos dévots pèlerins d'Artois à la Grotte de Massabielle. Nous demandons instamment, sur le désir de la Direction des Pèlerinages, à MM. les Curés, de signaler et de recommander cette intention à la piété de leurs paroissiens. En même temps que cette prière sera une bénédiction pour nos chers malades, elle entretiendra, d'une manière permanente, le souvenir de Lourdes et deviendra comme une invite au pèlerinage de 1901.

Par ailleurs, nous savons bien que la principale force et la vraie raison du succès de notre pèlerinage de cette année, doit se chercher dans les ferventes prières qui l'ont préparé et accompagné. Nous n'avons pas appris sans admiration qu'un grand nombre de paroisses du Diocèse ont fait, en union avec nous, le *Pèlerinage spirituel*, s'étant procuré des Manuels et suivant, aux heures indiquées, les différents exercices, tels que méditations, prières, chapelets, cantiques, etc., demandés aux vrais pèlerins de Lourdes. Si DIEU a dit : « Quand deux ou trois seront réunis en mon nom, je serai au milieu d'eux, » vous pouvez imaginer de quelle manière Notre-Seigneur fut présent à cette édifiante supplication.

De leur côté, à Lourdes, les pèlerins, et les malades en particulier, n'ont pas omis de prier pour leurs parents et de penser à leurs bienfaiteurs. En effet, si la charité des personnes riches envers les déshérités de ce monde doit être excitée et encouragée, comme l'aumône la plus bienfaisante à laquelle elles puissent contribuer, d'autre part, il serait bien ingrat de ne point porter leur souvenir auprès de la Vierge Marie. Du reste, Marie a voulu leur payer Elle-même ce que les pauvres leur doivent, car l'on a remarqué, cette année plus que jamais, que les guérisons ont été accordées de préférence aux contrées de l'Artois qui donnent le plus, ou bien aux malades dont le voyage avait été offert par des souscriptions populaires. N'est-ce point la preuve évidente, donnée par Notre-Dame de Lourdes elle-même, que ces intentions lui sont particulièrement agréables et lui vont droit au cœur ?

Et maintenant, ô pèlerins, à l'heure où j'écris mon dernier mot, j'éprouve comme le regret d'avoir traduit trop imparfaitement les puissantes impressions qui envahissent vos âmes. Mais vous, vous compléterez mon œuvre, et cette pensée me console.

A tous ceux qui vous entourent, parents et amis ; à toutes les âmes que vous rencontrerez, innocentes ou pécheresses, vous parlerez de Lourdes et de ses merveilles. Vous leur direz que Lourdes est le théâtre des bontés de Marie, le sol béni entre tous, le vestibule du Paradis. Vous les convierez à venir avec vous à notre pèlerinage prochain, — car, j'en suis sûr, vous serez encore des nôtres dans un an, — et vous mettrez tant de persuasion dans votre parole, que vous les entraînerez après vous ; en un mot, vous vous ferez les chevaliers de Notre-Dame.

Mais c'est par votre vie, surtout, que vous serez, n'est-ce pas ? les vrais enfants de Marie. Plus haut que les préoccupations d'ici-bas, plus haut que la recherche de la fortune et des honneurs, plus haut que le misérable respect humain, plus haut que vous-mêmes, vous placerez le souvenir de Lourdes et de la Vierge Marie, et ce souvenir vous réconfortera. Et qui sait si cette fidélité à Notre-Dame de Lourdes, fidélité que nous lui jurons à jamais, ne sera pas, à certaines heures sombres et menaçantes, le principe du salut pour notre cher pays de l'Artois, comme à certains jours de calamités publiques, l'amour du Sacré-Cœur l'a été pour un autre point de notre Patrie ? »

Une fois de plus la Vierge Marie nous avait gâtés ! Et si maintenant quelqu'un de nos lecteurs nous demandait ce qu'est un miracle et comment s'obtient le miracle à Lourdes, nous lui répondrions avec l'un de nos brancardiers-chefs, qui fait à ses heures de la théologie, encore plus en « croyant » qu'en « officier de cuirassier » :

« Le miracle est un acte de la puissance divine dérogeant aux lois de la nature. Remettre des poumons là où il n'y en a plus, c'est un miracle.

Supprimer en une seconde des plaies purulentes, c'est aussi un miracle.

Rendre la vue aux aveugles, encore un miracle.

Miracle aussi le fait de délier la langue d'une jeune fille de Montenescourt... et elle s'en sert ! !...

Le miracle, dans l'ordre médical, commence au point où la science du docteur devient impuissante. — Le champ est vaste.

Mais pourquoi le fait anormal, le miracle, se produit-il à Lourdes avec une persistance à laquelle *la consécration du temps* n'a pas donné le moindre démenti ?

Tout simplement parce qu'il faut certaines conditions pour

que le Bon DIEU ou la Sainte Vierge — elle aussi toute-puissante — daignent déroger aux lois naturelles en faveur d'une misérable créature.

Sans être théologien, nous pensons être dans le vrai en affirmant qu'il faut : la foi, la prière, le sacrifice.

Ainsi il nous paraît bien difficile qu'un infirme n'ayant pas la foi, obtienne sa guérison corporelle ; la plus pressante est certainement celle de son âme.

Le malade disant carrément, sans arrière-pensée : *Je serai guéri !* se trouve dans d'excellentes conditions pour *réussir*. C'est du reste ce que nous enseigne l'Evangile, lorsqu'il nous raconte les miracles opérés par le divin Maître.

Tel autre, au contraire, répondant : Peut-être !!! si le Bon DIEU le veut !!! je ne sais pas !!! se trouve, lui, dans des conditions très inférieures. Il est peu probable qu'il obtienne un miracle, mais sa prière, sa démarche lui mériteront des faveurs, et sûrement la résignation.

Mais pour obtenir une faveur, il faut la demander ; en langage chrétien, cela s'appelle prier.

Le miracle est une denrée — pardon de l'expression triviale — qui coûte tant ! Combien ? Nous l'ignorons, mais DIEU le sait.

Il est probable qu'un seul ne pourrait jamais arriver à payer la somme. Alors 12 ou 1300 personnes prient pour les malades amenés, communient, récitent des chapelets.

Calculez si vous le pouvez le total... Impossible, n'est ce pas ? Mais DIEU a compté.

Le prix est versé et aussitôt la religieuse de Boulogne qui a dit : *Je guérirai !* quitte son grabat.

La jeune fille de Boisleux qui a recommandé à sa mère de lui préparer une robe pour son retour *parce qu'elle sera guérie*, est débarrassée des plaies hideuses qui couvraient sa figure.

Pour combler la mesure, il n'y a pas eu que la prière, les pèlerins ont aussi donné largement en faveur de leurs malades une autre monnaie encore plus précieuse, c'est le sacrifice.

Outre les fatigues très réelles du voyage, acceptées avec

bonne humeur et dans le but précis de payer la rançon de nos malades, il y a les sacrifices particuliers que DIEU seul connaît, et particulièrement les immersions des piscines ressemblant à des tombeaux.

Ce n'est pas gai, c'est une souffrance, elle est très méritante, endurée volontairement pour son prochain. DIEU accepte cet acte de pénitence charitable comme il est accompli, c'est-à-dire généreusement.

C'est ainsi qu'en 1899, Cécile Hurtrel, à l'agonie depuis trente heures, fut sauvée par le sacrifice de cinquante Artésiens qui, mettant leur charité au dessus de leurs répugnances, se plongèrent à la place de leur sœur mourante dans cette eau glacée. Alors le ciel et la terre admirent. DIEU se laisse toucher, la Sainte Vierge guérit, et un merci enthousiaste part de nos âmes et arrive jusqu'au trône de DIEU. Ce sont là les merveilles et les joies de Lourdes. »

En ce qui concerne notre pèlerinage de 1900, Notre-Dame de Lourdes mit le comble à ces merveilles et à ces joies en rendant d'abord la santé à notre Evêque-bien-aimé, qui avait été vraiment notre « grand malade » et dont la pensée avait rempli, du commencement à la fin, notre prière affectueuse ; puis en maintenant dans un heureux état sanitaire ses privilégiés artésiens. Voici, en effet, quels furent les résultats de la réunion médicale qui eut lieu à Arras, sous la présidence de M. le Dr Boissarie, le 9 mars 1901, en vue de constater les guérisons du dernier pèlerinage.

1° *Marie Morel*, 20 ans, de Boisleux-Saint-Marc.

I. — NOTE MÉDICALE. — Cette jeune fille a toujours été malade depuis l'âge de douze ans. A fait une pleurésie à cette époque et a eu un commencement de méningite. Depuis sa maladie, n'a pas ou peu quitté le lit. Elle était sujette à de violentes crises nerveuses avec perte de connaissance. — Depuis novembre 1899 est atteinte d'un terrible eczéma purulent de la face, répandant une odeur nauséabonde et donnant à la malade un aspect repoussant. Mange très peu, un peu de bouillon ou de lait. La jeune fille est très affaiblie.

II. — CONSTATATION A LOURDES. — Le 5 août 1900, au

second bain de piscine, un mieux sensible est signalé : Marie Morel qui, jusque-là, était couchée et presque toujours sans connaissance, se leva et fit quelques pas. Depuis ce moment, les crises nerveuses ont cessé, et l'eczéma a disparu subitement, ne laissant qu'une faible rougeur de la peau, qui disparut à son tour le lendemain.

III. — CONSTATATION AU 9 MARS. — Depuis le retour, aucun bouton, aucune rougeur n'a reparu. La jeune fille, qui était d'une maigreur extrême, a repris un peu d'embonpoint. Toute affection nerveuse a également disparu, mais il lui reste de la faiblesse et des sueurs de nature nerveuse très abondantes, qui n'ont pas permis le transport de la malade à Arras en cette saison. Elle fera le prochain pèlerinage en actions de grâces et pour demander sa complète guérison.

2° *Melle Rosalie Anno*, 27 ans. En religion Sœur Marie de Gonzague, de la Congrégation de Marie-Immaculée, de Gaudechat, près Beauvais.

I. — CERTIFICAT MÉDICAL. — Melle Rosalie Anno est atteinte de coxalgie double.

II. — BULLETIN DE CONSTATATION rédigé à Lourdes le 5 août 1900. — Sœur Marie de Gonzague fut prise, vers le 20 mai 1899, de douleurs dans la hanche gauche, bientôt compliquées d'une notable *déformation* de cette région et d'un *raccourcissement* de 5 centimètres *du membre inférieur*. On eut recours aux pointes de feu et aux vésicatoires, qui ne produisirent aucune amélioration appréciable, et la maladie gagna bientôt la hanche droite. La Sœur fut alors envoyée dans une clinique chirurgicale à Boulogne-sur-Mer, où on la mit dans un appareil silicaté double, remontant jusque sous l'aisselle, et qu'elle n'a pas quitté depuis lors. Elle est arrivée à Lourdes le 4 août, couchée sur un matelas, immobilisée dans son appareil, et portant un certificat médical déclarant qu'elle est atteinte de *coxalgie double*.

Le jour de son arrivée, au premier bain de piscine, la malade a remué légèrement les jambes, les douleurs ayant diminué. Le lendemain, 5 août 1900, dans l'après-midi, à la troisième immersion dans la piscine, une nouvelle amélioration très sensible a lieu ; la Sœur peut quitter son appareil et faire quelques pas sans être soutenue. Depuis ce moment, les progrès sont rapides ; la marche d'abord chancelante s'affermit de plus en plus.

Deuxième examen, le 6 août.— Marche de mieux en mieux. Eprouve encore un peu de douleur dans les reins. Plus rien aux hanches.

III.— Cette religieuse a quitté le département. Souffre encore de rhumatisme. Nous avons reçu le certificat suivant du médecin traitant :

« La religieuse en traitement à ma clinique et qui est allée à Lourdes, était atteinte de coxalgie nerveuse caractérisée par la contracture douloureuse de tous les muscles, mais sans lésions articulaires. Elle est revenue de Lourdes très améliorée. La contracture des fléchisseurs et des extenseurs a disparu, la flexion est possible, mais la contracture des abducteurs persiste et l'écartement des jambes est impossible »

Cas à suivre.

3° *Melle Suzanne Delcourt*, 33 ans, de Boiry-Notre-Dame. Névrose et tuberculose

I. — CERTIFICAT MÉDICAL. — Melle Suzanne Delcourt est sujette depuis quinze ans à des troubles nerveux : attaques, troubles de la parole, dyspepsie ; avec tout cela cette fille est atteinte de tuberculose ganglionnaire et oculaire.

II. — BULLETIN DE CONSTATATION à Lourdes, le 5 août 1900.

« La malade n'a pas quitté son lit depuis 9 mois, prenant très peu de nourriture et étant très faible. Il y a 8 mois, elle commença à éprouver de la difficulté à parler, et depuis 4 mois elle est complètement muette, ne pouvant se confesser que par écrit. Sa vue s'est aussi considérablement affaiblie depuis quelque temps, et on constate l'existence de leucomes cornéens aux deux yeux, ainsi que des traces d'abcès sous maxillaires à gauche.

« A son arrivée, Suzanne Delcourt a été portée à la piscine sur un brancard. Au premier bain, le 4 août 1900, elle a commencé à parler et, à partir de ce moment, l'amélioration a été continuelle. La parole est maintenant facile, la vue à peu près normale ; l'appétit est revenu, les forces augmentent et la malade marche à peu près comme tout le monde. »

III. — RÉSULTAT DE L'EXAMEN du 9 mars 1901. — La santé de cette jeune fille s'est encore améliorée depuis le retour. Elle peut travailler et les forces reviennent sensiblement. A revoir à Lourdes.

4° *Melle Elisa Gorillot*, 22 ans, de Vermelles.

I. — NOTE MÉDICALE. — « Melle Gorillot présentait à l'auscultation une bronchite généralisée, mais avec prédominance des signes aux deux sommets pulmonaires. La malade est amaigrie, pâle, les doigts effilés. Elle avait des sueurs abondantes la nuit, et ne pouvait supporter de nourriture solide. En décembre 1899, les signes s'étaient accentués. La malade ne pouvait plus se lever. Les signes d'inflammation pulmonaire s'étaient bien localisés aux deux poumons. Le murmure vésiculaire du poumon transformé en un souffle accompagné de craquements de râles humides, montrait un commencement de désagrégation pulmonaire. La malade avait des crachats épais, jaunâtres, en grande quantité. Bref phtisie pulmonaire en train d'évoluer vers le second degré, qui était presque atteint. L'état avait encore empiré depuis cet examen. »

II. — CONSTATATION A LOURDES, le 8 août 1900. — Melle Elisa Gorillot n'avait pas quitté le lit depuis un an. Elle est partie pour Arras couchée dans une voiture pour éviter les transbordements par chemin de fer. Elle avait communié dans son lit en viatique avant le départ. La faiblesse était si grande qu'elle ne pouvait même plus réciter un *Ave Maria* sans s'interrompre plusieurs fois. Elle passa la nuit à Arras au couvent des Augustines, et fut portée le lendemain agonisante à la gare par des religieuses de cette communauté. Elle fut considérée par les docteurs comme la plus grande malade du pèlerinage. Aux premiers bains de piscine, l'état général s'améliora. Le 8 août, la jeune fille quitta son brancard et put marcher au bras de sa mère. Depuis, les forces reviennent, l'appétit est bon. Grande amélioration dans la journée. On constate encore quelques lésions au sommet gauche.

III. — RÉSULTAT DE LA CONSTATATION du 9 mars 1901. — L'état de cette jeune fille s'améliore de jour en jour. A pu sortir tous les jours, pendant l'hiver, sans éprouver aucune rechute. A augmenté de 25 livres depuis le mois d'août. A l'auscultation, on constate encore quelques râles au sommet gauche. Plus rien à droite. Fera le pèlerinage prochain en action de grâces et sera examinée de nouveau à Lourdes. Cas très intéressant à suivre.

5° *Melle Juliette Demoulier*, 33 ans, d'Arras, en religion Sœur Saint-Benoit.

I. — CERTIFICAT MÉDICAL. — Dame Juliette Demoulier, en religion Sœur Saint-Benoit, des Sœurs de la Présentation de Tours, est atteinte de rhumatismes chroniques de plusieurs articulations, de névralgie sciatique et de gastralgie. Elle ne peut marcher qu'avec beaucoup de difficulté.

II. — BULLETIN DE CONSTATATION rédigé à Lourdes, le 7 août 1900. — « Melle Juliette Demoulier a toujours été délicate de santé. Cette jeune fille entra au noviciat des Sœurs de la Présentation de Tours en mars 1894. — Le 30 novembre 1896, fut prise de douleurs rhumatismales dans le bras gauche. Cinq semaines après, le bras et la jambe droite furent atteints. — Le cœur fut aussi atteint en même temps que le côté gauche, et, depuis le début, elle resta alitée jusqu'en avril de l'année suivante. Le médecin de Crouy-sur-Ourcq, près May-en-Multien (Seine-et-Marne), où la jeune religieuse était maîtresse d'ouvroir, ayant alors déclaré la maladie incurable, Melle Demoulier dut quitter la communauté et fut rendue à sa famille le 29 août 1897.

« Depuis ce jour, l'état est resté le même, la jeune fille presqu'impotente se levait quelques heures chaque jour et était transportée dans un fauteuil, souffrant beaucoup Les douleurs n'ont jamais cessé depuis 4 ans.

« A fait le voyage couchée sur un matelas. Le 6 août 1900, après la piscine du matin, a commencé à faire quelques pas, les douleurs ayant diminué subitement. — Dans l'après-midi, toutes les souffrances disparurent. La jeune fille put se mettre à genoux au passage du Saint-Sacrement et quitter sa voiture. Depuis ce moment, marche facilement. Elle avait aussi des douleurs gastralgiques avec enflure de l'estomac qui la forçaient de prendre très peu de nourriture. Aujourd'hui la jeune fille mange de tout, et de bon appétit, digère bien, marche facilement, et les forces augmentent à vue d'œil. »

III. — RÉSULTAT DE LA CONSTATATION du 9 mars 1901. — Confirmation de la constatation faite à Lourdes. L'amélioration s'accentue. Encore un peu faible. — A suivre.

6° *Melle Lucie Lermusiaux*, 31 ans, de Corbehem.

I. — NOTE MÉDICALE. — Cette jeune personne est atteinte d'ectopie rénale.

II. — BULLETIN DE CONSTATATION enregistré à Lourdes, le 7 août 1900. — Cette jeune fille souffrait depuis 12 ans. D'abord supportables, les souffrances devinrent intolérables et produisaient de très grands désordres. Les médecins consultés soit dans le pays, soit à Lille, constatèrent que la jeune malade était atteinte d'ectopie rénale droite. On parla d'opération, seul remède, mais on la déclara impossible, vu l'affaiblissement de la jeune fille. Depuis, cette jeune fille continua à souffrir. Pendant la neuvaine préparatoire au pèlerinage, les souffrances augmentèrent encore, et le jour du départ elle fit le court trajet de chez elle à la gare en se traînant et en pleurant. Elle croyait même ne pouvoir gagner la gare.

Le vendredi 3 août, à 5 heures, dans le train, au moment où l'on priait à la grotte du pays pour la malade, après la récitation du chapelet et l'absorption d'un peu d'eau de Lourdes, les douleurs disparurent. A son arrivée à Lourdes la jeune fille marchait facilement, sans ceinture, ne ressentait plus aucune douleur et put suivre tous les exercices.

III. — CONSTATATION du médecin traitant. — « Depuis le mois de septembre 1900, l'état général de la malade s'est sensiblement amélioré : les douleurs et les troubles occasionnés par la mobilité du rein ont presque totalement disparu. Il y a tout lieu de supposer que ce dernier s'est immobilisé. »

La Commission ne peut se prononcer. Cas à surveiller.

Mais, après avoir si souvent parlé, dans ce travail, des faveurs physiques, voici que nous sommes impuissant à redire quelque chose de ces mille miracles de l'ordre moral dont la Grotte de Marie est le théâtre incessant. Si le saint abbé Vianney disait souvent : « On ne saura qu'au Jugement dernier le bien qui s'est fait à Ars, » ne pouvons-nous pas nous écrier à notre tour : « Ce n'est qu'au ciel, au jour solennel de la révélation des consciences, que nous connaîtrons les victoires remportées tous les jours au sein des âmes par la grâce divine, sur la terre bénie de Lourdes. »

C'est là, c'est à Lourdes que se dénouent les situations les plus tragiques, là que se brisent les chaînes les plus étroites, là que se décident les apostolats les plus sublimes, là que se dit le dernier mot des définitives consécrations à l'Epoux divin. De même que les flots de l'eau miraculeusement offerte par Marie ne cessent de couler sur les corps pour les vivifier, de même les ondes salutaires de la grâce de DIEU ne discontinuent pas de couler sur les âmes pour les ressusciter et les sauver.

Ces miracles-là, nous le répétons, ne sont pas accueillis par les longues acclamations des foules, mais les anges en chantent l'indicible beauté dans le doux murmure des joies du ciel.

« Lourdes, dit M. Louis Colin, Lourdes, tombeau de la haine et berceau de l'amour, est le lieu inénarrable du monde.

« Que de secrètes douleurs y sont guéries ! Que de pas chancelants y sont raffermis ! Que de fronts obscurcis s'y relèvent dans la sérénité du ciel ! Poèmes uniques, merveilleux épisodes, dénouements libérateurs, le nombre en est innombrable, on en ferait des milliers et des milliers de récits qui raviraient les âmes, mais que nulle plume n'écrira jamais. [1] »

Ce serait là, pourtant, la véritable histoire de Notre-Dame de Lourdes. Vingt fois, en retraçant ce récit, nous avons projeté de redire aussi ce que nous savons des faveurs surna-

1. *Parfum de Lourdes*, p. VI.

turelles dont notre Artois a été comblé depuis plus d'un quart de siècle, et vingt fois nous avons reculé devant cette entrée dans un monde mystérieux, qui serait une vraie profanation. Laissons donc les anges de DIEU écrire les feuillets de cette histoire intime : eux seuls, d'ailleurs, en possèdent tous les documents, et cette histoire sera sans doute, pour nous, fidèles de Lourdes, l'une des grandes joies de notre Éternité.

Chapitre Onzième.

INFLUENCE, SUR LE DIOCÈSE, DES PÈLERINAGES DIOCÉSAINS A LOURDES. — INFLUENCE PARTICULIÈRE SUR LE CLERGÉ — SUR LES FIDÈLES — SUR LES MIRACULÉS — ET PAR EUX, INDIRECTEMENT, INFLUENCE SUR LE DIOCÈSE TOUT ENTIER. — ALLONS A LOURDES !

DANS son « Parfum de Rome » Louis Veuillot raconte que sur le parvis de Latran, au moment où Pie IX, le jour de l'Ascension, bénissait la foule, un curé qui était prosterné à côté de lui se releva tout en larmes en s'écriant : « Ah ! si ma paroisse était ici, elle se convertirait tout entière ![1] » Est-il un seul prêtre du diocèse d'Arras, pèlerin de Lourdes, qui ne se soit dit en présence des merveilles qui s'y accomplissent : « Si ma paroisse était ici, elle se convertirait tout entière » ?

Qui dira, en effet, l'excellence de nos pèlerinages catholiques ?

« Parmi les pratiques de la dévotion chrétienne, écrivait en 1872 Mgr Freppel, il n'en est pas de plus salutaire que les pèlerinages. S'il plaît à DIEU d'imprimer à un lieu le sceau de sa puissance (et qui peut se flatter d'enchaîner son bras ?) ce n'est jamais que pour le bien des âmes. Assurément les âmes trouvent partout les secours et les remèdes de la foi ; car DIEU est partout et l'Eglise, elle aussi, est partout avec les lumières de sa doctrine, la vertu de ses sacrements, l'exemple et la protection de ses saints. Mais une comparaison empruntée à l'ordre matériel vous fera comprendre facilement la haute utilité des pèlerinages. Quand le malade sent décroître ses forces, il sort du milieu où il vivait jusqu'alors. L'air habituel ne suffit plus à son tempérament épuisé. Il se déplace ; il va demander la santé à d'autres climats ; il cher-

1. *Parfum de Rome*, tom. II, liv. XII, ch. 12.

che au loin une atmosphère moins lourde, des bains qui le rafraîchissent et le fortifient, une nourriture plus succulente et plus saine, tout un ensemble d'éléments nouveaux qui redonnent du ressort à ses organes, en ramenant dans ses membres le jeu de la vie ; puis, au bout de ce séjour momentané, il reprend le chemin de la terre natale, après avoir renouvelé sa vigueur au contact et sous l'influence d'un sol étranger.

« Voilà l'image du pèlerin. Quand le chrétien se sent atteint de quelque infirmité morale, rebelle jusqu'alors à toute guérison, il s'en va lui aussi chercher la santé de l'âme dans l'un de ces lieux de dévotion tout imprégnés de vertu et de sainteté. Là, il respire un air nouveau, un air que la piété des générations a embaumé de ses parfums vivifiants ; là, il recueille la bonne odeur du CHRIST qui s'échappe de la vie et de la personne des saints ; là, il sent son cœur se dilater au souffle de la grâce ; là, s'ouvre devant lui la piscine sainte où sa faiblesse disparaît avec ses souillures ; là, son esprit se repose dans le calme de la retraite et le silence de la solitude ; là, tout son être moral se retrempe aux sources pures et vives de la foi ; et enfin, après avoir achevé ce traitement spirituel, il s'en retourne soulagé et comme refait, rapportant au foyer domestique, avec un surcroît de forces morales, une abondance de vie divine qu'il ne s'était pas connue jusqu'alors.

« Tels sont les résultats de ces voyages de dévotion qui occupent une si grande place dans la piété des peuples... Les lieux de pèlerinage sont, pour ainsi parler, les eaux thermales de la piété, les bains spirituels où les âmes viennent se régénérer en y puisant une énergie nouvelle. C'est là que s'opèrent ces réactions salutaires, ces retours soudains, ces secousses imprévues qui arrêtent les progrès du mal et impriment à la vie un autre cours. »

Ces paroles du grand Evêque d'Angers trouvent leur pleine et entière réalisation dans les pèlerinages que, chaque année, fait à Lourdes le diocèse d'Arras.

Les Prêtres sont assurément les premiers à ressentir les heureux effets de nos pèlerinages à Lourdes. Il est moralement impossible qu'un Prêtre aille à la Grotte bénie de Massabielle sans y puiser un plus grand amour pour la Sainte Vierge Marie, et une connaissance plus profonde de sa bonté maternelle. Les spectacles dont il y est témoin remplissent son âme d'un saint enthousiasme et, quand il est revenu dans sa paroisse, il communique à sa parole des accents si persuasifs, que les fidèles se laissent prendre aux charmes de la dévotion à Notre-Dame de Lourdes. Or, lorsque dans un peuple ou dans une paroisse on commence à connaître, à aimer la Très-Sainte Vierge, c'est la religion avec ses pratiques qui rentre dans ce peuple et dans cette paroisse. — « C'est par la Très-Sainte Vierge que JÉSUS-CHRIST est venu au monde, et c'est aussi par Elle qu'il doit régner dans le monde, » disait le P. Grignon de Montfort. Le cardinal Pie écrivait un jour ces belles paroles : « La Très-Sainte Vierge attire à la religion ; elle embellit le dogme catholique ; elle est dans l'Eglise ce que le printemps est dans la nature, ce que la mère est dans la famille. » Saint Alphonse de Liguori ordonnait à ses missionnaires de ne jamais omettre, au cours de leurs missions, de faire un sermon au moins sur Marie, et c'est de ce sermon qu'il attendait les plus grands fruits. S'il en est ainsi, et il en est ainsi, qui ne comprend le bien que doit produire, parmi ses fidèles, un Prêtre qui, à son retour de nos pèlerinages si touchants, leur raconte les traits merveilleux de la bonté et de la puissance de Notre-Dame ?

Serait-il téméraire de comparer l'influence produite sur un pasteur et sur son peuple par le pèlerinage diocésain, à celle qui résulte de la retraite ecclésiastique ? C'est pendant cette retraite que le Prêtre se retrempe dans les vertus sacerdotales ; c'est là qu'il puise une énergie nouvelle dont les âmes qui lui sont confiées sont les premières à bénéficier. Le pèlerinage diocésain produit sur le Prêtre des effets analogues. Aussi, comme nous l'avons dit plus haut, est-il quelquefois arrivé, par exemple en 1898, que l'autorité diocésaine ait dispensé de la retraite les Prêtres pèlerins de Lourdes, et bon nombre d'entre eux disaient à leur retour : « Jamais retraite ne m'a fait autant de bien que ce pèlerinage. »

Puis, qui dira la puissance des multiples prières que le Prêtre ayant charge d'âmes adresse à Notre-Dame de Lourdes pour ses chers paroissiens? « Bon Prêtre, disait Louis Veuillot en parlant de ce curé qui sur la place de Latran s'écriait en pleurant : « Ah ! si ma paroisse était ici, elle se convertirait tout entière, » bon Prêtre, ces paroissiens pour qui vous avez tant prié entendront votre voix rajeunie, ils verront vos pleurs, et leurs cœurs s'amolliront. »

Bons Prêtres qui allez à Lourdes, pouvons-nous dire à notre tour, ces paroissiens pour qui vous priez tant entendront votre voix rajeunie, ils verront vos pleurs et leurs cœurs s'amolliront. — Comprenez-vous maintenant, cher lecteur, les instances affectueuses des dévoués organisateurs de nos pèlerinages diocésains pour entraîner à Lourdes, chaque année, une belle phalange de Prêtres et de pasteurs ?

Mais c'est surtout sur les fidèles qui y prennent part que se fait sentir l'heureuse influence de nos pèlerinages diocésains. Cette influence est telle que si les curés pouvaient conduire à Lourdes tous leurs paroissiens ; si l'Evêque pouvait y conduire tous ses diocésains, on verrait bientôt s'opérer dans les paroisses et dans le diocèse une admirable transformation. On y verrait plus d'amour pour DIEU, plus de confiance en Marie ; on y verrait les sacrements plus fréquentés, les fêtes mieux célébrées, les vertus chrétiennes mieux pratiquées ; on y verrait surtout le respect humain vaincu et foulé aux pieds.

Si seulement les curés pouvaient décider un petit groupe de leurs paroissiens à faire partie du pèlerinage diocésain, ce serait déjà un noyau de personnes pieuses qui se formerait dans la paroisse.

En 1899, un curé du diocèse avait conduit à Lourdes cinq ou six de ses paroissiens. A leur retour, il constata chez eux une transformation qui ne s'est pas démentie. Que d'autres pasteurs ont pu faire la même constatation !

C'est d'abord la foi qui s'affermit chez nos pèlerins. Ce qui contribue premièrement à augmenter la foi des fidèles, c'est l'acte de foi lui-même qu'ils font en entreprenant le pèlerinage de Lourdes.

« Par ce seul acte, dit Mgr Freppel, ils affirment le christianisme tout entier, ils affirment hautement l'existence de l'ordre surnaturel, la toute-puissance de DIEU et son absolue indépendance, sa liberté souveraine dans le choix des lieux où il lui plaît d'opérer ses plus étonnantes merveilles, la vertu infinie du sang de son Fils, la prérogative suréminente de la Vierge-Mère, les rapports de l'Eglise du temps avec l'Eglise de l'éternité, la communion des Saints, la solidarité dans les actes et la réversibilité des mérites, tout ce merveilleux enchaînement de doctrines qui occupe le sommet dans les croyances du genre humain. Ils font en un mot l'acte de foi le plus élevé et le plus raisonnable que l'on puisse concevoir, un acte qui honore leur intelligence autant que leur bon cœur. »

Et puis, est-ce qu'à Lourdes nos pèlerins ne palpent point le surnaturel ? Et cela développe la foi. « A Lourdes, dit Mgr Pie, le surnaturel afflue, il déborde, il suinte du sable et du rocher, il jaillit de la source, il déroule en longs plis les vagues vivantes d'un fleuve de prières, de chants et de lumières : il se précipite sur des foules que personne ne peut dénombrer, et qui sont emportées par la force supérieure d'un courant auquel rien ne résiste. »

Grâce à l'impeccable organisation de nos pèlerinages, les fidèles Artésiens trouvent encore de quoi augmenter leur foi dans la prédication de la parole de DIEU — *fides ex auditu* — parole qui leur est distribuée chaque jour, à Lourdes, par les voix les plus autorisées du diocèse [1] De même que, dans certains pays, la nourriture produit sur le corps des effets merveilleux, de même la parole de DIEU répand à Lourdes, dans l'âme des pèlerins, les plus fécondes influences pour accroître leur foi. A Lourdes, la prédication, comme celle de Notre-Seigneur et des Apôtres, est appuyée et soutenue par le miracle.

Que dirai-je encore ? Est-ce que la foi de nos pèlerins ne

1. Nous devons les éléments et, souvent, la forme même de ce chapitre à M. l'abbé L. Coubronne, curé de Muncq-Nieurlet. Qu'il veuille bien recevoir l'expression de notre sincère reconnaissance.

trouve pas un puissant aiguillon dans les exemples admirables de foi qui sont donnés par tant d'âmes ferventes, par tant de malades abandonnés ?

Comme le feu aiguise le fer, ainsi l'âme des pèlerins sent sa foi se dilater au contact de tant d'âmes croyantes. Quelque endormie qu'elle soit sur les glaces de l'indifférence, la foi se réveille et éclate à Lourdes.

En même temps qu'il développe la foi, le pèlerinage diocésain développe la charité chrétienne. « Entre les pèlerins, il n'y a plus d'égoïsme, plus de tien ni de mien, mais une noble émulation de charité. Les forts aident les faibles, les riches partagent avec les pauvres, les bien portants soignent les malades. Dès que l'on est en chemin de fer, il n'y a plus que des frères se rendant tous les services, se prodiguant tous les soins que peut inventer la plus délicate charité [1]. » A Lourdes, les mêmes attentions se renouvellent. En voulez-vous, d'après le *Messager*, une preuve des plus touchantes [2] ?

« C'était en septembre 1899. Remplissant mon service de brancardier à l'hôpital des Sept-Douleurs, au retour des malades ayant assisté à la procession du Saint-Sacrement, je venais, dit M. Chevalier, d'enlever de sa petite voiture une pauvre enfant de quatorze ans, paralysée des membres inférieurs et du bras droit, et, avec toutes les précautions possibles, je l'avais étendue sur son lit. Je m'éloignais pour rendre les mêmes secours à d'autres infirmes, lorsque la petite malade me rappela. Je retournai sur mes pas et lui demandai ce qu'elle désirait.

De sa main laissée libre par la paralysie, l'enfant m'indiqua la chaise placée près d'elle et me fit signe de m'asseoir.

— Je ne puis en ce moment, lui-dis-je ; d'autres malades réclament mes soins.

L'enfant renouvela son geste impératif : — Asseyez-vous là, je veux !

La pauvre petite avait une façon particulière de prononcer son *je veux !* Elle y mettait une telle expression de comman-

1. Circulaire, mai 1897.

2. *Messager*, novembre 1899.

dement et en même temps de supplication, que ces deux mots produisaient un effet irrésistible, si bien qu'à l'hôpital, comme partout ailleurs, les religieuses, les dames hospitalières et les brancardiers s'inclinaient devant la terrible injonction. — Je veux, répéta l'enfant.

Il n'y avait plus qu'à obéir, ce que je fis en disant à la petite volontaire :

— Voyons, parlez vite, je suis pressé.

— Oui, mais tout bas. Je ne veux pas que les autres entendent.

Elle désignait ainsi les religieuses de garde et les malades des lits voisins.

— Comme tous ces Messieurs brancardiers, vous êtes venu ici pour aider les pauvres malades ; vous ne me refuserez pas le service que je vais vous demander. J'ai fait une promesse à la Sainte Vierge, si elle daignait m'accorder une grande faveur. Comme cette bonne Mère m'a déjà exaucée, je dois accomplir mon vœu.

— Est-ce que vous vous sentez mieux ? interrogeai-je.

— Non... mais je n'ai rien demandé pour moi.

— Quelle grâce avez-vous donc obtenue ?

— Oh ! cela ne vous regarde pas, fit-elle avec un petit air lutin.

J'avais été vraiment indiscret et méritais donc la réponse.

— Eh bien ! dis-je, que désirez-vous de moi ?

— J'ai promis à Notre-Dame de Lourdes de faire brûler un beau cierge à la Grotte.

— C'est facile. Vous voulez, sans doute, que je me charge de l'achat ?

— Oui... mais voici... C'est que là-bas, dans notre vallée des Alpes, mes parents sont bien pauvres, et ils n'ont pu me procurer de l'argent pour faire le voyage.

— Vous désirez que je vous donne un cierge ?

— Oh non ! où serait pour moi le mérite ?

— Alors ?

L'enfant parut hésiter un instant ; puis, me prenant par la main, m'attirant vers elle, elle me dit bien bas :

— Vous allez me vendre mes boucles d'oreilles.

Je restai stupéfait par la grandeur de ce sacrifice. Instinctivement mes yeux se portèrent sur les bijoux en question. Deux mignonnes pâquerettes en doublé, ayant pour cœur une petite perle de verre tenant lieu de topaze.

Valaient-elles un franc cinquante? Certainement non. Mais pour Marie, qui voyait les intentions de cette généreuse enfant, lui offrant tout ce qu'elle possédait, ces petites boucles d'oreilles devaient dépasser, en prix, les millions du syndicat Dreyfus.

La petite malade rompit la première le silence :

— Dites, Monsieur, vous ne me refuserez pas ce service?

Que répondre?... Pouvais-je ne pas accepter?...

Dire à cette enfant que son trésor ne valait pas la peine d'être vendu!... Rien que mon silence attristait déjà le cœur de la fillette et amenait des larmes dans ses yeux. D'un autre côté, la commission n'était certes pas agréable. A qui irais-je offrir ces pauvres petits objets?

Je pris d'abord un biais.

— Si j'accède à votre désir, que dira votre mère?

— Ne craignez rien, maman veut tout ce que *je veux*, pourvu que cela me fasse plaisir.

La seule objection valable était détruite ; je cédai, et l'enfant, enlevant aussitôt le petit bijou de son oreille gauche, me le mit dans la main ; puis, me présentant l'oreille droite :

— De ce côté, c'est autre chose. Il me faut votre aide, mon pauvre bras paralysé me refuse tout service.

Je dus obéir jusqu'au bout. J'enlevai donc la seconde boucle, pendant que la fillette disait joyeusement :

— Vendez-les bien cher, et, demain matin, nous achèterons le cierge et nous le porterons à la Grotte.

Après avoir tout promis, je quittai la petite malade, et, en traversant la salle et les longs corridors de l'hôpital, je me demandais ce que j'allais bien faire de ces pauvres boucles d'oreilles que je tenais toujours dans la main comme un véritable trésor.

J'eus bientôt pris le meilleur parti : garder ces objets et les payer à l'enfant.

Cette décision arrêtée, j'allai prendre les ordres de service pour le lendemain matin, lorsque, en traversant la cour, je me trouvai en présence de Mme la vicomtesse de M***, qui venait prendre des nouvelles des malades, auxquels elle portait grand intérêt.

— Eh bien ! Monsieur le brancardier, comment se portent ce soir nos chers infirmes ? ont-ils tout ce qu'il leur faut ? Et notre petite Louise, — Mademoiselle *je veux*, comme vous l'appelez ici, — n'a-t-elle pas été bien exigeante aujourd'hui?

— Pas trop, Madame, la pauvre enfant souffre tant, qu'il faut être indulgent à son égard. Elle vient pourtant de me donner une singulière commission.

— Laquelle, sans indiscrétion ?

— Je n'ai pas promis le secret, et je sais, du reste, pouvoir vous le confier.

En deux mots je racontai la chose à Mme de M*** et lui fis voir les boucles d'oreilles.

— C'est trop joli ! Et que comptez-vous faire de ce dépôt?

— Le garder, Madame, et en remettre la valeur à l'enfant.

— Je vous en prie, cédez-moi ces boucles d'oreilles. J'ai une fille souffrante, je les lui donnerai et j'ai le pressentiment qu'elles lui porteront bonheur.

J'abandonnai volontiers les bijoux à Mme de M***, qui me les paya généreusement.

Le lendemain, aussitôt arrivé à l'hôpital, j'allai trouver la petite malade.

— Les avez-vous vendues ? interrogea-t-elle dès qu'elle m'eut aperçu.

— Oui, et un bon prix, vingt francs ! Tenez, les voici.

— Quel bonheur ! je vais donc pouvoir tenir ma promesse ! Vite, portez-moi dans ma petite voiture et partons.

Presque tous les malades étaient déjà rangés dans la cour, les plus malades sur des brancards, les autres en voiture.

Le signal du départ étant donné, je pris la tête du convoi, traînant ma petite malade, qui, toute joyeuse, tenait sa pièce d'or de sa main valide.

En route, la fillette acheta le cierge tant désiré, et, en répondant au chapelet qu'un prêtre brancardier récitait, nous arrivâmes à la Grotte.

Tout en faisant placer les petites voitures dans l'enceinte réservée aux malades, le chef de service aperçut le cierge de l'enfant et dit à celle-ci :

— C'est pour la Grotte? donnez-le moi.

— Ah! mais non! *je veux* l'offrir moi-même.

L'hospitalier sourit, et, se tournant vers moi :

— Contentez cette enfant, si vous le voulez bien.

Je pris la petite malade dans mes bras, et la portai à la Grotte. Elle eut ainsi la joie d'allumer elle-même son cierge et de le placer devant l'autel.

En sortant de la Grotte, la fillette déposa tout le reliquat de la vente de ses boucles d'oreilles dans le tronc de la chapelle, et, levant son regard d'ange vers la blanche Madone du Rocher, je l'entendis murmurer :

— Merci, bonne Mère, vous avez exaucé mes prières en guérissant ma compagne. Maintenant, faites de moi ce qu'il vous plaira.

J'étais, sans le vouloir, en possession du grand secret : la généreuse enfant, oubliant ses souffrances, n'avait songé qu'à celles de sa voisine d'hôpital, et la Vierge de Lourdes avait daigné exaucer la prière désintéressée de la petite malade. En effet, la jeune fille qui occupait le lit placé près de celui de l'enfant, s'était levée la veille, au passage du Saint-Sacrement. »

« Cette charité fait sur les cœurs la plus douce et la plus forte impression : cette impression demeure longtemps après le pèlerinage et produit dans les âmes les plus salutaires effets.

« Et la prière, si nécessaire au chrétien et si rare malheureusement, est-ce que le pèlerin n'apprend pas à l'aimer? Lui qui, pendant huit jours, a passé la plus grande partie de ses journées à prier; lui qui a été témoin et acteur dans ces prières admirables aux piscines et à la Grotte; lui qui a senti tant de fois son âme enlevée au ciel par la foi et la confiance que le souvenir ou la vue des merveilles opérées par Marie mettent au cœur du chrétien, comment voulez-vous qu'après avoir vu tant et si bien prier, après avoir lui-même goûté la douceur de la prière, il ne devienne pas un homme de prière? « Quand je n'ai plus de goût à prier, disait un ancien pèlerin, je me rappelle comme j'ai vu prier à Lourdes, comme j'y ai prié moi-même ; cela suffit à me rendre force et courage [1]. »

Un dernier effet du pèlerinage diocésain, c'est d'apprendre à ceux qui y participent à vaincre le respect humain, cette maladie contagieuse qui produit la ruine de la conscience. « Les catholiques, disait un jour un orateur à Lourdes, s'affirment par ces pèlerinages : ils s'unissent de plus en plus. Deux choses leur manquaient : la hardiesse à manifester leurs convictions, et l'unité dans leurs efforts : elles ne leur manquent plus.

« Gloire donc à DIEU ! Gloire à Marie ! Gloire à notre Évêque qui, à la tête de ses Prêtres et de son peuple, donne un si bel exemple [2]. »

« La Vierge qui a posé son pied sur ces roches, écrit un pieux auteur, qui a passé dans cet air et qui l'a respiré, la Vierge l'a purifié, embaumé, et il reste quelque chose de suave, de pur et de virginal qui est sans doute comme un parfum céleste. Ailleurs, l'atmosphère est mondaine, elle porte au plaisir. A Lourdes, l'atmosphère est religieuse, elle porte à la foi et à la prière. Et vous y courez avec elle. Et c'est sans respect humain que vous portez un cierge, que vous tirez votre chapelet, que vous tombez à genoux les bras en croix... Ailleurs, hélas ! on rougit de se montrer chrétien. A Lourdes, on rougirait de ne l'être point. Et cette communion de sentiments, cette harmonie des âmes, ce commun élan vers les mêmes horizons en plein ciel de la foi, est un des charmes les plus doux de Lourdes. C'est un charme et c'est une force. Tous ces effluves allument un foyer. Et ce foyer rayonne. Et

1. Circulaire, mai 1897.

2. Discours de l'abbé Jubineau, supérieur des Miss. de l'Immaculée-Conception.

on s'y échauffe et l'on y devient meilleur, plus fervent. Et c'est le plus suave idéal réalisé, que cette vie qui s'épanouit et s'exalte dans une société sans dissonances [1]. »

Mais nos pèlerinages ont une influence bien plus considérable et plus étendue.

Qui ne comprend, en effet, que ces milliers d'Artésiens qui vont à Lourdes chaque année sont, à leur retour, de véritables apôtres de Lourdes et de Notre-Dame ? Comme les disciples envoyés par Notre-Seigneur à saint Jean-Baptiste, ils disent autour d'eux : « Voici que les aveugles voient, les boiteux marchent. » Comme l'apôtre saint Jean, ils disent à tous ceux qui les entourent : « Ce que nous avons vu, ce que nous avons entendu, nous vous l'annonçons, afin que vous entriez vous-mêmes en société avec nous, et que notre société soit avec DIEU le Père et avec son Fils JÉSUS-CHRIST. » Et le résultat de cet apostolat, c'est DIEU mieux connu, c'est Marie aimée davantage, c'est la religion plus fidèlement pratiquée.

Entre tous ces apôtres, il en est qui se font remarquer par leur ferveur : ce sont les miraculés de Notre-Dame. Leur présence elle-même n'est-elle pas comme une prédication continuelle au sein de leur famille, au milieu de leur paroisse, dans le diocèse tout entier ? On les avait vus perclus, aveugles, phtisiques, abandonnés de la science humaine ; aujourd'hui, les voici pleins de vie et de bonheur, chantant à tous les bontés et la puissance de Marie : quel spectacle éloquent ! Ce n'est pas assez. Ces privilégiés de Notre-Dame de Lourdes ont voulu écrire leur reconnaissance avec la pierre ou avec le marbre.

« La dévotion envers Notre-Dame de Lourdes a pris, depuis plusieurs années, un merveilleux essor dans le monde catholique, et spécialement en France, écrit la *Semaine religieuse* du 14 octobre 1898. Nécessairement le diocèse d'Arras, si attaché de tout temps au culte de la Vierge Marie, ne devait point se laisser dépasser dans ce mouvement irrésistible qui entraîne les populations chrétiennes. Son armée de

1. *Nouveau Mois de Marie* (1900) par M. Lespinasse, Vic.-Gén. d'Agen.

pieux pèlerins s'augmente sans cesse : de pieux sanctuaires, des grottes construites à l'instar de la Grotte miraculeuse, de nombreux pèlerinages, des Confréries surgissent partout en l'honneur de l'Immaculée-Conception. Il n'est plus d'église qui ne présente à la piété des fidèles une chapelle, une statue, une image de Notre-Dame de Lourdes. »

Le diocèse d'Arras possède en ce moment un grand nombre de grottes ou chapelles érigées par la piété des pèlerins ou des miraculés du diocèse ; grottes et chapelles visitées de toutes les populations environnantes, devenues des centres de prières, des sources de grâces, en un mot de délicieuses succursales de la Grotte de Lourdes.

Ainsi, dans l'arrondissement d'Arras, Villers-au-Flos, petit village du canton de Bapaume, possède une grotte construite par M. le Comte de Bonnevallet dans son parc. Cette grotte est un centre de prières et de dévotion à Notre-Dame de Lourdes. Chaque année il y a une neuvaine vers le 10 juillet, pendant laquelle tous les soirs un prédicateur de choix distribue à des foules considérables le pain de la parole de DIEU. Cette neuvaine se termine toujours par une magnifique communion d'hommes. En 1898 on a compté pendant la neuvaine 1060 communions [1].

Dans l'arrondissement d'Arras encore, Berles-au-Bois, village du canton de Beaumetz-les-Loges, possède une grotte qui est la fidèle reproduction de celle de Lourdes. Cette grotte est, elle aussi, le centre d'un important pèlerinage. La neuvaine qui s'y fait au mois de mai se termine par une magnifique procession, à laquelle prend part une foule nombreuse composée des habitants du pays et des paroisses voisines [2].

Dans l'arrondissement de Béthune, Laventie possède deux pèlerinages à Notre-Dame de Lourdes. A cinq minutes de Laventie, sur la paroisse de La Gorgue, dans le Nord, une pieuse famille, pour remercier Notre-Dame de Lourdes de la guérison miraculeuse accordée à l'un de ses membres (une

1. *Culte et Pèlerinages de la Sainte Vierge dans l'Artois* par l'abbé Ed. Bourgeois, p. 21-25.

2. *Ibidem*, page 26-31.

jeune fille devenue aujourd'hui Révérende Mère Générale des Sœurs de la Sainte-Famille d'Amiens), fit construire en 1874 une vaste chapelle où l'on va de tous côtés en pèlerinage, surtout au commencement de septembre. Laventie fait tous les frais de ce pèlerinage.

Le Tilleloy, hameau de Laventie, possède une chapelle en l'honneur de Notre-Dame de Lourdes, construite en 1896 par les époux Jourdain-Carlier en reconnaissance pour la guérison de leur jeune enfant. Tous les ans, au mois de mai, a lieu une neuvaine que le clergé de Laventie ouvre par une instruction et un salut en plein air [1].

Dans l'arrondissement de Béthune encore, Lafosse (commune de Lestrem) possède un magnifique monument élevé en 1878, dans l'église paroissiale, en l'honneur de Notre-Dame de Lourdes, à la mémoire d'une pieuse dame. Chaque année, au mois de mai, une neuvaine de prédications est suivie par les habitants de la paroisse et par une foule de pèlerins étrangers [2].

L'église Saint-Pierre, à Boulogne-sur-Mer, possède une belle grotte et une belle statue de Notre-Dame de Lourdes qu'un patron de pêche, M. Bourgain, offrit à son église paroissiale au retour d'un pèlerinage qu'il fit à Lourdes pour remercier la Très-Sainte Vierge de la guérison d'une cruelle maladie. Chaque année est prêchée une neuvaine qui attire des foules, et qui se termine le jour de l'Immaculée-Conception par un très grand nombre de communions [3].

Herbinghem, petit village du canton de Guînes, dans l'arrondissement de Boulogne, possède, en face du portail de l'église, une magnifique grotte. Chaque année s'y célèbre une neuvaine qui se termine par une belle procession aux flambeaux pendant laquelle retentissent de toutes parts les *Ave* de Lourdes. Herbinghem ne possède pas seulement une grotte, mais aussi un miraculé de Notre-Dame de Lourdes, comme nous l'avons dit.

1. *Op. cit.*, page 77.
2. *Op. cit.*, pages 81-87.
3. *Op. cit.*, pages 112-114.

Dans l'arrondissement de Montreuil, Embry, village du canton de Fruges, a une chapelle érigée, en 1876, par MM. Duflos-Lièvre et son fils Duflos-Lefebvre, négociants dans cette localité, en exécution d'un vœu, ou du moins d'une promesse faite par le père. Cette chapelle est le centre d'un pèlerinage très fréquenté. La neuvaine qui s'y fait commence, chaque année, le troisième dimanche de septembre. Pendant cette neuvaine, un missionnaire adresse la parole à chaque pèlerinage, et il donne aux habitants du pays une série de prédications qui produisent dans la paroisse l'effet d'une mission. Le nombre des communions, et même des communions d'hommes, est très grand. Une retraite aux flambeaux clôt la neuvaine. La procession, à laquelle prennent part des milliers de personnes accourues de tous les pays limitrophes, se fait dans un ordre magnifique. C'est comme un serpent de feu qui déroule ses anneaux sur la pente de la colline [1].

Dans l'arrondissement de Saint-Omer, Landrethun, village du canton d'Ardres, possède au hameau d' Yeuse une belle chapelle dédiée à Notre-Dame de Lourdes et construite par la famille Bellanger-Bernet. La statue de Notre-Dame, bénite à la Grotte même de Lourdes, est placée dans un rocher en tout semblable à celui de Massabielle. Il n'y a pas à Yeuse de neuvaine mais, pendant le mois de Marie, chaque soir, y ont lieu de pieux exercices, et pendant le mois du Rosaire la récitation du chapelet [2]. Non loin de là, l'église de Louches a aussi une grotte des plus gracieuses, près de laquelle il y a toujours des fidèles en prière.

Dans l'arrondissement de Saint-Pol, Humières possède une grotte et un pèlerinage en l'honneur de Notre-Dame de Lourdes. La grotte fut érigée par une personne d'Arras, Mme Dallongeville, pour témoigner à Notre-Dame de Lourdes sa reconnaissance d'avoir accordé à ses prières la guérison de son époux, condamné par les médecins et sur le point d'expirer. La neuvaine, qui commence au troisième dimanche de juillet,

1. *Op. cit.*, p. 156-158.
2. *Op. cit.*, p. 233-234.

est très suivie, et elle est pour la paroisse et pour tous les environs une source de grâces spirituelles et temporelles [1].

Dans l'arrondissement de Saint-Pol également, Villers-Châtel, annexe de Mingoval, au canton d'Aubigny, a le privilège de posséder une grotte que Mme de Flarimond fit construire dans son parc, en 1887, en reconnaissance de sa guérison obtenue par l'intermédiaire de Notre-Dame de Lourdes. La grotte de Villers-Châtel est le centre d'un pèlerinage très fréquenté pendant la neuvaine qui a lieu chaque année au commencement de juillet. Le matin, le missionnaire qui prêche la neuvaine adresse des paroles d'édification aux groupes de pèlerins qui se présentent tour à tour, et tous les soirs, dans l'immense pelouse du parc se réunit pour entendre la parole de DIEU une foule compacte. Les communions sont très nombreuses [2].

Ces grottes, ces chapelles érigées çà et là dans le diocèse d'Arras, ces neuvaines établies en l'honneur de Notre-Dame de Lourdes, et qui sont généralement la conséquence de nos pèlerinages diocésains, ont sur les paroisses et sur le diocèse tout entier les influences les plus salutaires. Elles y entretiennent et développent la foi ; elles y sont une source de rénovation de vie chrétienne ; elles forment dans le diocèse cette élite de justes qui eût sauvé les villes coupables, car « les anges du ciel jettent tous ces trésors de prières, de communions et de sacrifices dans la balance des justices et des miséricordes éternelles [3]. »

Il est vrai de dire que nos pèlerins artésiens sont de véritables « pèlerins ». Les touristes et les amateurs ne se trouvent point parmi eux. On les écarte sans pitié, et voici comment s'y prend la Direction :

On a dit souvent, et une revue catholique l'écrivait encore le mois dernier, que les touristes étaient la plaie des pèlerinages. Je suis absolument de cet avis, et pour mon compte personnel, je cherche toujours à en débarrasser le

1. *Op. cit.*, p. 239-242.
2. *Op. cit.*, p. 252-254.
3. *Annales de Lourdes.*

pèlerinage artésien. Pour cette raison, j'emploie une petite ruse de guerre, et je fais valoir à ces encombrants personnages la supériorité des billets circulaires sur ceux de nos trains spéciaux.

Un directeur d'un diocèse de l'Est me disait se servir d'un autre stratagème. Lorsqu'il reçoit la visite de ces excursionnistes, si faciles à reconnaître, et qui ne s'adressent à nous que dans le but unique de faire le voyage des Pyrénées à prix très réduits, il leur offre les places restant libres auprès des malades. Ces faux pèlerins, ne pensant pour la plupart qu'à leurs aises et à leur bien-être, abandonnent aussitôt le projet d'un voyage dans de telles conditions, et l'homogénéité du pèlerinage est ainsi sauvegardée.

En général ces personnes, dont les itinéraires de voyage ne devraient être tracés que d'après la bonne renommée des buffets ou le luxe des hôtels, ne sont jamais satisfaites, se plaignent de tout et soulèvent le mauvais esprit dans les groupes [1].

Arrivés à Lourdes, ces pèlerins d'occasion font de courtes visites à la Grotte, où vous les voyez circuler, la jumelle en sautoir sur leur cache-poussière, se découvrant avec peine ou esquissant un semblant de signe de croix; puis ils prennent aussitôt les routes de Gavarnie, de Cauterets ou de Bagnères-de-Luchon.

La vue des malades excite, disent-ils, leur sensibilité, et ils s'enfuient au plus vite à Irun ou à Saint-Sébastien applaudir aux courses de taureaux, et y jouir de l'agonie de pauvres banderilleros tombant dans l'arène.

Ils ont ensuite la hardiesse de vous dire que Lourdes les a laissés froids, qu'ils en reviennent désillusionnés.

En septembre dernier, on parlait, à table d'hôte, d'une guérison qui avait eu lieu le jour même. Un des convives, retour d'excursion, se permit cette réflexion :

— C'est drôle! vos miracles se font donc dans les sacristies? Voilà tantôt cinq jours que je suis à Lourdes, et je n'ai encore été témoin d'aucun fait de ce genre.

1. *Messager Artésien.*

— La guérison dont parlent ces Messieurs, repris-je en fixant le jeune homme, s'est opérée cette après-midi sur la place du Rosaire, durant la procession du Saint-Sacrement, devant 6.000 personnes, et non pas sur la route de Cauterets; pas plus que les deux améliorations signalées hier ne se sont produites sur le chemin de Gavarnie.

Le touriste baissa le nez sur son assiette. Depuis plus d'une demi-heure il parlait avec emphase des ravissantes excursions qu'il venait de faire.

Donc, pas de touristes-pèlerins, ces deux mots s'allient mal ensemble.

Est-ce à dire que le vrai pèlerin doit s'abstenir de toute distraction en voyage? Bien au contraire. C'est même dans le but de lui procurer le plus de jouissance possible que le *Manuel* donne chaque année un guide-itinéraire de tout le parcours, de façon à ce que rien ne lui échappe sur la route.

Un auteur célèbre a dit: « Sur notre sol de France, chaque pierre des chemins rappelle un glorieux souvenir. » Plus que tous, nous autres catholiques nous sommes fiers de notre passé, et c'est avec amour que nous visitons les lieux illustrés par nos aïeux.

De même qu'un acte d'adoration s'élève de notre cœur à la vue d'une modeste église de village comme d'une somptueuse basilique, parce que ces temples sont les demeures de Notre-Seigneur, de même nous saluons avec respect les plaines arrosées du sang des martyrs de la foi et de la patrie [1].

Allons donc à Lourdes, chers compatriotes. Puis, si nous le pouvons, si nous sommes favorisés des biens de la fortune, envoyons-y, en notre nom, un ami, un voisin, un malade, un jeune homme, un parent travaillé par le doute, éloigné peut-être des pratiques religieuses. C'est la meilleure charité qui soit.

Aux pauvres eux-mêmes nous disons : Allez à Lourdes ; et s'ils nous répondent : Est-ce possible pour nous d'aller à Lourdes? nous leur ferons cette réponse empruntée au *Petit Almanach des amis de Notre-Dame de Lourdes* pour l'an de grâce 1901 :

1. *Messager Artésien*, ianvier 1900.

« La meilleure façon de prouver qu'une chose est possible, c'est de montrer qu'elle existe.

« Que les habitués des pèlerinages de Lourdes fassent appel à leurs souvenirs ! Chacun d'eux connaît des humbles et des petits, des ouvriers et des serviteurs qui vont à Lourdes. Ce pèlerinage est le bonheur de leur vie : le souvenir de la Grotte les réconforte dans l'épreuve, l'espoir du retour les retrempe aux heures de lassitude. Pour jouir de ce bonheur, de quoi ne se privent-ils pas ? Les petits sous sont dérobés à l'alcool, au luxe et aux jouissances mondaines, s'entassent sans cesse les uns sur les autres au fond de l'armoire. Cela dure des semaines et des mois, jusqu'à ce que les petits sous se convertissent en un billet pour Lourdes. Quel beau livre on pourrait écrire sur les sacrifices accomplis par les plébéiens de nos pèlerinages !

« Dans une grande ville, le curé d'une paroisse ouvrière parla un jour de Lourdes à ses congréganistes. Le curé est éloquent et il aime Lourdes. Après son allocution, beaucoup de ses congréganistes étaient désireuses d'aller en pèlerinage à la Grotte. « C'est entendu, dit le curé, aujourd'hui même nous fondons une caisse d'épargne ; chacune y apportera tous les huit jours ses dix ou vingt sous, et dans quelques temps nous partons pour Lourdes. »

« Effectivement, deux ans plus tard, trente congréganistes partaient avec le pèlerinage de septembre, la médaille sur la poitrine et le ruban bleu au cou.

« Nous connaissons un ouvrier forgeron qui a vingt pèlerinages à son actif. Il occupe un taudis dans une ruelle habitée par de tout pauvres gens. Le dimanche, quand les camarades prélèvent sur la paie la part du plaisir, lui, porte toutes ses économies à la caisse d'épargne. Une nuit d'hiver, des voleurs pillèrent le trésor de l'église, le curé demanda un veilleur, le forgeron s'offrit pour remplir cet office. Cette année-là, il fut à Lourdes deux fois, en mai et en septembre.

« Tout récemment, les ouvriers d'une fabrique de cigares ont fait ceci : ils ont décidé d'aller tous à Lourdes, mais par groupes de dix. Tous — ils sont cinquante — quand la quinzaine est payée, versent quelques sous à la caisse commune.

Au bout d'un an, cela fera le prix de dix billets ; ces dix billets seront tirés au sort entre eux, un mois avant le pèlerinage. La seconde année, tous continueront à verser, mais les dix premiers partants ne prendront plus part au tirage : le sort désignera un second groupe de dix. Et ainsi de suite chaque année.

« Le pèlerinage de Lourdes est donc possible aux braves gens de la classe populaire.

« Il suffit qu'ils emploient le bon moyen, et ce moyen *c'est l'épargne*.

« Qu'ils soient donc bien convaincus que Notre-Dame de Lourdes saura payer largement leurs privations et leurs sacrifices.

« Elle est Reine, elle paiera royalement. »

S'il en est ainsi, le jour est proche où il y aura dans toutes les paroisses du diocèse d'Arras un ou plusieurs pèlerins de Lourdes dont la voix et le cœur rediront à l'envi les ineffables bontés de Celle qui se montrera de plus en plus la Reine de la France et la Reine de l'Artois.

Conclusion.

LOURDES, AU REVOIR [1].

Je l'ai vue, je l'ai vue, la Grotte du miracle !

Je l'ai vue, la blanche statue se détachant lumineuse de l'enfoncement du rocher, et me montrant du regard le ciel d'où est venue Marie !

Je l'ai vue, la source miraculeuse !

Je l'ai vue, la foule pieuse des pèlerins, se presser, émue, pour regarder, pour prier, pour pleurer, pour boire à longs traits l'eau de la fontaine donnée par la Sainte Vierge !

Et, comme à l'heure où je voyais ces merveilles, leur souvenir m'émeut, me fait pleurer, me rend heureux !

Et il me semble que j'aurai beau vieillir, il me semble que j'aurai beau voir les merveilles de la nature et de l'art... ô merveilles de Lourdes, Grotte, statue, foule pieuse, jamais je ne vous oublierai !

Pourquoi m'émeut-il si profondément, ce souvenir ?

Pourquoi, dans mes rêves la nuit, vois-je toujours scintiller, comme des étoiles au ciel, ces paroles étincelantes que je lisais autour de la statue : Je suis l'Immaculée ?

Pourquoi me suis-je surpris à pleurer en voyant l'image fidèle que j'ai apportée, et en baisant le gros chapelet bénit qui a touché la Grotte privilégiée ?

C'est que ces souvenirs ne sont pas seulement de ceux qui émeuvent,charment et ravissent : ils ravivent, ils fécondent.

J'ai soif de foi ! Et cette atmosphère de doute qu'on respire dans le monde pénétrait mon âme peu à peu et la desséchait.

Il lui fallait, comme il la faut aux poumons de la poitrinaire, une atmosphère plus pure, plus embaumée, plus céleste.

O rochers de Lourdes, c'est là-bas, autour de vous, que je l'ai respirée ; c'est là-bas, près de votre chapelle, que mon âme

1. Cette belle page, écrite par un pèlerin inconnu, a été reproduite dans le *Parfum de Lourdes* et dans les *Paillettes d'Or*.

s'est épanouie aux choses du ciel, et que le miracle est devenu pour elle comme une chose naturelle, et qu'à cette heure elle crie avec la joie d'un cœur satisfait : Je crois ! Je crois !

J'avais soif d'espérance ! Tout semblait mort, et de partout retentissaient ces douloureuses paroles : C'en est fait de la Société, de la France et de la Famille !

Non, elle n'est pas morte, la Société qui se dresse, comme au temps des Croisades, pour proclamer la divinité de JÉSUS, la puissance de Marie, la force de l'Eglise catholique !

Non, elle n'est pas morte, la France qui se lève, et s'en va, tout entière, baiser avec transport la trace qu'ont laissée les pieds de la Sainte Vierge... et puis revient, le front haut et rayonnant de courage, comme si elle avait reçu une communication céleste, et comme si un sang nouveau coulait dans ses veines !

Non, elle n'est pas morte, la Famille qui conserve avec un respectueux amour l'eau puisée à la source miraculeuse, et la fait boire à ses malades, avec la conviction que cette eau a reçu du Ciel une puissance merveilleuse !

Et, en présence de la Société, de la France, de la Famille, qui, le regard tourné vers le ciel, attendent avec confiance, qui donc ne crie pas : J'espère ! J'espère !

J'avais soif d'amour ! O ma Mère ! ô ma Mère du ciel ! je ne puis dire ce qui s'est passé en moi, mais je sens que, près de votre Grotte aimée, mon cœur desséché a retrouvé sa puissance d'amour.

L'enthousiasme de la foule ardente et émue s'est communiqué à mon âme, et me voici prêt à tout... à tout pour vous que j'aime, ô JÉSUS-CHRIST, ô Marie, ô Eglise catholique, ô ma France bien-aimée !

Qu'il soit donc béni, ce pieux pèlerinage qui a raffermi ma foi, ranimé mon espérance, réveillé ma charité !

Puissé-je bientôt le recommencer encore !

Puissé-je, bientôt encore, aller rajeunir mon âme dans ton atmosphère embaumée, et retremper mes lèvres dans les eaux de ta source miraculeuse, ô Notre-Dame de Lourdes !

APPENDICE.

I

A NOTRE-DAME DE LOURDES.

1. Nous venons boire à ton eau salutaire,
Et te chanter, Reine de notre terre
Et de nos flots,
Et te bénir, divine Immaculée,
Céleste lys en cette humble vallée
Soudain éclos.

Refrain. Vierge, douce Espérance
Qui nous souris des cieux,
A notre Artois, à notre France, } *bis.*
Garde la foi de nos aïeux.

2. Sous notre ciel, Vierge, le jour éclaire,
En ton honneur, maint autel séculaire
Et glorieux ;
Mais nous venons baiser aux bords du Gave,
Récente encor, ton empreinte suave,
En fils pieux.

3. Dans nos pays tu règnes, douce Vierge :
Aux Artésiens tu présentes ton cierge,
Et tu guéris ;
Aux Boulonnais, près des mers en furie,
Sur ton esquif tu te montres, Marie,
Et tu souris.

4. Chez les Morins, tu rayonnes sereine,
Et du Miracle ils te nomment la Reine,
Tu les bénis ;
Là, ta bonté sauve une ville entière,
Et de tes mains, auguste Panetière,
Tu la nourris.

5. Nous accourons, suivant la sainte trace
De Benoît Labre, un fils de notre race,
Un de tes fils !
Et comme lui, nous portons pour livrée
Notre Rosaire et l'image adorée
Du Crucifix.

6. Daigne bénir notre Evêque et nos Prêtres,
Accorde à tous la force des ancêtres
Aux saints combats ;
Et puissions-nous, chrétiens de caractère,
De Godefroi, enfant de notre terre,
Suivre les pas !

7. Fais-nous aimer l'Eglise et le Saint-Père,
Hâte le jour que notre cœur espère
Avec émoi,
Où de l'enfer les portes conjurées
Se briseront sur les forces sacrées
De notre foi !

8. Comme l'étoile aux blancheurs virginales
Brille, au lever des aubes matinales,
Au firmament,
Ton doux éclat annonce une espérance,
Et de Jésus, pour notre délivrance,
L'avènement !

9. Lorsque nos doigts font redire au Rosaire
L'appel sans fin de l'humaine misère,
Ton cœur les suit ;
Salut à toi, source de notre joie,
Rayon d'espoir qu'un ciel clément envoie
Dans notre nuit !

10. Tu donnes force à la foule accourue,
Porte du Ciel, à la terre apparue
En ce saint lieu :

Et le chrétien priant, l'âme attendrie,
Si près de toi, se sent, Vierge Marie,
Tout près de DIEU !

— II —

LES CROISÉS ARTÉSIENS A LOURDES.

Paroles et musique de M. l'abbé Léon DÉPLANTAY.

Refrain. Oui, DIEU le veult ! Sa vive flamme
A ranimé les fils des Preulx :
Courons, amis, à Notre-Dame,
Oui, DIEU le veult, oui, DIEU le veult !

1. Artésiens, de Marie
Entendez-vous la douce voix ?
Tous, elle vous convie :
Du Pèlerin prenez la Croix.

2. « Ne suis-je pas la Mère,
La Mère de tous les humains ?
Venez, je veux vous plaire,
Car je chéris les Artésiens. »

3. « Vos peines sont mes peines :
Je veux, enfants, sécher vos pleurs ;
Je veux rompre les chaînes
De tous les malheureux pécheurs. »

4. « Pour toute maladie,
Vite, venez puiser de l'eau
A ma source bénie
Et vous cacher sous mon manteau. »

5. « Venez à ma fontaine,
Pauvres aveugles, vous laver ;
La lumière sereine
Viendra tous vous illuminer. »

6. « Vous que le feu consume,
Venez à ma source, et buvez ;
De vos maux l'âpre écume
Fondra comme neige, venez. »

7. « Vous que la langueur use,
Venez sans crainte vous baigner
Dans l'onde où je m'amuse
A guérir qui vient s'y plonger. »

8. Oui, nous venons, ô Mère,
Nous ranger joyeux sous ta loi,
Montrer notre misère,
Pleins de courage et pleins de foi.

9. O Vierge immaculée,
Sur tous nos chers pasteurs répands
Ta céleste rosée,
Sur l'élite de tes enfants.

10. Guéris nos corps fragiles,
Donne vaillance à notre cœur :
Nous partirons, agiles,
Redire à tous notre bonheur.

11. Nous, t'oublier, Marie ?
Que ma langue sèche au palais !
Oh ! que toute ma vie
Soit pour te bénir à jamais.

12. Garde-nous bien sur terre
Contre les filets du démon,
Et conduis-nous, ô Mère,
Régner dans la sainte Sion.

III

CANTIQUE DES ARTÉSIENS.

Air : *Nous voulons Dieu.*

1. De nos aïeux la pure gloire
Et les couronnes de leurs fronts,
Tous les grands noms de notre histoire,
A tes autels nous les offrons.[1]

Refrain. Vierge, en ce sanctuaire
Dont ton cœur a fait choix,
Nous t'apportons notre prière,
Reçois nos vœux, bénis l'Artois. } *bis*

2. Voici saint Vaast : sous sa bannière
Nous accourons heureux vers Toi ;
Il conduisit au baptistère
La France avec son premier roi.

3. Tu vois briller au rang suprême
Un nom fameux : c'est Godefroi,
Vengeur du CHRIST ; son diadème
Redit à tous bravoure et foi.

4. Si de ta Grotte, ô douce Mère,
Il eût connu l'attrait divin,
Tu l'aurais vu, notre humble frère,
Benoît-Joseph le Pèlerin.

5. Combien de fois, au cours des âges,
Vierge, vers nous tu descendis !
Et tes bienfaits, tous nos rivages,
Tous nos échos les ont redits.

6. Vers ces autels, peuple Atrébate,
Porte tes vœux reconnaissants ;

Que ton cœur chante et se dilate
Aux vieux souvenirs des Ardents.

7. Vierge qui vins dans ta nacelle
Sourire aux vœux des Boulonnais,
Sur tes rochers de Massabielle,
Bénis leurs cœurs que tu connais.

8. Saint-Omer chante à tous les âges
Les miracles de ton amour ;
Mère, reçois tous les hommages
Que nous t'offrons en ce beau jour.

9. Mère divine, ô Panetière,
Aire jadis te dut son pain,
Et voici que la France entière
A Lourdes vient calmer sa faim.

10. Salut à toi, Grotte bénie,
A nos regards nouveau Thabor,
Embaumée et toute fleurie
Sous le soleil aux rayons d'or !

11. Salut, salut, Grotte et colline
Dont les ruisseaux sont des Torrents !
Puissent tes dons, Vierge divine,
Guérir ainsi les corps souffrants !

12. Parfum que l'âme ici respire,
Que vous êtes délicieux !
Le Ciel descend pour nous sourire,
La terre monte et touche aux cieux.

13 Vierge Marie, ô Souveraine,
Aux Artésiens garde leur foi ;
Nous te voulons pour notre Reine,
Nous voulons DIEU pour notre Roi.

IV

L'ARTOIS A LOURDES.

Paroles et Musique de M. l'abbé DACQUIN, curé de Bourlon.

Refr. Vois à tes pieds tes enfants Artésiens,
O Vierge Immaculée ! *(bis)*
Depuis longtemps ils sont fiers d'être tiens,
Et ta famille bien-aimée.

1. Lorsque saint Vaast au cœur brûlant de zèle
Vint défricher ce beau champ de l'Artois,
Déjà Marie avait, de sa main maternelle,
Gravé son sceau béni sur ce sol des Gaulois ;
Et joyeux nous partons,
A Lourdes nous venons
Chanter la Reine de l'Artois ! *(bis)*

2. Comme l'aurore annonce la lumière
Que va semer le soleil radieux,
Ainsi, chez nos aïeux, céleste Messagère,
Marie a devancé l'apôtre glorieux ;
Et depuis, mille fois
Les collines d'Artois
Ont redit la Reine des cieux. *(bis)*

3. Fiers Artésiens, nous gardons la mémoire
D'un noir fléau qui de ses feux brûlants
Décimait nos aïeux. De son trône de gloire
Marie apporte un cierge et guérit ses enfants,
Et dans nos chants pieux,
Nous adressons nos vœux
A Notre-Dame des Ardents. *(bis)*

4. Boulogne a vu sa gracieuse image
Sur un esquif aborder à son port.
Noble Reine des mers ! tu crains tant le naufrage
Pour nos vaillants marins : tu veilles sur leur sort ;
Et nos bons matelots
Naviguant sur flots
Chantent leur Reine avec transport. *(bis)*

5. O Saint-Omer ! sur ton front séculaire
Brille un joyau plus pur qu'un diamant :
Ta Vierge du Miracle et son beau sanctuaire
Des bienfaits répandus sont un gage éclatant ;
Et la Flandre et l'Artois,
Harmonisant leur voix,
Bénissent leur Reine en chantant. *(bis)*

6. Oui, notre Artois appartient à Marie ;
C'est son domaine, elle a droit sur nos cœurs.
Par Elle nous allons à JÉSUS, notre vie,
Et par Elle du Ciel nous viennent les faveurs.
Toujours, Reine d'amour,
Et la nuit et le jour,
Nous voulons chanter tes grandeurs. *(bis)*

7. Immaculée ! au pied de ton image,
Où tu daignas jadis te révéler,
Nous déposons nos cœurs. Daigne agréer l'hommage
Que tes Fils de l'Artois veulent ici laisser.
Lourdes, nous t'en prions,
Garde bien ces trois noms :
Arras, Boulogne et Saint-Omer. *(bis)*

— V —

L'ARTOIS A NOTRE-DAME DE LOURDES.

Air : *Pitié, mon Dieu !*

Refrain. Reine de France,
Tes fils d'Artois
Implorent ta clémence } *bis.*
Ici les bras en croix.

1. Nous te prions pour la chère patrie,
Dans notre siècle ingrate envers son DIEU ;
En ton amour, Mère tendre et chérie,
Nous espérons ! Sauve la, tu le peux.

2. Délivre-nous de ces sectes impies
Persécutant l'Eglise et son Pasteur,
Dont le démon excite les furies
Jusqu'à braver le courroux du Seigneur.

3. Pardon, pitié pour une presse inique
Outrageant DIEU, se riant de ses lois,
Calomniant l'Eglise catholique,
Cherchant en vain à renverser la Croix.

4. Pardon pour ceux qui du cœur de l'enfance
Veulent bannir la foi de nos aïeux,
A la vieillesse enlever l'espérance
Et l'avenir qui lui sourit aux cieux.

5. Pardon pour ceux qui désertent la Messe
Chaque dimanche et vont à leur labeur ;
Pardon pour ceux qui, par lâche bassesse,
Trahissent DIEU pour un fragile honneur.

6. Ne permets pas qu'on arrache, Marie,
L'espoir en DIEU du cœur de nos soldats;
Rends-les chrétiens et, pour notre patrie,
Rends-les vainqueurs dans les prochains combats.

7. Daigne bénir nos œuvres catholiques,
Dans notre France augmentant chaque jour;
Nos ex-voto, nos temples magnifiques
Te prouvent bien notre fidèle amour.

8. Pour protéger le successeur de Pierre,
On vit tes fils de France au premier rang,
Et sous les plis de sa sainte bannière
Comme des preux ils ont versé leur sang.

9. A la Salette en pleurant, bonne Mère,
Tu nous prédis que DIEU bientôt sur nous
Déchaînerait une grande misère,
Ne voulant plus suspendre son courroux.

10. Tu vins prêcher la sainte pénitence
Dans cette Grotte auprès de ce torrent ;
Tu souriais pour rendre l'espérance,
Immaculée! au chrétien ton enfant.

11. Vierge, à Pontmain, dans la terrible guerre,
Tu vins du ciel calmer notre douleur;
Tu dis : Priez ! enfants, car la prière
Pourra toucher mon Fils votre Sauveur.

12. Nous mettons tous en toi notre espérance,
Vierge de Lourdes, exauce nos accents;
Reste à jamais la Reine de la France,
Nous resterons tes fidèles enfants.

Ch. DESTOMBES, fils.

VI

LE LAUDATE DE LOURDES.

Refrain. Laudate, laudate, laudate Mariam
Laudate, laudate, laudate Mariam.

1. A Lourdes, ma Mère,
Dans un chant béni,
De la France entière
Le cœur est uni. *Ref.*

2. Grotte bien-aimée,
Dans ce frais vallon,
De l'Immaculée
Redis-nous le nom.

3. Au milieu des pierres,
Gave mugissant,
Calme tes colères,
Entends notre chant :

4. Source bienfaisante
Pour les corps souffrants,
Ton murmure chante
Ces mots triomphants :

5. Racontez, piscines,
Les dons précieux,
Les grâces divines
Qui viennent des cieux.

6. Basilique sainte
Combien d'ex-voto
Sont dans ton enceinte
Et chantent ces mots :

7. Ton clocher s'élance
Gracieusement
Comme l'espérance
Vers le firmament.

8. La cloche joyeuse
A chanté l'*Ave*,
La France pieuse
Répond : *Laudate!* *Ref.*

9. Temple du Rosaire,
Répète avec nous
A chaque mystère
Ce refrain si doux :

10. Montagnes, collines,
Que vos doux échos
Aux villes voisines
Redisent ces mots :

11. Dans cette vallée,
Les nuits et les jours,
A l'Immaculée
L'on chante toujours :

12. De la France entière
Tous les vrais enfants
T'acclamant leur Mère,
Chantent triomphants :

13. A Lourdes la foule
Accourt tous les jours,
Son flot qui s'écoule
S'augmente toujours.

14 L'Artois, bonne Mère,
Redit à son tour
Dans cette prière
Pour toi son amour.

Ch. DESTOMBES, fils.

VII

LE CREDO DU PÈLERIN.

Paroles de M. l'abbé J. DUCOURANT, curé de Saint-Nicolas-lez-Arras.

1. Je crois au seul DIEU Créateur,
Au Très-Haut qui régit le monde,
A sa bonté, source féconde,
Source de vie et de bonheur. *(bis)*
Je crois en DIEU suprême Providence,
Au Roi du ciel, Roi de l'humanité,
A l'Eternel, à la Puissance
Qui tient en main l'immensité. } *bis*

Refr. En vain sur la terre la foudre gronde,
Les vrais chrétiens restent sans peur ;
Pèlerins à la foi profonde,
Debout, chantons : Gloire au Seigneur !

2. Je crois au Fils du DIEU vivant,
Fruit béni d'une Vierge-Mère,
Qui par amour, touchant mystère,
Pour nous se fit petit enfant. *(bis)*
Je crois au CHRIST mourant sur le Calvaire,
Du genre humain sublime Rédempteur,
Qui du tombeau brisa la pierre
Et de la mort sortit vainqueur. } *bis*

3. Je crois au grand souffle de DIEU
Qui jadis remplit le Cénacle,
Au Paraclet, divin oracle,
Esprit d'amour, astre de feu. *(bis)*
Je crois encore à l'Eglise immortelle,
Fille du CHRIST prêchant la charité,
Et promettant au vrai fidèle
Après l'Exil, l'Eternité ! } *bis*

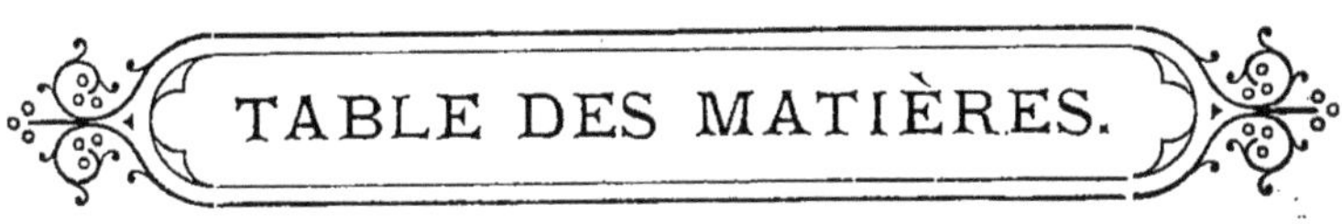

TABLE DES MATIÈRES.

CHAPITRE HUITIÈME.

CHAPITRE NEUVIÈME.

CHAPITRE DIXIÈME.

CHAPITRE ONZIÈME.

CONCLUSION.

APPENDICE.

www.ingramcontent.com/pod-product-compliance
Ingram Content Group UK Ltd.
Pitfield, Milton Keynes, MK11 3LW, UK
UKHW021102220726
13924UKWH00005B/2192

9 782019 93714